2D 게임 프로그래밍

C++와 DirectX로 게임 엔진을 제작하며 배우는

2D 게임 프로그래밍

찰스 켈리 지음 | 옥찬호 옮김

i!i
에이콘

찰스 켈리 Charles Kelly

먼로 카운티 커뮤니티 대학Monroe County Community College의 교수로, 게임 프로그래밍과 컴퓨터과학 과목들을 가르치고 있다. 오픈소스 어셈블러/시뮬레이터인 'EASy68K' 프로젝트의 리더이자 주 기여자이기도 하다. 미시간 주 디어 본 대학University of Michigan-Dearborn에서 컴퓨터과학 석사 학위를 받았으며, 외래 강사로도 일했다.

감사의 말

책을 집필하는 동안 많은 사람이 도움이 되는 정보와 의견을 주었다. 아론 볼스터Aron Bolster, 브리스 보우먼Brice Bowman, 재커리 브뤽Zachary Bruck, 아론 콜패트Aaron Colpaert, 다니엘 디즐루버Daniel Desloover, 프레스턴 도허티Preston Doherty, 제럴드 해거먼Gerald Hagerman, 로이스 휴튼Royce Houghton, 니콜라스 로어Nicholas Loar, 라이언 스탠리Ryan Stanley, 그리고 카일 윌리엄스Kyle Williams에게 감사의 말을 전하고 싶다. 아주 멋진 표지를 만들어준 니콜라스 윌슨Nicholas R. Wilson에게 특별히 감사드린다. 또한 게임 엔진 코드의 세부 작업을 도와준 아론 컬리Aaron Curley에게 특별히 감사드린다. 여러분의 헌신이 있었기에 더 나은 책이 될 수 있었다.

마지막으로 책을 집필할 수 있게 도와준 앨리스 피터스Alice Peters, 사라 차우Sarah Chow, 카라 에브라힘Kara Ebrahim, 수닐 나이르Sunil Nair, 그리고 AK Peters 출판의 모든 분께 진심으로 감사드린다.

옥찬호 utilForever@gmail.com

경북대학교 IT대학 컴퓨터학부를 거쳐 KAIST 전산학과에서 석사 과정을 밟고 있다. C++와 게임(엔진) 개발, 컴퓨터 그래픽스에 관심이 많다. 현재 페이스북 C++ Korea 그룹을 운영하며, 번역가로도 활동 중이다. 또한 중고등학생들을 대상으로 IT 관련 스터디와 멘토링을 진행하는 등 꿈나무들을 육성하는 데 힘을 쏟고 있다. 옮긴 책으로는 에이콘출판사에서 출간한 『게임샐러드로 코드 한 줄 없이 게임 만들기』(2013), 『유니티 Shader와 Effect 제작』(2014)이 있다.

바야흐로 게임 엔진의 시대다. 유니티^{Unity} 엔진을 선두로 언리얼^{Unreal} 엔진, 코코스 Cocos 2D부터 시작해 코드 작성이 필요하지 않은 게임샐러드^{GameSalad}까지, 세상에는 수많은 게임 엔진이 있다. 불과 일이십 년 전 네이티브^{Native}로 게임을 만들던 시절에 비하면 눈부신 발전을 했다고 볼 수 있다. 그 당시에 코드를 작성하지 않고 게임을 만들 수 있다고 생각이나 했었을까?

물론 게임 엔진은 편리하고, 빠른 게임 개발을 할 수 있게 도와준다. 한 번의 클릭으로 육면체나 구를 만들 수 있으며, 물리나 사운드를 추가할 수도 있다. 하지만 게임 엔진을 사용해 게임을 만드는 것이 정말 좋기만 한 것일까?

게임 엔진을 통해 캐릭터에 대한 애니메이션 동작을 추가하는 방법은 알지만, 내부적으로 애니메이션 동작이 어떻게 실행되는지 아는 사람은 많지 않다. 물론 애니메이션 동작의 실행 원리를 반드시 알 필요는 없다. 원리를 모른다고 해서 게임을 만들지 못하는 것은 아니기 때문이다.

하지만 "아는 만큼 보인다."라는 말이 있다. 애니메이션 동작의 실행 원리를 아는 사람이 게임 엔진을 더 빨리 이해하며, 문제가 생겼을 경우 더 빨리 해결할 수 있다. 그리고 다른 게임 엔진을 사용해야 되는 경우 더 빨리 적응할 수 있다.

이 책은 여러분이 '아는 만큼 볼 수' 있게 2D 게임 제작에 필요한 부분을 C++와 DirectX를 통해 배운다. 또한 간단하게나마 게임 엔진을 제작하며 각 부분을 만들고 통합하는 방법도 배운다. 초반부에는 C++를 빠르게 복습하며, 기본적인 윈도우 프로그래밍과 DirectX에 대해 다룬다. 그 뒤에는 게임 엔진의 뼈대를 구축하는 과정에서 스프라이트 및 애니메이션, 게임 물리, 사운드, 텍스트 등을 배우게 된다.

후반부에는 타일 기반의 게임 제작 방법을 배우며, 프로젝트 관리 방법과 함께 그동안에 제작한 각 부분을 합쳐 게임을 완성한다. 마지막으로 네트워크 프로그래밍을 간략하게 배우며 책을 마친다.

이 책은 기본적으로 프로그래밍에 대한 지식을 요구한다. 물론 1장에서 C++를 빠르게 복습하는 시간을 갖기는 하지만, C++ 프로그래밍에 대한 기본적인 지식이 없다면 책을 읽는 데 어려움을 겪을 수 있다. 따라서 C++ 프로그래밍을 먼저 공부한 뒤, 또는 C++ 프로그래밍을 공부하면서 이 책을 보기 바란다.

나는 언제나 기본에 충실해야 된다고 생각한다. 혹시 여러분이 게임 개발자를 꿈꾸는 학생이라면 이 책을 반드시 읽기를 바란다. 이 책을 통해 자신의 기본기를 다시 다져보는 시간이 됐으면 좋겠다. 마지막으로 게임 개발자 인터뷰에서 송재경 XL게임스 대표가 말했던 이야기 중 일부를 인용한다.

여러분이 게임을 개발할 때 가장 중요하게 여기는 가치는 무엇입니까?
최근 개발되는 게임 중 적지 않은 게임들이 기본에 충실하기보다는 독특함만을 추구하는 것 같습니다. 그런데 독특함은 의외로 기본에 충실할 때 만들어낼 수 있습니다. <리니지>를 개발할 때와 지금의 상황은 많이 달라졌지만, 게임의 변하지 않는 핵심은 재미를 선사해야 한다는 것입니다. 재미있는 게임은 당연히 게이머들에게 좋은 반응을 얻습니다. 따라서 기본에 충실히 하는 것이야말로 아무리 강조해도 지나치지 않고, 저 역시 게임을 개발할 때 가장 중요하게 여기고 있습니다.

옥 찬 호

목차

이 책은 완전한 2D 게임 엔진과 일부 게임 예제를 만드는 과정을 통해 독자가 쉽게 이해할 수 있게 구성돼 있다. 8장이 끝날 쯤이면 자신의 게임 프로젝트를 시작할 수 있어야 한다. 9장부터 11장까지의 내용은 게임 개발 작업 과정에서 적용할 수 있다. 12장은 네트워크 게임 코딩을 다루며, 지난 11개 장의 내용을 철저히 이해하고 난 후에 읽어야 한다. 내가 이 과정을 가르쳤을 때 1장부터 11장까지 다루는데 약 10주가 걸렸다. 이 기간 동안 학생들은 각 장의 끝에 있는 연습문제를 풀고 자신의 게임 프로젝트를 설계한다. 마지막 5주 동안에는 게임 프로젝트를 완성하는데 시간을 투자한다.

1장, 시작하기

1장에서는 마이크로소프트 비주얼 스튜디오 2010 개발 환경을 소개하고 간략하게 DirectX API에 대해 설명한다. 책에 나와 있는 코드는 C++ 프로그래밍 언어로 작성됐다. C++에 익숙하지 않지만 C나 자바Java에 익숙하다면 광범위한 예제가 제공되기 때문에 쉽게 이해하고 사용할 수 있다. C++ 언어에 대한 간단한 소개도 포함돼 있다. 또한 게임 엔진의 역할을 설명하고, 프로그래밍에 관한 일반적인 팁과 도움이 되는 도구를 알려준다. 1장이 끝난 뒤에는 개발 환경을 더 잘 이해하게 되고 게임 엔진이 제공하는 목적이 무엇인지 더 잘 알게 된다.

2장, 윈도우 프로그래밍 기초

2장에서는 윈도우 프로그래밍의 기초를 알아본다. 비주얼 스튜디오에서 새 프로젝트를 만드는 방법부터 시작한 후 소스 파일을 추가하고 첫 번째 윈도우 프로그램으로 고전적인 'Hello World'를 만들어본다. 윈도우 애플리케이션의 요구 사항이나 작업이 설명돼 있다. 또한 키보드로부터 입력을 받는 방법, 프로그램이 하나 이상의 인스턴스를 갖지 못하게 만드는 방법 등도 살펴본다. 2장이 끝난 뒤에는 완전한 기능이 있는 윈도우 프로그램을 만들고, 컴파일하고, 실행할 수 있을 것이다.

3장, DirectX 입문

DirectX는 고성능 그래픽, 사운드, 주변 장치와 특별한 상호 작용을 필요로 하는 프로그램을 만드는 데 사용하는 애플리케이션 프로그래밍 인터페이스API다. 3장에 서는 먼저 DirectX API를 살펴보고 어떻게 사용하는지 알아본다. 3장에서 소개하는 DirectX 코드는 Graphics 클래스에 포함할 것이다. Graphics 클래스는 게임 엔진의 일부분이 될 것이다. DirectX 프로그래밍을 위해 비주얼 스튜디오 프로젝트를 만들고 환경설정을 한 후 첫 번째 DirectX 프로그램을 만들어본다.

4장, 게임 엔진

4장에서는 게임 엔진을 만들기 시작한다. 먼저 엔진의 핵심인 Game 클래스를 만든다. 윈도우 메시지 핸들링과 고성능 윈도우 타이머를 포함한다. 로스트 상태가 된 윈도우 디바이스를 복구하는 적절한 방법을 살펴보고 관련 코드를 추가한다. 다음으로 화면에 이미지를 그리기 위해 DirectX가 요구하는 코드를 살펴본다. Game 클래스의 메인 게임 루프에 코드를 감싼 뒤 게임의 속도를 조절하는 방법을 알아본다. 또한 4장에서는 Input 클래스를 만든다. Input 클래스에서 키보드, 마우스, 게임 컨트롤러에서 어떻게 입력을 받는지 알아본다. 책의 나머지 부분에 걸쳐 만들 Spacewar 게임의 첫 모습을 보면서 4장을 마무리한다. 4장이 끝난 뒤에는 게임 엔진을 위한 기본적인 프레임워크를 완성하게 될 것이며, 게임과 같은 실시간 애플리케이션이 윈도우 환경에서 어떻게 동작하는지 알 수 있게 될 것이다.

5장, 스프라이트와 애니메이션

5장에서는 스프라이트와 애니메이션 그래픽 그리기와 관련된 사항을 전반적으로 다룬다. DirectX 스프라이트를 사용해 화면에 이미지를 그린다. 스프라이트는 투명한 부분을 포함하고 있는 이미지를 지원한다. 스프라이트로 그려진 이미지를 텍스처라고 부른다. 파일로부터 텍스처를 어떻게 불러오는지, 텍스처 관리^{Texture Manager} 클래스를 통해 메모리로 불러온 뒤 텍스처를 어떻게 관리하는지 살펴본다. 실제로 스프라이트를 그리는 코드는 Image 클래스의 일부분이 된다. 5장에서 만든 새 클래스들은 게임 엔진에 포함할 것이다. 애니메이션 스프라이트를 어떻게 그리는지 살펴보면서 5장을 마무리한다. 5장이 끝난 뒤에는 애니메이션 그래픽을 그리는 데 게임 엔진을 사용할 수 있을 것이다.

6장, 충돌과 개체

6장에서는 스프라이트를 어떻게 물리가 적용된 개체^{entity}처럼 만드는지 살펴본다. 벡터와 관련된 수학을 살펴보며 6장을 시작한다. DirectX는 계산을 수행하는 데 도움을 주기 위해 사용하는 벡터 작업이 많이 포함돼 있다. 화면에 게임 아이템이 충돌할 때 어떻게 감지하는지 철저하게 설명한다. 그리고 개체가 현실적으로 반응하게 만들기 위해 게임에서 물리를 어떻게 사용하는지 알아본다. 충돌 코드와 물리 코드는 게임 엔진에 추가할 새 Entity 클래스의 일부분이 된다. 기능이 적용된 버전의 Spacewar 게임을 보며 6장을 마무리한다. 6장이 끝난 뒤에는 서로에게 반응할 수 있는 애니메이션 그래픽을 그릴 수 있을 것이다.

7장, 사운드

7장에서는 게임 엔진이 자신의 목소리를 얻게 된다. Audacity 유틸리티를 사용해 오디오 파일을 만들고 편집하는 방법을 알아본다. 다음으로 XACT를 사용해 게임에 사용할 오디오 파일을 어떻게 준비하는지 살펴본다. 그리고 XACT 엔진을 사용해 사운드를 재생하는 방법을 알아본다. 오디오 코드는 게임 엔진에 추가할 Audio 클래스에 추가할 것이다. 7장이 끝난 뒤에는 게임 오디오 파일을 만들고, 편집하고, 재생하는 방법을 이해하게 될 것이다.

8장, 텍스트

기존 그래픽 코드를 사용해 어떻게 스프라이트 기반의 텍스트 시스템을 만드는지 살펴보고, DirectX 텍스트를 사용하는 방법도 알아본다. 텍스트 코드는 새 Text 클래스로 감싼다. 새로 만든 텍스트 기능을 게임 엔진에 포함시켜 콘솔을 추가하는 데 사용한다. 8장이 끝난 뒤에는 게임에 텍스트 메시지를 보여줄 수 있게 될 것이며, 콘솔에 명령을 추가할 수 있게 될 것이다.

9장, 향상된 외관

9장에서는 게임의 외관을 향상시키기 위한 여러 기법을 살펴본다. 이 기법들은 게임에 깊은 느낌을 주는 기법과 사용자 인터페이스 요소를 추가하는 기법을 포함한다. 9장이 끝난 뒤에는 2D 게임의 외관을 향상하기 위한 여러 기법을 배웠을 것이다.

10장, 타일 기반 게임

타일 기반 게임은 나온 지 꽤 됐지만, 오늘날에도 여전히 의미가 있다. 먼저 타일 기반 게임의 장점을 알아본다. 다음으로 도구를 이용해 타일 세트를 만들고 게임 맵을 편집하는 방법을 분석한다. 마지막으로 타일 세트를 게임 화면에 그리는 흥미로운 방법을 살펴본다. 10장이 끝난 뒤에는 자신의 게임을 플랫폼 방식으로 만들 수 있을 것이다.

11장, 게임 완성

11장에서는 게임을 완성하기 위해 그동안 작업했던 모든 기능을 하나로 합친다. 시간과 자원을 관리하는 방법을 포함해 프로젝트 관리의 기초 일부분을 다룬다. 그리고 Spacewar 게임을 만들기 위해 거쳐야 하는 여러 단계를 차례로 밟아나간다. 또한 Space Pirates 게임의 도움을 약간 받아 게임 상태를 저장하고 불러오는 방법을 다룬다.

12장, 네트워크 프로그래밍

TCP/IP와 UDP/IP는 웹 서핑 이상으로 훨씬 유용하다. 12장에서는 윈도우 소켓을 사용해 게임에 네트워크 통신 기능을 추가한다. 윈도우 소켓이 어떻게 동작하는지 설명하면서 12장을 시작한다. 소켓 코드는 게임 엔진의 일부분인 Net 클래스에 포함돼 있다. 새로운 네트워크 코드는 간단한 클라이언트/서버 채팅 프로그램과 Spacewar의 네트워크 플레이 버전을 만드는 데 사용된다.

시작하기

▌ 1.1 개요

Programming 2D Games에 온 것을 환영한다. 이 책은 여러분이 이전에 게임 프로그래밍을 경험한 적이 없다고 가정한다. 이 책은 윈도우 프로그래밍의 기초부터 시작해 2D 게임 엔진을 완성하는 데 필요한 모든 기능을 개발하려고 한다. 모든 방법을 사용해 두 명이 플레이할 수 있는 고전적인 게임을 만들어 볼 것이다. 각 장에 있는 자료는 논리적이고 간단한 방식으로 제공된다. 초기에 제공되는 주제와 관련 코드는 이후 게임을 만드는 기본 지식이 된다. 책에서 만드는 모든 코드는 적절한 소프트웨어 개발 방법론을 사용한다. 책에 설명된 방법과 최신 기술을 사용하면서도 적절히 동작하게 만들기 위해 많은 노력을 기울였다. 컴파일과 실행이 성공적으로 이뤄지고 에러로부터 자유롭게 만들기 위해 모든 코드에 대해 철저한 테스트를 수행했다. 이 책을 다 보고 나면 독자는 자신만의 멋진 게임을 만드는 데 필요한 모든 지식과 도구를 갖게 될 것이다.

만들 수 있는 2D 게임의 종류는 다음과 같다.

- 수직 사이드 스크롤side scroll 게임

- 고전 아케이드 게임
- 타일 기반 게임
- 역동적인 어드벤처 게임
- 퍼즐 게임

▌▌ 1.2 개발 환경

책에 있는 모든 프로그램은 마이크로소프트 비주얼 스튜디오^{Microsoft Visual Studio}
2010에서 C++ 프로그래밍 언어를 사용해 만들어졌다. 비주얼 스튜디오^{Visual}
^{Studio}를 갖고 있지만 학생이라면 학교에서 MSDN 교육단체 프로그램^{Academic}
^{Alliance Program}(이하 MSDNAA)에 참여하고 있는지 알아보라. MSDNAA를 통해 학
생은 무료나 적은 비용으로 비주얼 스튜디오나 다른 마이크로소프트 소프트웨
어를 얻을 수 있다. 자세한 내용은 MSDNAA 웹사이트를 확인하라.

http://msdn.microsoft.com/academic/default.aspx

마이크로소프트 DirectX SDK(2010년 6월)은 책에 있는 모든 프로그램에 사용
된다. 책에 나오는 모든 예제는 윈도우 XP, 윈도우 비스타, 윈도우 7, 윈도우
8에서 성공적으로 컴파일되고 실행된다.

▌▌ 1.3 DirectX란?

DirectX는 윈도우 운영체제에 대한 저수준의 접근을 제공하는 애플리케이션 프
로그래밍 인터페이스^{API, Application Programming Interface}의 모음이다. DirectX의 API
중 일부는 Direct3D, XACT, DirectInput, 그리고 XInput을 포함한다. 이 API를
이용해 프로그래머는 기존 윈도우 프로그래밍 기술보다 훨씬 더 나은 성능을
가진 윈도우 애플리케이션을 만들 수 있다.

1.3.1 API

DirectX에 포함돼 있는 API는 다음과 같다.

- **Direct3D** 기본 그래픽 API다. 일반적으로 이름을 통해 유추할 수 있는 예상과는 달리 Direct3D는 3D 그래픽뿐만 아니라 2D 그래픽 생성도 지원한다.
- **XACT** 이 API는 여러 WAV 파일의 재생과 동시에 재생 특성에 대한 제어를 지원한다. 효과음과 음악에 유용하다.
- **DirectInput** DirectInput은 조이스틱, 레이싱 휠 등 기존 입력 장치로부터 입력을 받아오는 데 사용한다.
- **XInput** 윈도우와 Xbox 360을 위한 새로운 입력 관련 API다. 윈도우 XP 서비스 팩 1 또는 그 이상에서 동작하며, 윈도우에서 Xbox 360 컨트롤러를 지원한다. XInput은 기존 DirectInput 디바이스에는 동작하지 않는다.
- **DirectPlay** DirectPlay는 네트워크 통신을 지원하는 API다. 인터넷이나 랜을 통해 다른 플레이어와 연결이 필요한 게임을 만들 수 있게 해준다.
- **DirectSetup** 이 API는 게임을 실행하는 데 필요한 DirectX 런타임의 최종 사용자 설치를 지원하는 편리한 방법을 제공한다.

▌ 1.4 C++를 사용하는 이유

C++ 프로그래밍 언어는 나온 지 오래됐고, 때때로 너무 배우기 어렵거나 너무 사용하기 위험하다고 비판을 받기도 한다. 이런 비판에도 불구하고 C++는 현재 상용 게임 개발에서 가장 많이 사용하는 언어다. 게임 개발자 잡지에서 실시한 설문조사에 의하면 개발자의 76%가 게임을 만드는 데 C++를 사용했다고 대답했다. 이처럼 게임을 만들기 위해 무엇을 공부해야 할지 심각하게 고민하고 있다면 C++를 공부해야 한다.

1.4.1 요구되는 C++ 능력

객체지향 프로그래밍^{OOP, Object Oriented Programming}을 처음 접하더라도 염려할 필요

는 없다. 모든 코드를 보여줄 것이다. 책에 있는 객체지향 코드는 매우 간단하게 사용할 수 있으며, 많은 예제가 포함돼 있다. 책에 있는 코드를 통해 성공적으로 프로그램을 만들기 위해서는 C 언어나 자바^Java에 대한 철저한 이해와 미리 선언된 클래스를 사용할 수 있는 능력 같은 프로그래밍 전문 지식이 필요하다. 책에 포함된 게임 엔진 코드를 수정하거나 개선하고자 하는 숙달된 C++ 프로그래머를 위해 추가 토론과 연습 문제를 제공한다.

1.4.2 C++ 60초 완성

다음에 설명할 객체지향 프로그래밍 기술은 매우 간단하며, 이 객체지향 프로그래밍에 대해 자세하게 설명하지 않는다.

　C++에서 클래스^class는 선언이다. 클래스 선언으로부터 만들어진 변수를 객체라고 한다. 클래스는 private:이나 public:으로 선언된 부분을 가질 수 있다. private: 부분은 일반적으로 변수가 정의되는 곳이다. public: 부분은 함수의 프로토타입이나 함수의 구현부가 위치하는 곳이다. 코드를 살펴보면(리스트 1.1을 참조) 클래스마다 두 개의 파일을 사용한다는 사실을 알 수 있다. 바로 헤더 파일과 소스 파일이다. 헤더 파일에는 변수와 함수 프로토타입이 있는 클래스의 선언이 포함돼 있다. 하지만 가끔 헤더 파일 내부에 함수의 구현부를 배치하는 경우도 있다. 이런 함수는 자동으로 인라인 함수가 되기 때문에 함수의 내용이 아주 적은 경우에만 배치해야 한다.

인라인 함수가 호출될 때마다, 컴파일러는 함수 코드 전체를 프로그램 내부에 직접 추가한다. 이런 방법을 통해 일반 함수를 호출하는 속도보다 인라인 함수를 호출하는 속도를 더 빠르게 만들 수 있다. 하지만 속도가 빨라질수록 실행 파일의 크기는 커진다.

소스 파일에는 다른 모든 함수의 구현 코드가 포함돼 있다. 예를 들어 리스트 1.1의 코드는 Graphics 클래스를 정의하는 파일인 **graphics.h**의 일부다.

```
class Graphics
{
private:
    // DirectX 포인터와 관련 변수

    LP_3D           direct3d;
    LP_3DDEVICE     device3d;
    D3DPRESENT_PARAMETERS d3dpp;
    // 다른 변수들

    HRESULT         result;         // 윈도우 표준 반환 코드
    HWND            hwnd;
    bool            fullscreen;
    int             width;
    int             height;
    // (엔진 내부에서만 사용한다. 안에 사용자가 서비스할 수 있는 부분은 없다)
    // D3D 프레젠테이션 매개변수(Presentation Parameters)를 초기화한다.
    void initD3Dpp();
public:
    // 생성자
    Graphics();
    // 소멸자
    virtual ~Graphics();
    // 동적 할당된 Direct3d와 Device3d를 해제한다.
    void        releaseAll();
    // DirectX 그래픽을 초기화한다.
    // hw = 윈도우의 핸들
    // width = 픽셀 단위 폭
    // height = 픽셀 단위 높이
    // fullscreen = true면 전체 화면, false면 창 화면
    // 에러가 발생할 경우 GameError를 던진다.
    void    initialize(HWND hw, int width, int height, bool fullscreen);
    // 화면에 보이지 않는 백 버퍼(Back Buffer)를 화면에 표시한다.
    HRESULT showBackbuffer();
```

```
};
```

객체지향 프로그래밍에서는 객체 밖에서 접근할 수 있는 부분은 public 뿐이
다. 이는 객체지향 프로그래머가 극복해야 할 가장 큰 개념적인 장애물 중 하나
일 수 있다. 객체에서 코드로 사용할 수 있는 부분은 public뿐이며, 객체에서
일반적으로 public인 부분은 함수뿐이다. 즉, 객체 안에 있는 변수에 직접 접근
할 수 있는 방법이 없음을 의미한다. 객체에 있는 변수에 접근하고 싶다면 객체
에 있는 함수를 통해서만 접근할 수 있다.

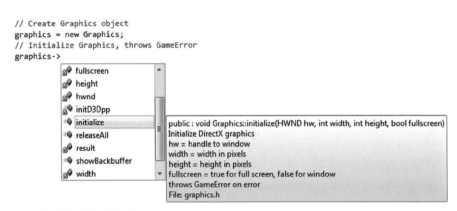

그림 1.1 코드 자동 완성 창

C++ 객체는 '자동' 함수를 일부 갖고 있다. 새 객체가 생성될 때 생성자
Constructor 함수가 자동으로 호출된다. 생성자 함수는 객체의 변수를 초기화하는

데 사용된다. 또한 객체가 소멸될 때 소멸자^{Destructor} 함수가 자동으로 호출된다. 소멸자 함수는 객체가 가진 모든 메모리를 정리하는 데 사용된다. 생성자 함수와 소멸자 함수는 두 가지 기준을 충족해야 한다. 클래스와 동일한 이름이어야 하며, 반환형^{Return Type}이 없어야 한다. 심지어 **void**도 허용하지 않는다.

리스트 1.1에 있는 Graphics 클래스에서 생성자 함수와 소멸자 함수는 다음과 같이 선언돼 있다.

```
// 생성자
Graphics();
// 소멸자
virtual ~Graphics();
```

소멸자는 물결표 모양의 ~ 문자로 지정돼 있다. 또한 더 많은 기능을 가진 클래스를 구축할 수 있는 기본 클래스로 사용하고자 할 때는 virtual 키워드를 사용한다.

일반적으로 헤더 파일에는 함수 프로토타입만 있다. 나머지 함수 코드는 소스 파일에 있다. 함수가 클래스의 일부분이라는 것을 나타내기 위해 다음과 같이 각 함수 이름 앞에 **클래스이름::**을 붙인다.

```
bool Graphics::initialize(HWND hw, int w, int h, bool full)
{
```

접두사 Graphics::는 Graphics 클래스에서 초기화^{initialize} 함수에 대한 프로토타입을 찾을 수 있다고 컴파일러에게 알려준다.

::는 범위 지정 연산자(Scope Resolution Operator)다.

프로그램에서 객체를 사용하려면 객체 변수를 직접 만들거나 객체 포인터를 만들면 된다. graphics라는 이름의 Graphics 클래스 객체를 만들고 싶다면 다음과 같이 하면 된다.

```
// Graphics 객체
Graphics graphics;
```

public 함수는 구조체 변수에 접근하는 방법과 똑같이 도트 연산자(.)를 사용해 접근할 수 있다.

```
// Graphics 객체 초기화
graphics.intialize(hwnd, WINDOW_WIDTH, WINDOW_HEIGHT, FULLSCREEN);
```

객체를 가리키는 포인터를 사용하려면 다음과 같이 하면 된다.

```
// Graphics 포인터
Graphics *graphics;
```

그리고 new 키워드를 사용해 객체를 만들고 싶다면 다음과 같이 하면 된다.

```
// Graphics 객체 생성
graphics = new Graphics();
```

일단 객체가 만들어지면 객체 포인터에 -> 연산자를 사용해 모든 public 함수에 접근할 수 있다.

종종 클래스에 함수를 선언할 때가 있는데, 그 순간에 어떻게 구현해야 할지 확신이 서지 않을 때가 있다. 예를 들어 프로그래머가 해야 할 일이 화면에 게임 아이템을 표시하는 것이라고 가정하자. 당연히 Game 클래스에 게임 아이템을 표시해주는 함수가 있겠지만, 모든 장르의 게임에 맞춰 게임 아이템을 그리는 방법은 알 수 없다. 이 문제를 푸는 해결책은 순수 가상 함수^{Pure Virtual Function}를 사용하는 것이다. 순수 가상 함수는 다음과 같이 함수 프로토타입을 0으로 설정하면서 선언한다.

```
virtual void render() = 0;
```

Game 클래스에 render이라는 순수 가상 함수가 선언돼 있다면 Game 클래스를 상속받는 모든 클래스는 render 함수의 구현부를 반드시 제공해야 한다.

즉, 순수 가상 함수는 함수에 대한 플레이스홀더Placeholder(빠져 있는 다른 것을 대신하는 기호나 텍스트의 일부 - 옮긴이) 역할을 한다고 볼 수 있다.

기존 클래스로부터 클래스 선언을 상속할 수 있다. 기존 클래스로부터 상속을 받는 클래스는 기존 클래스로부터 모든 것을 물려받는다. Game 클래스가 있고 Game 클래스로부터 상속을 받는 Spacewar 클래스를 만들길 원한다면 다음과 같이 프로그래밍하면 된다.

```
class Spacewar : public Game
{
    // Spacewar에 필요한 내용을 적는다.
}
```

: public Game 구문은 Spacewar 클래스가 Game 클래스로부터 상속받았음을 나타낸다. Spacewar 클래스는 Game 클래스의 모든 것을 가진 채로 시작한다. 그리고 이제 여러분은 Spacewar 클래스에 코드를 원하는 대로 추가, 제거, 수정할 수 있다.

C++ 교육의 마지막은 프로그램을 실행하는 동안 일어날 수 있는 예외 처리에 관한 부분이다. 예외 처리를 하기 위해서는 메소드를 try/catch 블록으로 감싸야 한다. try/catch 블록 안에서 발생하는 모든 예외는 프로그램 충돌을 야기하는 대신 코드를 통해 지역적으로 제어할 수 있다. 예를 들어 WinMain 함수의 일부를 나타내는 리스트 1.2를 살펴보자.

리스트 1.2 WinMain에 try/catch문 추가

```
try{
    game->initialize(hwnd);  // GameError를 던진다.
    // 메인 메시지 루프
    int done = 0;
    while (!done)
    {
        if (PeekMessage(&msg, NULL, 0, 0, PM_REMOVE))
```

```
        {
            // 종료 메시지를 찾는다.
            if (msg.message == WM_QUIT)
                done = 1;
            // 해석한 뒤 WinProc에 메시지를 전달한다.
            TranslateMessage(&msg);
            DispatchMessage(&msg);
        } else
            game->run(hwnd);   // 게임 루프를 실행한다.
    }
    SAFE_DELETE(game);   // 종료하기 전에 메모리를 해제한다.
    return msg.wParam;
}

catch(const GameError &err)
{
    game->deleteAll();
    DestroyWindow(hwnd);
    MessageBox(NULL, err.getMessage(), "Error", MB_OK);
}

catch(...)
{
    game->deleteAll();
    DestroyWindow(hwnd);
    MessageBox(NULL, "Unknown error occurred in game.", "Error", MB_OK);
}
```

예외 처리할 코드 블록을 try{ } 구문으로 감싼다. 이 예제에는 2개의 catch
문이 사용됐다. 첫 번째 catch(const GameError &err)는 GameError 예외만
감지하고 나머지는 모두 무시한다. 두 번째 catch(...)는 발생할 수 있는 모
든 종류의 예외를 감지한다. 예외가 발생한 경우 실행하고자 하는 코드를
catch 중괄호 사이에 배치한다.

직접 예외를 만들 수도 있다. C++의 throw문을 통해 수행된다. throw의

문법은 throw(item);이다.

대부분 던져진 항목을 위해 사용된다. 코드를 살펴보면 예외를 던지기 위한 GameError 클래스를 만든다. 자신만의 예외 클래스를 만들면 에러 상태에 대해 전달하고자 하는 정보를 원하는 대로 포함할 수 있다. GameError 클래스는 리스트 1.3에 있는 코드와 같다.

클래스의 데이터 멤버는 int errorCode와 std::string message다. errorCode로 할당될 수 있는 값은 gameErrorNS 네임스페이스^{Namespace}에 정의돼 있다. 클래스의 디폴트 생성자^{Default Constructor}는 디폴트 에러 코드를 FATAL_ERROR로, 디폴트 메시지를 'Un defined Error in game'으로 할당한다. 매개변수가 2개인 생성자는 errorCode와 message에 특정한 값을 지정할 수 있다.

리스트 1.3 GameError 클래스

```
// 2D 게임 프로그래밍
// Copyright (c) 2011 by:
// 찰스 켈리 (Charles Kelly)
// gameError.h v1.0
// 게임 엔진에서 던지는 Error 클래스
#ifndef _GAMEERROR_H        // 여러 곳에서 이 파일을 포함하는 경우
#define _GAMEERROR_H        // 다중 정의를 방지한다.
#define WIN32_LEAN_AND_MEAN
#include <string>
#include <exception>
namespace gameErrorNS
{
    // 에러 코드
    // 음수는 게임을 강제 종료시켜야 하는 치명적인 에러를 나타낸다.
    // 양수는 게임을 강제 종료시킬 필요가 없는 경고를 나타낸다.
    const int FATAL_ERROR = -1;
    const int WARNING = 1;
}
// GameError 클래스. 게임 엔진을 통해 에러가 감지됐을 때 던져진다.
```

```cpp
// std::exception을 상속받는다.
class GameError : public std::exception
{
private:
    int         errorCode;
    std::string message;
public:
    // 디폴트 생성자
    GameError() throw() : errorCode(gameErrorNS::FATAL_ERROR),
                          message("Undefined Error in game.") { }
    // 복사 생성자
    GameError(const GameError &e) throw() : std::exception(e),
                          errorCode(e.errorCode), message(e.message) { }
    // 매개변수가 있는 생성자
    GameError(int code, const std::string &s) throw() : errorCode(code),
    message(s)
    { }
    // 할당 연산자
    GameError &operator=(const GameError &rhs) throw()
    {
        std::exception::operator=(rhs);
        this->errorCode = rhs.errorCode;
        this->message = rhs.message;
    }
    // 소멸자
    virtual ~GameError() throw() { };
    // 베이스(Base) 클래스로부터 재정의하는 메소드
    virtual const char* what() const throw() { return this->getMessage(); }
    const char* getMessage() const throw() { return message.c_str(); }
    int getErrorCode() const throw() { return errorCode; }
};
#endif
```

게임을 중단해야 하는 중대한 에러를 감지한 경우 다음과 같이 errorCode와

message 매개변수를 가진 GameError 클래스를 던지면 된다.

```
if (FAILED(result))
    throw(GameError(gameErrorNS::FATAL_ERROR,
                    "Error creating Direct3D device"));
```

GameError 클래스는 표준 예외 클래스인 std::exception을 상속받는다. 표준 라이브러리에 의해 던져진 모든 예외는 std::exception을 상속받는다. std::exception으로 예외를 잡으면 자신이 만든 클래스를 포함해 std::exception으로부터 상속받은 모든 클래스를 잡을 수 있다.

▌ 1.5 명명 규칙

책에서 사용할 명명 규칙에 대해 설명한다. 이 규칙은 여러분이 만드는 코드에만 적용된다. 마이크로소프트는 모든 DirectX 코드에 독자적인 명명 규칙을 사용한다.

- **변수** 변수는 소문자로 시작한다. 여러 단어로 된 변수는 추가된 각 단어의 첫 글자를 대문자로 명명한다.

  ○ int variable;

  ○ int multiWordVariable;

- **함수** 함수는 변수에서 사용한 것과 똑같은 명명 규칙을 따른다. 소문자로 시작하며, 여러 단어로 된 함수 이름은 추가된 각 단어의 첫 글자를 대문자로 명명한다. 변수와 구별하기 위해 함수를 호출할 때는 항상 소괄호 ()를 붙인다.

- **상수** 상수는 모두 대문자를 사용한다. 여러 단어로 된 상수는 밑줄로 구분한다.

  ○ const int CONSTANT = 1;

  ○ const int MULTI_WORD_CONSTANT = 2;

- **네임스페이스** 네임스페이스는 두 글자 접미사 'NS'를 가진다. 소문자로 시작

하며, 여러 단어로 된 이름은 추가된 각 단어의 첫 글자를 대문자로 명명한다.

- ○ namespace namesNS

- ○ namespace multiWordNamesNS

- **클래스 또는 구조체** 클래스 또는 구조체는 대문자로 시작한다. 여러 단어로 된 이름은 추가된 각 단어의 첫 글자를 대문자로 명명한다.

- ○ class ClassName

- ○ struct StructName

- **매크로** 매크로는 모두 대문자를 사용한다. 여러 단어로 된 매크로는 밑줄로 구분한다.

- ○ #define SETCOLOR_ARGB(a, r, g, b)

▌▌ 1.6 게임 엔진

게임 엔진은 대부분의 게임에서 사용되는 기본 요소를 포함한 소스 파일의 모음이다. 대부분의 상용 게임이 게임 엔진을 사용해 만들어진다. 게임 엔진이 무엇인지, 그리고 어떻게 사용하는지 철저하게 이해하기 위해서는 스스로 게임 엔진을 만들어봐야 할 것이다. 이 책 전반에 걸쳐 새 게임 프로그래밍 주제가 소개될 때마다 해당 주제를 게임 엔진에 통합할 것이다. 최종적으로 완전한 기능을 수행하는 C++로 작성된 2D 게임 엔진을 만들 수 있을 것이다. 그리고 게임 엔진을 빌드한 후에 고전 게임인 Spacewar를 만드는 데 사용할 것이다.

어려운 코드 대부분은 이미 구현된 상태이기 때문에 객체지향 프로그래밍에 대해 전문가 수준으로 이해해야 하거나 책에 작성돼 있는 코드를 사용할 필요는 없다. 좀 더 기량이 뛰어난 C++ 프로그래머는 개인적으로 코드를 건드려 볼 수도 있다.

▮ 1.7 팁과 툴

프로그래밍에 관한 무언가를 알아감에 따라 보람과 재미, 그리고 도전 의식을 느낄 수 있다. 프로그램 코딩에 대한 기본 지식을 탄탄하게 쌓아두면 여러분의 여정이 좀 더 여유로워질 것이다. 많은 프로그래머가 고생을 하면서 배운 몇 가지 교훈이 있다. 함정을 피하고 고민하느라 보낼 많은 시간을 절약할 수 있게 도와줄 몇 가지 팁과 툴은 다음과 같다.

- 백업! 백업! 백업하라!

  ○ 저장 공간은 매우 싸다. 게임 프로젝트를 주기적으로 백업하라. 각 백업에 버전 번호를 다르게 부여하라.

  ○ 절대 지우지 마라. 무심코 프로그램에 눈에 띄지 않는 결함이 발생할 수도 있다. 게임의 이전 버전을 보관함으로써 결함이 있기 전의 버전을 확인하고 결함의 원인을 파악할 수 있다.

  ○ 하드 드라이브는 고장 난다. 제조업체는 드라이브가 평균적으로 고장 나는 데 걸리는 시간에 대한 보증을 한다(MBTF – 평균 무고장 시간). 그러므로 백업! 백업! 백업하라! 내 목소리가 잘 들리는가?

- WinMerge(http://winmerge.org/)를 받아라. WinMerge는 각 파일의 차이를 비교하고 병합할 수 있는 훌륭한 오픈소스 툴이다.

- 주석! 주석! 주석을 달아라!

  ○ 코드가 무슨 일을 하는지, 그리고 왜 이렇게 짰는지 설명할 수 있게 의미가 있는 좋은 주석을 달아라.

- 모듈화 프로그래밍

  ○ 게임 전체를 하나의 거대한 함수로 만들지 마라.

  ○ 다음으로 넘어가기 전에 각 모듈을 자주 컴파일하고 테스트하라.

- 테스트! 테스트! 테스트하라!

- 미루지 마라.

- 대부분의 프로그래머는 컴퓨터 게임 전체를 개발하는 데 필요한 시간을 과소평가한다. 따라서 테스트 및 기능 변경 사항에 대해 충분한 시간을 예산에 할당하라.
- 시작은 간단하게 하라.
  - 게임의 가장 간단한 형태로 시작하고 돌아가게 만든 뒤 저장한 다음, 시간이 허락하는 내에서 점진적으로 기능을 추가한다.
  - 화려한 그래픽이나 사운드 효과를 이끌어 낼 수 있는 방법을 걱정하지 마라. 먼저 아주 간단한 그래픽과 사운드를 사용해 게임 코드 작성에 집중하라. 일단 게임 코드 작성이 완료되면 시간이 허락하는 내에서 그래픽과 사운드를 업데이트하라.
- 여러분이 읽은 걸 전부 믿지 마라. 바로 이 책에서 읽은 것도 포함된다. 자신이 겪은 시행착오로부터 자료를 만드는 일은 너무나 쉽다. 따라서 스스로 연구하는 시간을 가져라.

정리

1장에서는 게임을 만드는 데 사용하는 밑천 기술을 소개했다. 1장에 나온 핵심 내용을 정리하면 다음과 같다.

- C++는 윈도우와 Xbox 360 기반의 상용 게임 개발에 주로 사용하는 언어다.
- 마이크로소프트 비주얼 C++와 마이크로소프트 DirectX API는 중요한 밑천 기술이다.
- 책에 나와 있는 코드를 이해하고 사용하는 데 필요한 프로그래밍 경험의 수준은 객체를 사용하는 방법에 대한 이해와 더불어 C++, C, 자바 언어에 대한 훌륭한 지식이 필요하다.
- 오늘날 대부분의 상용 게임은 게임 엔진을 사용해서 만들어진다. 여러분은 책을 읽으면서 게임 엔진을 만들어 나갈 것이다.

- 재앙을 방지할 수 있는 몇 가지 중요한 팁과 툴이 있다.

복습문제

1. 2D 컴퓨터 게임의 종류를 두 가지만 말하라.
2. API란 무엇인가?
3. 게임을 만들 때 DirectX가 제공하는 장점은 무엇인가?
4. 최신 게임 컨트롤러로부터 입력을 받아올 때 사용하는 DirectX API는 무엇인가?
5. 클래스와 객체 사이의 관계에 대해 설명하라.
6. 클래스의 private 부분에 선언돼 있는 항목은 어디에서 접근할 수 있는가?
7. 포인터를 통해 객체를 접근할 때 사용하는 C++ 연산자는 무엇인가?
8. 예외를 처리하는 데 사용하는 코드의 동작 원리는 무엇인가?
9. WinMerge 프로그램은 무슨 용도로 사용하는가?
10. 컴퓨터 파일을 백업하는 것이 왜 중요한가?

연습문제

1. 게임 엔진의 목적을 설명하라.
2. 여러분이 즐겼던 2D 게임 중 일부를 설명하라.
3. 여러분이 만들고 싶은 2D 게임을 설명하라.
4. 게임을 재밌게 만들어주는 요소에는 주로 무엇이 있는가?

윈도우 프로그래밍 기초

▌ 2.1 윈도우 프로그래밍 기초

2장에서는 윈도우 애플리케이션 프로그래밍 인터페이스API를 이용해 프로그램을 만들어본다. 윈도우 API는 WinAPI라고도 부르며, 이전에는 Win32 API 또는 Win32라고도 불렸다. 윈도우 API는 많은 내부 동작에 대한 접근을 제공한다. 여러분이 만든 게임이 윈도우 환경에서 평화롭게 공존하려면 2장에 나와 있는 정보를 반드시 이해해야 한다.

▌ 2.2 윈도우 스타일의 'Hello World'

좋다, 이야기는 여기까지다! 이제 약간의 코드를 작성할 시간이다. 윈도우 제목 표시줄에 'Hello World'를 보여주는 프로그램을 만들어보자. 프로그램이 정상적으로 실행된다면 그림 2.1과 같은 이미지가 보일 것이다.

2.2.1 비주얼 스튜디오 시작

여러분이 첫 번째로 해야 할 일은 비주얼 스튜디오를 실행하고 새 프로젝트를 생성하는 것이다.

그림 2.1 'Hello World' 윈도우 애플리케이션

책에 표시된 화면 이미지는 컴퓨터마다 차이가 있을 수 있다.

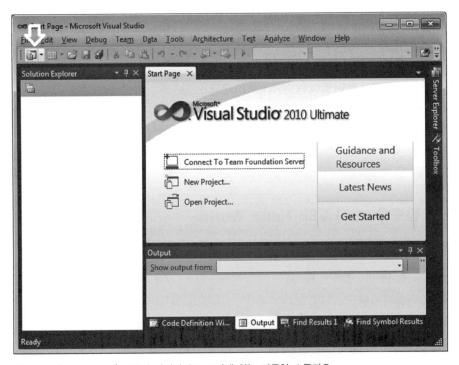

그림 2.2 'New Project' 버튼이 하이라이트 표시돼 있는 비주얼 스튜디오

그림 2.3 비주얼 스튜디오의 'New Project' 화면

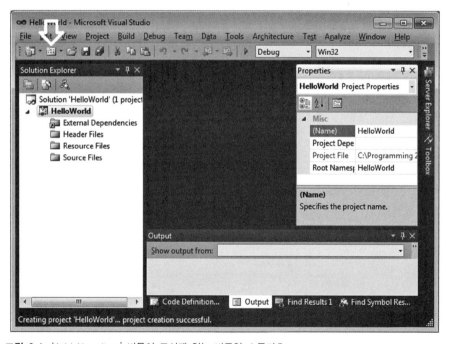

그림 2.4 'Add New Item' 버튼이 표시돼 있는 비주얼 스튜디오

- 메뉴에서 File > New > Project를 선택하거나 도구 모음에서 New Project 버튼을 클릭해 새 프로젝트를 생성한다(그림 2.2 참조).
- 왼쪽 윈도우에 프로젝트 형식이 Visual C++로 돼 있는지 확인한다. 중앙 윈도우에서 Empty Project를 선택한다(그림 2.3 참조).
- 프로젝트 이름을 'HelloWorld'로 정한다(프로젝트 이름은 프로젝트가 컴파일 될 때 실행 파일에 붙여질 이름이다). 솔루션 이름은 기본적으로 프로젝트 이름과 동일하게 만든다.
- Create directory for solution 부분을 체크 해제한다.
- 프로젝트가 생성될 위치를 지정하고 OK를 클릭한다.
- 도구 모음에서 Add New Item 버튼을 클릭해 빈 프로젝트에 소스 파일을 추가한다(그림 2.4 참조).

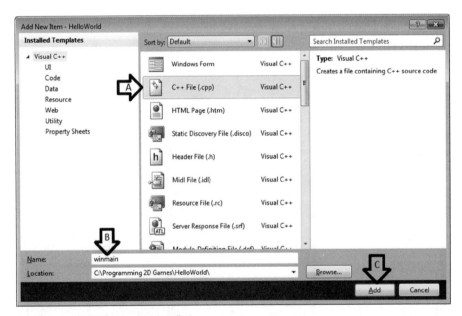

그림 2.5 프로젝트에 새 C++ 파일 추가

- 중앙 윈도우에서 C++ File (.cpp)를 선택한다(그림 2.5(A) 참조).

- 파일 이름을 'winmain'으로 정하고(그림 2.5(B) 참조) Add 버튼을 클릭한다(그림 2.5(C) 참조).

winmain.cpp 소스 파일의 창이 열리면 코드를 입력할 준비가 끝난다(그림 2.6 참조).

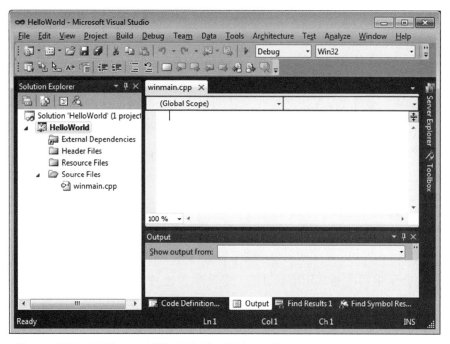

그림 2.6 편집이 준비된 소스 파일을 띄워놓은 비주얼 스튜디오

2.2.2 WinMain 함수

프로그래밍을 처음 하는 것이 아니라면 'Hello World' 프로그램을 한두 번쯤 작성해본 경험이 있을 것이다(프로그래밍을 처음한다면 C++에 관한 좋은 책을 찾아서 먼저 읽어보길 바란다. 걱정하지 마라, 기다리고 있겠다. 좋다, 계속해보자).

기억을 되살리기 위해 리스트 2.1에 C++로 작성된 'Hello World' 프로그램을 살펴보자.

```cpp
#include <iostream>
int main()
{
    std::cout << "Hello World";
    std::cin.get();            // 엔터(Enter) 키를 기다린다.
    return 0;
}
```

윈도우가 출력 윈도우를 만들기 위한 작업을 알아서 해주기 때문에 일반적으로 간단한 텍스트 메시지를 보여주는 데 필요한 코드는 몇 줄 만으로도 충분하다. 곧 보겠지만 윈도우 버전의 'Hello World'는 여러분만의 윈도우를 생성해야 하기 때문에 좀 더 많은 코드를 수반한다.

리스트 2.1의 프로그램은 iostream 헤더 파일을 포함한다. iostream 헤더 파일은 cout과 cin을 사용하기 위해 필요한 파일이다. 윈도우 프로그래밍에서는 windows.h라는 헤더 파일을 사용한다. windows.h 헤더 파일은 애플리케이션을 만들기 위해 필요하거나 일부 사용하지 않는 수많은 헤더 파일과 정의를 담고 있다. 실제로 나중에 일부 추가 헤더 파일이 문제를 일으킬 수 있다. 포함되는 헤더 파일의 수를 줄이기 위해 windows.h를 포함하기 전에 #define WIN32_LEAN_AND_MEAN 지시자를 사용할 것이다.

리스트 2.1의 프로그램에 main이라는 함수가 있다. main 함수는 프로그램이 시작하는 곳이다. 윈도우 프로그래밍에서 main 함수는 WinMain 함수로 대체된다. WinMain 함수는 리스트 2.2에 있는 코드와 같다.

리스트 2.2 WinMain 함수

```cpp
// =================================================
// 윈도우 애플리케이션의 시작 지점
int WINAPI WinMain(  HINSTANCE   hInstance,
```

```
HINSTANCE,  hPrevInstance,
LPSTR       lpCmdLine,
int         nCmdShow);
```

보다시피 WinMain 함수는 전통적인 main 함수와는 다르다. 다음은 WinMain 함수의 각 부분에 대한 간략한 설명이다.

반환형은 int다. WinMain 함수로부터 반환되는 값에 대해서는 뒤에 메시지와 메시지 루프에 관한 내용을 살펴보며 자세히 알아본다. 기다릴 수 없는 사람을 위해 간단히 설명해보자면 일반적으로 WinMain 함수는 WM_QUIT 메시지를 받을 때까지 동작하는 메시지 루프를 포함하고 있다. WM_QUIT 메시지를 받으면 WinMain은 종료 메시지의 wParam 매개변수에 저장돼 있는 값을 반환한다. 메시지 루프에 진입하기 전에 WinMain이 종료되면 0을 반환한다.

다음은 WINAPI의 호출 규약이다. 호출 규약은 함수가 어떻게 호출되는지 정의한다. 매개변수가 전달되는 순서, 스택을 비우는 방법 등은 모두 호출 규약에 명시돼 있다.

입력 매개변수는 다음과 같다.

- **hInstance** 기본적으로 애플리케이션에 관한 포인터다. 어느 애플리케이션이 호출됐는지 식별해야 하는 일부 윈도우 함수에서 사용한다.

- **hPrevInstance** 항상 NULL이다. 이전 버전의 윈도우 호환성만을 위해 존재하는 쓸모없는 매개변수다.

- **lpCmdLine** 커맨드라인 매개변수에 대해 NULL로 끝나는 문자열을 가리키는 포인터다. 커맨드라인 매개변수는 애플리케이션이 실행될 때 전달되는 단어나 기호다.

- **nCmdShow** 윈도우를 어떻게 보여줄 것인지 설정한다.

위 매개변수들은 모두 WinMain 함수에 전달된다. 일반적으로 게임 프로그램에서 윈도우의 모습을 제어하는 데는 위 매개변수를 사용하지 않는다.

WinMain의 매개변수를 변경하면 윈도우의 모습에 영향을 줄 것이라고 혼동할 수도 있다. 하지만 WinMain의 매개변수는 모두 다른 곳에서 설정하는 입력 값이다. 다음 절에서 윈도우의 모습을 어떻게 변경하는지 살펴본다.

2.2.3 Window 클래스

윈도우를 표시하기 전에 Window 클래스를 생성하고 등록해야 한다. Window 클래스는 윈도우의 초기 설정 중 일부를 정의하는 클래스다. WNDCLASSEX 구조체에 값을 채워 넣어 윈도우를 설정할 수 있다. 구조체에 많은 멤버가 있다고 생각할 수 있지만, 걱정할 필요는 없다. 게임을 위한 구성을 한 번 하고 나면 바뀌는 경우는 거의 없다. 책에 있는 예제(리스트 2.3)에서 구조체의 이름은 wcx다.

리스트 2.3 WNDCLASSEX 구조체

```
WNDCLASSEX wcx;
HWND hwnd;

// Window 클래스 구조체를 메인 윈도우에 대한 매개변수로 채운다.
wcx.cbSize = sizeof(wcx);                  // 구조체의 크기
wcx.style = CS_HREDRAW | CS_VREDRAW;        // 크기가 변하면 다시 그린다.
wcx.lpfnWndProc = WinProc;                  // 윈도우 프로시저를 가리킨다.
wcx.cbClsExtra = 0;                         // 여분의 클래스 메모리는 필요 없다.
wcx.cbWndExtra = 0;                         // 여분의 윈도우 메모리는 필요 없다.
wcx.hInstance = hInstance;                  // 인스턴스의 핸들
wcx.hIcon = NULL;
wcx.hCursor = LoadCursor(NULL, IDC_ARROW);  // 미리 정의된 화살표
// 배경 브러시
wcx.hbrBackground = (HBRUSH)GetStockObject(BLACK_BRUSH);
wcx.lpszMenuName = NULL;                     // 메뉴 리소스의 이름
wcx.lpszClassName = CLASS_NAME;             // 윈도우 클래스의 이름
wcx.hIconSm = NULL;                         // 작은 클래스 아이콘
// Window 클래스를 등록한다.
```

```
// RegisterClassEx 함수는 에러가 발생할 경우 0을 반환한다.
if (RegisterClassEx(&wcx) == 0)          // 에러가 발생한다면
    return false;
```

wcx의 멤버를 살펴보고 각자 무슨 일을 하는지 알아보자.

- **cbSize** 구조체의 크기를 나타낸다. `sizeof(wcx)` 명령을 사용해 wcx 구조체의 크기를 cbSize에 대입한다.

- **style** 윈도우를 갱신하는 방법을 포함해 윈도우에 대한 다양한 측면을 정의한다. 스타일은 OR 연산자 '|'로 결합할 수 있다. 예제는 CS_HREDRAW | CS_VREDRAW와 같이 사용한다. 이렇게 하면 가로 또는 세로 크기가 변할 때마다 윈도우가 다시 그려진다.

- **lpfnWndProc** 윈도우에 보낸 메시지를 처리하는 함수를 가리키는 포인터다. WinProc는 메시지를 처리하기 위해 (좀 더 나중에) 작성할 함수다.

- **cbClsExtra** Window 클래스를 위해 시스템에서 확보해야 하는 여분의 메모리를 지정한다. 여기서는 여분의 메모리가 필요 없기 때문에 0으로 설정한다.

- **cbWndExtra** 클래스가 소유하고 있는 각 윈도우를 위해 시스템에서 확보해야 하는 여분의 메모리를 지정한다. 다시 말하지만 여기서는 여분의 메모리가 필요 없기 때문에 0으로 설정한다.

- **hInstance** 클래스를 등록한 애플리케이션을 식별한다. hInstance는 다른 윈도우 함수를 사용할 때 여러분이 만든 애플리케이션을 식별하기 위해 사용된다.

- **hIcon** 윈도우에서 사용할 프로그램을 상징하는 큰 아이콘을 정의한다. 설정하는 방법은 나중에 알아본다.

- **hCursor** 윈도우에서 사용할 마우스 커서를 정의한다. 예제에서는 표준 마우스 포인터 화살표를 사용한다.

- **hbrBackground** 윈도우의 배경을 채우는 데 사용하는 색 그리고/또는 패턴

을 정의한다. 여기서는 화면을 검은색으로 채웠다.

- **lpszMenuName** 스스로 정의하지 않는 윈도우의 기본 메뉴를 정의한다. 기본 메뉴를 정의하지 않으므로, 멤버의 값은 NULL로 설정한다.

- **lpszClassName** 이미 등록돼 있는 다른 클래스로부터 이 클래스를 식별한다. 클래스 이름은 CreateWindow 함수를 호출할 때 다시 사용되므로, const char* const CLASS_NAME = "WinMain"; 같이 CLASS_NAME이라는 상수로 생성할 것이다.

- **hIconSm** 윈도우의 제목 표시줄과 시작 메뉴에 사용할 작은 아이콘을 정의한다.

- **RegisterClassEx** 클래스를 만드는 마지막 단계는 윈도우에 클래스를 등록하는 것이다. RegisterClassEx 함수를 호출해 클래스를 등록할 수 있다(리스트 2.4). 에러가 발생할 경우 RegisterClassEx 함수는 0을 반환한다. 이 책의 코드는 RegisterClassEx의 반환 값을 확인하고 에러가 발생한 경우 false를 반환한다.

리스트 2.4 Windows 클래스 등록

```
// Window 클래스를 등록한다.
// RegisterClassEx 함수는 에러가 발생할 경우 0을 반환한다.
if (RegisterClassEx(&wcx) == 0)          // 에러가 발생한다면
    return false;
```

2.2.4 CreateWindow 함수

Window 클래스를 만들었으니 실제 윈도우를 생성할 수 있다. CreateWindow 함수를 호출해 실제 윈도우를 생성한다. CreateWindow 함수는 Window 클래스와 새 윈도우의 속성을 정의하는 추가 매개변수를 사용한다. CreateWindow 함수의 문법은 다음과 같다.

```
HWND CreateWindow(
    LPCTSTR     lpClassName,
```

```
    LPCTSTR     lpWindowName,
    DWORD       dsStyle,
    int         x,
    int         y,
    int         nWidth,
    int         nHeight,
    HWND        hWndParent,
    HMENU       hMenu,
    HINSTANCE   hInstance,
    LPVOID      lpParam
);
```

CreateWindow의 매개변수는 다음과 같다.

- **lpClassName** Window 클래스 이름 등 NULL로 끝나는 문자열을 가리키는 포인터다. lpClassName에서 사용하는 이름은 CreateWindowClass 함수의 lpszClassName 멤버에서 사용한 이름과 동일해야 한다.

- **lpWindowName** 윈도우의 제목 표시줄에 나타낼 텍스트다.

- **dsStyle** 생성할 윈도우의 스타일이다. 많은 스타일을 사용할 수 있다. 사용할 스타일의 일부분을 소개하면 다음과 같다.

  ○ **WS_OVERLAPPEDWINDOW** 컨트롤이 있고 크기를 조절할 수 있는 윈도우를 생성한다.

  ○ **WS_OVERLAPPED** 컨트롤이 없고 크기가 고정된 윈도우를 생성한다. 윈도우 기반 게임을 만들 때 주로 사용하는 스타일이다.

  ○ **WS_EX_TOPMOST | WS_VISIBLE | WS_POPUP** 세 스타일은 OR '|' 연산자로 결합돼 있다. 게임을 전체 화면으로 만들 때 사용하는 스타일이다.

- **x, y** 윈도우 왼쪽 위 모서리의 좌표다.

- **nWidth** 윈도우의 픽셀 단위 폭이다.

- **nHeight** 윈도우의 픽셀 단위 높이다.

- **hWndParent** 부모 윈도우다. 여러분이 만들 게임은 일반적으로 부모 윈도우

를 갖지 않는다.

- **hMenu** 윈도우 메뉴다.
- **hInstance** Window 클래스로부터 식별할 수 있는 애플리케이션 식별자다.
- **lpParam** 추가 윈도우 매개변수다.

실제 함수 호출은 리스트 2.5에 보이는 것과 같다. 다음은 리스트 2.5에 대한 설명이다.

- CLASS_NAME은 이전에 WinMain으로 선언한 문자 상수다(리스트 2.10 참조).
- APP_TITLE은 이전에 'Hello World'로 선언한 문자 상수다. APP_TITLE은 제목 표시줄에 표시될 텍스트다(리스트 2.10 참조).
- **WS_OVERLAPPEDWINDOW** 평범한 모양의 윈도우를 만든다. 일반적으로 게임에서는 다른 스타일을 사용한다(상단의 dsStyle 참조).
- **CW_USEDEFAULT** 이 데모에서는 기본 크기와 위치를 사용한다.
- **NULL, NULL** 부모 윈도우와 메뉴가 없다.
- **hInstance** 애플리케이션에 대한 핸들이다. WinMain에 있는 프로그램으로 전달되는 hInstance 매개변수다.
- **NULL** 추가 윈도우 매개변수가 없다.

리스트 2.5 CreateWindow 함수 호출

```
// 윈도우 생성
hwnd = CreateWindow(
    CLASS_NAME,              // 윈도우 클래스의 이름
    APP_TITLE,              // 제목 표시줄의 텍스트
    WS_OVERLAPPEDWINDOW,    // 윈도우 스타일
    CW_USEDEFAULT,          // 윈도우의 기본 수평 위치
    CW_USEDEFAULT,          // 윈도우의 기본 수직 위치
    WINDOW_WIDTH,           // 윈도우의 폭
    WINDOW_HEIGHT,          // 윈도우의 높이
```

```
    (HWND)NULL,             // 부모 윈도우 없음
    (HMENU)NULL,            // 메뉴 없음
    hInstance,              // 애플리케이션 인스턴스의 핸들
    (LPVOID)NULL            // 윈도우 매개변수 없음
);
```

다음으로 에러가 발생할 경우 CreateWindow로부터 반환되는 값을 살펴볼 필요가 있다. 함수가 정상적으로 실행됐다면 반환 값은 새 윈도우에 대한 핸들이 된다. 함수가 정상적으로 실행되지 않았다면 반환 값은 NULL이 된다. 에러가 발생했다면 더 이상 실행하지 못하고, FALSE를 반환하고 프로그램을 종료한다(리스트 2.6 참조).

리스트 2.6 CreateWindow에서 반환한 값 확인

```
// 윈도우를 생성하는 동안 에러가 발생한다면
if (!hwnd)
    return false;           // 더 이상 진행할 수 없으므로 종료한다.
```

C++에서 NULL은 0과 같다. hwnd가 NULL일 때 (!hwnd)의 결과는 true다.

거의 다 왔다! 다음 단계는 윈도우를 보여주고 윈도우에게 자기 자신을 그리라고 메시지를 보내는 것이다. 코드는 리스트 2.7과 같다.

리스트 2.7 윈도우 표시

```
// 윈도우를 표시한다.
ShowWindow(hwnd, nCmdShow);
// 윈도우 프로시저에게 WM_PAINT 메시지를 보낸다.
UpdateWIndow(hwnd);
return true;
```

```
}
```

이제 윈도우를 보여주기 위한 준비를 마쳤다. 프로그램을 깨끗한 모습으로 제공하기 위해 `CreateMainWindow` 함수의 윈도우 생성 코드를 대체하고 `WinMain`에서 호출하게 만들 것이다(리스트 2.10 참고).

2.2.5 메시지 루프

윈도우는 메시지 전송을 통해 프로그램과 의사소통한다. 이런 메시지들은 마우스 움직임이나 키 누름 같은 사용자 작업, 또는 윈도우에서 보내는 명령을 알리는 데 사용된다. `WinMain`의 루프는 메시지를 확인하는 데 사용된다(리스트 2.8 참고). 애플리케이션이 사용자로부터 문자를 입력받았다면 메시지 루프 안에서 `TranslateMessage` 함수를 호출해야 한다. `TranslateMessage`는 가상 키 메시지를 문자 메시지로 변환하는 윈도우 함수다. 메시지는 처리를 위해 `DispatchMessage` 함수를 통해 `WinProc` 함수로 보내진다. `WinMain`은 `WM_QUIT` 메시지를 받을 때까지 루프를 반복 수행한다. `WinMain`이 시스템으로 반환될 때 반환 값은 `WM_QUIT` 메시지의 `wParam` 매개변수 값이 된다.

리스트 2.8 메인 메시지 루프

```
// 메인 메시지 루프
int done = 0;
while (!done)
{
  // PeekMessage는 윈도우 메시지를 확인하는 논블로킹 메소드다.
  if (PeekMessage(&msg, NULL, 0, 0, PM_REMOVE))
  {
    // 종료 메시지를 찾는다.
    if (msg.message == WM_QUIT)
      done = 1;
    // 해석한 뒤 메시지를 WinProc에 전달한다.
```

```
            TranslateMessage(&msg);
            DispatchMessage(&msg);
        }
    }
    return msg.wParam;
}
```

메시지 루프 안에서 GetMessage를 사용하지 말고, PeekMessage를 사용하라. GetMessage는 반환되기 전에 메시지를 기다린다. PeekMessage는 수신 메시지를 확인하지만 메시지가 보류되지 않으면 기다리지 않는다. PeekMessage를 사용하면 항상 최대 속도로 메시지 루프를 실행할 수 있게 해주며, 이는 애니메이션 그래픽이 있는 게임에서 매우 중요하다.

2.2.6 WinProc 함수

WinProc 함수는 마지막이지만 중요한 함수로, 메시지를 처리하는 데 사용되는 함수다. WinProc는 이 함수에 일반적으로 지정된 이름이다. 함수의 이름은 이전에 살펴봤던 CreateWindowClass 함수의 WNDCLASSEX 구조체 안에 명시된 이름과 동일해야 한다.

다양한 메시지가 프로그램에 전송될 수 있다. 그 중 응답할 메시지를 선택해 WinProc 안에 필요한 코드를 배치할 수 있다. 무시하는 메시지들은 윈도우가 처리할 것이다. 리스트 2.9에서 응답하는 유일한 메시지는 WM_DESTROY다. WM_DESTROY는 윈도우가 종료될 때 화면에서 지울 수 있도록 윈도우가 보내는 메시지다. WM_DESTROY 메시지가 수신되면 PostQuitMessage(0)을 호출해 애플리케이션이 종료를 요청한다고 윈도우에게 신호를 보낸다. 그 결과 메시지 큐에 WM_QUIT가 추가된다. WM_QUIT 메시지는 WinMain에 있는 메인 메시지 루프를 빠져나가게 한다.

리스트 2.9 윈도우 이벤트 콜백 함수

```
// =====================================================
```

```cpp
// 윈도우 이벤트 콜백(Callback) 함수
// =================================================
LRESULT WINAPI WinProc(HWND hWnd, UINT msg, WPARAM wParam, LPARAM lParam)
{
    switch (msg)
    {
    case WM_DESTROY:
        // 윈도우에게 이 프로그램을 종료하라고 알린다.
        PostQuitMessage(0);
        return 0;
    }
    return DefWindowProc(hWnd, msg, wParam, lParam);
}
```

휴! 고작 'Hello World'를 보여주는 데도 이렇게 많은 코드가 필요하다. 그러나 윈도우의 모양을 좀 더 효율적으로 관리하고 애플리케이션의 메시지 처리를 위해 모든 추가 작업을 진행했다는 사실을 기억하길 바란다. 좋은 게임을 만들기 위해서는 이런 추가 제어가 필요할 것이다. 리스트 2.10은 'Hello World' 예제의 전체 코드를 보여준다.

리스트 2.10 Hello World 예제

```cpp
// 2D 게임 프로그래밍
// Copyright (c) 2011 by:
// 찰스 켈리 (Charles Kelly)
// 2장 윈도우 스타일의 "Hello World" v1.0
// winmain.cpp
#define WIN32_LEAN_AND_MEAN
#include <windows.h>
// 함수 프로토타입
int WINAPI WinMain(HINSTANCE, HINSTANCE, LPSTR, int);
bool CreateMainWindow(HINSTANCE, int);
LRESULT WINAPI WinProc(HWND, UINT, WPARAM, LPARAM);
```

```
// 전역 변수
HINSTANCE hinst;
// 상수
const char CLASS_NAME[] = "WinMain";
const char APP_TITLE[]    = "Hello World";   // 제목 표시줄의 텍스트
const int WINDOW_WIDTH = 400;                // 윈도우의 폭
const int WINDOW_HEIGHT = 400;               // 윈도우의 높이
// ===================================================
// 윈도우 애플리케이션의 시작 위치
// 매개변수는 다음과 같다.
//    hInstance. 애플리케이션의 현재 인스턴스에 대한 핸들
//    hPrevInstance. 더 이상 사용하지 않는 매개변수이며, 항상 NULL이다.
//    lpCmdLine. 커맨드라인 인수의 NULL로 끝나는 문자열을 가리키는 포인터
//    nCmdShow. 윈도우를 어떻게 보여줄 것인지 지정한다.
// ===================================================
int WINAPI WinMain( HINSTANCE    hInstance,
                    HINSTANCE    hPrevInstance,
                    LPSTR        lpCmdLine,
                    int          nCmdShow)
{
    MSG msg;
    // 윈도우 생성
    if (!CreateWindow(hInstance, nCmdShow))
      return false;
    // 메인 메시지 루프
    int done = 0;
    while (!done)
    {
      // PeekMessage는 윈도우 메시지를 확인하는 논블로킹 메소드다.
      if (PeekMessage(&msg, NULL, 0, 0, PM_REMOVE))
      {
        // 종료 메시지를 찾는다.
        if (msg.message == WM_QUIT)
          done = 1;
        // 해석한 뒤 메시지를 WinProc에 전달한다.
```

```
            TranslateMessage(&msg);
            DispatchMessage(&msg);
        }
    }
    return msg.wParam;
}
// =================================================
// 윈도우 이벤트 콜백(Callback) 함수
// =================================================
LRESULT WINAPI WinProc(HWND hWnd, UINT msg, WPARAM wParam, LPARAM lParam)
{
    switch(msg)
    {
      case WM_DESTROY:
          // 윈도우에게 이 프로그램을 종료하라고 알린다.
          PostQuitMessage(0);
          return 0;
    }
    return DefWindowProc(hWnd, msg, wParam, lParam);
}
// =================================================
// 윈도우 생성
// 에러가 발생할 경우 false를 반환한다.
// =================================================
bool CreateMainWindow(HINSTANCE hInstance, int nCmdShow)
{
    WNDCLASSEX wcx;
    HWND hwnd;

    // Window 클래스 구조체를 메인 윈도우에 대한 매개변수로 채운다.
    wcx.cbSize = sizeof(wcx);                   // 구조체의 크기
    wcx.style = CS_HREDRAW | CS_VREDRAW;        // 크기가 변하면 다시 그린다.
    wcx.lpfnWndProc = WinProc;                  // 윈도우 프로시저를 가리킨다.
    wcx.cbClsExtra = 0;                         // 여분의 클래스 메모리는 필요 없다.
    wcx.cbWndExtra = 0;                         // 여분의 윈도우 메모리는 필요 없다.
```

```cpp
wcx.hInstance = hInstance;                    // 인스턴스의 핸들
wcx.hIcon = NULL;
wcx.hCursor = LoadCursor(NULL, IDC_ARROW);  // 미리 정의된 화살표
// 배경 브러시
wcx.hbrBackground = (HBRUSH)GetStockObject(BLACK_BRUSH);
wcx.lpszMenuName = NULL;                       // 메뉴 리소스의 이름
wcx.lpszClassName = CLASS_NAME;                // 윈도우 클래스의 이름
wcx.hIconSm = NULL;                            // 작은 클래스 아이콘

// Window 클래스를 등록한다.
// RegisterClassEx 함수는 에러가 발생할 경우 0을 반환한다.
if (RegisterClassEx(&wcx) == 0) // 만약 에러가 발생한다면
    return false;
// 윈도우 생성
hwnd = CreateWindow(
    CLASS_NAME,              // 윈도우 클래스의 이름
    APP_TITLE,              // 제목 표시줄의 텍스트
    WS_OVERLAPPEDWINDOW,    // 윈도우 스타일
    CW_USEDEFAULT,          // 윈도우의 기본 수평 위치
    CW_USEDEFAULT,          // 윈도우의 기본 수직 위치
    WINDOW_WIDTH,           // 윈도우의 폭
    WINDOW_HEIGHT,          // 윈도우의 높이
    (HWND)NULL,             // 부모 윈도우 없음
    (HMENU)NULL,            // 메뉴 없음
    hInstance,              // 애플리케이션 인스턴스의 핸들
    (LPVOID)NULL            // 윈도우 매개변수 없음
);
// 윈도우를 생성하는 동안 에러가 발생한다면
if (!hwnd)
    return false;           // 더 이상 진행할 수 없으므로 종료한다.
// 윈도우를 표시한다.
ShowWindow(hwnd, nCmdShow);
// 윈도우 프로시저에게 WM_PAINT 메시지를 보낸다.
UpdateWIndow(hwnd);
return true;
```

```
}
```

▌▌ 2.3 디바이스 컨텍스트

윈도우는 다양한 표시 장치나 출력 장치와 동작할 수 있게 설계돼 있다. 이런 장치 독립성은 애플리케이션이 같은 방식으로 다양한 출력 장치에 접근할 수 있게 해준다. 장치 독립성의 핵심은 GDI^{Graphics Device Interface}다. GDI는 동적 연결 라이브러리^{DLL, Dynamic Link Library}로, 디바이스 드라이버와 함께 애플리케이션이 프린터나 VGA 화면에 그릴 수 있게 해준다.

특정 장치에 접근하기 위해 애플리케이션은 GDI에게 적절한 디바이스 드라이버를 로드하고, 그리기 작업을 위한 장치를 준비해야 한다고 알려준다. 이 과정은 디바이스 컨텍스트^{DC, Device Context}를 만들어 수행한다. DC는 Graphics 객체와 속성을 정의하는 구조체다. 윈도우 운영체제는 윈도우를 생성할 때 DC를 만든다. 다음 코드에서 디바이스 컨텍스트를 사용해 어떻게 새 윈도우에 접근하는지 살펴본다.

▌▌ 2.4 윈도우 API를 통한 키보드 입력

일반적으로 게임에서 사용하는 키보드 입력은 두 종류가 있다. 게임에 따라 하나만 사용하거나 둘 다 사용하기도 한다. 하나는 텍스트인데, 사용자가 키보드로 문자를 입력할 때 어떤 문자를 눌렀는지, 그리고 어떤 순서로 눌렀는지 알기를 원한다(예를 들어 사용자가 'north'라는 단어를 입력했는가?). 다른 하나는 키보드를 게임 컨트롤러로 사용하는 것인데, 현재 어떤 키를 누르고 있는지 알기를 원한다. 예를 들어 현재 사용자가 'W' 키와 오른쪽 화살표 키를 누르고 있는가?

2.4.1 WM_CHAR 메시지

윈도우는 키 누름과 관련된 몇 가지 메시지를 보낸다. 문자를 읽기 위해 WM_CHAR 메시지를 사용한다. 사용자가 키보드로 문자를 입력할 때마다, WM_

CHAR 메시지가 게임으로 보내질 것이다. 입력된 문자를 읽기 위해서는 WinProc 함수에 WM_CHAR 메시지 핸들러만 추가하면 된다(리스트 2.11 참조).

리스트 2.11 WM_CHAR 메시지 핸들러

```
case WM_CHAR:            // 키보드에서 문자를 입력했다.
  switch (wParam)        // 문자는 wParam에 있다.
  {
    case 0x08:           // 백스페이스(Backspace)
    case 0x09:           // 탭(Tab)
    case 0x0A:           // 라인피드(Linefeed)
    case 0x0D:           // 캐리지 리턴(Carriage Return)
    case 0X1B:           // 이스케이프(Escape)
      MessageBeep((UINT)-1);      // 비프음이 들리지만 표시되지는 않는다.
      return 0;
    default:             // 표시할 수 있는 문자
      ch = (TCHAR)wParam;    // 문자를 가져온다.
      InvalidateRect(hwnd, NULL, TRUE);    // WM_PAINT를 강제한다.
      return 0;
  }
```

wParam은 누른 키에 대한 문자 코드를 포함하고 있다. 나타낼 수 없는 문자인지 확인하고 맞다면 나타낼 수 없는 키를 눌렀다는 사실을 알리기 위해 윈도우에게 비프음을 내라고 알린다. 나타낼 수 있는 문자를 눌렀다면 wParam으로부터 값을 읽고 ch 변수에 저장한다.

그냥 재미로 화면에 문자를 보이게 만들어보자. WinProc에서 WM_PAINT 메시지를 찾아달라고 할 것이다. WM_PAINT 메시지는 윈도우 전체 또는 일부가 다시 그려져야 한다고 판단할 때 전송된다. 예를 들어 윈도우 크기를 조절하는 경우 이런 일이 일어나게 된다. WM_PAINT 이벤트가 즉시 일어나도록 강제하기 위해 WM_CHAR 메시지 코드 끝에 InvalidateRect 함수 호출문을 배치했다.

윈도우에 텍스트를 보여주기 전에 디바이스 컨텍스트를 얻어 와야 한다.

BeginPaint 함수는 윈도우에 무언가 그리기 위한 준비를 하고 디바이스 컨텍스트의 핸들을 반환한다. 핸들은 서로 다른 객체를 참조하는 데 사용하는 윈도우 데이터 형식이다. 리스트 2.12의 코드는 디바이스 컨텍스트의 핸들을 가리키기 위한 변수를 만든다.

리스트 2.12   디바이스 컨텍스트의 핸들

```
HDC   hdc;                // 디바이스 컨텍스트의 핸들
```

TextOut 함수를 이용해 윈도우에 텍스트를 보이게 만들 수 있다. 2장에서는 텍스트 입력 코드를 테스트하기 위해 TextOut만 사용할 것이다. 이후에는 다른 기법을 사용해 텍스트를 보여줄 것이다. TextOut의 첫 번째 매개변수는 hdc 변수다. WinProc 함수에 리스트 2.13에 있는 코드가 추가됐다.

리스트 2.13   텍스트 표시

```
case WM_PAINT:             // 윈도우를 다시 그려야 하는 경우
  hdc = BeginPaint(hwnd, &ps);     // 디바이스 컨텍스트의 핸들을 가져온다.
  GetClientRect(hwnd, &rect);      // 윈도우의 사각형을 가져온다.
  // 문자를 표시한다.
  TextOut(hdc, rect.right / 2, rect.bottom / 2, &ch, 1);
  EndPaint(hwnd, &ps);
  return 0;
```

그림 2.7은 'X'를 눌렀을 때의 프로그램 출력 화면을 보여준다. 리스트 2.14는 'Character Input' 예제의 전체 코드를 보여준다.

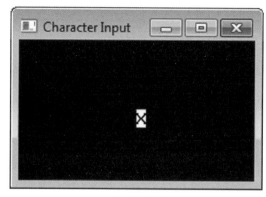

그림 2.7 'Character Input' 예제

리스트 2.14 'Character Input' 예제

```cpp
// 2D 게임 프로그래밍
// Copyright (c) 2011 by:
// 찰스 켈리 (Charles Kelly)
// 2장 윈도우 API를 통한 문자 입력 v1.0
// winmain.cpp
#define WIN32_LEAN_AND_MEAN
#include <windows.h>
// 함수 프로토타입
int WINAPI WinMain(HINSTANCE, HINSTANCE, LPSTR, int);
bool CreateMainWindow(HINSTANCE, int);
LRESULT WINAPI WinProc(HWND, UINT, WPARAM, LPARAM);
// 전역 변수
HINSTANCE hinst;
HDC   hdc;                  // 디바이스 컨텍스트의 핸들
TCHAR ch = ' ';            // 입력한 문자
RECT rect;                  // 사각형 구조체
PAINTSTRUCT ps;             // WM_PAINT에서 사용
// 상수
const char CLASS_NAME[]   = "WinMain";
const char APP_TITLE[]    = "Hello World";  // 제목 표시줄의 텍스트
const int WINDOW_WIDTH    = 400;            // 윈도우의 폭
```

```
const int WINDOW_HEIGHT = 300;                    // 윈도우의 높이
// ====================================================
// 윈도우 애플리케이션의 시작 위치
// ====================================================
int WINAPI WinMain(   HINSTANCE   hInstance,
                      HINSTANCE   hPrevInstance,
                      LPSTR       lpCmdLine,
                      int         nCmdShow)
{
    MSG msg;
    // 윈도우 생성
    if (!CreateWindow(hInstance, nCmdShow))
        return false;
    // 메인 메시지 루프
    int done = 0;
    while (!done)
    {
        // PeekMessage는 윈도우 메시지를 확인하는 논블로킹 메소드다.
        if (PeekMessage(&msg, NULL, 0, 0, PM_REMOVE))
        {
            // 종료 메시지를 찾는다.
            if (msg.message == WM_QUIT)
                done = 1;
            // 해석한 뒤 메시지를 WinProc에 전달한다.
            TranslateMessage(&msg);
            DispatchMessage(&msg);
        }
    }
    return msg.wParam;
}
// ====================================================
// 윈도우 이벤트 콜백(Callback) 함수
// ====================================================
LRESULT WINAPI WinProc(HWND hWnd, UINT msg, WPARAM wParam, LPARAM lParam)
{
```

```
    switch (msg)
    {
      case WM_DESTROY:
        // 윈도우에게 이 프로그램을 종료하라고 말한다.
        PostQuitMessage(0);
        return 0;
      case WM_CHAR:              // 키보드에서 문자를 입력했다.
        switch (wParam)          // 문자는 wParam에 있다.
        {
          case 0x08:             // 백스페이스(Backspace)
          case 0x09:             // 탭(Tab)
          case 0x0A:             // 라인피드(Linefeed)
          case 0x0D:             // 캐리지 리턴(Carriage Return)
          case 0X1B:             // 이스케이프(Escape)
            MessageBeep((UINT)-1);    // 비프음이 들리지만 표시되지는 않는다.
            return 0;
          default:               // 표시할 수 있는 문자
            ch = (TCHAR)wParam;  // 문자를 가져온다.
            InvalidateRect(hwnd, NULL, TRUE); // WM_PAINT를 강제한다.
            return 0;
        }
      case WM_PAINT:     // 윈도우를 다시 그려야 하는 경우
        hdc = BeginPaint(hwnd, &ps); // 디바이스 컨텍스트의 핸들을 가져온다.
        GetClientRect(hwnd, &rect);  // 윈도우의 사각형을 가져온다.
        // 문자를 표시한다.
        TextOut(hdc, rect.right / 2, rect.bottom / 2, &ch, 1);
        EndPaint(hwnd, &ps);
        return 0;
      default:
        return DefWindowProc(hWnd, msg, wParam, lParam);
    }
}
// ==================================================
// 윈도우 생성
// 에러가 발생할 경우 false를 반환한다.
```

```cpp
// =================================================
bool CreateMainWindow(HINSTANCE hInstance, int nCmdShow)
{
    WNDCLASSEX wcx;
    HWND hwnd;

    // Window 클래스 구조체를 메인 윈도우에 대한 매개변수로 채운다.
    wcx.cbSize = sizeof(wcx);           // 구조체의 크기
    wcx.style = CS_HREDRAW | CS_VREDRAW; // 크기가 변하면 다시 그린다.
    wcx.lpfnWndProc = WinProc;          // 윈도우 프로시저를 가리킨다.
    wcx.cbClsExtra = 0;                 // 여분의 클래스 메모리는 필요 없다.
    wcx.cbWndExtra = 0;                 // 여분의 윈도우 메모리는 필요 없다.
    wcx.hInstance = hInstance;          // 인스턴스의 핸들
    wcx.hIcon = NULL;
    wcx.hCursor = LoadCursor(NULL, IDC_ARROW); // 미리 정의된 화살표
    // 배경 브러시
    wcx.hbrBackground = (HBRUSH)GetStockObject(BLACK_BRUSH);
    wcx.lpszMenuName = NULL;            // 메뉴 리소스의 이름
    wcx.lpszClassName = CLASS_NAME;     // 윈도우 클래스의 이름
    wcx.hIconSm = NULL;                 // 작은 클래스 아이콘

    // Window 클래스를 등록한다.
    // RegisterClassEx 함수는 에러가 발생할 경우 0을 반환한다.
    if (RegisterClassEx(&wcx) == 0)     // 에러가 발생한다면
        return false;
    // 윈도우 생성
    hwnd = CreateWindow(
        CLASS_NAME,             // 윈도우 클래스의 이름
        APP_TITLE,              // 제목 표시줄의 텍스트
        WS_OVERLAPPEDWINDOW,    // 윈도우 스타일
        CW_USEDEFAULT,          // 윈도우의 기본 수평 위치
        CW_USEDEFAULT,          // 윈도우의 기본 수직 위치
        WINDOW_WIDTH,           // 윈도우의 폭
        WINDOW_HEIGHT,          // 윈도우의 높이
        (HWND)NULL,             // 부모 윈도우 없음
        (HMENU)NULL,            // 메뉴 없음
```

```
        hInstance,                    // 애플리케이션 인스턴스의 핸들
        (LPVOID)NULL                  // 윈도우 매개변수 없음
    );
    // 윈도우를 생성하는 동안 에러가 발생한다면
    if (!hwnd)
        return false;                 // 더 이상 진행할 수 없으므로 종료한다.
    // 윈도우를 표시한다.
    ShowWindow(hwnd, nCmdShow);
    // 윈도우 프로시저에게 WM_PAINT 메시지를 보낸다.
    UpdateWIndow(hwnd);
    return true;
}
```

2.4.2 WM_KEYDOWN, WM_KEYUP 메시지

키보드를 거대한 게임 패드처럼 사용하길 원한다면 WM_KEYDOWN과 WM_KEYUP 이벤트를 사용하길 원할 것이다. 키를 누를 때마다 WM_KEYDOWN 이벤트가 발생한다. 키를 뗄 때 WM_KEYUP 이벤트가 발생한다. 키보드에서 각 키의 상태를 추적하기 위해 두 이벤트를 매개변수와 함께 사용할 수 있다.

키보드 키의 상태를 추적하기 위해 불리언^{Boolean} 값을 갖는 배열을 만든다. 배열의 각 항목은 키보드에서 하나의 키에 대한 상태를 나타낸다. 불리언 값이 true라면 키를 눌렀음을 의미하며, 값이 false라면 키를 뗐음을 의미한다. 플레이어가 여러 키를 동시에 입력할 수 있고, **Shift** 키와 **Control** 키를 게임 버튼처럼 사용할 수 있기를 원한다.

WinProc에 있는 WM_KEYDOWN과 WM_KEYUP 메시지 핸들러는 리스트 2.15에 있는 코드와 같다.

리스트 2.15 키를 누를 때와 뗄 때의 메시지 핸들러

```
case WM_KEYDOWN:                      // 키를 누른 경우
    vkKeys[wParam] = true;
    switch (wParam)
```

```
      {
        case VK_SHIFT:                          // 시프트(Shift) 키
          nVirtKey = GetKeyState(VK_LSHIFT);    // 왼쪽 시프트의 상태를 가져온다.
          if (nVirtKey & SHIFTED)               // 왼쪽 시프트를 눌렀다면
            vkKeys[VK_LSHIFT] = true;
          nVirtKey = GetKeyState(VK_RSHIFT);    // 오른쪽 시프트의 상태를 가져온다.
          if (nVirtKey & SHIFTED)               // 오른쪽 시프트를 눌렀다면
            vkKeys[VK_RSHIFT] = true;
          break;
        case VK_CONTROL;                        // 컨트롤(Control) 키
          nVirtKey = GetKeyState(VK_LCONTROL);
          if (nVirtKey & SHIFTED)               // 왼쪽 컨트롤을 눌렀다면
            vkKeys[VK_LCONTROL] = true;
          nVirtKey = GetKeyState(VK_RCONTROL);
          if (nVirtKey & SHIFTED)               // 오른쪽 컨트롤을 눌렀다면
            vkKeys[VK_RCONTROL] = true;
          break;
      }
      InvalidRect(hwnd, NULL, TRUE);            // WM_PAINT를 강제한다.
      return 0;
      break;
    case WM_KEYUP:                              // 키를 뗀 경우
      vkKeys[wParam] = false;
      switch (wParam)
      {
        case VK_SHIFT:                          // 시프트(Shift) 키
          nVirtKey = GetKeyState(VK_LSHIFT);
          if ((nVirtKey & SHIFTED) == 0)        // 왼쪽 시프트를 눌렀다면
            vkKeys[VK_LSHIFT] = false;
          nVirtKey = GetKeyState(VK_RSHIFT);
          if ((nVirtKey & SHIFTED) == 0)        // 오른쪽 시프트를 눌렀다면
            vkKeys[VK_RSHIFT] = false;
          break;
        case VK_CONTROL;                        // 컨트롤(Control) 키
          nVirtKey = GetKeyState(VK_LCONTROL);
```

```
        if ((nVirtKey & SHIFTED) == 0)       // 왼쪽 컨트롤을 눌렀다면
            vkKeys[VK_LCONTROL] = false;
        nVirtKey = GetKeyState(VK_RCONTROL);
        if ((nVirtKey & SHIFTED) == 0)       // 오른쪽 컨트롤을 눌렀다면
            vkKeys[VK_RCONTROL] = false;
        break;
    }
    InvalidRect(hwnd, NULL, TRUE);           // WM_PAINT를 강제한다.
    return 0;
    break;
```

키를 누르거나 뗄 때마다 vkKeys의 불리언 값은 새 키 상태를 반영해 바뀐
다. 키를 테스트하기 위해서 vkKeys 배열에서 키에 해당하는 항목을 살펴보기
만 하면 된다. 배열에 들어갈 키의 인덱스는 가상 키 코드다. 가상 키 코드는
WM_CHAR 메시지로부터 얻은 문자 코드와는 다르다. 가상 키 코드는 윈도우에
의해 할당된다. 키보드에서 각 키는 할당된 가상 키 코드를 가진다. 가상 키
코드의 전체 목록을 보고 싶다면 윈도우 7 컴퓨터 기준 'C:\Program Files
(x86)\Microsoft SDKs\Windows\v7.0A\Include'에 위치한 WinUser.h 파일을
살펴보라. 리스트 2.16은 전체 목록의 일부다.

리스트 2.16 가상 키 코드

```
#define VK_SHIFT 0x10
#define VK_CONTROL 0x11
#define VK_ESCAPE 0x1B
#define VK_SPACE 0x20
#define VK_LEFT 0x25     // 화살 키
#define VK_UP 0x26
#define VK_RIGHT 0x27
#define VK_DOWN 0x28
/*
* VK_0 ~ VK_9는 아스키(ASCII) 코드 '0' ~ '9' (0x30 - 0x39)와 동일하다.
```

```
* 0x40 : 할당돼 있지 않다.
* VK_A ~ VK_Z는 아스키 코드 'A' ~ 'Z' (0x41 - 0x5A)와 동일하다.
*/

/*
* VK_L* & VK_R* : 왼쪽과 오른쪽 알트(Alt), 컨트롤(Ctrl), 시프트(Shift) 가상 키
* GetAsyncKeyState()와 GetKeyState()의 매개변수로만 사용된다.
* 다른 API나 메시지에서는 이런 방식으로 왼쪽과 오른쪽 키를 구별하지 않는다.
*/
#define VK_LSHIFT 0xA0
#define VK_RSHIFT 0xA1
#define VK_LCONTROL 0xA2
#define VK_RCONTROL 0xA3
#define VK_LMENU 0xA4
#define VK_RMENU 0xA5

#define VK_NUMPAD0 0x60
...
#define VK_NUMPAD9 0x69

#define VK_F1 0x70
...
#define VK_F12 0x7B
```

특정 키의 상태를 테스트하고 싶다면, 예를 들어 오른쪽 화살표 키의 경우
리스트 2.17처럼 하면 된다.

리스트 2.17 오른쪽 화살 키를 눌렀는지 확인

```
if (vkKeys[VK_RIGHT])
    // 현재 오른쪽 화살 키를 눌렀다.
```

키보드가 모두 똑같지는 않다. 어떤 키보드는 동시에 누를 수 있는 키의 개수

가 제한돼 있고, 일부 키 조합이 지원되지 않을 수도 있다. 그래서 키 조합을 테스트할 수 있는 작은 프로그램을 만들었다. 이 프로그램은 해당 키를 누를 경우 'T'를, 키를 뗄 경우 'F'를 표시한다. 그림 2.8에서 'G', 'H', 'J', 'K' 키를 순서대로 눌렀을 때의 결과와 프로그램의 출력 화면을 볼 수 있다. 두 개의 T는 'G'와 'H' 키의 상태를 보여준다. 왼쪽 상단에 있는 소문자 'h'는 마지막에 입력한 키다. 그림에서 볼 수 있듯이 'J'와 'K' 키는 반응이 없다. 지원되는 키 조합은 키보드마다 다를 수 있다. 키 조합은 게임의 입력 방식을 디자인할 때 기억해야 할 아주 중요한 요소다. 가장 좋은 접근 방법은 사용자에게 사용하려는 키를 선택할 수 있게 하는 것이다.

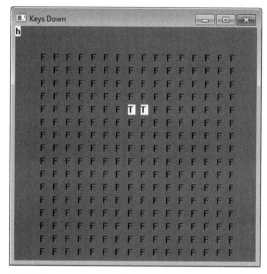

그림 2.8 KEYDOWN 예제

WM_KEYDOWN과 WM_KEYUP 메시지 핸들러를 사용해 완성된 키보드 테스트 프로그램은 www.programming2dgames.com의 'Keys Down'에서 다운로드할 수 있다.

키보드를 읽는 데 사용하는 다른 함수도 있다. GetAsyncKeyState 같은 일부 함수는 많은 온라인 게임 프로그래밍 사이트에서 많이 사용하고 있다. 다른 방법을 사용할 때는 주의하길 바란다. 예를 들어 GetAsyncKeyState를 사용한 애플리케이션은 다른 윈도우 애플리케이션과 같이 사용하기 어렵다. `GetAsyncKeyState`를 사용한 애플리케이션은 입력 포커스를 갖지 않은 경우에도 키보드의 현재 상태를 읽어버린다. 결국 키를 눌렀을 경우 응답을 게임이 하는 것이 아니라 다른 애플리케이션이 하는 상황을 야기하게 된다. 따라서 새로운 함수를 사용하기 전에 철저한 연구를 하기 바란다.

▌▌2.5 뮤텍스로 다중 인스턴스 방지

카페인이 많은 음료를 여러 잔 마신 사용자가 게임을 하는 경우 바로 시작되지 않으면 짜증을 내며 게임을 다시 시작하려고 할 것이다. 결국 게임의 다중 인스턴스가 동시에 실행돼 버린다. 다중 인스턴스의 실행은 더 많은 시스템 리소스를 사용하게 만들고, 게임의 성능에 영향을 줄 수도 있다. 특히 게임이 전체화면으로 실행하는 경우 사용자는 다중 인스턴스가 실행되고 있다는 사실을 깨닫지 못한다. 이런 경우에 뮤텍스^{Mutex}를 사용해 게임의 다중 인스턴스 생성을 막을 수 있다. 뮤텍스는 한 번에 하나의 스레드^{thread}만 소유할 수 있는 객체다. 게임이 시작될 때 뮤텍스를 만든다면 이후 같은 뮤텍스를 만들려는 시도는 실패하게 될 것이다. 뮤텍스는 `CreateMutex` 함수를 호출해 생성할 수 있다. 게임에 존재하는 인스턴스를 확인하고 중복을 막을 수 있는 함수를 작성해보자(리스트 2.18 참조).

리스트 2.18 뮤텍스 사용

```
// ==========================================================
// 현재 애플리케이션의 다른 인스턴스가 있는지 확인한다.
// 다른 인스턴스를 찾았을 경우 true, 하나의 인스턴스만 있을 경우 false를 반환한다.
// ==========================================================
bool AnotherInstance()
{
    HANDLE ourMutex;
    // 고유한 문자열을 사용해 뮤텍스 생성을 시도한다.
    ourMutex = CreateMutex(NULL, true,
```

```
          "Use_a_different_string_here_for_each_program _48161-XYZZY");
    if (GetLastError() == ERROR_ALREADY_EXISTS)
        return true;                    // 다른 인스턴스를 발견했음
    return false;                       // 하나의 인스턴스만 있음
}
```

■ 2.6 윈도우에서의 멀티태스킹

윈도우는 오케스트라의 지휘자와 같다. 프로그램, 프로세스, 작업에서 일어나는
모든 것은 윈도우가 제어한다. 이 절에서는 윈도우가 수행하려고 하는 모든 작
업을 표현하기 위해 스레드라는 용어를 사용한다. 게임과 같이 동시에 실행되
는 다른 애플리케이션들이 있을 뿐만 아니라, 윈도우는 애플리케이션마다 많은
프로세스를 갖고 있다. 모든 프로그램과 프로세스는 동시에 실행되는 것처럼
보인다. 하지만 하나의 CPU만 있는 경우 어떻게 동시에 실행되게 만들 수 있을
까? 우리가 뭐라고 부르든 답은 타임 슬라이싱^{Time Slicing}, 또는 선점형 멀티태스
킹이다. 타임 슬라이싱이나 선점형 멀티태스킹은 다음과 같이 동작한다. 윈도
우는 실행하고자 하는 스레드의 큐를 유지한다. 일단 하나의 스레드를 시작하
면 아주 짧은 시간 동안 실행하고, 현재 스레드를 중단한 뒤 다음 스레드를 시작
한다. 이 과정은 실행 중인 모든 스레드에 반복된다. 각 타임 슬라이스의 정확
한 길이는 여러 가지 요인에 따라 달라진다. 일반적으로 슬라이스당 시간은
1/20밀리초다.

　여러 개의 그리고/또는 멀티코어 CPU가 달린 시스템에서는 여러 스레드를
동시에 실행할 수 있다. 그러나 하이퍼스레딩^{Hyperthreading}이 적용된 쿼드 코어
시스템이더라도 8개의 스레드만 실행할 수 있다. 일반적인 윈도우 시스템에서
주어진 시간에 수십 개의 스레드가 실행되므로, 선점형 멀티태스킹은 여전히
필요하다.

　윈도우의 멀티태스킹 특징은 짧은 타임 슬라이스에서만 실행이 허용된다는
것이다. 또한 다음 타임 슬라이스가 발생할 때에 대한 매우 제한된 통제를 가

진다. 이런 특징은 부드러운 애니메이션이 필요한 게임에 타이밍과 관련된 몇 가지 문제를 제공한다. 이후 장에서 이런 문제를 처리하는 방법을 볼 수 있을 것이다.

정리

2장에서는 윈도우 버전의 'Hello World'를 만들어 봤다. 그리고 키보드로부터 입력을 받는 방법과 실행 중인 프로그램의 다중 인스턴스를 막는 방법을 배웠다. 그리고 윈도우가 멀티태스킹을 하는 방법에 대해 논의했다. 핵심 내용은 다음과 같다.

- 비주얼 스튜디오에서 프로젝트를 만들고 환경을 설정했다.
- WinMain이 윈도우 애플리케이션의 시작점이라는 걸 배웠다.
- Window 클래스를 등록하는 방법과 WNDCLASSEX 구조체에 대해 배웠다.
- 윈도우를 생성하기 위해 CreateWindow 함수의 사용법과 매개변수가 하는 일이 무엇인지 살펴봤다.
- 윈도우 메시지에 대해 메시지 루프를 작성하는 방법, 그리고 새 메시지를 확인하기 위해 PeekMessage를 사용하는 방법을 배웠다.
- 윈도우 메시지를 처리하기 위해 WinProc라는 이름의 함수를 만들었다.
- 문자 입력을 읽기 위해 WM_CHAR 메시지의 사용 방법을 배웠다.
- 키보드를 게임 컨트롤러 같이 사용하기 위해 WM_KEYDOWN과 WM_KEYUP 메시지의 사용 방법을 배웠다.
- 현재 프로그램에서 실행 중인 인스턴스를 테스트할 수 있는 함수를 작성했다.
- 윈도우가 짧은 타임 슬라이스에 프로그램을 실행하기 위해 멀티태스킹을 사용한다는 것을 배웠다.

복습문제

1. 윈도우 애플리케이션의 시작점은 무엇인가?

2. WNDCLASSEX 구조체에서 lpfnWndProf 멤버의 역할은 무엇인가?

3. CreateWindow 함수의 dsStyle 매개변수 값 중 윈도우 모드 게임에 가장 일반적으로 사용되는 스타일은 무엇인가?

4. dsStyle 매개변수 값 중 전체 화면 게임에 사용되는 스타일 값은 무엇인가?

5. hwnd가 NULL이라면 다음 if문은 true, false 중 무엇을 출력하는가?

6. 윈도우는 프로그램 안에서 어떻게 의사소통하는가?

7. 메시지 루프는 언제 끝나는가?

8. 프로그램에서 메시지를 무시하면 어떤 일이 일어나는가?

9. WM_CHAR 메시지는 어디에 사용되는가?

10. 가상 키 코드란 무엇인가?

연습문제

1. 그림 2.1에 있는 'Hello World' 프로그램을 'Hello World by:' 뒤에 자기 이름이 나오게 수정하라.

2. 리스트 2.14에서 어떤 키를 눌러야 PC 스피커에서 비프음이 나게 할 수 있는가?

3. 그림 2.8에 있는 keyboard2 프로그램을 사용해 키보드 입력을 테스트해보라.

    a. 동시에 누를 수 있는 키의 개수는 최대 얼마인가?

    b. 작동하지 않는 키 조합을 나열해보라(최대 5개).

예제

모든 예제는 www.programming2dgames.com에서 다운로드할 수 있다.

- **Hello World** 윈도우 제목에 'Hello World'를 표시하는 완성된 윈도우 애플리케이션
  - ○ 윈도우 프로그래밍 기초를 설명한다.
- **Character Input** 키보드에 입력한 문자를 보여준다.
  - ○ WM_CHAR 메시지를 사용해 키보드 입력을 받아온다.
- **Keys Down** 키보드의 모든 키에 대해 현재 키 누름 상태를 나타내는 격자를 보여준다.
  - ○ WM_KEYDOWN과 WM_KEYUP 메시지를 사용해 키보드의 키 상태를 결정한다.
- **Prevent Multiple** 오직 하나의 인스턴스만 실행할 수 있는 윈도우 애플리케이션
  - ○ 뮤텍스를 이용해 프로그램의 다중 인스턴스를 막을 수 있음을 보여준다.

DirectX 입문

▌ 3.1 DirectX 입문

DirectX는 고성능 그래픽, 사운드, 또는 주변 장치와의 특별한 상호 작용을 필요로 하는 프로그램을 작성하는 데 사용하는 애플리케이션 프로그래밍 인터페이스API다. 이 책에 있는 코드는 DirectX 9를 사용하는데, 윈도우 XP, 윈도우 비스타, 윈도우 7, 윈도우 8과 호환된다(또한 DirectX 9는 Xbox 360에서 사용하는 버전이다. 그러나 Xbox 360에서 동작하는 게임은 Xbox 360 개발 키트를 요구하는데, 등록된 개발자만 사용할 수 있다). 새로운 버전의 DirectX가 존재하므로 다음과 같은 질문이 있을 수 있다. "왜 최신 버전을 사용하지 않는가?" 그 이유는 주요 사용자가 사용하는 운영체제 때문이다. 윈도우 XP는 사용 중인 PC 운영체제의 매우 큰 점유율을 유지하고 있다. 새로운 버전의 DirectX는 윈도우 XP와 호환되지 않는다. 즉, 새로운 버전의 DirectX를 사용한다면 XP 사용자는 게임을 즐길 수 없음을 의미한다. 게임을 만들 때 새로운 버전의 DirectX에서 활용할 수 있는 몇 가지 기능이 있지만, DirectX 9에서 약간의 추가 코딩만 한다면 안 되는 건 없다.

    DirectX 애플리케이션을 작성하기 위해 마이크로소프트 DirectX SDK가 컴퓨터에 설치돼 있어야 한다. DirectX SDK는 마이크로소프트 사이트 'http://msdn.microsoft.com/DirectX'에서 무료로 다운로드할 수 있다. SDK는 DirectX 9 이상 버전에 대한 지원을 포함한다.

▌▌3.2 DirectX 초기화

다음 코드를 성공적으로 컴파일하기 위해 헤더 파일 d3d9.h와 라이브러리 파일 d3d9.lib가 필요하다. DirectX 애플리케이션을 작성하기 위한 첫 번째 단계는 Direct3D 객체를 만들고 객체에게 줄 인터페이스를 얻는 것이다. 다음과 같은 Direct3DCreate9 함수가 그런 일을 한다.

```
IDirect3D9 * Direct3DCreate9(
   UINT SDKVersion
);
```

SDKVersion 매개변수는 D3D_SDK_VERSION이어야 한다. D3D_SDK_VERSION 값은 애플리케이션에 포함돼 있는 DirectX 헤더 파일에 의해 설정되며, 컴파일 하는 동안 사용되는 DirectX의 버전이 대상 시스템에 설치된 런타임 DLL과 일치하는지 확인하는 데 사용된다. 일반적인 호출 방법은 리스트 3.1에 있는 코드와 같다.

리스트 3.1 Direct3D 초기화

```
// Direct3D 초기화
direct3d = Direct3DCreate9(D3D_SDK_VERSION);
if (direct3d == NULL)
   throw(GameError(gameErrorNS::FATAL_ERROR, "Error initializing
        Direct3D"));
```

Direct3DCreate9는 성공적으로 실행되면 IDirect3D9 인터페이스를 가리 키는 포인터를 반환한다. 그렇지 않으면 NULL을 반환한다. 프로그램이 종료

되기 전에 direct3d->Release()를 반드시 호출해야 한다. 실패하면 메모리 누수가 발생한다. 자세한 내용은 3.6절을 참고하라.

▌ 3.3 디바이스 생성

DirectX 애플리케이션을 작성하기 위한 두 번째 단계는 CreateDevice 함수를 호출하는 것이다. 이 함수는 매개변수에서 설명한 것처럼 디바이스 인터페이스를 반환한나.

```
HRESULT CreateDevice(
    UINT Adapter,
    D3DDEVTYPE DeviceType,
    HWND hFocusWindow,
    DWORD BehaviorFlags,
    D3DPRESENT_PARAMETERS *pPresentationParameters,
    IDirect3DDevice9 **ppReturnedDeviceInterface
);
```

매개변수는 다음과 같다.

- **Adapter** 사용할 디스플레이 어댑터 수다. D3DADAPTER_DEFAULT는 기본 디스플레이 어댑터를 지정하는 데 사용된다.

- **DeviceType** D3DDEVTYPE 열거형 멤버의 유효 값이다. 여기서는 두 가지 형식을 사용할 것이다.

  ○ **D3DDEVTYPE_REF** 소프트웨어에서 Direct3D의 기능을 구현한다. 테스트 목적으로만 유용하다. 이 형식은 DirectX SDK가 설치된 시스템에서만 동작하므로, 절대 릴리스 코드에 사용하면 안 된다. 이 형식을 사용하기 위해서는 d3dref9.dll 파일이 설치돼 있어야 한다. 윈도우 XP의 경우 DirectX SDK에 의해 Windows\System32 폴더에 설치돼 있을 것이다. 윈도우 비스타와 7의 경우 일반적으로 DirectX SDK에 의해 설치되지 않는다. d3dref9.dll를 프로젝트 폴더에 복사하면 잘 동작할 것이다. 일반적으로

설치 경로에 따라 'Program Files(x86)\Microsoft DirectX SDK(Month Year)\Developer Runtime\x86' 또는 비슷한 폴더 이름에서 파일을 발견할 수 있다.

○ **D3DDEVTYPE_HAL** 하드웨어 레스터 변환을 지정한다. `D3DDEVTYPE_HAL`을 지정한 상태에서 `CreateDevice`가 실패한다면 어댑터가 하드웨어 그래픽 가속을 지원하지 않는다는 것을 의미한다. 이 시점에서는 더 나은 그래픽 카드를 얻을 때까지 게임을 즐길 수 없다는 사실을 사용자에게 정중히 알릴 수 있다.

래스터화(Rasterization)는 그래픽 형태를 픽셀(점)로 변환하는 과정이다.

- **hFocusWindow** 포커스 윈도우는 Direct3D에게 애플리케이션이 포그라운드 모드에서 백그라운드 모드로 전환했다고 알려준다. 창 화면만 사용하는 애플리케이션의 경우 이 매개변수는 NULL이다. 일반적으로 윈도우에 대한 핸들로 이 매개변수에 채워 넣을 것이다.
- **BehaviorFlags** 사용 가능한 플래그 값은 다양하지만, 실제로 적용할 수 있는 플래그는 2개뿐이다.

  ○ **D3DCREATE_HARDWARE_VERTEXPROCESSING** 정점 처리를 그래픽 하드웨어가 수행하도록 지정한다.

  ○ **D3DCREATE_SOFTWARE_VERTEXPROCESSING** 정점 처리를 시스템 CPU에서 소프트웨어를 실행해 수행하도록 지정한다.

하드웨어 정점 처리는 하드웨어가 지원할 때만 작동한다. 잠시 후에 하드웨어 성능을 테스트하는 방법을 알아본다.

이전에 명시된 하드웨어 래스터화와는 다른 의미다.

지금부터 소프트웨어 정점 처리를 지정할 것이다. DirectX 디버깅이 활성화 돼 있는 경우 일부 시스템에서 소프트웨어 정점 처리를 사용할 때 컴파일러가 'Direct3D9 (ERROR) ASSERTION FAILED!'라는 메시지를 보고하는 경우가 있을 것이다. 인터넷으로 조사를 하고 나면 이 에러 보고를 무시하며 안심하게 된다. 그건 분명히 DirectX 사양과 100% 호환되지 않는 비디오 카드 드라이버 때문에 발생하는 문제다.

정점(Vertex)은 위치, 색상, 텍스처 및 기타 속성으로 구성된 3D 공간 안의 점이다.

- ***pPresentationParameters** 생성할 디바이스에 대한 속성을 지정하는 D3DPRESENT _PARAMETERS 구조체를 가리키는 포인터다. 이 구조체를 채우기 위해 별도의 함수를 사용할 것이다(다음에 있는 initD3Dpp() 함수 참조).
- ****ppReturnedDeviceInterface** 반환 값이다. 생성된 디바이스를 가리키는 포인터 주소를 포함하고 있다.

CreateDevice가 성공하면 D3D_OK를 반환한다. 실패하면 에러 코드 D3DERR_ DEVICELOST, D3DERR_INVALIDCALL, D3DERR_NOTAVAILABLE, D3DERR_ OUTOFVIDEOMEMORY 중 하나를 반환한다. CreateDevice 호출과 initD3Dpp 는 리스트 3.2와 같다.

리스트 3.2 DirectX 디바이스 생성

```
initD3Dpp();          // D3D 프레젠테이션 매개변수를 초기화한다.
// Direct3D 디바이스를 생성한다.
result = direct3d->CreateDevice(
  D3DADAPTER_DEFAULT,
  D3DDEVTYPE_HAL,
  hwnd,
  D3DCREATE_SOFTWARE_VERTEXPROCESSING,
```

```
      &d3dpp,
      &device3d
  );

  if (FAILED(result))
    throw(GameError(gameErrorNS::FATAL_ERROR,
          "Error creating Direct3D device"));
}
// =========================================================
// D3D 프레젠테이션 매개변수 초기화
// =========================================================
void Graphics::initD3Dpp()
{
  try {
    ZeroMemory(&d3dpp, sizeof(d3dpp));           // 구조체를 0으로 채운다.
    // 필요한 매개변수를 채운다.
    d3dpp.BackBufferWidth   = width;
    d3dpp.BackBufferHeight  = height;
    if (fullscreen)                              // 전체 화면이라면
      d3dpp.BackBufferFormat = D3DFMT_X8R8G8B8;  // 24비트 색상
    else
      d3dpp.BackBufferFormat = D3DFMT_UNKNOWN;   // 데스크톱 설정 사용

    d3dpp.BackBufferCount   = 1;
    d3dpp.SwapEffect        = D3DSWAPEFFECT_DISCARD;
    d3dpp.hDeviceWindow     = hwnd;
    d3dpp.Windowed          = (!fullscreen);
    d3dpp.PresentationInterval = D3DPRESENT_INTERVAL_IMMEDIATE;
  } catch(...)
  {
    throw(GameError(gameErrorNS::FATAL_ERROR,
          "Error initializing D3D presentation parameters"));
  }
}
```

DirectX 메소드의 반환 상태를 확인하고자 할 때는 항상 미리 정의된 매크로인 FAILED나 SUCCEEDED를 사용하라. D3D_OK를 포함해 특정 반환 값을 찾지 말라. 에러를 테스트하고 싶다면 if (FAILED(status));를 사용하고, 성공을 테스트하고 싶다면 if (SUCCEEDED(status)) 를 사용하라. status는 DirectX 메소드로부터 반환된 값이다.

프로그램이 종료되기 전에 device3d->Release()를 반드시 호출해야 한다. 실패하면 메모리 누수가 발생한다. 자세한 내용은 3.6절을 참고하라.

▌ 3.4 디스플레이 버퍼 비우기

모든 것이 잘 됐다면 DirectX는 초기화되고 device3d 포인터는 Direct3D 디바 이스를 가리키고 있을 것이다. 이제 게임 그래픽을 그리는 디바이스를 사용할 수 있다. 우선 Clear 함수를 사용해 윈도우를 간단하게 단색으로 채운다. Clear 함수의 문법은 다음과 같다.

```
HRESULT Clear(
    DWORD Count,
    const D3DRECT *pRects,
    DWORD Flags,
    D3DCOLOR Color,
    float Z,
    DWORD Stencil
);
```

매개변수는 다음과 같다.

- **Count** pRects가 가리키고 있는 배열에 나열돼 있는 지울 사각형의 개수다. pRects가 NULL이라면 반드시 0으로 설정해야 한다.

- **pRects** 지울 사각형을 기술하는 D3DRECT 구조체 배열을 가리키는 포인터 다. 버퍼 전체를 비우고 싶다면 pRects를 NULL로, Count를 0으로 설정해 야 한다.

- **Flags** 비울 표면의 형식을 지정하기 위헤 D3DCLEAR에 정의된 하나 이상의 플래그다. 우리는 항상 D3DCLEAR_TARGET을 사용할 것인데, 버퍼를 비우길 원한다는 뜻이다.

- **Color** 대상을 칠할 RGB(적색, 녹색, 청색) 색상 값이다. DirectX는 사전에 정의된 몇 가지 매크로를 통해 RGB 색상을 좀 더 쉽게 만들 수 있게 해준다. D3DCOLOR_XRGB(0, 255, 0)은 적색, 녹색, 청색에 대해 지정된 값을 사용해 단색의 RGB 색상을 만든다. 각 색상은 0~255 범위의 숫자로 표기한다. 이 예제는 밝은 녹색을 만든다.

- **Z** 깊이 버퍼Depth Buffer를 채우기 위해 0에서 1 사이의 부동소수점 숫자로 Z 값을 지정한다. 우리는 깊이 버퍼를 사용하지 않으므로 0.0f로 설정하면 잘 동작할 것이다.

- **Stencil** 스텐실 버퍼Stencil Buffer를 채우기 위해 0에서 2^{n-1} 사이의 숫자 값을 지정한다(n은 스텐실 버퍼의 비트 깊이다). 우리는 스텐실 버퍼를 사용하지 않으므로 0으로 설정하면 될 것이다. 리스트 3.3은 실제 호출을 보여준다.

리스트 3.3 디스플레이 버퍼 비우기

```
device3d->Clear(0, NULL, D3DCLEAR_TARGET, D3DCOLOR_XRGB(0, 255, 0), 0.0f, 0);
```

Clear 함수는 이전에 호출했던 CreateDevice 함수가 반환한 device3d 포인터를 통해 접근한다.

C++의 -> 연산자는 포인터를 통해 멤버를 접근하는 데 사용한다. 예제의 경우 device3d는 Direct3D 디바이스를 가리키는 포인터다. direct3d->를 사용해 디바이스에 있는 어떤 멤버 함수에든 접근할 수 있다. 비주얼 스튜디오에서 device3d->를 입력하면 코드 자동 완성 창이 바로 나타날 것이다. 사용 가능한 모든 메소드가 나열된다.

▌▌3.5 페이지 전환

이제 온전한 사각형을 표시할 수 있다. 게임 그래픽을 그리기 위해 페이지 전환 Page Flipping으로 알려진 기술을 채택할 것이다. 페이지 전환을 통해 현재 표시되지 않는 메모리 영역을 그릴 수 있다. 완전한 프레임 하나를 구성했을 때 화면에 보이지 않는 버퍼와 화면에 보이는 버퍼를 전환한다. 페이지 전환은 화면의 왜곡을 방지하기 위해 수행된다. 화면에 보이는 버퍼에 직접 그린다면 그림 3.1과 같이 때때로 부분적으로 지워지거나 부분적으로 완성된 그림을 볼 수 있을 것이다. 페이지 전환을 이용하면 보여주기 전에 그림을 완성할 수 있기 때문에 왜곡이 발생하지 않는다.

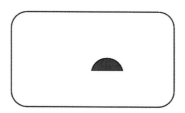

그림 3.1 이미지 일부가 표시됨

이 책에서는 화면에 보이지 않는 메모리를 백 버퍼라고 할 것이다. 이전의 initD3Dpp 함수에서 SwapEffect 프레젠테이션 매개변수를 D3DSWAPEFFECT_ DISCARD로 설정했다. 이 값은 화면에 백 버퍼를 보여주고 있을 때 이전에 화면에 보였던 버퍼의 내용을 삭제하라고 Direct3D에게 알려준다. 디스플레이 버퍼의 이전 내용을 삭제하면 페이지 전환에서 최고의 성능을 발휘한다. 일반적으로 동작하는 백 버퍼를 만들기만 하면 매번 아무런 사전 준비를 할 필요가 없다. 그림 3.2는 전환하기 전과 후의 버퍼 상태를 보여준다.

DirectX의 Present 함수는 페이지 전환을 수행한다. 문법은 다음과 같다.

```
HRESULT Present(
    const RECT *PSourceRect,
    const RECT *pDestRect,
    HWND        hDestWindowOverride,
```

```
   const RGNDATA *pDirtyRegion
);
```

매개변수 4개 모두를 NULL로 설정할 것이다. 그래도 범위 내용을 철저히 알아볼 필요가 있으므로, 매개변수에 대한 설명하면 다음과 같다.

- **pSourceRect** 원본 사각형 전체를 보여주기 위해 NULL로 설정한다. 스왑 체인^{Swap Chain}이 D3DSWAPEFFECT_COPY로 생성됐다면 원본 사각형을 포함하는 RECT 구조체의 주소로 설정해야 한다.

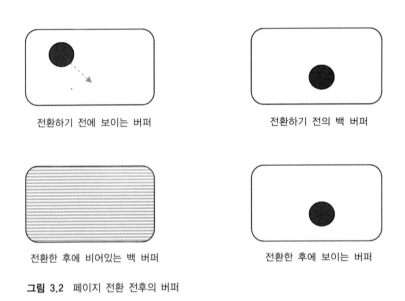

전환하기 전에 보이는 버퍼 　　　　　　　　전환하기 전의 백 버퍼

전환한 후에 비어있는 백 버퍼 　　　　　　　전환한 후에 보이는 버퍼

그림 3.2 페이지 전환 전후의 버퍼

- **pDestRect** 대상 사각형 전체를 채우기 위해 NULL로 설정한다. 스왑 체인이 D3DSWAPEFFECT_COPY로 생성됐다면 대상 사각형을 포함하는 RECT 구조체의 주소로 설정해야 한다.

- **hDestWindowOverride** 대상 윈도우의 핸들이다. NULL이라면 D3DPRESENT_PARAMETERS의 hWndDeviceWindow 멤버가 사용된다.

- **pDirtyRegion** 스왑 체인이 D3DSWAPEFFECT_COPY로 생성되지 않는 한 NULL이다. NULL이 아니라면 값을 갱신해야 하는 픽셀의 최소 집합으로

지정하고 백 버퍼 좌표로 표현된다.

리스트 3.4는 일반적인 호출 방법을 보여준다.

리스트 3.4 페이지 전환 수행

```
result = device3d->Present(NULL, NULL, NULL, NULL);
```

Present가 호출한 후 이전에 백 버퍼가 화면에 보이는 버퍼가 되고, 이전에 화면에 보였던 버퍼는 백 버퍼가 된다.

3.6 정확한 종료

사용하는 DirectX 메소드 중 일부는 메소드가 종료될 때 정리를 해야 한다. 이전 코드로부터 할당받은 메모리와 리소스를 해제하기 위해 device3d->Release()와 direct3d->Release()를 호출해야 한다. 항상 리소스가 생성된 과정의 반대 순서로 해제해야 한다. 또한 생성되지 않은 리소스에 Release() 메소드를 호출하지 않는 것도 중요하다.

다음은 디바이스 포인터가 유효하지 않은 Release()를 호출하지 않게 방지하기 위한 검사다(리스트 3.5 참조).

리스트 3.5 디바이스 해제

```
if (device3d != NULL)
    device3d->Release();
```

이것은 흔한 작업이므로, 이미 매크로로 정의돼 사용할 준비가 돼 있다(리스트 3.6 참조).

리스트 3.6 디바이스를 안전하게 해제하는 매크로

```
// 아이템을 참조하는 포인터를 안전하게 해제
#define SAFE_RELEASE(ptr) { if (ptr) { (ptr)->Release(); (ptr) = NULL; } }
```

새로운 매크로를 통해 리스트 3.7과 같이 리소스를 안전하게 해제하는 함수를 작성할 수 있다.

리스트 3.7 리소스 해제

```
// =========================================================
// 모두 해제한다.
// =========================================================
void Graphics::releaseAll()
{
    SAFE_RELEASE(device3d);
    SAFE_RELEASE(direct3d);
}
```

또한 new 연산자를 통해 할당한 메모리를 삭제해야 한다. 리스트 3.8은 안전하게 삭제하는 매크로를 보여준다.

리스트 3.8 안전하게 삭제하는 매크로

```
// 아이템을 참조하는 포인터를 안전하게 삭제
#define SAFE_DELETE(ptr) { if (ptr) { delete (ptr); (ptr) = NULL; } }
```

새 매크로를 전역으로 정의된 다른 게임 상수들과 함께 constants.h에 배치했다.

메모리 누수는 프로그램이 메모리를 할당하고 해제하지 않을 때 발생한다.

비주얼 스튜디오는 디버그 모드로 빌드하고 실행했을 때 메모리 누수를 발견하는 기능을 갖고 있다. 이 기능을 활성화하려면 winmain.cpp에 몇 줄의 코드를 추가해야 한다(리스트 3.9 참조).

리스트 3.9 메모리 누수 탐지

```
#define _CRTDBG_MAP_ALLOC      // 메모리 누수를 탐지하기 위해
#include <stdlib.h>            // 메모리 누수를 탐지하기 위해
#include <crtdbg.h>            // 메모리 누수를 탐지하기 위해
// -------------------------------------------
// 윈도우 애플리케이션의 시작 지점
int WINAPI WinMain(  HINSTANCE    hInstance,
                     HINSTANCE    hPrevInstance,
                     LPSTR        lpCmdLine,
                     int          nCmdShow)
{
    // 디버그 모드로 빌드 시 메모리 누수를 확인한다.
    #if defined(DEBUG) | defined(_DEBUG)
      _CrtSetDbgFlag(_CRTDBG_ALLOC_MEM_DF | _CRTDBG_LEAK_CHECK_DF);
    #endif
```

프로그램이 디버그 모드로 빌드되고 실행됐을 경우 프로그램이 종료될 때 비주얼 스튜디오 출력 창에 메모리 누수가 표시될 것이다.

```
Detected memory leaks!
Dumping objects ->
```

▌ 3.7 Graphics 클래스

3장에서 소개한 DirectX 그래픽 관련 코드를 모두 보유한 Graphics 클래스를 만들어 본다. 일반적으로 이런 종류의 클래스를 래퍼Wrapper 클래스라고 한다. 래퍼 클래스는 우리가 만든 함수 안에 있는 DirectX 함수들을 감싸고 DirectX

형식을 우리만의 형식으로 재정의한다. 사용자 정의 함수와 형식은 DirectX를 대신해 다른 곳에서도 똑같이 사용할 수 있다. 이렇게 하면 래퍼 클래스에서 DirectX 특정 코드의 사용을 제한하게 만들어 미래에 다른 API를 사용할 경우 업그레이드하기 쉽게 만들어준다.

객체지향 설계에서 각 클래스는 헤더 파일(.h)과 소스 파일(.cpp) 두 개의 파일로 작성된다. 헤더 파일은 클래스 선언, 함수 프로토타입, 변수 및 상수를 포함한다. 소스 파일은 코드의 대부분을 포함한다. DirectX 정의와 클래스 선언은 리스트 3.10에 보이는 것과 같이 graphics.h에 배치된다.

리스트 3.10 graphics.h 파일

```
// 2D 게임 프로그래밍
// Copyright (c) 2011 by:
// 찰스 켈리 (Charles Kelly)
// 3장 graphics.h v1.0
#ifndef _GRAPHICS_H          // 여러 곳에서 이 파일을 포함하는 경우
#define _GRAPHICS_H          // 다중 정의를 방지한다.
#define WIN32_LEAN_AND_MEAN
#ifdef _DEBUG
#define D3D_DEBUG_INFO
#endif
#include <d3d9.h>
#include "constants.h"
#include "gameError.h"
// DirectX 포인터 형식
#define LP_3DDEVICE  LPDIRECT3DDEVICE9
#define LP_3D        LPDIRECT3D9
// 색상 정의
#define COLOR_ARGB DWORD
#define SETCOLOR_ARGB(a, r, g, b) \
    ((COLOR_ARGB)((((a) & 0xff) << 24) | (((r) & 0xff) << 16) |
             (((g) & 0xff) << 8) | (b) & 0xff)))
class Graphics
```

```
{
private:
    // DirectX 포인터 및 관련 변수
    LP_3D         direct3d;
    LP_3DDEVICE   device3d;
    D3DPRESENT_PARAMETERS d3dpp;
    // 다른 변수들
    HRESULT   result;            // 윈도우 표준 반환 코드
    HWND      hwnd;
    bool      fullscreen;
    int       width;
    int       height;
    // (엔진 내부에서만 사용한다. 안에 사용자가 서비스할 수 있는 부분은 없다.)
    // D3D 프레젠테이션 매개변수(Presentation Parameters)를 초기화한다.
    void      initD3Dpp();
public:
    // 생성자
    Graphics();
    // 소멸자
    virtual ~Graphics();
    // 동적 할당된 direct3d와 device3d를 해제한다.
    void releaseAll();
    // DirectX 그래픽을 초기화한다.
    // hw = 윈도우의 핸들
    // width = 픽셀 단위 폭
    // height = 픽셀 단위 높이
    // fullscreen = true면 전체 화면, false면 창 화면
    // 에러가 발생할 경우 GameError를 던진다.
    void initialize(HWND hw, int width, int height, bool fullscreen);
    // 화면에 보이지 않는 백 버퍼(Back Buffer)를 화면에 표시한다.
    HRESULT showBackbuffer();
};
#endif
```

함수의 소스코드는 graphics.cpp 안에 있다. 처음 두 개의 함수는 생성자 Constructor와 소멸자Destructor다. 생성자는 변수를 초기화하고 소멸자는 releaseAll 함수를 호출한다(리스트 3.11 참조).

리스트 3.11 Graphics 클래스의 생성자와 소멸자

```
// 2D 게임 프로그래밍
// Copyright (c) 2011 by:
// 찰스 켈리 (Charles Kelly)
// 3장 Graphics 클래스 v1.0
// graphics.cpp
#include "graphics.h"
// =========================================================
// 생성자
// =========================================================
Graphics::Graphics()
{
    direct3d = NULL;
    device3d = NULL;
    fullscreen = false;
    width = GAME_WIDTH;          // 폭 및 높이는 initialize()에서 바뀐다.
    height = GAME_HEIGHT;
}
// =========================================================
// 소멸자
// =========================================================
Graphics::~Graphics()
{
    releaseAll();
}
```

releaseAll 함수는 할당된 DirectX 리소스를 해제하는 매크로를 사용한다 (리스트 3.12 참조).

```
// =======================================================
// 모두 해제한다.
// =======================================================
void Graphics::releaseAll()
{
    SAFE_RELEASE(device3d);
    SAFE_RELEASE(direct3d);
}
```

initialize 함수(리스트 3.13 참조)는 Direct3D를 초기화하고 Direct3D 디바이스를 생성한다. 매개변수는 다음과 같다.

- **hw** winmain.cpp의 CreateMainWindow 함수가 반환한 윈도우 디바이스의 핸들이다.
- **w** 픽셀 단위 디스플레이 버퍼의 폭이다.
- **h** 픽셀 단위 디스플레이 버퍼의 높이다.
- **full** true일 경우 전체 화면이고, false일 경우 창 화면이다.

리스트 3.13 DirectX 그래픽 초기화

```
// =======================================================
// DirectX 그래픽을 초기화한다.
// 에러가 발생할 경우 GameError를 던진다.
// =======================================================
void Graphics::initialize(HWND hw, int w, int h, bool full)
{
    hwnd = hw;
    width = w;
    height = h;
    fullscreen = full;
```

```
      // Direct3D 초기화
      direct3d = Direct3DCreate9(D3D_SDK_VERSION);
      if (direct3d == NULL)
        thorw(GameError(gameErrorNS::FATAL_ERROR,
                        "Error initializing Direct3D"));
      initD3Dpp();        // D3D 프레젠테이션 매개변수 초기화
      // Direct3D 디바이스 생성
      result = direct3d->CreateDevice(
        D3DADAPTER_DEFAULT,
        D3DDEVTYPE_HAL,
        hwnd,
        // 일부 시스템에서 Direct3D9 (ERROR) ASSERTION FAILED!가 나올 수 있다.
        // 하지만 여기에는 정말 에러가 없다.
        D3DCREATE_SOFTWARE_VERTEXPROCESSING,
        // 그래픽 카드가 하드웨어 정점 처리를
        // 지원하지 않는다면 동작하지 않는다.
        &d3dpp,
        &device3d
      );
      if (FAILED(result))
        throw(GameError(gameErrorNS::FATAL_ERROR,
                        "Error creating Direct3d device"));
}
```

    `initD3Dpp` 함수는 **D3D** 프레젠테이션 매개변수를 설정한다(리스트 3.14 참조). 이 함수는 리스트 3.13에 있는 `initialize` 함수에 의해 호출된다.

리스트 3.14 D3D 프레젠테이션 매개변수 초기화

```
// =========================================================
// D3D 프레젠테이션 매개변수 초기화
// =========================================================
void Graphics::initD3Dpp()
```

```
{
    try{
        ZeroMemory(&d3dpp, sizeof(d3dpp));  // 구조체를 0으로 채운다.
        // 필요한 매개변수를 채운다.
        d3dpp.BackBufferWidth    = width;
        d3dpp.BackBufferHeight   = height;
        if (fullscreen)                                   // 전체 화면이라면
            d3dpp.BackBufferFormat = D3DFMT_X8R8G8B8;     // 24비트 색상
        else
            d3dpp.BackBufferFormat = D3DFMT_UNKNOWN;      // 데스크톱 설정 사용
        d3dpp.BackBufferCount    = 1;
        d3dpp.SwapEffect         = D3DSWAPEFFECT_DISCARD;
        d3dpp.hDeviceWindow      = hwnd;
        d3dpp.Windowed           = (!fullscreen);
        d3dpp.PresentationInterval = D3DPRESENT_INTERVAL_IMMEDIATE;
    } catch(...)
    {
        throw(GameError(gameErrorNS::FATAL_ERROR,
                    "Error initializing D3D presentation parameters"));
    }
}
```

showBackBuffer 함수는 백 버퍼를 보여주기 위해 페이지 전환을 한다(리스트 3.15 참조). 3장에서는 showBackbuffer 함수가 백 버퍼를 항상 녹색을 띤 노란색으로 지운다. device3d->Clear 호출은 나중에 옮겨질 것이다.

리스트 3.15 백 버퍼 표시

```
// =======================================================
// 백 버퍼를 표시한다.
// =======================================================
HRESULT Graphics::showBackBuffer()
{
```

```
    result = E_FAIL;            // 기본 값은 FAIL이지만, 성공할 경우 바뀐다.
    // (이 함수는 이후에 옮겨질 것이다.)
    // 백 버퍼를 라임빛 녹색으로 채운다.
    device3d->Clear(0, NULL, D3DCLEAR_TARGET, D3DCOLOR_XRGB(0, 255, 0),
            0.0f, 0);
    // 백 버퍼를 화면에 표시한다.
    result = device3d->Present(NULL, NULL, NULL, NULL);
    return result;
}
```

■ 3.8 첫 번째 DirectX 프로그램

비주얼 스튜디오에 프로젝트를 생성해 우리가 다뤘던 모든 메소드를 사용해보자. 2장에 설명했던 방법에 따라 새로운 빈 프로젝트를 만든다. Create directory for solution. 이름의 체크 박스를 체크 해제한다. 프로젝트 이름을 'DirectX Window'로 한다. 그러면 비주얼 스튜디오가 'DirectX Window'라는 이름의 새 폴더를 만들 것이다.

윈도우 탐색기를 사용해 2장에서 생성했던 winmain.cpp를 방금 생성한 'DirectX Window' 폴더에 복사한다.

'Solution Explorer' 창에서 'Source Files' 폴더를 마우스 오른쪽 버튼으로 클릭한다. Add를 가리키고 Existing Item...을 선택한다(그림 3.3 참조). winmain.cpp를 선택하고 Add 버튼을 클릭한다. 편집을 위해 'Solution Exploror' 창에서 winmain.cpp를 더블 클릭한다. 상수 APP_TITLE를 'Hello World'에서 'DirectX Window'로 변경한다.

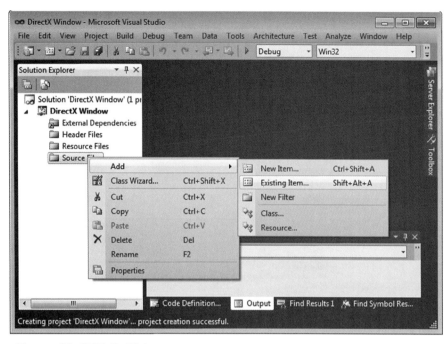

그림 3.3 기존 아이템 추가하기

3.8.1 DirectX용 프로젝트 구성

DirectX 코드를 컴파일하기 전에 프로젝트를 구성해야 한다.

포함 디렉터리(Include Directory) 'Solution Explorer'에서 프로젝트 이름 'DirectX Window'를 마우스 오른쪽 버튼으로 클릭하고 Properties를 선택한다.

- 왼쪽 상단의 'Configuration:'을 'All Configuration'으로 변경한다.
- 속성 페이지 왼쪽 창의 Configuration Properties 아래에 있는 VC++ Directories를 선택한다.
- 오른쪽 창의 Include Directories를 클릭한다.
- 드롭다운 메뉴를 열고 〈Edit...〉를 선택한다(그림 3.4 참조).

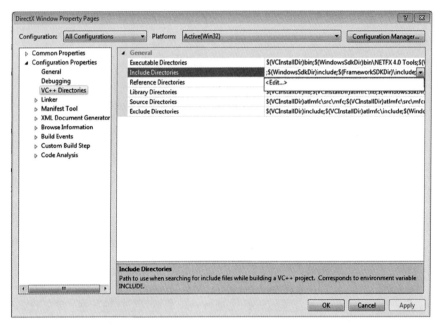

그림 3.4 Include Directories

- 그림 3.5와 같이 '$(DXSDK_DIR)\Include'를 입력하고 OK를 클릭한다. 비
주얼 스튜디오에게 DirectX 헤더 파일을 찾아볼 곳을 알려주는 역할을 한다.

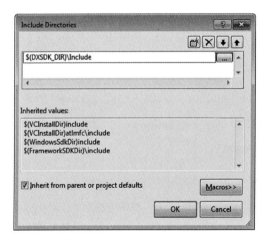

그림 3.5 포함 디렉터리 추가하기

라이브러리 디렉터리(Library Directory) 다음에는 링커에게 DirectX 라이브러리 파일을 찾아볼 곳을 알려줘야 한다.

- 오른쪽 창의 Library Directories를 클릭한다.
- 드롭다운 메뉴를 열고 〈Edit...〉를 선택한다.
- 이전과 같은 방법으로 '$(DXSDK_DIR)\Lib\x86'을 입력한다. Library Directories 창에서 OK를 클릭하고, DirectX Window Property Pages에서 Apply를 클릭한다.

런타임 라이브러리(Runtime Library)

- DirectX Window Property Pages의 왼쪽 상단에 있는 'Configuration:'을 'Release'로 변경한다(그림 3.6 참조).

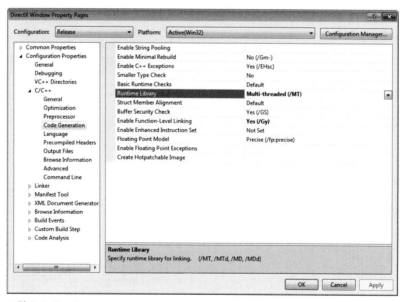

그림 3.6 Runtime Library

- C/C++를 확장하고 Code Generation을 선택한다.
- 'Runtime Library'를 'Multi-threaded (/MT)'로 변경한다. 이 변경은 C 런타

임 라이브러리를 정적으로 링크해 C 런타임 라이브러리 DLL(MSVCP100.DLL 또는 이와 동등한 파일)이 설치되지 않은 시스템에서도 프로그램이 동작하게 만들어준다.

추가 종속성(Additional Dependencies) 이제 비주얼 스튜디오에게 어떤 DirectX 라이브러리를 추가해야 하는지 알려준다.

- 왼쪽 상단의 'Configuration:'을 'All Configurations'로 변경한다.
- 속성 페이지 왼쪽 탭의 Linker를 확장한다.
- 왼쪽 창의 Input을 선택한다.
- 오른쪽 창의 Additional Dependencies를 클릭한다.
- 드롭다운 메뉴를 열고 〈Edit...〉를 선택한다.
- 'd3d9.lib'를 입력하고 Additional Dependencies 창의 OK를 클릭한다. 그리고 DirectX Property Pages 창의 OK를 클릭한다(그림 3.7 참조).

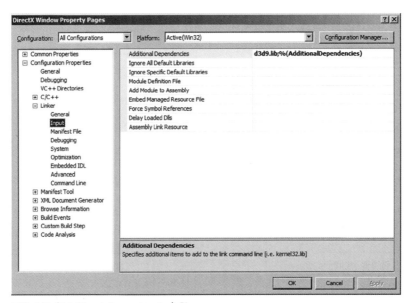

그림 3.7 'Additional Dependencies' 창

이제 프로젝트를 위한 구성이 완료됐다. 이후 프로젝트에 DirectX의 더 많은 기능을 프로그램에 추가하는 대로 더 많은 .lib 파일을 '추가 종속성^{Additional Dependencies}'에 추가할 것이다. 이제 DirectX 코드를 프로젝트에 추가해보자.

- Solution Explorer 창에서 'Source Files' 폴더를 마우스 오른쪽 버튼으로 클릭한다. Add를 가리키고 New Item...을 선택한다.
- 중앙 창에서 C++ File (.cpp)를 선택하고 '<Enter_name>'을 'graphics'로 변경한 뒤 Add를 클릭한다. 이렇게 하면 전과 같이 graphics.cpp 코드를 입력할 수 있는 C++ 소스 파일이 만들어진다. 물론 시간을 아끼고 실수를 피하기 위해 이 책의 웹사이트(www.programming2dgames.com)에서 코드를 가져올 수도 있다.
- Solution Explorer 창에서 'Header Files' 폴더를 마우스 오른쪽 버튼으로 클릭한다. Add를 가리키고 New Item...을 선택한다.
- 중앙 창에서 Header File (.h)를 선택하고 '<Enter_name>'을 'graphics'로 변경한 뒤 Add를 클릭한다. 이렇게 하면 전과 같이 graphics.h 코드를 입력할 수 있는 C++ 헤더 파일이 만들어진다. 물론 시간을 아끼고 실수를 피하기 위해 이 책의 웹사이트에서 코드를 가져올 수도 있다.
- 마지막 단계는 winmain.cpp에서 몇 줄을 수정하는 것이다.
- winmain.cpp의 상단에 #include "graphics.h"를 추가한다(리스트 3.16 참조).

리스트 3.16 winmain.cpp에 graphics.h 포함

```
// 2D 게임 프로그래밍
// Copyright (c) 2011 by:
// 찰스 켈리 (Charles Kelly)
// 3장 DirectX 윈도우 v1.0
// winmain.cpp
#define _CRTDBG_MAP_ALLOC          // 메모리 누수를 탐지하기 위해
#define WIN32_LEAN_AND_MEAN
#include <windows.h>
#include <stdlib.h>                // 메모리 누수를 탐지하기 위해
```

```
#include <crtdbg.h>          // 메모리 누수를 탐지하기 위해
#include "graphics.h"
// 함수 프로토타입
int WINAPI WinMain(HINSTANCE, HINSTANCE, LPSTR, int);
bool CreateMainWindow(HINSTANCE, int);
LRESULT WINAPI WinProc(HWND, UINT, WPARAM, LPARAM);
// 전역 변수
HINSTANCE hinst;
```

WinMain 함수 위에 **Graphics** 포인터를 만든다(리스트 3.17 참조).

리스트 3.17 Graphics 포인터

```
// Graphics 포인터
Graphics *graphics;
```

Graphics 객체를 만들고 `CreateMainWindow` 뒤에 `graphics->initialize`
함수를 호출한다(리스트 3.18 참조). GAME_WIDTH, GAME_HEIGHT, FULLSCREEN은
constants.h에 정의돼 있다(리스트 3.21 참조).

리스트 3.18 그래픽 초기화

```
// ==================================================
// 윈도우 애플리케이션의 시작 위치
// 매개변수는 다음과 같다.
//      hInstance.      애플리케이션의 현재 인스턴스에 대한 핸들
//      hPrevInstance.  더 이상 사용하지 않는 매개변수이며, 항상 NULL이다.
//      lpCmdLine.      커맨드라인 인수의 NULL로 끝나는 문자열을 가리키는 포인터
//      nCmdShow.       윈도우를 어떻게 보여줄 것인지 지정한다.
// ==================================================
int WINAPI WinMain( HINSTANCE   hInstance,    HINSTANCE   hPrevInstance,
                    LPSTR       lpCmdLine,    int         nCmdShow)
```

```
{
  // 디버그 모드로 빌드 시 메모리 누수를 확인한다.
  #if defined(DEBUG) | defined(_DEBUG)
    _CrtSetDbgFlag(_CRTDBG_ALLOC_MEM_DF | _CRTDBG_LEAK_CHECK_DF);
  #endif
  MSG msg;
  HWND hwnd = NULL;
  // 윈도우 생성
  if (!CreateMainWindow(hwnd, hInstance, nCmdShow))
    return 1;
  try{
    // Graphics 객체 생성
    graphics = new Graphics;
    // Graphics 객체 초기화, GameError를 던진다.
    graphics->initialize(hwnd, GAME_WIDTH, GAME_HEIGHT, FULLSCREEN);
```

처리해야 할 윈도우 메시지가 없다면 메인 메시지 루프는 graphics->show
Backbuffer() 함수를 호출하도록 갱신된다. 루프를 빠져나갈 때 할당했던 메
모리를 해제하기 위해 Graphics 객체를 삭제한다(리스트 3.19 참조).

리스트 3.19 갱신된 메시지 루프

```
  // 메인 메시지 루프
  int done = 0;
  while (!done)
  {
    // PeekMessage는 윈도우 메시지를 확인하는 논블로킹 메소드다.
    if (PeekMessage(&msg, NULL, 0, 0, PM_REMOVE))
    {
      // 종료 메시지를 찾는다.
      if (msg.message == WM_QUIT)
        done = 1;
      // 해석한 뒤 메시지를 WinProc에 전달한다.
```

```
            TranslateMessage(&msg);
            DispatchMessage(&msg);
        } else
            graphics->showBackbuffer();
    }
    SAFE_DELETE(graphics);    // 종료 전에 메모리를 해제한다.
    return msg.wParam;
}
catch(const GameError &err)
{
    MessageBox(NULL, err.getMessage(), "error", MB_OK);
}
catch(...)
{
    MessageBox(NULL, "Unknown error occurred in game.", "Error", MB_OK);
}
SAFE_DELETE(graphics);       // 종료 전에 메모리를 해제한다.
return 0;
}
```

2장의 예제에 있던 WinProc 함수는 변경되지 않는다. CreateMainWindow 함수는 윈도우 디바이스의 핸들을 반환하도록 변경해야 한다. 윈도우 디바이스 핸들은 Graphics::initialize 함수에 필요하다(리스트 3.13 참조). 핸들은 hwnd 참조 매개변수를 통해 반환된다. 수정된 함수는 다음과 같다.

```
// =================================================================
// 윈도우 생성
// 에러가 발생할 경우 false를 반환한다.
// =================================================================
bool CreateMainWindow(HWND& hwnd, HINSTANCE hInstance, int nCmdShow)
{
    WNDCLASSEX wcx;

    // Window 클래스 구조체를 메인 윈도우에 대한 매개변수로 채운다.
```

```
wcx.cbSize = sizeof(wcx);              // 구조체의 크기
wcx.style = CS_HREDRAW | CS_VREDRAW;   // 크기가 변하면 다시 그린다.
wcx.lpfnWndProc = WinProc;             // 윈도우 프로시저를 가리킨다.
wcx.cbClsExtra = 0;                    // 여분의 클래스 메모리는 필요 없다.
wcx.cbWndExtra = 0;                    // 여분의 윈도우 메모리는 필요 없다.
wcx.hInstance = hInstance;             // 인스턴스의 핸들
wcx.hIcon = NULL;
wcx.hCursor = LoadCursor(NULL, IDC_ARROW);      // 미리 정의된 화살표
wcx.hbrBackground = (HBRUSH)GetStockObject(BLACK_BRUSH);  // 검은색 배경
wcx.lpszMenuName = NULL;               // 메뉴 리소스의 이름
wcx.lpszClassName = CLASS_NAME;        // 윈도우 클래스의 이름
wcx.hIconSm = NULL;                    // 작은 클래스 아이콘

// Window 클래스를 등록한다.
// RegisterClassEx 함수는 에러가 발생할 경우 0을 반환한다.
if (RegisterClassEx(&wcx) == 0)        // 에러가 발생한다면
    return false;

// 윈도우 생성
hwnd = CreateWindow(
    CLASS_NAME,              // 윈도우 클래스의 이름
    APP_TITLE,               // 제목 표시줄의 텍스트
    WS_OVERLAPPEDWINDOW,     // 윈도우 스타일
    CW_USEDEFAULT,           // 윈도우의 기본 수평 위치
    CW_USEDEFAULT,           // 윈도우의 기본 수직 위치
    WINDOW_WIDTH,            // 윈도우의 폭
    WINDOW_HEIGHT,           // 윈도우의 높이
    (HWND)NULL,              // 부모 윈도우 없음
    (HMENU)NULL,             // 메뉴 없음
    hInstance,               // 애플리케이션 인스턴스의 핸들
    (LPVOID)NULL             // 윈도우 매개변수 없음
);

// 윈도우를 생성하는 동안 에러가 발생한다면
if (!hwnd)
    return false;
```

```
    // 윈도우를 표시한다.
    ShowWindow(hwnd, nCmdShow);

    // 윈도우 프로시저에게 WM_PAINT 메시지를 보낸다.
    UpdateWIndow(hwnd);
    return true;
}
```

▍ 3.9 전체 화면이나 창 화면

이전에 graphics.cpp에 작성했던 코드에는 불리언 변수 fullscreen이 포함돼
있다. 우리는 이 변수를 설명하지 않고 몰래 넣었었다. 지금 이 변수에 대해 알아
보고 어떻게 애플리케이션을 전체 화면으로 만드는지 알아보자. graphics.cpp 안
에 있는 fullscreen 변수는 initialize 함수의 full 매개변수를 통해 값이
할당된다. 이 변수는 백 버퍼 형식을 선택하기 위해 graphics.cpp 안에 있는
initD3Dpp 함수에 사용된다(리스트 3.20 참조).

리스트 3.20 전체 화면 형식

```
// ========================================================
// D3D 프레젠테이션 매개변수 초기화
// ========================================================
void Graphics::initD3Dpp()
{
    try {
        ZeroMemory(&d3dpp, sizeof(d3dpp));  // 구조체를 0으로 채운다.
        // 필요한 매개변수를 채운다.
        d3dpp.BackBufferWidth    = width;
        d3dpp.BackBufferHeight   = height;
        if (fullscreen)                              // 전체 화면이라면
            d3dpp.BackBufferFormat = D3DFMT_X8R8G8B8;   // 24비트 색상
        else
            d3dpp.BackBufferFormat  = D3DFMT_UNKNOWN;   // 데스크톱 설정 사용
```

```
        d3dpp.BackBufferCount    = 1;
        d3dpp.SwapEffect         = D3DSWAPEFFECT_DISCARD;
        d3dpp.hDeviceWindow      = hwnd;
        d3dpp.Windowed           = (!fullscreen);
        d3dpp.PresentationInterval = D3DPRESENT_INTERVAL_IMMEDIATE;
    } catch(...)
    {
        throw(GameError(gameErrorNS::FATAL_ERROR,
                        "Error initializing D3D presentation parameters"));
    }
}
```

fullscreen가 true면 백 버퍼의 형식을 D3DFMT_X8R8G8B8로 설정한다. 이 것은 픽셀당 투명성이 없는 24비트 색상을 의미한다(투명성에 대해선 나중에 설명한 다). fullscreen이 false면 백 버퍼의 형식을 D3DFMT_UNKNOWN으로 설정하는 데, DirectX에게 현재 창 화면을 사용하라고 알려준다. 또한 winmain.cpp에서 몇 가지 변경을 해야 한다. 창 화면이나 전체 화면을 설정하기 위해 constants.h 에 상수를 넣는다(리스트 3.21 참조).

리스트 3.21 상수

```
// -------------------------------------------
//          상수
// -------------------------------------------
// 윈도우
const char CLASS_NAME[] = "Spacewar";
const char GAME_TITLE[] = "Game Engine Part 1";
const bool FULLSCREEN = false;            // 창 화면 또는 전체 화면
const UINT GAME_WIDTH = 640;              // 픽셀 단위 게임의 폭
const UINT GAME_HEIGHT = 480;             // 픽셀 단위 게임의 높이
```

리스트 3.22 WinMain 함수 내 그래픽 초기화

```
// Graphics 객체 초기화. 에러가 발생할 경우 GameError를 던진다.
graphics->initialize(hwnd, GAME_WIDTH, GAME_HEIGHT, FULLSCREEN);
```

우리는 리스트 3.22와 같이 winmain.cpp에서 함수를 호출할 때 FULLSCREEN 상수를 사용해 초기화할 것이다. 리스트 3.23에서 winmain.cpp에 있는 CreateMainWindow 함수에서 강조된 부분에 추가해야 한다.

리스트 3.23 CreateMainWindow 함수 내 전체 화면 지원 추가

```
// 전체 화면 또는 창 화면을 설정한다.
DWORD style;
if (FULLSCREEN)
    style = WS_EX_TOPMOST | WS_VISIBLE | WS_POPUP;
else
    style = WS_OVERLAPPEDWINDOW;
// 윈도우 생성
hwnd = CreateWindow(
    CLASS_NAME,              // 윈도우 클래스의 이름
    APP_TITLE,              // 제목 표시줄의 텍스트
    style,                  // 윈도우 스타일
    CW_USEDEFAULT,          // 윈도우의 기본 수평 위치
    CW_USEDEFAULT,          // 윈도우의 기본 수직 위치
    WINDOW_WIDTH,           // 윈도우의 폭
    WINDOW_HEIGHT,          // 윈도우의 높이
    (HWND)NULL,             // 부모 윈도우 없음
    (HMENU)NULL,            // 메뉴 없음
    hInstance,              // 애플리케이션 인스턴스의 핸들
    (LPVOID)NULL            // 윈도우 매개변수 없음
);
```

이것이 전부다. FULLSCREEN을 true로 설정하면 프로그램을 컴파일하고 실행했을 때 밝은 녹색으로 된 전체 화면을 볼 수 있을 것이다. 잠깐! 창 화면인 애플리케이션은 간단히 창을 끄는 버튼을 눌러 애플리케이션을 종료할 수 있다. 애플리케이션이 전체 화면으로 동작하고 있을 때는 창을 끄는 버튼이 없다. 그러면 어떻게 종료하는가? 그때는 윈도우 시스템 키 **Alt + F4**를 사용해 프로그램을 종료할 수 있다.

온라인 게임을 하는 동안 친구들에게 장난을 치고 싶은가? 친구에게 게임에 새 기능이 나왔다며 Alt + F4를 눌러보라고 말해보라.

더 나은 방법은 **Esc** 키처럼 종료할 수 있는 키를 사용하는 것이다. 2장에서 WM_CHAR 메시지를 확인하는 방법에 대해 살펴봤다. 따라서 winmain.cpp의 WinProc 함수에 **Esc** 키를 확인하기 위한 몇 줄의 코드를 추가할 수 있다. ESC_KEY 상수는 constants.h에 VK_ESCAPE로 정의돼 있다(리스트 3.24 참조).

리스트 3.24 Esc 키 확인

```
// =================================================
// 윈도우 이벤트 콜백 함수
// =================================================
LRESULT WINAPI WinProc(HWND hWnd, UINT msg, WPARAM wParam, LPARAM lParam)
{
    switch (msg)
    {
    case WM_DESTROY:
        // 윈도우에게 이 프로그램을 종료하라고 말한다.
        PostQuitMessage(0);
        return 0;
    case WM_CHAR:               // 키보드에서 문자를 입력했다.
        switch (wParam)         // 문자는 wParam에 있다.
        {
```

```
        case ESC_KEY:              // 프로그램 종료 키
            // 윈도우에게 이 프로그램을 종료하라고 말한다.
            PostQuitMessage(0);
            return 0;
        }
    }
    return DefWindowProc(hWnd, msg, wParam, lParam);
}
```

디스플레이 디바이스와 호환되지 않는 매개변수를 지정하면 CreateWindow 함수는 실패하게 된다. 예를 들어 WINDOW_WIDTH를 1로 변경하면 프로그램은 실패할 것이다. 오직 하나의 픽셀로 전체 화면 창을 만드는 건 불가능하기 때문이다. 3장 뒷부분에서 디바이스 성능을 테스트하는 방법을 알아본다.

모니터가 여러 대 있는 시스템에서는 3장의 fullscreen을 실행할 경우 실패할 수도 있다. 4.2.3절에서 이 문제를 해결하는 방법에 대해 알아본다.

3.9.1 클라이언트 크기와 창 크기

마지막으로 다룰 문제는 창의 크기가 정해지는 방식이다. 윈도우를 생성할 때 CreateWindow 함수의 width와 height 매개변수는 윈도우 타이틀 바와 테두리를 포함한다. 때문에 윈도우의 클라이언트 영역은 원하는 크기보다 약간 작아져 버리는 결과가 발생한다. 클라이언트 영역은 게임 그래픽이 그려지는 윈도우 안쪽 부분이다. 생성된 윈도우로부터 클라이언트 영역의 크기를 구해 원하는 크기로 정확하게 재조정할 수 있다.

클라이언트 영역의 크기를 구하기 위해 윈도우 함수 GetClientRect를 사용한다.

```
BOOL WINAPI GetClientRect(
    HWND hWnd,
```

```
    LPRECT lpRect
);
```

매개변수에는 윈도우 핸들과 클라이언트 크기를 받아올 RECT 구조체가 있다. 클라이언트 영역의 왼쪽 상단 모서리는 항상 (0, 0)이다.

일단 클라이언트 영역의 크기를 알게 되면 원하는 클라이언트 크기보다 실제 윈도우가 얼마나 큰지 계산할 수 있다. 새 너비와 높이는 다음과 같다.

새 너비 = 원하는 너비 + (원하는 너비 − 클라이언트 너비)
새 높이 = 원하는 높이 + (원하는 높이 − 클라이언트 높이)

계산된 새 크기를 통해 윈도우의 크기를 재조정하는 MoveWindow 함수를 사용할 수 있다.

```
BOOL WINAPI MoveWindow(
    HWND hWnd,
    int X,
    int Y,
    int nWidth,
    int nHeight,
    BOOL bRepaint
);
```

매개변수는 다음과 같다.

● **hWnd** 윈도우에 대한 핸들

● **X** 왼쪽 가장자리의 새 위치

● **Y** 위쪽 가장자리의 새 위치

● **nWidth** 새 윈도우 너비

● **nHeight** 새 윈도우 높이

● **bRepaint** true면 윈도우를 다시 그리고, false면 다시 그리지 않는다.

원도우 크기를 재조정하기 위해 리스트 3.25에 있는 코드를 winmain.cpp의 CreateMainWindow 함수에 추가할 것이다.

리스트 3.25 윈도우 크기 조절

```
if (!FULLSCREEN)                              // 창 화면이라면
{
    // 원도우 크기를 조절해 클라이언트 영역이 GAME_WIDTH * GAME_HEIGHT가 되게 한다.
    RECT clientRect;
    GetClientRect(hwnd, &clientRect);    // 원도우에 대한 클라이언트 영역의
                                         // 크기를 가져온다.
    MoveWindow(hWnd,
        0,                                          // 왼쪽
        0,                                          // 위쪽
        GAME_WIDTH + (GAME_WIDTH - clientRect.right),       // 오른쪽
        GAME_HEIGHT + (GAME_HEIGHT - clientRect.bottom),    // 아래쪽
        TRUE);                                      // 원도우를 다시 그린다.
}
```

새로운 winmain.cpp의 전체 코드는 리스트 3.26에서 볼 수 있다.

리스트 3.26 전체 화면에 대한 그래픽 지원이 추가된 새 winmain.cpp

```
// 2D 게임 프로그래밍
// Copyright (c) 2011 by:
// 찰스 켈리 (Charles Kelly)
// 3장 DirectX 전체 화면 v1.0
// winmain.cpp
#define _CRTDBG_MAP_ALLOC        // 메모리 누수를 탐지하기 위해
#define WIN32_LEAN_AND_MEAN
#include <windows.h>
#include <stdlib.h>              // 메모리 누수를 탐지하기 위해
#include <crtdbg.h>             // 메모리 누수를 탐지하기 위해
```

```cpp
#include "graphics.h"
// 함수 프로토타입
int WINAPI WinMain(HINSTANCE, HINSTANCE, LPSTR, int);
bool CreateMainWindow(HINSTANCE, int);
LRESULT WINAPI WinProc(HWND, UINT, WPARAM, LPARAM);
// 전역 변수
HINSTANCE hinst;
// Graphics 포인터
Graphics *graphics;
// ===============================================
// 윈도우 애플리케이션의 시작 위치
// ===============================================
int WINAPI WinMain(  HINSTANCE   hInstance, HINSTANCE   hPrevInstance,
                     LPSTR       lpCmdLine, int         nCmdShow)
{
    // 디버그 모드로 빌드 시 메모리 누수를 확인한다.
    #if defined(DEBUG) | defined(_DEBUG)
      _CrtSetDbgFlag( _CRTDBG_ALLOC_MEM_DF | _CRTDBG_LEAK_CHECK_DF);
    #endif
    MSG msg;
    HWND hwnd = NULL;
    // 윈도우 생성
    if (!CreateMainWindow(hwnd, hInstance, nCmdShow))
      return 1;
    try {
      // Graphics 객체 생성
      graphics = new Graphics;
      // Graphics 객체 초기화, GameError를 던진다.
      graphics->initialize(hwnd, GAME_WIDTH, GAME_HEIGHT, FULLSCREEN);
      // 메인 메시지 루프
      int done = 0;
      while (!done)
      {
        // PeekMessage는 윈도우 메시지를 확인하는 논블로킹 메소드다.
        if (PeekMessage(&msg, NULL, 0, 0, PM_REMOVE))
```

```
        {
            // 종료 메시지를 찾는다.
            if (msg.message == WM_QUIT)
                done = 1;
            // 해석한 뒤 메시지를 WinProc에 전달한다.
            TranslateMessage(&msg);
            DispatchMessage(&msg);
        } else
            graphics->showBackbuffer();
    }
    SAFE_DELETE(graphics);          // 종료 전에 메모리를 해제한다.
    return msg.wParam;
}
catch(const GameError &err)
{
    MessageBox(NULL, err.getMessage(), "error", MB_OK);
}
catch(...)
{
    MessageBox(NULL, "Unknown error occurred in game.", "Error", MB_OK);
}
SAFE_DELETE(graphics);              // 종료 전에 메모리를 해제한다.
return 0;
}
// =================================================
// 윈도우 이벤트 콜백 함수
// =================================================
LRESULT WINAPI WinProc(HWND hWnd, UINT msg, WPARAM wParam, LPARAM lParam)
{
    switch(msg)
    {
        case WM_DESTROY:
            // 윈도우에게 이 프로그램을 종료하라고 말한다.
            PostQuitMessage(0);
            return 0;
```

```
    case WM_CHAR:              // 키보드에서 문자를 입력했다.
      switch (wParam)          // 문자는 wParam에 있다.
      {
        case ESC_KEY:          // 프로그램 종료 키
          // 윈도우에게 이 프로그램을 종료하라고 말한다.
          PostQuitMessage(0);
          return 0;
      }
  }

  return DefWindowProc(hWnd, msg, wParam, lParam);
}
// ===================================================
// 윈도우 생성
// 에러가 발생할 경우 false를 반환한다.
// ===================================================
bool CreateMainWindow(HWND &hwnd, HINSTANCE hInstance, int nCmdShow)
{
  WNDCLASSEX wcx;

  // Window 클래스 구조체를 메인 윈도우에 대한 매개변수로 채운다.
  wcx.cbSize = sizeof(wcx);           // 구조체의 크기
  wcx.style = CS_HREDRAW | CS_VREDRAW;// 크기가 변하면 다시 그린다.
  wcx.lpfnWndProc = WinProc;          // 윈도우 프로시저를 가리킨다.
  wcx.cbClsExtra = 0;                 // 여분의 클래스 메모리는 필요 없다.
  wcx.cbWndExtra = 0;                 // 여분의 윈도우 메모리는 필요 없다.
  wcx.hInstance = hInstance;          // 인스턴스의 핸들
  wcx.hIcon = NULL;
  wcx.hCursor = LoadCursor(NULL, IDC_ARROW); // 미리 정의된 화살표
  // 검은색 배경
  wcx.hbrBackground = (HBRUSH)GetStockObject(BLACK_BRUSH);
  wcx.lpszMenuName = NULL;            // 메뉴 리소스의 이름
  wcx.lpszClassName = CLASS_NAME;     // 윈도우 클래스의 이름
  wcx.hIconSm = NULL;                 // 작은 클래스 아이콘

  // Window 클래스를 등록한다.
  // RegisterClassEx 함수는 에러가 발생할 경우 0을 반환한다.
```

```cpp
    if (RegisterClassEx(&wcx) == 0)          // 에러가 발생한다면
        return false;
    // 전체 화면이나 창 화면을 설정한다.
    DWORD style;
    if (FULLSCREEN)
        style = WS_EX_TOPMOST | WS_VISIBLE | WS_POPUP;
    else
        style = WS_OVERLAPPEDWINDOW;
    // 윈도우 생성
    hwnd = CreateWindow(
        CLASS_NAME,              // 윈도우 클래스의 이름
        APP_TITLE,               // 제목 표시줄의 텍스트
        style,                   // 윈도우 스타일
        CW_USEDEFAULT,           // 윈도우의 기본 수평 위치
        CW_USEDEFAULT,           // 윈도우의 기본 수직 위치
        WINDOW_WIDTH,            // 윈도우의 폭
        WINDOW_HEIGHT,           // 윈도우의 높이
        (HWND)NULL,              // 부모 윈도우 없음
        (HMENU)NULL,             // 메뉴 없음
        hInstance,               // 애플리케이션 인스턴스의 핸들
        (LPVOID)NULL             // 윈도우 매개변수 없음
    );
    // 윈도우를 생성하는 동안 에러가 발생한다면
    if (!hwnd)
        return false;
    if (!FULLSCREEN)             // 창 화면이라면
    {
        // 윈도우 크기를 조절해 클라이언트 영역이 GAME_WIDTH *
        // GAME_HEIGHT가 되게 한다.
        RECT clientRect;
        GetClientRect(hwnd, &clientRect);    // 윈도우에 대한 클라이언트 영역의
                                             // 크기를 가져온다.
        MoveWindow(hWnd,
            0,                               // 왼쪽
            0,                               // 위쪽
```

```
        GAME_WIDTH + (GAME_WIDTH - clientRect.right),      // 오른쪽
        GAME_HEIGHT + (GAME_HEIGHT - clientRect.bottom),  // 아래쪽
        TRUE                                              // 윈도우를 다시 그린다.
    );
}
// 윈도우를 표시한다.
ShowWindow(hwnd, nCmdShow);
// 윈도우 프로시저에게 WM_PAINT 메시지를 보낸다.
UpdateWIndow(hwnd);
return true;
}
```

▌▌ 3.10 디버그와 리테일 DLL

프로그램을 성공적으로 빌드하기 위해 d3dx9.dll을 프로젝트에 추가해야 한다. 이 라이브러리는 리테일 버전이 있고 디버그 버전이 있다. 다음과 같이 디버그 버전을 추가한다.

- Solution Explorer 창에서 프로젝트를 마우스 오른쪽 버튼으로 클릭하고 Properties를 선택한다.
- 구성을 'Debug'로 설정한다.
- Properties 페이지의 왼쪽 탭에 있는 Linker를 확장한다.
- 왼쪽 창의 Input을 선택한다.
- 오른쪽 창의 %(AdditionalDependencies)를 클릭한다.
- 드롭다운 메뉴를 열고 〈Edit...〉를 선택한다.
- 'd3dx9d.lib'를 입력한다.
- 구성을 'Release'로 설정하고 위 과정을 반복하되 이번에는 'd3dx9.lib'를 입력한다. 라이브러리의 디버그 버전에는 이름 끝에 'd'가 추가로 붙는다. 디버그 라이브러리는 더 자세한 메시지를 제공하고 추가 코드 유효성 검사를 수행한다.

DirectX SDK에는 D3D9 런타임의 디버그나 리테일 버전을 설치하는 옵션이
있다. 디버그 런타임이 설치되면 DirectX 제어판에서 리테일이나 디버그 버전
전환을 할 수 있다. DirectX 제어판은 시작 ➤ All Programs ➤ Microsoft DirectX
SDK (June 2010) ➤ DirectX Utilities ➤ DirectX Control Panel에 있다. Direct3D
탭에서 런타임 버전을 선택할 수 있다.

▐ 3.11 디바이스 성능 결정

3장 앞에서 언급한 바와 같이 시스템 하드웨어와 호환되지 않는 매개변수를
지정하면 DirectX 함수가 실패할 수도 있다. 이것은 일반적으로 전체 화면인
애플리케이션에서만 문제가 되며, 대부분의 경우인 창 화면 애플리케이션에서
는 이 단계를 건너뛸 수 있다. 하드웨어에 대한 정보를 얻을 수 있는 DirectX
함수는 여러 가지가 있다. 첫 단계는 디바이스를 선택하는 것이다. 여기서는
디스플레이 어댑터로만 범위를 한정하지만, 모든 디바이스에 대해 같은 방법으
로 적용할 수 있다.

디스플레이 어댑터는 컴퓨터에 있는 물리적 디바이스다. 이것은 시스템 버스
로 연결되거나 메인보드에 통합된 주변 디바이스일 수 있다. 화면이 2개인 디스
플레이의 경우처럼 단일 그래픽 카드는 여러 어댑터를 포함할 수 있다. 시스템
에 설치된 디스플레이 어댑터의 수는 IDirect3D9::GetAdapterCount() 함
수를 통해 알아낼 수 있다. 게임이 다중 모니터 디스플레이를 지원하지 않는
경우라면 이 단계를 건너뛰고 어댑터 수를 요구하는 DirectX 함수에게 매개변
수로 D3DADAPTER_DEFAULT를 전달하라. GetAdapterCount()는 디스플레이
어댑터 수를 부호 없는 정수형으로 반환한다.

각 어댑터는 다중 디스플레이 모드를 지원한다. IDirect3D9::getAdapter
ModeCount 함수는 지정된 어댑터에 대해 사용 가능한 디스플레이 모드의 수를
반환한다.

```
UINT GetAdapterModeCount(
    UINT Adapter,
```

```
    D3DFORMAT Format
);
```

매개변수는 다음과 같다.

- **Adapter** 디스플레이 어댑터 수다. 주 어댑터를 지정하고 싶다면 D3DADAPTER_ DEFAULT를 사용하라.
- **Format** D3DFORMAT형으로 정의돼 있는 게임에서 사용할 표면 형식이다.

그리고 여기에 GetAdapterModeCount나 EnumAdapterModes와 호환되며 D3DFORMAT에서 선택할 수 있는 여러 형식이 있다.

- **D3DFMT_A1R5G5B5** 각 색상이 5비트인 16비트 픽셀 형식이다.
- **D3DFMT_R5G6B5** 적색이 5비트, 녹색이 6비트, 청색이 5비트인 16비트 픽셀 형식이다.
- **D3DFMT_A8R8G8B8** 알파가 8비트이고 각 색상이 8비트인 32비트 ARGB 픽셀 형식이다.
- **D3DFMT_X8R8G8B8** 각 색상이 8비트인 32비트 RGB 픽셀 형식이다.
- **D3DFMT_A2B10G10R10** 각 색상이 10비트이고 알파가 2비트인 32비트 픽셀 형식이다.

일단 원하는 형식을 사용할 수 있는 디스플레이 모드 수를 알고 있다면 IDirect3D9::EnumAdapterModes를 통해 자세한 정보를 얻고 하드웨어 가속을 사용할 수 있는지 확인할 수 있다.

```
HRESULT EnumAdapterModes(
    UINT Adapter,
    D3DFORMAT Format,
    UINT Mode,
    D3DDISPLAYMODE *pMode
);
```

매개변수는 다음과 같다.

- **Adapter** 디스플레이 어댑터 수다. 주 어댑터를 지정하고 싶다면 D3DADAPTER_
  DEFAULT를 사용하라.
- **Format** 위와 같이 D3DFORMAT형으로 정의돼 있는 게임에서 사용할 표면 형
  식이다.
- **Mode** 디스플레이 모드 번호다. 0과 GetAdapterModeCount - 1로 반환된
  값 사이의 숫자가 올 수 있다.
- ***pMode** 함수에 의해 모드에 대한 자세한 정보가 채워진 D3DDISPLAYMODE
  구조체를 가리키는 포인터다.

  반환 값 HRESULT는 다음을 포함한다.

- 어댑터가 디스플레이 모드를 지원하면 D3D_OK를 반환한다.
- Adapter 매개변수가 시스템의 디스플레이 어댑터 수를 초과하면 D3DERR
  _INVALIDCALL을 반환한다.
- 지원하지 않는 표면 형식이거나 지정된 형식에 대해 하드웨어 가속을 사용할
  수 없다면 D3DERR_NOTAVAILABLE을 반환한다.

  D3DDISPLAYMODE 구조체는 다음과 같이 정의된다.

```
typedef struct D3DDISPLAYMODE {
    UINT      Width;
    UINT      Height;
    UINT      RefreshRate;
    D3DFORMAT Format;
} D3DDISPLAYMODE, *LPD3DDISPLAYMODE;
```

멤버는 다음과 같다.

- **Width** 화면의 픽셀 단위 폭이다.
- **Height** 화면의 픽셀 단위 높이다.

- **RefreshRate** 헤르츠 단위(초당 사이클 수) 주사율로, 값이 0이라면 어댑터 기본
값을 사용한다는 뜻이다.

- **Format** 위에서 설명한 것처럼 D3DFORMAT의 멤버다.

어댑터의 호환성을 확인하기 위해 graphics.cpp에 새 함수를 추가해보자(리스트 3.27 참조).

리스트 3.27 어댑터 호환성을 확인하는 함수

```
// ==========================================================
// 어댑터가 d3dpp에 지정된 백 버퍼의 높이, 폭, 리프레시 속도(Refresh Rate)와
// 호환되는지 확인한다. 찾았다면 pMode 구조체에 호환 모드의 형식을 채운다.
// 이전 : d3dpp가 초기화됐다.
// 이후 : 호환되는 모드를 찾았고 pMode 구조체가 채워져 있다면 true를 반환한다.
// 호환되는 모드를 찾지 못하면 false를 반환한다.
// ==========================================================
bool Graphics::isAdapterCompatible()
{
    UINT modes = direct3d->GetAdapterModeCount(D3DADAPTER_DEFAULT,
                                        d3dpp.BackBufferFormat);
    for (UINT i = 0; i < modes; i++)
    {
        result = direct3d->EnumAdapterModes(D3DADAPTER_DEFAULT,
                                        d3dpp.BackBufferFormat,
                                        i, &pMode);
        if ( pMode.Height == d3dpp.BackBufferHeight &&
             pMode.Width == d3dpp.BackBufferWidth &&
             pMode.RefreshRate >= d3dpp.FullScreen_RefreshRateInHz)
             return true;
    }
    return false;
}
```

또한 graphics.h 파일에 pMode 변수와 함수 프로토타입을 추가해야 한다.
pMode 변수는 Graphics 클래스의 private 변수로 선언한다.

```
class Graphics
{
private:
    // DirectX 포인터와 관련 변수
    LP_3D              direct3d;
    LP_3DDEVICE        device3d;
    D3DPRESENT_PARAMETERS d3dpp;
    D3DDISPLAYMODE     pMode;

    // 함수 프로토타입은 클래스의 public 부분에 추가된다.
    // 어댑터가 d3dpp에 지정된 백 버퍼의 높이, 폭, 리프레시 속도와
    // 호환되는지 확인한다. 찾았다면 pMode 구조체에 호환 모드의 형식을 채운다.
    // 이전 : d3dpp가 초기화됐다.
    // 이후 : 호환되는 모드를 찾았고 pMode 구조체가 채워져 있다면 true를 반환한다.
    // 호환되는 모드를 찾지 못하면 false를 반환한다.
    bool isAdapterCompatible();
```

initialize 함수에서 initD3Dpp()를 호출한 후에 이 함수를 호출할 것이
다. 게임이 전체 화면으로 실행하게 설정돼 있다면 isAdapterCompatible()
에 의해 반환된 RefreshRate를 d3dpp.FullScreen_RefreshRateInHz에 할
당한다. 리스트 3.28을 살펴보라.

마지막으로 테스트할 디바이스 성능은 하드웨어 정점 처리 기능을 수행할 수
있는 능력이다. 디바이스가 하드웨어 정점 처리를 지원하는지 알아보기 위해
IDirect3D9::GetDeviceCaps 메소드를 사용한다.

```
HRESULT GetDeviceCaps(
    UINT Adapter,
    D3DDEVTYPE DeviceType,
    D3DCAPS9 *pCaps
);
```

매개변수는 다음과 같다.

- **Adapter** 디스플레이 어댑터 수다. 주 어댑터를 지정하고 싶다면 D3DADAPTER_ DEFAULT를 사용하라.
- **DeviceType** D3DDEVTYPE의 멤버다.
- ***pCaps** 이 함수에 의해 디바이스 성능에 대한 정보가 채워진 D3DCAPS9 구조체의 포인터다.

이 함수를 graphics.cpp의 initialize 함수에 추가한다. 디바이스가 하드웨어 정점 처리를 지원한다면 이를 사용한다. 새 initialize 함수는 리스트 3.28에서 볼 수 있다.

리스트 3.28 새 Graphics::initialize 함수

```
// =========================================================
// DirectX 그래픽을 초기화한다.
// 에러가 발생할 경우 GameError를 던진다.
// =========================================================
void Graphics::initialize(HWND hw, int w, int h, bool full)
{
    hwnd = hw;
    width = w;
    height = h;
    fullscreen = full;
    // Direct3D 초기화
    direct3d = Direct3DCreate9(D3D_SDK_VERSION);
    if (direct3d == NULL)
        thorw(GameError(gameErrorNS::FATAL_ERROR,
                "Error initializing Direct3D"));
    initD3Dpp();                    // D3D 프레젠테이션 매개변수 초기화
    if (fullscreen)                 // 전체 화면 모드라면
    {
        if (isAdapterCompatible())  // 어댑터가 호환된다면
```

```
        // 리프레시 속도를 호환되는 것으로 설정한다.
        d3dpp.FullScreen_RefreshRateInHz = pMode.RefreshRate;
    else
        throw(GameError(gameErrorNS::FATAL_ERROR,
              "The graphics device does not support the" \
              "specified resolution and/or format."));
}
// 그래픽 카드가 텍스처, 라이팅, 정점 셰이더를 지원하는지 확인한다.
D3DCAPS9 caps;
DWORD behavior;
result = direct3d->GetDeviceCaps(D3DADAPTER_DEFAULT,
                                 D3DDEVTYPE_HAL, &caps);
// 디아비스가 텍스처, 라이팅을 지원하지 않거나 정점 셰이더 1.1을
// 지원하지 않는다면 소프트웨어 정점 처리로 전환한다.
if ((caps.DevCaps & D3DDEVCAPS_HWTRANSFORMANDLIGHT) == 0 ||
    caps.VertexShaderVersion < D3DVS_VERSION(1, 1))
    // 소프트웨어 정점 처리만 사용한다.
    behavior = D3DCREATE_SOFTWARE_VERTEXPROCESSING;
else
    // 하드웨어 정점 처리만 사용한다.
    behavior = D3DCREATE_HARDWARE_VERTEXPROCESSING;
// Direct3D 디바이스 생성
result = direct3d->CreateDevice(
    D3DADAPTER_DEFAULT,
    D3DDEVTYPE_HAL,
    hwnd,
    behavior,
    &d3dpp,
    &device3d
);
if (FAILED(result))
    throw(GameError(gameErrorNS::FATAL_ERROR,
              "Error creating Direct3d device"));
}
```

정리

3장에서는 DirectX를 소개했다. 색이 채워진 윈도우가 있는 DirectX 애플리케이션을 만드는 방법을 배웠고, DirectX 그래픽 코드를 모두 다루는 `Graphics` 클래스를 만들었다. 또한 DirectX 디바이스의 성능을 결정하는 방법도 배웠다. 핵심 내용은 다음과 같다.

- DirectX를 사용하는 첫 번째 단계는 `Direct3DCreate9`를 사용해 DirectX 객체를 만드는 것이다.
- 두 번째 단계는 `CreateDevice` 함수로 디바이스를 생성하는 것이다.
- `Clear` 함수는 윈도우에 색을 채울 수 있다.
- '페이지 전환'은 화면에 보이지 않는 버퍼에 그림을 그리고, 화면에 보이지 않는 버퍼를 화면에 보이는 버퍼로 만들어준다. `Present` 함수는 페이지 전환을 한다.
- `Release` 메소드는 DirectX가 할당한 메모리와 리소스를 해제하는 데 사용된다.
- `Graphics` 클래스는 DirectX 그래픽 코드를 위한 래퍼 클래스다.
- `Graphics::initialize` 함수는 DirectX 그래픽을 초기화해준다.
- `Graphics::showBackbuffer` 함수는 페이지 전환을 한다.
- 전체 화면의 DirectX 애플리케이션을 만드는 방법을 배웠다.
- 디스플레이 어댑터가 우리가 원하는 너비, 높이, 그리고 주사율과 호환되는지 확인하기 위해 `Graphics::isAdapterCompatible` 함수를 작성했다.

복습문제

1. 3장의 예제 코드에 필요한 DirectX 헤더 파일(.h)은 무엇인가?
2. 3장의 예제 코드에 필요한 DirectX 라이브러리 파일(.lib)은 무엇인가?
3. Direct3D를 초기화하기 위해 사용하는 함수는 무엇인가?

4. 주 디스플레이 어댑터를 사용하기 위해 CreateDevice 함수의 Adapter 매개변수에 할당해야 하는 매개변수 값은 무엇인가?

5. 레스터화란 무엇인가?

6. 정점이란 무엇인가?

7. SUCCEEDED 매크로는 어디에 사용하는가?

8. 밝은 청색을 만들기 위해 D3DCOLOR_XRGB(?,?,?)에 들어갈 매개변수 값은 무엇인가?

9. 디스플레이 그래픽에 페이지 전환을 사용하는 이유는?

10. 메모리 누수란 무엇인가?

11. 우리가 만든 클래스에는 각각 두 개의 파일이 포함돼 있다. 변수는 어떤 파일 형식에 포함해야 하는가?

12. Graphics 클래스에서 백 버퍼를 표시해주는 함수는 무엇인가?

연습문제

1. 3장의 'DirectX Window' 예제 프로그램을 윈도우 색상을 짙은 청색(RGB 값 (0, 0, 128))으로, 그리고 다른 크기로 수정하라(모든 윈도우 크기가 유효한 것은 아니다. 작업 크기를 찾을 때까지 크기를 계속 바꿔보라).

2. 3장의 'DirectX Fullscreen' 예제 프로그램을 수정하라. 프로그램을 전체 화면 모드 대신 창 모드로 만들어 디버그하기 쉽게 만든다. 그리고 스페이스 바를 누르면 프로그램이 종료되게 수정하라.

3. 3장의 'DirectX Window'를 스페이스 바를 누를 때마다 윈도우를 새로운 임의 색상으로 표시되게 수정하라. 힌트: COLOR_ARGB형의 backColor 변수를 Graphics 클래스에 추가한다. Graphics 클래스의 showBackbuffer 함수를 화면이 지워질 때 backColor 변수를 사용하게 수정한다. 그리고 다음 함수를 graphics.h 파일에 추가한다.

예제

모든 예제는 www.programming2dgames.com에서 다운로드할 수 있다. 다음은 이용 가능한 예제의 목록을 보여준다.

- **DirectX Window** DirectX 윈도우 애플리케이션을 만든다.
  - DirectX를 위해 구성된 비주얼 스튜디오 프로젝트를 포함한다.
  - DirectX 윈도우를 만들기 위해 `Graphics` 클래스를 어떻게 사용하는지 보여준다.
- **DirectX Fullscreen** 전체 화면의 DirectX 애플리케이션을 만든다.
  - 전체 화면의 DirectX 애플리케이션을 만들기 위해 `Grahpcis` 클래스를 어떻게 사용하는지 보여준다.
- **DirectX Device Capabilities** 그래픽 디바이스가 지정된 해상도 그리고/또는 형식 지원 여부를 대화상자로 보여준다.
  - `Graphics::isAdapterCompatiable` 함수를 어떻게 사용하는지 보여준다.

게임 엔진

▌▌ 4.1 게임 엔진 1부

이제 앞서 소개했던 코드를 통합해 게임 엔진으로 만들 시간이 된 것 같다. 게임 엔진은 각 주요 구성 요소가 클래스로 구성된 객체지향적 설계가 될 것이다. 게임 엔진 1부에서는 Game, Graphics, Input 클래스를 포함할 것이다. 새로운 게임 엔진으로 게임을 만들기 위해 Game 클래스로부터 상속을 받는 클래스를 만든다. 예를 들어 Spacewar 게임을 만들고 싶다면 그림 4.1과 같이 Game 클래스로부터 상속을 받는 새로운 Spacewar 클래스를 만들면 된다.

그림 4.1의 클래스 다이어그램은 비주얼 스튜디오 2010에서 'Solution Explorer' 창의 프로젝트를 마우스 오른쪽 버튼으로 클릭하고 'View Class Diagram'을 선택해서 만들어진 것이다. 그래픽과 입력의 연관은 Game 클래스를 확장하면 볼 수 있는데, 속성을 마우스 오른쪽 버튼으로 누르고 'Show As Association'을 선택하면 된다.

4.2 Game 클래스

Game 클래스는 많은 게임에서 공통적으로 쓰는 변수와 함수를 포함한다. Game 클래스는 단지 시작점일 뿐이다. 게임 제작을 위해 만든 Spacewar 클래스는 Game 클래스로부터 상속을 받기 때문에 Game 클래스에 정의된 모든 것을 가져온다. 상속받은 함수와 변수를 수정할 수 있고 필요하다면 새로운 함수와 변수를 추가할 수도 있다.

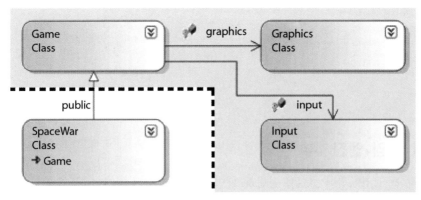

그림 4.1 게임 엔진, 1부의 클래스 다이어그램

Game 클래스는 Input 클래스와 Graphics 클래스의 객체를 포함하기 때문에 그래픽을 표시하는 능력과 키보드 입력을 받을 수 있는 능력을 갖고 있다. Game 클래스의 변수와 함수 프로토타입 선언은 리스트 4.1에서 볼 수 있는 것처럼 game.h 파일에 저장돼 있다.

리스트 4.1 game.h 파일

```
// 2D 게임 프로그래밍
// Copyright (c) 2011 by:
// 찰스 켈리 (Charles Kelly)
// 4장 game.h v1.0
#ifndef _GAME_H          // 여러 곳에서 이 파일을 포함하는 경우
#define _GAME_H          // 다중 정의를 방지한다.
```

```cpp
#define WIN32_LEAN_AND_MEAN
#include <windows.h>
#include <Mmsystem.h>
#include "graphics.h"
#include "input.h"
#include "constants.h"
#include "gameError.h"
class Game
{
protected:
    // 게임 공통 속성
    Graphics *graphics;             // Graphics 객체를 가리키는 포인터
    Input *input;                   // Input 객체를 가리키는 포인터
    HWND hwnd;                      // 윈도우 핸들
    HRESULT hr;                     // 표준 반환 타입
    LARGE_INTEGER timeStart;        // 성능 카운터 시작 값
    LARGE_INTEGER timeEnd;          // 성능 카운터 종료 값
    LARGE_INTEGER timerFreq;        // 성능 카운터 빈도수
    float frameTime;                // 마지막 프레임에 필요한 시간
    float fps;                      // 초당 프레임 수
    DWORD sleepTime;                // 프레임 사이에 기다릴 밀리초 단위 시간
    bool paused;                    // 게임이 일시 정지될 경우 true
    bool initialized;
public:
    // 생성자
    Game();
    // 소멸자
    virtual ~Game();
    // 멤버 함수
    // 윈도우 메시지 핸들러
    LRESULT messageHandler(HWND hwnd, UINT msg, WPARAM wParam, LPARAM lParam);
    // 게임을 초기화한다.
    // 이전 : hwnd는 윈도우에 대한 핸들이다.
    virtual void initialize(HWND hwnd);
    // WinMain의 메인 메시지 루프에서 반복적으로 run 함수가 호출된다.
```

```cpp
    virtual void run(HWND);
    // 그래픽 디바이스가 로스트 상태가 됐을 때 호출한다.
    // 예약된 모든 비디오 메모리를 해제하고 그래픽 디바이스를 리셋한다.
    virtual void releaseAll();
    // 모든 표면을 재생성하고 모든 개체를 리셋한다.
    virtual void resetAll();
    // 예약된 모든 메모리를 삭제한다.
    virtual void deleteAll();
    // 게임 아이템을 렌더링한다.
    virtual void renderGame();
    // 로스트 상태가 된 그래픽 디바이스를 처리한다.
    virtual void handleLostGraphicsDevice();
    // Graphics 객체를 가리키는 포인터를 반환한다.
    Graphics* getGraphics()  { return graphics; }
    // Input 객체를 가리키는 포인터를 반환한다.
    Input* getInput()        { return input; }
    // 게임을 종료한다.
    void exitGame()          { PostMessage(hwnd, WM_DESTROY, 0, 0); }
    // 순수 가상 함수 선언
    // Game 클래스를 상속한 클래스 모두 이 함수를 반드시 구현해야 한다.
    // 게임 아이템을 갱신한다.
    virtual void update() = 0;
    // AI 계산을 수행한다.
    virtual void ai() = 0;
    // 충돌을 확인한다.
    virtual void collisions() = 0;
    // 그래픽을 렌더링한다.
    // graphics->spriteBegin();을 호출한다.
    // 스프라이트를 그린다.
    // graphics->spreiteEnd();를 호출한다.
    // 스프라이트가 아닌 것들을 그린다.
    virtual void render() = 0;
};
#endif
```

protected: 키워드는 private와 유사하지만 Game 클래스로부터 상속받은 클래스에게 변수의 직접적인 접근을 허용한다.

update, ai, collisions, render가 순수 가상 함수로 선언됐음을 주목하라. 순수 가상 함수는 플레이스홀더(빠져 있는 다른 것을 대신하는 기호나 텍스트의 일부)와 같다. Game으로부터 상속을 받은 모든 클래스는 순수 가상 함수를 재정의하고 완성된 함수를 제공해야 한다. 현재 Game 클래스가 실제 게임에서 어떤 동작을 수행할지 알 방법이 없기 때문에 순수 가상 함수가 여기에서 사용된다.

Game 클래스의 구현은 **game.cpp**에서 한다. 자세한 설명을 위해 가끔은 우회로를 사용하면서 다양한 부분을 함수의 코드를 통해 살펴보자.

생성자는 Game 객체가 생성됐을 때 자동으로 호출된다. 생성자는 일반적으로 변수를 초기화하는 데 사용된다. Game 생성자가 제일 처음 하는 일은 Input 객체를 만들어 게임이 키보드로부터 입력을 바로 받을 수 있게 만드는 것이다. 나중에 input->initialize를 호출해 입력 설정을 마무리하고, 마우스 접근을 제공한다(리스트 4.2 참조).

리스트 4.2 Game 클래스의 생성자

```
// =========================================================
// 생성자
// =========================================================
Game::Game()
{
    input = new Input();         // 키보드 입력을 즉시 초기화한다.
    // 추가 초기화 작업은 input->initialize()를 호출한 뒤에 처리한다.
    paused = false;              // 게임이 일시 정지돼 있지 않다.
    graphics = NULL;
    initialized = false;
}
```

생성자 코드는 변수를 초기화하려는 용도로만 사용하는 것이 좋다.

소멸자는 Game 객체가 소멸됐을 때 자동으로 호출된다. 소멸자는 객체에 의해 할당된 메모리가 해제돼야 하는 곳에 위치한다(리스트 4.3 참조).

메모리가 해제되는 순서는 할당한 순서와 반대다.

리스트 4.3 Game 클래스의 소멸자

```
// =========================================================
// 소멸자
// =========================================================
Game::~Game()
{
    deleteAll();              // 예약된 모든 메모리를 해제한다.
    showCursor(true);         // 커서를 표시한다.
}
```

4.2.1 윈도우 메시지 다루기

앞에서 winmain.cpp에 있는 윈도우 메시지 핸들러 코드를 Game 클래스에 있는 messageHandler라는 함수로 옮겼다. Game 클래스에 이 코드를 옮기면 winmain.cpp에 코드를 유지하는 것보다 Input 클래스에 있는 코드에 더 쉽게 접근할 수 있다(4장 뒷부분에서 Input 클래스를 검사한다). 2장에서 본 것처럼 키보드는 이벤트를 통해 윈도우와 통신한다. 마우스 입력 또한 이벤트를 통해 처리된다. 윈도우가 키보드나 마우스 이벤트를 감지하면 메시지를 처리하기 위해 Game 클래스에 있는 messageHandler 함수가 호출된다. messageHandler 함수는 Input 클래스에서 입력 데이터를 처리하는 적절한 함수를 차례차례 호출한다. wParam 매개변수는 키 데이터를 포함하고 lParam은 마우스 데이터를 포함한다. 리스트 4.4를 통해 윈도우 메시지 핸들러를 살펴보자.

리스트 4.4 Game 클래스의 윈도우 메시지 핸들러

```
// =================================================
// 윈도우 메시지 핸들러
// =================================================
LRESULT Game::messageHandler(HWND hwnd, UINT msg, WPARAM wParam,
                             LPARAM lParam)
{
    if (initialized)          // 초기화되지 않았다면 메시지를 처리하면 안 된다.
    {
        switch(msg)
        {
        case WM_DESTROY:
            PostQuitMessage(0);       // 윈도우에게 이 프로그램을 종료하라고 알린다.
            return 0;
        case WM_KEYDOWN: case WM_SYSKEYDOWN:     // 키를 누름
            input->keyDown(wParam);
            return 0;
        case WM_KEYUP: case WM_SYSKEYUP:      // 키를 뗌
            input->keyUp(wParam);
            return 0;
        case WM_CHAR:                          // 문자를 입력함
            input->keyIn(wParam);
            return 0;
        case WM_MOUSEMOVE:                     // 마우스를 움직임
            input->mouseIn(lParam);
            return 0;
        case WM_INPUT:                         // 마우스 데이터가 들어옴
            input->mouseRawIn(lParam);
            return 0;
        case WM_LBUTTONDOWN:                   // 마우스 왼쪽 버튼을 누름
            input->setMouseLButton(true);
            input->mouseIn(lParam);
```

```
              return 0;
          case WM_LBUTTONUP:                        // 마우스 왼쪽 버튼을 뗌
              input->setMouseLButton(false);
              input->mouseIn(lParam);
              return 0;
          case WM_MBUTTONDOWN:                      // 마우스 가운데 버튼을 누름
              input->setMouseMButton(true);
              input->mouseIn(lParam);
              return 0;
          case WM_MBUTTONUP:                        // 마우스 가운데 버튼을 뗌
              input->setMouseMButton(false);
              input->mouseIn(lParam);
          case WM_RBUTTONDOWN:                      // 마우스 오른쪽 버튼을 누름
              input->setMouseRButton(true);
              input->mouseIn(lParam);
              return 0;
          case WM_RBUTTONUP:    // 마우스 오른쪽 버튼을 뗌
              input->setMouseRButton(false);
              input->mouseIn(lParam);
              return 0;
          case WM_XBUTTONDOWN: case WM_XBUTTONUP:  // 마우스 X 버튼을 누름 / 뗌
              input->setMouseXButton(wParam);
              input->mouseIn(lParam);
              return 0;
          case WM_DEVICECHANGE:                     // 컨트롤러 확인
              input->checkControllers();
              return 0;
      }
  }
  return DefWindowProc(hwnd, msg, wParam, lParam); // 윈도우가 처리하게 만든다.
}
```

이제 winmain.cpp에 있는 WinProc 함수는 윈도우 메시지를 처리하기 위해
Game 클래스에 있는 messageHandler를 호출하게 된다(리스트 4.5 참조).

```
// ================================================
// 윈도우 이벤트 콜백 함수
// ================================================
LRESULT WINAPI WinProc(HWND hwnd, UINT msg, WPARAM wParam, LPARAM lParam)
{
    return (game->messageHandler(hwnd, msg, wParam, lParam));
}
```

4.2.2 타이머를 위한 시간

화면에서 움직이는 그래픽 아이템을 만들 때는 일련의 정지된 이미지들을 일정한 간격으로 보여주는 기법을 사용한다. 이것은 텔레비전과 영화에서 사용되는 것과 같은 기법이다. 화면을 가로지르며 날아가는 우주선을 매끄럽게 보여주고 싶다면 마지막 이미지가 그려진 이후의 경과 시간을 알아야 새 이미지를 그릴 때 화면의 올바른 위치에 배치할 수 있다. 타이밍을 놓치면 우주선이 너무 빠르게 또는 느리게 움직이며, 또는 임의 간격으로 인해 우주선의 속도가 증가하거나 감소하는 것처럼 보이게 된다(그림 4.2 참고).

프레임 1　　　　　　프레임 2　　　　　　프레임 3

그림 4.2　애니메이션 동작을 하는 우주선

　오늘날 모든 PC들은 프로그램에 사용할 수 있는 고성능의 타이머를 갖고 있다. Game::initialize 함수는 Graphics 객체를 만들고 graphics를 초기화한다(리스트 4.6 참조). 그리고 마우스 입력을 설정하기 위해 input 객체의 initialize 함수를 호출한다. 마지막으로 게임 아이템의 속도를 조절하는 데 사용되는 고성능 타이머를 설정한다. QueryPerformanceFrequency(&timeFreq)

함수는 고성능 타이머의 발생 빈도를 timerFreq 변수에 저장한다. Query PerformanceCounter(&timeStart) 함수는 고성능 타이머의 현재 카운트를 timeStart 변수에 저장한다. 4.2.5절에서 타이머에 대한 더 자세한 내용을 볼 수 있다.

리스트 4.6 Game::initialization 함수

```
// ===================================================
// 게임을 초기화한다.
// 에러가 발생할 경우 GameError를 던진다.
// ===================================================
void Game::initialize(HWND hw)
{
    hwnd = hw;                    // 윈도우 핸들 저장
    // Graphics 객체 초기화
    graphics = new Graphics();
    // GameError를 던진다.
    graphics->initialize(hwnd, GAME_WIDTH, GAME_HEIGHT, FULLSCREEN);

    // Input 객체를 초기화한다. 또한 마우스를 캡처하지 않는다.
    input->initialize(hwnd, false);

    // 고성능의 타이머 사용을 시도한다.
    if (QueryPerformanceFrequency(&timerFreq) == false)
      throw(GameError(gameErrorNS::FATAL_ERROR,
                    "Error initializing high resolution timer"));
    QueryPerformanceCounter(&timerStart);         // 시작 시간 가져오기
    initialized = true;
}
```

4.2.3 디바이스 로스트

지금까지 만든 DirectX 프로그램 중 하나를 실행하고 Ctrl + Alt + Delete를 누르면 이전 환경으로 되돌려도 DirectX 윈도우의 내용이 사라지고 다시 돌아

오지 않는 상황을 관찰할 수 있다. 이것은 Direct3D 그래픽 디바이스가 로스트 상태가 돼버린 결과다. Direct3D 디바이스는 다른 이벤트로 인해 언제든 로스트될 수 있으며, 그로 인해 렌더링을 할 수 없게 된다.

디바이스가 로스트 상태가 되면 리셋하고 리소스를 다시 생성해야 한다. 디바이스 로스트가 발생했을 때 따르는 순서는 다음과 같다.

```
If 디바이스가 유효한 상태가 아니라면
    If 디바이스가 로스트 상태이며 리셋이 불가능하다면
        디바이스를 복구할 수 있을 때까지 기다린다.
    Else if 디바이스가 리셋이 가능하다면
        디바이스 리셋을 시도한다.
        If 리셋이 실패한다면
            반환한다.
```

reset 함수는 로스트 상태가 된 디바이스에서 호출할 수 있는 유일한 메소드이며, 애플리케이션이 로스트 상태가 된 디바이스를 다시 사용할 수 있는 유일한 방법이다. D3DPOOL_DEFAULT로 할당된 모든 리소스가 reset 함수를 호출하기 전에 해제되지 않는 한 reset 함수는 실패하게 된다.

애플리케이션은 TestCooperativeLevel 메소드를 통해 디바이스 로스트가 발생했는지 테스트할 수 있다. 메소드는 매우 간단하다.

```
HRESULT TestCooperativeLevel();
```

이 함수는 매개변수가 없다. 디바이스가 정상적으로 동작한다면 반환 값은 D3D_OK가 될 것이다. 메소드가 실패하면 다음 중 하나의 값을 반환한다.

- **D3DERR_DEVICELOST** 디바이스가 로스트 상태가 돼서 현재 복구할 수 없다.
- **D3DERR_DEVICENOTRESET** 디바이스를 다시 작동할 수 있다.
- **D3DERR_DRIVERINTERNALERROR** 디바이스에 내부 에러가 있다. 사용자에게 보고하지만, 할 수 있는 방법은 없다.

getDeviceState 메소드 안에서 TestCooperativeLevel을 사용해 그래픽

디바이스의 현재 상태를 반환한다. 리스트 4.7에 있는 함수는 Graphics 클래스에 추가될 것이다.

리스트 4.7 로스트 상태가 된 그래픽 디바이스 확인

```
// ===================================================
// 로스트 상태가 된 디바이스를 확인한다.
// ===================================================
HRESULT Graphics::getDeviceState()
{
    result = E_FAIL;            // 기본 값은 FAIL이며, 성공할 경우 바뀐다.
    if (device3d == NULL)
        return result;
    result = device3d->TestCooperativeLevel();
    return result;
}
```

그래픽 디바이스를 다시 설정하기 위해 D3D 프레젠테이션 매개변수를 초기화하고 그래픽 디바이스의 reset 함수를 호출해야 한다. 이런 작업을 수행하기 위해 Graphics 클래스에 사용자 정의 reset 함수를 추가할 수 있다(리스트 4.8 참조).

리스트 4.8 그래픽 디바이스 리셋

```
// ===================================================
// 그래픽 디바이스를 리셋한다.
// ===================================================
HRESULT Graphics::reset()
{
    result = E_FAIL;                     // 기본 값은 FAIL이며, 성공할 경우 바뀐다.
    initD3Dpp();                         // D3D 프레젠테이션 매개변수를 초기화한다.
    result = device3d->Reset(&d3dpp);    // 그래픽 디바이스 리셋을 시도한다.
```

```
    return result;
}
```

로스트 상태가 된 그래픽 디바이스를 확인하고 처리하는 전체 작업은 리스트 4.9에 보이는 것처럼 Game 클래스에 있는 handleLostGraphicsDevice 함수가 처리한다.

리스트 4.9 로스트 상태가 된 그래픽 디바이스 처리

```
// =================================================
// 로스트 상태가 된 그래픽 디바이스를 처리한다.
// =================================================
void Game::handleLostGraphicsDevice()
{
    // 로스트 상태가 된 디바이스를 테스트하고 처리한다.
    hr = graphics->getDeviceState();
    if (FAILED(hr))                 // 디바이스가 유효한 상태가 아니라면
    {
        // 디바이스가 로스트 상태이며 리셋이 불가능하다면
        if (hr == D3DERR_DEVICELOST)
        {
            Sleep(100);             // CPU에게 시간을 양보한다(0.1초).
            return;
        }
        // 디바이스가 로스트 상태지만 리셋이 가능하다면
        else if (hr == D3DERR_DEVICENOTRESET)
        {
            releaseAll();
            hr = graphics()->reset();   // 디바이스 리셋을 시도한다.
            if (FAILED(hr))             // 리셋이 실패한다면
                return;
            resetAll();
        }
```

```
    else
      return;                    // 다른 디바이스 에러
  }
}
```

4.2.4 게임 그래픽 렌더링

DirectX는 여러 그래픽 모양을 그릴 수 있다. 이런 모양을 프리미티브 타입
Primitive Type이라고 한다. 이런 프리미티브 타입의 그래픽을 그리는 과정을 렌더
링이라 부른다. DirectX 프리미티브 타입을 렌더링하는 첫 번째 단계는 DirectX
신scene을 시작하는 것이다. DirectX의 BeginScene 함수를 호출해 신을 시작
한다. 모든 렌더링이 끝난 후 DirectX의 EndScene 함수를 호출해 신을 끝낸
다. 신 밖에서 프리미티브 타입을 렌더링하면 실패할 것이다. graphics.h의
Graphics 클래스에 신을 시작하고 끝내는 함수를 추가해야 한다. 새로운 함수는
beginScene과 endScene으로 이름 지었다. 또한 beginScene 함수는 백 버퍼를
지우기에 적합한 장소이므로, device3d->Clear 함수 호출을 showBackbuffer
함수에서 beginScene 함수로 이전한다(리스트 4.10 참조).

리스트 4.10 DirectX 신 시작과 종료

```
// =================================================
// 백 버퍼를 지우고 DirectX의 BeginScene()을 호출한다.
// =================================================
HRESULT beginScene()
{
    result = E_FAIL;
    if (device3d == NULL)
      return result;
    // 백 버퍼를 backColor로 지운다.
    device3d->Clear(0, NULL, D3DCLEAR_TARGET, backColor, 1.0f, 0);
    result = device3d->BeginScene();       // 그리기 위해 신을 시작한다.
    return result;
```

```
}
// ======================================================
// DirectX의 EndScene()을 호출한다.
// ======================================================
HRESULT endScene()
{
    result = E_FAIL;
    if (device3d)
        result = device3d->EndScene();
    return result;
}
```

모든 DirectX 프리미티브 타입의 렌더링은 신에서 수행해야 한다.

Game 클래스의 renderGame 함수는 그래픽 신을 시작하고 사용자가 제공한 렌더링 함수를 호출한다. render 함수는 Game 클래스로부터 상속을 받은 클래스는 반드시 구현해야 되는 순수 가상 함수다. render 함수가 해야 할 일은 현재 게임에 그래픽을 그리는 것이다. render 함수를 호출한 뒤에는 그래픽 신을 종료한다. 그런 후 그래픽 디바이스의 로스트 상태를 테스트하고 제어한다. 마지막 단계는 백 버퍼를 화면으로 보여주는 것이다(리스트 4.11 참조).

리스트 4.11 Game 클래스의 renderGame 함수

```
// ======================================================
// 게임 아이템을 렌더링한다.
// ======================================================
void Game::renderGame()
{
    // 렌더링을 시작한다.
    if (SUCCEED(graphics->beginScene()))
    {
```

```
    // render 함수는 상속받는 클래스에서
    // 반드시 구현해야 되는 순수 가상 함수다.
    render();                          // 파생 클래스에서 render를 호출한다.
    // 렌더링을 멈춘다.
    graphics->endScene();
}
handleLostGraphicsDevice();
// 화면에 백 버퍼를 표시한다.
graphics->showBackBuffer();
}
```

4.2.5 게임 루프

애니메이션 그래픽을 포함하는 대부분의 게임은 애니메이션을 제어하는 루프를
필요로 한다. 실제로 루프는 winmain.cpp에서 Winmain 함수의 기본 메시지
루프다. 게임의 run 함수는 WinMain에 있는 메인 메시지 루프에서 반복적으로
호출된다(리스트 4.12 참조).

　Game::run 함수는 graphics 포인터가 유효한지 확인하고 고성능 카운터
로부터 현재 카운트를 timeEnd에 저장하는 QueryPerformanceCounter
(&timeEnd)를 호출한다. 타이머를 호출하는 사이 경과된 실제 시간은 다음과
같이 계산한다.

$$\text{frameTime} = (\text{timeEnd} - \text{timeStart}) / \text{timerFreq}$$

　이 값은 게임 루프를 호출하는 사이 경과된 시간을 매우 정확하게 측정해
제공한다. 경과된 시간 값은 frameTime 변수에 저장된다. frameTime 숫자는
이후에 게임에서 애니메이션의 속도를 조절하는 데 사용할 것이다.

　예제 코드는 게임 루프가 한 번 돌 때마다 고성능 타이머를 읽는다. 그리고
게임 루프가 호출된 마지막 시간을 기점으로 경과된 실제 시간인 frameTime을
계산한다. 일부 게임 프로그래밍 책과 온라인 예제는 프레임 시간 값을 게임에
서 하나의 프레임이 렌더링되는 데 요구되는 시간의 합으로 계산하기도 한다.

이것은 일반적으로 게임 루프의 시작과 끝에 타이머를 읽어 두 시간 사이의 차를 계산한다. 이 방법은 게임 루프 밖에서 윈도우나 다른 애플리케이션에 의해 소요되는 시간을 설명하지 못하기 때문에 잘못된 방법이다.

어떤 소스든 프로그램 코드를 신뢰하지 마라. 그들의 방법으로 코드를 만들 경우 실수하기 쉽다. 항상 사용하기 전에 주제를 연구하고 코드가 정확한지 확인하라.

다음에는 절전을 위해 몇 줄의 코드를 추가한다. 원하는 프레임 속도를 달성하는 데 걸리는 시간보다 이전 프레임에 필요한 시간이 작다면 남는 시간동안 CPU를 쉬게 할 수 있다. 원하는 프레임 속도는 constants.h의 상수 FRAME_RATE에 지정돼 있다. 남는 시간은 sleepTime에 계산돼 있다. 호출은 윈도우 타이머에 대한 1밀리초의 해상도를 요청하는 timeBeginPeriod(1)로 구성돼 있다. Sleep(sleepTime)을 호출하면 밀리초 단위의 지정된 숫자만큼 게임을 아무 동작도 하지 않게 해준다. 프로그램을 아무 동작도 하지 않게 만들면 CPU의 부하를 줄여 절전하고 '환경 친화적인' 프로그램으로 만들어준다. 컴퓨터가 작은 공간의 히터 역할로 필요하다면 절전하는 코드를 지우면 된다.

리스트 4.12 메시지 루프

```
// 메인 메시지 루프
int done = 0;
while (!done)
{
    // PeekMessage는 윈도우 메시지를 확인하는 논블로킹 메소드다.
    if (PeekMessage(&msg, NULL, 0, 0, PM_REMOVE))
    {
        // 종료 메시지를 찾는다.
        if (msg.message == WM_QUIT)
            done = 1;
        // 해석한 뒤 메시지를 WinProc에 전달한다.
```

```
        TranslateMessage(&msg);
        DispatchMessage(&msg);
    } else
    game->run(hwnd);                    // 게임 루프를 실행한다.
}
```

절전을 위한 코드는 프로젝트 설정에서 'Linker/Input/Additional Dependencies'에 있는 winmm.lib를 필요로 한다.

CPU 부하의 감소량은 생각보다 크다. 다음은 5장의 우주선 예제 프로그램을 통해 얻은 결과다. 이 예제는 화면을 가로지르며 움직이는 애니메이션이 있는 간단한 우주선을 포함하고 있다. 그림 4.3(a)는 절전을 위한 코드가 없는 상태에서 실행했을 때의 CPU 사용량을 나타낸다. 그림 4.3(b)는 절전을 위한 코드가 있는 상태에서 실행했을 때의 CPU 사용량을 나타낸다. 이 예제의 경우 컴퓨터와 게임 설정을 통해 CPU 사용률을 73%에서 1%로 감소시키는 결과를 보였다.

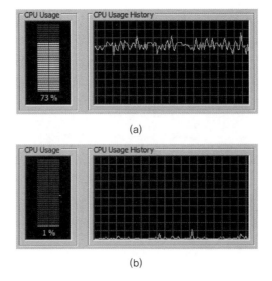

그림 4.3 (a) 절전을 위한 코드가 없을 때 (b) 절전을 위한 코드가 있을 때

두서너 가지 예만 들면 전력을 절약할 수 있는 양은 게임의 복잡성, CPU 속도, 원하는 프레임 속도를 포함해 여러 가지 요인에 따라 달라진다. 절전을 위한 코드 후에 게임의 평균 초당 프레임 수(fps)를 계산하기 위해 `freameTime` 값을 사용한다. 뒷부분에 **fps** 수를 보여주는 기능을 추가할 것이다.

fps 계산에 따라 `frameTime` 값을 `MAX_FRAME_TIME`으로 제한한다. 일반적으로 이 한계에는 절대 도달할 수 없지만, 게임을 디버깅하고 있을 때 컴퓨터가 다른 작업으로 매우 바쁜 상황이라면 일어날 수도 있다. 이런 경우에는 화면에 있는 캐릭터가 화면에 사라질 정도로 높이 뛰는 동작을 하지 못하게 막고 싶을 것이다.

`timeStart` 변수는 현재 시간으로 갱신된다. `timeStart` 변수는 다음번 `run` 함수가 호출될 때 `frameTime` 계산에 사용된다. 게임 컨트롤러의 상태는 `input->readControllers`를 통해 읽고 저장된다. 게임이 일시 중지되지 않는다면 게임이 일시 중지될 때조차도 호출되는 `renderGame` 다음에 `update`, `ai`, `collision` 함수가 호출된다. 이전에 **game.h**를 설명하면서 `update`, `ai`, `collisions`, `render` 함수가 순수 가상 함수로 선언돼 있고, 파생 클래스에서 코드로 구현해야 했음을 기억하고 있어야 한다. 현재 순수 가상 함수에 대한 코드가 존재하지 않기 때문에 코드를 제공할 때까지 Game 클래스를 사용하는 프로그램은 컴파일할 수 없을 것이다. 마지막 작업은 다음 게임 루프를 준비하기 위해 입력을 지우는 것이다(리스트 4.13 참조).

리스트 4.13 절전을 위한 코드

```
// =================================================
// WinMain의 메인 메시지 루프에서 반복적으로 호출된다.
// =================================================
void Game::run(HWND hwnd)
{
    if (graphics == NULL)        // 그래픽이 초기화되지 않았다면
        return;
    // 마지막 프레임으로부터 경과된 시간을 계산해 frameTime에 저장한다.
```

```
QueryPerformanceCounter(&timeEnd);
frameTime =   (float)(timeEnd.QuadPart - timeStart.QuadPart) /
              (float)timerFreq.QuadPart;
// 절전을 위한 코드, winnm.lib가 필요하다.
// 경과된 시간이 원하는 프레임 속도에 충족하지 않는다면
if (frameTime < MIN_FRAME_TIME)
{
  sleepTime = (DWORD)((MIN_FRAME_TIME - frameTime) * 1000);
  timeBeginPeriod(1);    // 윈도우 타이머를 위한 1ms 해상도 요청
  Sleep(sleepTime);      // CPU를 sleepTime만큼 쉬게 한다.
  timeEndPeriod(1);      // 1ms 타이머 해상도 종료
  return;
}
if (frameTime > 0.0)
  fps = (fps * 0.99f) + (0.01f / frameTime);  // 평균 FPS
if (frameTime > MAX_FRAME_TIME)     // 프레임 속도가 매우 느리다면
  frameTime = MAX_FRAME_TIME;         // 최대 frameTime으로 제한한다.
timeStart = timeEnd;
input->readControllers();          // 컨트롤러의 상태를 읽는다.
// update(), ai(), 그리고 collisions() 함수는 순수 가상 함수다.
// 이 함수들은 Game으로부터 상속받은 클래스에서 반드시 구현해야 한다.
if (!paused)                 // 일시 중지 상태가 아니라면
{
  update();                // 모든 게임 아이템을 갱신한다.
  ai();                    // 인공 지능
  collisions();            // 충돌을 처리한다.
  input->vibrateControllers(frameTime);    // 컨트롤러 진동을 처리한다.
}
renderGame();             // 모든 게임 아이템을 그린다.
// 입력을 지운다.
// 모든 키 확인이 끝난 후에 이 함수를 호출한다.
input->clear(inputNS::KEYS_PRESSED);
}
```

▋ 4.3 Input 클래스

Input 클래스에는 키보드, 마우스, 게임 컨트롤러 입력을 다루는 데 사용하는 코드가 포함돼 있다. 각 키에 대해서는 다음과 같은 두 가지 상태가 저장된다.

1. 현재 키를 누른 상태인가?
2. 현재 게임 루프가 동작하는 동안 키를 누르고 있는 상태인가?

이 상태는 두 개의 배열 keysDown과 keysPressed에 각각 저장된다. 두 배열은 각 게임 루프의 끝에서 지워진다.

사용자가 입력한 텍스트 문자는 문자열 textIn에 저장된다. 마우스의 위치와 버튼 상태는 리스트 4.14에서 주석으로 설명한 변수에 저장된다. 게임 컨트롤러 데이터는 배열 controllers에 저장된다.

리스트 4.14 Input 클래스 변수

```
class Input
{
private:
    bool keysDown[inputNS::KEYS_ARRAY_LEN];    // 특정 키를 누른 경우 true가 된다.
    bool keyPressed[inputNS::KEYS_ARRAY_LEN];  // 게임 루프가 동작하는 동안
                                               // 특정 키를 누르고 있는 경우 true가 된다.
    std::string textIn;        // 사용자가 입력한 텍스트
    char   charIn;             // 마지막에 입력한 문자
    bool   newLine;            // 새로운 줄을 시작할 때 true가 된다.
    int    mouseX, mouseY;     // 화면 상에서의 마우스 위치
    int    mouseRawX, mouseRawY;  // 고정밀 마우스 데이터
    RAWINPUTDEVICE Rid[1];     // 고정밀 마우스용
    bool   mouseCaptured;      // 마우스가 캡처된 경우 true가 된다.
    bool   mouseLButton;       // 마우스 왼쪽 버튼을 누른 경우 true가 된다.
    bool   mouseMButton;       // 마우스 가운데 버튼을 누른 경우 true가 된다.
    bool   mouseRButton;       // 마우스 오른쪽 버튼을 누른 경우 true가 된다.
    bool   mouseX1Button;      // 마우스 X1 버튼을 누른 경우 true가 된다.
```

```
    bool    mouseX2Button;          // 마우스 X2 버튼을 누른 경우 true가 된다.
    ControllerState controllers[MAX_CONTROLLERS];  // 컨트롤러의 상태
```

Input 생성자는 키 상태 배열, 문자열 textIn, 마우스 데이터를 초기화한다.
그리고 컨트롤러의 진동 시간도 초기화한다. 소멸자는 (캡처한 경우) 마우스 캡처
를 해제한다(리스트 4.15 참조). 마우스 캡처는 initialize 함수에서 수행된다(리
스트 4.16 참조).

리스트 4.15 Input 클래스의 생성자와 소멸자

```
// =======================================================
// 디폴트 생성자
// =======================================================
Input::Input()
{
    // keysDown 배열을 지운다.
    for (size_t i = 0; i < inputNS::KEYS_ARRAY_LEN; i++)
        keysDown[i] = false;
    // keysPressed 배열을 지운다.
    for (size_t i = 0; i < inputNS::KEYS_ARRAY_LEN; i++)
        keysPressed[i] = false;
    newLine = true;          // 새로운 줄을 시작한다.
    textIn = "";             // textIn을 지운다.
    charIn = 0;              // charIn을 지운다.
    // 마우스 데이터
    mouseX = 0;              // 화면 상의 X 위치
    mouseY = 0;              // 화면 상의 Y 위치
    mouseRawX = 0;           // 고정밀 마우스의 X 위치
    mouseRawY = 0;           // 고정밀 마우스의 Y 위치
    mouseLButton = false;    // 마우스 왼쪽 버튼을 누른 경우 true가 된다.
    mouseMButton = false;    // 마우스 가운데 버튼을 누른 경우 true가 된다.
    mouseRButton = false;    // 마우스 오른쪽 버튼을 누른 경우 true가 된다.
    mouseX1Button = false;   // 마우스 X1 버튼을 누른 경우 true가 된다.
```

```
    mouseX2Button = false;           // 마우스 X2 버튼을 누른 경우 true가 된다.
    for (int i = 0; i < MAX_CONTROLLERS; i++)
    {
      controllers[i].vibrateTimeLeft = 0;
      controllers[i].vibrateTimeRight = 0;
    }
}
// =========================================================
// 소멸자
// =========================================================
Input::~Input()
{
    if (mouseCaptured)
      ReleaseCapture();             // 마우스를 풀어준다.
}
```


 initialize 함수는 고성능 마우스로부터 입력받을 준비로 RAWINPUTDEVICE 타입의 배열 Rid를 설정한다. 표준 컴퓨터 마우스는 400DPI의 정밀도를 갖지만, 고성능 마우스는 800DPI 또는 그 이상의 정밀도를 가진다(고성능 마우스 데이터는 표준 WM_MOUSEMOVE 메시지로는 얻을 수 없다). 원하는 경우 마우스가 캡처되고 컨트롤러 상태 배열은 초기화된다(리스트 4.16 참조).

마우스를 캡처하면 캡처 창에 마우스 입력을 지시한다. 일반적으로 게임에서 마우스가 플레이어의 움직임을 제어하길 원할 때 사용하는 동작이다. 일반적인 마우스 동작에서는, 마우스를 캡처하지 않는다.

리스트 4.16 Input 클래스의 initialize 함수

```
// =========================================================
// 마우스와 컨트롤러 입력을 초기화한다.
// 마우스를 캡처하면 capture = true로 설정한다.
```

```
// GameError를 던진다.
// =======================================================
void Input::initialize(HWND hwnd, bool capture)
{
    try{
        mouseCaptured = capture;
        // 고정밀 마우스를 등록한다.
        Rid[0].usUsagePage = HID_USAGE_PAGE_GENERIC;
        Rid[0].usUsage = HID_USAGE_GENERIC_MOUSE;
        Rid[0].dwFlags = RIDEV_INPUTSINK;
        Rid[0].hwndTarget = hwnd;
        RegisterRawInputDevices(Rid, 1, sizeof(Rid[0]));
        if (mouseCaptured)
            SetCapture(hwnd);              // 마우스를 캡처한다.
        // 컨트롤러 상태를 지운다.
        ZeroMemory(controllers, sizeof(ControllerState) * MAX_CONTROLLERS);
        checkControllers();               // 연결된 컨트롤러를 확인한다.
    }
    catch(...)
    {
        throw(GameError(gameErrorNS::FATAL_ERROR,
                    "Error initializing input system"));
    }
}
```

4.3.1 키보드 입력

Input 클래스는 키보드 입력을 처리하기 위해 messageHandler 함수로부터
호출되는 다음 함수들을 포함하고 있다(리스트 4.17 참조).

리스트 4.17 Input 클래스 함수

```
// =================================================
// 해당 키에 대해 keysDown과 keyPressed 배열을 true로 설정한다.
```

```cpp
// 이전 : 가상 키 코드(0 ~ 255)를 포함하고 있는 wParam
// ==================================================
void Input::keyDown(WPARAM wParam)
{
    // 키 코드가 버퍼 범위 안에 있는지 확인한다.
    if (wParam < inputNS::KEYS_ARRAY_LEN)
    {
        keysDown[wParam] = true;         // keysDown 배열을 갱신한다.
        // 키를 누르고 있다. clear() 함수로 지운다.
        keysPressed[wParam] = true;   // keysPressed 배열을 갱신한다.
    }
}
// ==================================================
// 해당 키에 대해 keysDown 배열을 false로 설정한다.
// 이전 : 가상 키 코드(0 ~ 255)를 포함하고 있는 wParam
// ==================================================
void Input::keyUp(WPARAM wParam)
{
    // 키 코드가 버퍼 범위 안에 있는지 확인한다.
    if (wParam < inputNS::KEYS_ARRAY_LEN)
        // 상태 테이블을 갱신한다.
        keysDown[wParam] = false;
}
// ==================================================
// textIn 문자열에 입력한 문자를 저장한다.
// 이전 : 문자를 포함하고 있는 wParam
// ==================================================
void Input::keyIn(WPARAM wParam)
{
    if (newLine)                 // 새로운 줄의 시작이라면
    {
        textIn.clear();
        newLine = false;
    }
    if (wParam == '\b')        // 백스페이스(Backspace)라면
```

```
  {
    if (textIn.length() > 0)              // 문자가 존재한다면
      textIn.erase(textIn.size() - 1);    // 마지막에 입력한 문자를 지운다.
  }
  else
  {
    textIn += wParam;                     // 문자를 textIn에 입력한다.
    charIn = wParam;                      // 마지막에 입력한 문자를 저장한다.
  }
  if ((char)wParam == '\r')              // 캐리지 리턴(Carriage Return)이라면
    newLine = true;                      // 새로운 줄을 시작한다.
}
```

다음 함수들 중 일부는 vkey 매개변수를 필요로 한다. vkey 매개변수는 테스트할 키를 지정한다. 2장에서 설명했던 것처럼 키보드의 각 키에는 할당된 가상 키 코드가 있다. 표시 가능한 문자의 키 코드는 ASCII 코드로 지정돼 있는데, 따옴표 안에 문자를 입력하면 ASCII 코드를 얻을 수 있다. 가상 키 코드의 전체 리스트를 보고 싶다면 WinUser.h 파일을 살펴보라. WinUser.h 파일은 윈도우 7이 설치된 컴퓨터를 기준으로 'C:\Program Files (x86)\Microsoft SDKs\Windows\v7.0A\Include'에 위치해 있다. 리스트 4.18의 예제는 Spacewar 게임의 일부 키 매핑을 보여준다.

리스트 4.18 Spacewar 게임의 키 매핑

```
// 키 매핑
// 게임에 있는 간단한 상수들은 키 매핑을 위해 사용된다.
// 데이터 파일로부터 키 매핑을 저장하거나 복구하는 데 사용될 수 있다.
const UCHAR CONSOLE_KEY   = VK_OEM_3;      // 미국에서 사용하는 ~키
const UCHAR ESC_KEY       = VK_ESCAPE;     // 이스케이프(Escape) 키
const UCHAR ALT_KEY       = VK_MENU;       // 알트(Alt) 키
const UCHAR ENTER_KEY     = VK_RETURN;     // 엔터(Enter) 키
const UCHAR SHIP1_LEFT_KEY    = 'A';
```

```
const UCHAR SHIP1_RIGHT_KEY    = 'D';
const UCHAR SHIP1_FORWARD_KEY  = 'W';
const UCHAR SHIP1_FIRE_KEY     = 'S';
const UCHAR SHIP2_LEFT_KEY     = VK_LEFT;      // 왼쪽 화살표
const UCHAR SHIP2_RIGHT_KEY    = VK_RIGHT;     // 오른쪽 화살표
const UCHAR SHIP2_FORWARD_KEY  = VK_UP;        // 위쪽 화살표
const UCHAR SHIP2_FIRE_KEY     = VK_DOWN;      // 아래쪽 화살표
```

현재 키를 눌렀는지 테스트하고 싶다면 isKeyDown 함수를 사용한다(리스트 4.19 참조). 예를 들어 SHIP2_RIGHT_KEY를 테스트하고 싶다면 리스트 4.20의 코드를 수행하면 된다.

리스트 4.19 isKeyDown 함수

```
// ================================================
// 특정 가상 키를 눌렀다면 true, 아니라면 false를 반환한다.
// ================================================
bool Input::isKeyDown(UCHAR vkey) const
{
    if (vkey < inputNS::KEYS_ARRAY_LEN)
      return keysDown[vkey];
    else
      return false;
}
```

리스트 4.20 SHIP2_RIGHT_KEY를 눌렀는지 검사

```
if (input->isKeyDown(SHIP2_RIGHT_KEY))
```

wasKeyPressed 함수는 지정된 키가 현재 게임 루프가 실행되는 동안 눌렀

는지 테스트하는 데 사용된다(리스트 4.21 참조). 키를 눌렀는지 테스트하기 위해 anyKeyPressed 함수를 사용할 수 있다(리스트 4.22 참조). getTextIn 함수는 문자열로 된 텍스트 입력을 반환한다(리스트 4.23 참조). 마지막으로 입력한 문자를 얻기 위해 getCharIn 함수를 사용한다(리스트 4.24 참조).

리스트 4.21 wasKeyPressed 함수

```
// =================================================
// 가장 최근 프레임에 특정 가상 키를 눌렀다면 true를 반환한다.
// 각 프레임 끝에 키 누름에 관한 정보는 지워진다.
// =================================================
bool Input::wasKeyPressed(UCHAR vkey) const
{
    if (vkey < inputNS::KEYS_ARRAY_LEN)
      return keyPressed[vkey];
    else
      return false;
}
```

리스트 4.22 anyKeyPressed 함수

```
// =================================================
// 가장 최근 프레임에 아무 키를 눌렀다면 true를 반환한다.
// 각 프레임 끝에 키 누름에 관한 정보는 지워진다.
// =================================================
bool Input::anyKeyPressed() const
{
    for (size_t i = 0; i < inputNS::KEYS_ARRAY_LEN; i++)
      if (keyPressed[i] == true)
        return true;
    return false;
}
```

```
// 입력한 텍스트를 string으로 반환한다.
std::string getTextIn() { return textIn; }
```

리스트 4.24 getCharIn 함수

```
// 마지막에 입력한 문자를 반환한다.
char getCharIn() { return charIn; }
```

배열 keyPressed로부터 특정 키를 초기화하기 위해 clearKeyPress 함수를 사용한다(리스트 4.25 참조). clearTextIn 함수를 통해 텍스트 입력 문자열을 초기화한다(리스트 4.26 참조). clearAll 함수를 사용해 키 누름, 마우스, 텍스트 입력을 초기화한다(리스트 4.27 참조).

리스트 4.25 clearKeyPress 함수

```
// ================================================
// 특정 키 누름에 관한 정보를 지운다.
// ================================================
void Input::clearKeyPress(UCHAR vkey)
{
    if (vkey < inputNS::KEYS_ARRAY_LEN)
        keysPressed[vkey] = false;
}
```

리스트 4.26 clearTextIn 함수

```
// 텍스트 입력 버퍼를 지운다.
void clearTextIn() { textIn.clear(); }
```

```
// 키, 마우스, 텍스트 입력 데이터를 지운다.
void clearAll() { clear(inputNS::KEYS_MOUSE_TEXT); }
```

clear 함수를 사용해 특정 입력 버퍼를 초기화한다(리스트 4.28 참조). what 매개변수에 사용할 수 있는 값은 다음과 같다.

- **KEYS_DOWN**   keyDown 배열의 모든 값을 false로 설정한다.
- **KEYS_PRESSED**   keysPressed 배열의 모든 값을 false로 설정한다.
- **MOUSE**   마우스의 X, Y를 0으로 초기화한다.
- **TEXT_IN**   텍스트 입력 문자열을 초기화한다.
- **KEYS_MOUSE_TEXT**   모든 입력 버퍼를 초기화한다.

what 매개변수에 비트 OR(|) 연산자를 사용해 여러 항목을 결합해 초기화할 수 있다. 예를 들어 다음과 같다.

```
input->clear(KEYS_DOWN | KEYS_PRESSED);
```

리스트 4.28   입력 버퍼 지우기

```
// =================================================
// 특정 입력 버퍼를 지운다. 어떤 값이 있는지는 input.h를 참고하라.
// =================================================
void Input::clear(UCHAR what)
{
  if (what & inputNS::KEYS_DOWN)          // keysDown을 지우고 싶다면
  {
    for (size_t i = 0; i < inputNS::KEYS_ARRAY_LEN; i++)
      keysDown[i] = false;
  }
  if (what & inputNS::KEYS_PRESSED)       // keysPressed를 지우고 싶다면
```

```
    for (size_t i = 0; i < inputNS::KEYS_ARRAY_LEN; i++)
        keysPressed[i] = false;
}
if (what & inputNS::MOUSE)          // 마우스를 지우고 싶다면
{
    mouseX = 0;
    mouseY = 0;
    mouseRawX = 0;
    mouseRawY = 0;
}
if (what & inputNS::TEXT_IN)
    clearTextIn();
}
```

4.3.2 마우스 입력

mouseIn, mouseRawIn, setMouseButton 함수는 마우스 입력을 저장하기 위해 messageHandler 함수에서 호출된다. mouseIn과 mouseRawIn 함수는 input.cpp에 들어있다(리스트 4.29 참조). 리스트 4.30에 나열된 함수는 input.h에 위치해 있다.

리스트 4.29 마우스 위치 입력 함수

```
// ===================================================
// 화면상의 마우스 위치를 읽어 mouseX, mouseY에 저장한다.
// ===================================================
void Input::mouseIn(LPARAM lParam)
{
    mouseX = GET_X_LPARAM(lParam);
    mouseY = GET_Y_LPARAM(lParam);
}
// ===================================================
// 처리되지 않은 마우스 데이터를 읽어 mouseRawX, mouseRawY에 저장한다.
// 이런 루틴은 고정밀 마우스와 호환된다.
```

```
// ===================================================
void Input::mouseRawIn(LPARAM lParam)
{
    UINT dwSize = 40;
    static BYTE lpb[40];
    GetRawInputData((HRAWINPUT)lParam, RID_INPUT,
                    lpb, &dwSize, sizeof(RAWINPUTHEADER));

    RAWINPUT* raw = (RAWINPUT*)lpb;

    if (raw->header.dwType == RIM_TYPEMOUSE)
    {
        mouseRawX = raw->data.mouse.lLastX;
        mouseRawY = raw->data.mouse.lLastY;
    }
}
```

리스트 4.30   마우스 버튼 입력 함수

```
// 마우스 왼쪽 버튼의 상태를 저장한다.
void setMouseLButton(bool b) { mouseLButton = b; }
// 마우스 가운데 버튼의 상태를 저장한다.
void setMouseMButton(bool b) { mouseMButton = b; }
// 마우스 오른쪽 버튼의 상태를 저장한다.
void setMouseRButton(bool b) { mouseRButton = b; }
// 마우스 X1, X2 버튼의 상태를 저장한다.
void setMouseXButton(WPARAM wParam)
{
    mouseX1Button = (wParam & MK_XBUTTON1) ? true : false;
    mouseX2Button = (wParam & MK_XBUTTON2) ? true : false;
}
```

마우스의 위치나 버튼 상태를 읽고 싶을 때 리스트 4.31에 있는 함수 중 하나를 사용할 수 있다. 리스트 4.31에 있는 함수는 모두 input.h에 들어있다. getMouseX와 getMouseY 함수는 마우스 포인터의 현재 화면 위치를 반환한다. 화면 위치를 표시할 때 (0, 0)은 화면의 왼쪽 위 모서리를 가리킨다. 가공되지 않은 마우스 데이터는 getMouseRawX와 getMouseRawY 함수를 통해 값을 읽는다. 가공되지 않은 마우스 데이터는 이전 위치를 기준으로 마우스의 x와 y 위치를 반환한다. 가공되지 않은 마우스 데이터에서 x의 값은 왼쪽으로 이동할 경우 음수, 오른쪽으로 이동할 경우 양수가 된다. y의 값은 위쪽으로 이동할 경우 음수, 아래쪽으로 이동할 경우 양수가 된다. 버튼 함수는 현재 해당 버튼이 눌러져 있다면 true, 그렇지 않으면 false를 반환한다.

리스트 4.31 마우스 데이터 반환

```
// 마우스의 X 위치를 반환한다.
int getMouseX()          const { return mouseX; }
// 마우스의 Y 위치를 반환한다.
int getMouseY()          const { return mouseY; }
// 처리되지 않은 마우스의 X 움직임을 반환한다.
// < 0이면 왼쪽, > 0이면 오른쪽이다. 고정밀 마우스와 호환된다.
int getMouseRawX()       const { return mouseRawX; }
// 처리되지 않은 마우스의 Y 움직임을 반환한다.
// < 0이면 왼쪽, > 0이면 오른쪽이다. 고정밀 마우스와 호환된다.
int getMouseRawY()       const { return mouseRawY; }
// 마우스 왼쪽 버튼의 상태를 반환한다.
bool getMouseLButton()   const { return mouseLButton; }
// 마우스 가운데 버튼의 상태를 반환한다.
bool getMouseMButton()   const { return mouseMButton; }
// 마우스 오른쪽 버튼의 상태를 반환한다.
bool getMouseRButton()   const { return mouseRButton; }
// 마우스 X1 버튼의 상태를 반환한다.
bool getMouseX1Button()  const { return mouseX1Button; }
// 마우스 X2 버튼의 상태를 반환한다.
bool getMouseX2Button()  const { return mouseX2Button; }
```

4.3.3 게임 컨트롤러 입력

여기서 만드는 게임 엔진은 Xbox 360 컨트롤러 입력을 지원한다(그림 4.4 참조).
Xbox 360 컨트롤러를 윈도우 PC에서 사용하기 위해서는 유선 컨트롤러를 사용하거나 컴퓨터에 Xbox 360 무선 수신기가 장착돼 있어야 한다.

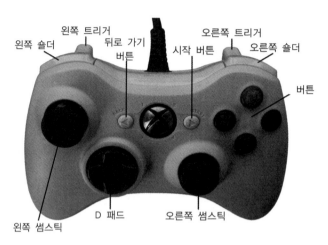

그림 4.4 Xbox 360 무선 컨트롤러

무선 컨트롤러에 연결된 USB선은 컨트롤러에 전원만 공급할 뿐 데이터 전송은 지원하지 않는다.

---

input.h 파일에 XInput.h 헤더 파일을 포함해야 한다(리스트 4.32 참조).

리스트 4.32 XInput.h 포함

```
#include <XInput.h>
```

또한 'Project Property' 페이지에서 'Linker/Input/Additional Dependencies'에 xinput.lib를 추가해야 한다.

Xbox 360 컨트롤러의 입력은 controllers 배열에 저장된다(리스트 4.33 참조). MAX_CONTROLLERS는 4로 정의돼 있는데, 지원 가능한 컨트롤러의 최대 개수다. ControllerState 구조체는 리스트 4.34에 정의돼 있다. XINPUT_STATE 구조체는 리스트 4.35와 같이 XInput.h에 정의돼 있다. XINPUT_GAMEPAD 구조체는 리스트 4.36에 정의돼 있다.

리스트 4.33 컨트롤러 데이터의 배열

```
ControllerState controllers[MAX_CONTROLLERS];
```

리스트 4.34 ControllerState 구조체

```
struct ControllerState
{
    XINPUT_STATE        state;
    XINPUT_VIBRATION    vibration;
    float               vibrateTimeLeft;    // 밀리초
    float               vibrateTimeRight;   // 밀리초
    bool                connected;
};
```

리스트 4.35 XINPUT_STATE 구조체

```
typedef struct _XINPUT_STATE
{
    DWORD               dwPacketNumber;
    XINPUT_GAMEPAD      Gamepad;
} XINPUT_STATE, *PXINPUT_STATE;
```

```
typedef struct _XINPUT_GAMEPAD
{
    WORD                wButtons;
    BYTE                bLeftTrigger;
    BYTE                bRightTrigger;
    SHORT               sThumbLX;
    SHORT               sThumbLY;
    SHORT               sThumbRX;
    SHORT               sThumbRY;
} XINPUT_GAMEPAD, *PXINPUT_GAMEPAD;
```

wButtons 멤버는 버튼의 상태를 포함한다. 각 버튼은 WORD 1비트 단위로
정의된다. 버튼의 현재 상태는 원하는 버튼에 해당 비트를 1로 설정한 이진 숫
자와 비트 AND(&) 연산을 수행해 결정한다. AND 연산의 결과가 true라면 버
튼은 눌러져 있는 상태다. 리스트 4.37의 정의는 input.h에 들어있으며, 버튼의
상태를 테스트하는 데 사용된다.

리스트 4.37 게임 버튼 상수

```
// state.Gamepad.wButton에서 게임 패드 버튼에 해당하는 비트
const DWORD GAMEPAD_DPAD_UP          = 0x0001;
const DWORD GAMEPAD_DPAD_DOWN        = 0x0002;
const DWORD GAMEPAD_DPAD_LEFT        = 0x0004;
const DWORD GAMEPAD_DPAD_RIGHT       = 0x0008;
const DWORD GAMEPAD_START_BUTTON     = 0x0010;
const DWORD GAMEPAD_BACK_BUTTON      = 0x0020;
const DWORD GAMEPAD_LEFT_THUMB       = 0x0040;
const DWORD GAMEPAD_RIGHT_THUMB      = 0x0080;
const DWORD GAMEPAD_LEFT_SHOULDER    = 0x0100;
const DWORD GAMEPAD_RIGHT_SHOULDER   = 0x0200;
const DWORD GAMEPAD_A                = 0x1000;
```

```
const DWORD GAMEPAD_B            = 0x2000;
const DWORD GAMEPAD_X            = 0x4000;
const DWORD GAMEPAD_Y            = 0x8000;
```

컨트롤러 진동은 모터 2개로 제어한다. 각 모터의 속도는 ControllerState의 vibration 멤버에서 설정한다. XINPUT_VIBRATION 구조체는 리스트 4.38과 같이 XInput.h에 정의돼 있다.

리스트 4.38 XINPUT_VIBRATION 구조체

```
typedef struct _XINPUT_IBRATION
{
    WORD wLeftMotorSpeed;
    WORD wRightMotorSpeed;
} XINPUT_VIBRATION, *PXINPUT_VIBRATION;
```

게임 컨트롤러의 현재 상태는 DirectX 함수인 XInputGetState에서 읽을 수 있다.

```
DWORD XinputGetState(
    DWORD dwUserIndex,
    XINPUT_STATE* pState
)
```

매개변수는 다음과 같다.

• **dwUserIndex** 컨트롤러의 수(0 ~ 3)

• **pState** 컨트롤러의 상태를 받는 XINPUT_STATE 구조체의 포인터

여기서는 readControllers 함수에서 XInputGetState 함수를 호출할 것이다. readControllers 함수는 각 컨트롤러의 상태를 읽고 controllers 배

열에 저장한다(리스트 4.39 참조). readControllers의 함수 호출 코드를 Game:: run 함수에 추가해 마치 게임 루프의 일부인 것처럼 자동으로 호출되게 할 것이다.

리스트 4.39 컨트롤러의 상태를 읽는다.

```
// ================================================
// 연결된 컨트롤러의 상태를 읽는다.
// ================================================
void Input::readControllers()
{
    DWORD result;
    for (DWORD i = 0; i < MAX_CONTROLLERS; i++)
    {
      if (controllers[i].connected)
      {
        result = XinputGetState(i, &controllers[i].state);
        if (result == ERROR_DEVICE_NOT_CONNECTED)     // 연결이 끊어졌다면
          controllers[i].connected = false;
      }
    }
}
```

컨트롤러의 현재 상태는 getControllerState 함수를 통해 알 수 있다(리스트 4.40 참조).

리스트 4.40 컨트롤러의 상태를 반환한다.

```
// 지정된 게임 컨트롤러의 상태를 반환한다.
const ControllersState* getControllerState(UINT n)
{
    if (n > MAX_CONTROLLERS - 1)
      n = MAX_CONTROLLERS - 1;
    return &controllers[n];
```

```
}
```

getControllerState 함수는 controllers 배열의 ControllerState 구조체를 const로 반환한다. 또한 컨트롤러의 버튼 상태를 읽기 위한 getGamepadButtons 함수가 있다. 컨트롤러의 숫자는 매개변수 n으로 전달된다(리스트 4.41 참조).

리스트 4.41 컨트롤러의 버튼을 반환한다.

```cpp
// 컨트롤러 n의 버튼 상태를 반환한다.
const WORD getGamepadButtons(UINT n)
{
    if (n > MAX_CONTROLLERS)
        n = MAX_CONTROLLERS;
    return controllers[n].state.Gamepad.wButtons;
}
```

각 버튼의 상태는 반환된 WORD와 미리 정의된 버튼 상수 중 하나를 비트 AND(&) 연산을 수행해 테스트할 수 있다. 예를 들어 컨트롤러 0의 버튼 A 상태를 테스트하고 싶다면 리스트 4.42의 코드를 사용한다.

리스트 4.42 버튼 A 테스트

```cpp
if (input->getGamepadButtons(0) & GAMEPAD_A)
    // 버튼 A를 눌렀음
```

버튼의 상태를 좀 더 편하게 테스트하기 위해 각 버튼에 대한 함수를 포함했다. 버튼이 현재 눌려진 상태라면 true를 반환한다. 리스트 4.43에 있는 함수 코드는 input.h에 들어있다. 컨트롤러 0에 있는 버튼 A의 상태를 테스트하기 위해 리스트 4.44의 코드를 사용한다.

```
// 컨트롤러 n의 D 패드 위쪽 방향 상태를 반환한다.
bool getGamepadDPadUp(UINT n)
// 컨트롤러 n의 D 패드 아래쪽 방향 상태를 반환한다.
bool getGamepadDPadDown(UINT n)
// 컨트롤러 n의 D 패드 왼쪽 방향 상태를 반환한다.
bool getGamepadDPadLeft(UINT n)
// 컨트롤러 n의 D 패드 오른쪽 방향 상태를 반환한다.
bool getGamepadDPadRight(UINT n)
// 컨트롤러 n의 시작 버튼 상태를 반환한다.
bool getGamepadStart(UINT n)
// 컨트롤러 n의 뒤로 가기 버튼 상태를 반환한다.
bool getGamepadBack(UINT n)
// 컨트롤러 n의 왼쪽 썸스틱 버튼 상태를 반환한다.
bool getGamepadLeftThumb(UINT n)
// 컨트롤러 n의 오른쪽 썸스틱 버튼 상태를 반환한다.
bool getGamepadRightThumb(UINT n)
// 컨트롤러 n의 왼쪽 숄더 상태를 반환한다.
bool getGamepadLeftShoulder(UINT n)
// 컨트롤러 n의 오른쪽 숄더 상태를 반환한다.
bool getGamepadRightShoulder(UINT n)
// 컨트롤러 n의 A 버튼 상태를 반환한다.
bool getGamepadA(UINT n)
// 컨트롤러 n의 B 버튼 상태를 반환한다.
bool getGamepadB(UINT n)
// 컨트롤러 n의 X 버튼 상태를 반환한다.
bool getGamepadX(UINT n)
// 컨트롤러 n의 Y 버튼 상태를 반환한다.
bool getGamepadY(UINT n)
```

리스트 4.44 버튼 A 테스트

```
if (input->getGamepadA(0))
```

```
// 버튼 A를 눌렀음
```

왼쪽, 오른쪽 트리거와 썸스틱은 아날로그 컨트롤이다. 왼쪽, 오른쪽 트리거는 0~255 사이의 BYTE 값을 반환하는데, 0은 뗀 상태를 표현하고, 255는 완전히 누른 상태를 표현한다. 썸스틱은 각 축에 대해 −32,768~32,767 사이의 SHORT 값을 반환한다. SHORT 값은 썸스틱의 위치를 알려주는데, 0은 중앙을 의미한다. 이런 이유로 애플리케이션은 아날로그 데이터를 처리할 때 데드 존Dead Zone을 사용해야 한다. 데드 존은 움직임이 유효한 것으로 간주되기 전에 뛰어넘어야 하는 단순히 정의된 임계값이다. input.h에 2개의 데드 존 값을 정의했다(리스트 4.45 참조).

리스트 4.45 데드 존

```
// 범위의 20%를 데드 존의 기본 값으로 설정한다.
const DWORD GAMEPAD_THUMBSTICK_DEADZONE = 0.20f * float(0x7FFF);
const DWORD GAMEPAD_TRIGGER_DEADZONE = 30;     // 트리거 범위 0~255
```

썸스틱의 데드 존은 최대 이동의 20%로 설정하고, 트리거의 데드 존은 최댓값 255보다 30 작은 값으로 설정한다. 다른 컨트롤러의 경우 데드 존의 값을 조정해야 할 수도 있다. 마이크로소프트의 웹사이트는 "일부 컨트롤러는 다른 컨트롤러보다 더 민감할 수 있다. 따라서 디바이스에 따라 데드 존이 다를 수 있다. 그러므로 다른 시스템에 여러 개의 Xbox 360 컨트롤러를 사용해 게임을 테스트하는 것이 좋다."라고 설명한다(http://msdn.microsoft.com/enus/library/windows/desktop/ee417001(v=vs.85).aspx 참조). 리스트 4.46의 아날로그 컨트롤을 읽는 함수는 input.h에 들어있다.

리스트 4.46 게임 패드의 아날로그 입력을 읽기 위한 함수

```
// 컨트롤러 n의 왼쪽 트리거 값을 반환한다.
```

```
BYTE getGamepadLeftTrigger(UINT n)
// 컨트롤러 n의 오른쪽 트리거 값을 반환한다.
BYTE getGamepadRightTrigger(UINT n)
// 컨트롤러 n의 왼쪽 썸스틱 X 값을 반환한다.
SHORT getGamepadThumbLX(UINT n)
// 컨트롤러 n의 왼쪽 썸스틱 Y 값을 반환한다.
SHORT getGamepadThumbLY(UINT n)
// 컨트롤러 n의 오른쪽 썸스틱 X 값을 반환한다.
SHORT getGamepadThumbRX(UINT n)
// 컨트롤러 n의 오른쪽 썸스틱 Y 값을 반환한다.
SHORT getGamepadThumbRY(UINT n)
```

4.3.4 게임 컨트롤러 진동

Xbox 360 컨트롤러는 왼쪽, 오른쪽 진동 모터를 포함하고 있다. 왼쪽 모터는 낮은 진동수의 진동을 생성하며, 오른쪽 모터는 높은 진동수의 진동을 생성한다. 각 모터의 속도는 `ControllerState` 구조체의 `vibration` 멤버에 0~65,535 사이의 숫자를 명시해 설정한다. 값이 0이라는 건 모터를 사용하지 않음을 나타내며, 값이 65,535라는 건 모터를 100%로 사용함을 나타낸다. 진동의 강도 이외에 모터가 실행되는 시간을 제어해야 한다. 진동 효과를 더 쉽게 사용하기 위해 각 모터의 회전 속도와 회전 시간을 설정하는 함수를 추가했다(리스트 4.47 참조).

리스트 4.47 컨트롤러 진동 함수

```
// 컨트롤러 n의 왼쪽 모터를 진동하게 만든다.
// 왼쪽은 낮은 진동수의 진동을 생성한다.
// 속도 0 = 사용하지 않음, 65536 = 100%
// sec는 진동할 초 단위 시간이다.
void gamePadVibrateLeft(UINT n, WORD speed, float sec)
{
    if (n > MAX_CONTROLLERS - 1)
```

```
      n = MAX_CONTROLLERS - 1;
   controllers[n].vibration.wLeftMotorSpeed = speed;
   controllers[n].vibrateTimeLeft = sec;
}
// 컨트롤러 n의 오른쪽 모터를 진동하게 만든다.
// 오른쪽은 높은 진동수의 진동을 생성한다.
// 속도 0 = 사용하지 않음, 65536 = 100%
// sec는 진동할 초 단위 시간이다.
void gamePadVibrateRight(UINT n, WORD speed, float sec)
{
   if (n > MAX_CONTROLLERS - 1)
     n = MAX_CONTROLLERS - 1;
   controllers[n].vibration.wRightMotorSpeed = speed;
   controllers[n].vibrateTimeRight = sec;
}
```

또 다른 함수는 시간이 만료됐을 때 진동 시간을 추적하고 모터를 끄는 데 사용된다(리스트 4.48 참조). frameTime 매개변수는 진동 시간을 조정하는 데 사용된다. 진동 시간이 0이 되면 해당 모터 속도는 0으로 설정된다. 또한 Game:: run 함수에 vibrateControllers 함수 호출 코드를 추가했다(리스트 4.49 참조). 컨트롤러 0의 왼쪽 모터를 100%로 1초 동안 진동시키기 위해 리스트 4.50의 코드를 사용한다.

리스트 4.48 진동 시간 제어

```
// ================================================
// 연결된 컨트롤러를 진동하게 만든다.
// ================================================
void Input::vibrateControllers(float frameTime)
{
   for (int i = 0; i < MAX_CONTROLLERS; i++)
   {
```

```
    if (controllers[i].connected)
    {
      controllers[i].vibrateTimeLeft -= frameTime;
      if (controllers[i].vibrateTimeLeft < 0)
      {
        controllers[i].vibrateTimeLeft = 0;
        controllers[i].vibration.wLeftMotorSpeed = 0;
      }
      controllers[i].vibrateTimeRight -= frameTime;
      if (controllers[i].vibrateTimeRight < 0)
      {
        controllers[i].vibrateTimeRight = 0;
        controllers[i].vibration.wRightMotorSpeed = 0;
      }
      XInputSetState(i, &controllers[i].vibration);
    }
  }
}
```

리스트 4.49 vibrateControllers 호출

```
input->vibrateControllers(frameTime); // 컨트롤러 진동 제어
```

리스트 4.50 컨트롤러 진동

```
input->gamePadVibrateLeft(0, 65535, 1.0);
```

▮ 4.4 Spacewar 클래스

이전에 언급한 바와 같이 게임 엔진으로 게임을 만들려면 Game 클래스로부터
상속을 받는 새 클래스를 만들어야 한다. 이를 설명하기 위해 Spacewar 클래스

를 만들어보자. Spacewar 클래스는 리스트 4.51과 같이 spacewar.h에 선언돼
있다.

리스트 4.51 Spacewar 클래스 선언

```cpp
// 2D 게임 프로그래밍
// Copyright (c) 2011 by:
// 찰스 켈리 (Charles Kelly)
// 4장 spacewar.h v1.0
#ifndef _SPACEWAR_H              // 여러 곳에서 이 파일을 포함하는 경우
#define _SPACEWAR_H              // 다중 정의를 방지한다.
#define WIN32_LEAN_AND_MEAN
#include "game.h"
// Spacewar는 생성하는 클래스로서, Game 클래스로부터 상속을 받는 클래스다.
class Spacewar : public Game
{
private:
    // 변수
public:
    // 생성자
    Spacewar();
    // 소멸자
    virtual ~Spacewar();
    // 게임 초기화
    void initialize(HWND hwnd);
    void update();        // Game 클래스로부터 반드시 오버라이딩(Overriding) 해야
                          // 되는 순수 가상 함수
    void ai();            // "
    void collisions();    // "
    void render();        // "
    void releaseAll();
    void resetAll();
};
#endif
```

Game 클래스에 선언된 순수 가상 함수 update, ai, collisions, render를 재정의해야 한다는 사실을 명심한다. 함수가 수행해야 할 특정 작업이 없기 때문에 함수의 본체는 비어있다(리스트 4.52 참조).

리스트 4.52 Spacewar 클래스 코드

```cpp
// 2D 게임 프로그래밍
// Copyright (c) 2011 by:
// 찰스 켈리 (Charles Kelly)
// 게임 엔진, 1부
// 4장 spacewar.cpp v1.0
// Spacewar는 생성하는 클래스다.
#include "spacewar.h"
// =======================================================
// 생성자
// =======================================================
Spacewar::Spacewar() { }
// =======================================================
// 소멸자
// =======================================================
Spacewar::~Spacewar()
{
    releaseAll();       // 모든 그래픽 아이템에 대해 onLostDevice()를 호출한다.
}
// =======================================================
// 게임을 초기화한다.
// 에러가 발생할 경우 GameError를 던진다.
// =======================================================
void Spacewar::initialize(HWND hwnd)
{
    Game::initialize(hwnd);         // GameError를 던진다.
    return;
}
// =======================================================
```

```
// 모든 게임 아이템을 갱신한다.
// =======================================================
void Spacewar::update() { }
// =======================================================
// 인공 지능
// =======================================================
void Spacewar::ai() { }
// =======================================================
// 충돌 처리
// =======================================================
void Spacewar::collisions() { }
// =======================================================
// 게임 아이템을 렌더링한다.
// =======================================================
void Spacewar::render() { }
// =======================================================
// 그래픽 디바이스가 로스트 상태가 됐을 때
// 예약된 모든 비디오 메모리를 해제하고 그래픽 디바이스를 리셋할 수 있게 한다.
// =======================================================
void Spacewar::releaseAll()
{
    Game::releaseAll();
    return;
}
// =======================================================
// 그래픽 디바이스를 리셋한다.
// 모든 표면을 재생성한다.
// =======================================================
void Spacewar::resetAll()
{
    Game::resetAll();
    return;
}
```

지금 시점에서 Spacewar 게임은 단색으로 표시된다(지루하다!). 이후에 더 흥미로운 기능을 추가할 것이다.

정리

4장에서는 게임 엔진을 구축하기 시작했다. 게임 엔진의 주요 구성 요소가 각 클래스에 포함돼 있다는 사실을 배웠고, 게임의 속도를 제어하는 데 사용하는 고성능 타이머를 소개했다. 게임 엔진은 게임 그래픽을 렌더링하기 위해 함수를 호출하고 WinMain의 메인 메시지 루프에서 반복적으로 호출되는 실행 함수를 포함한다. 키보드, 마우스, 게임 컨트롤러를 읽을 때 필요한 코드가 있는 Input 클래스를 만들었다. 또한 게임 컨트롤러의 진동 기능을 사용하는 방법도 배웠다. 중요한 사항은 다음과 같다.

- **새 클래스** 게임 엔진으로 게임을 만들기 위해 Game 클래스로부터 상속을 받는 새 클래스를 만들었다.
- **직접 접근** Game 클래스의 protected: 키워드는 상속을 받은 클래스에서 변수로 직접 접근할 수 있게 해준다.
- **단순하게 하라** 클래스 생성자 코드는 단순히 변수 초기화만 하도록 제한한다.
- **리소스 해제** 리소스 해제는 할당한 순서와 반대로 수행한다.
- **로스트 상태** DirectX 디바이스가 접근 불가능한 소위 로스트 상태라고 불리는 문제가 발생할 수 있다. 디바이스의 Reset 메소드는 로스트 상태가 됐을 때 호출할 수 있는 유일한 함수다.
- **검사** TestCooperativeLevel 메소드는 디바이스가 로스트 상태가 됐는지 검사하는 데 사용된다.
- **신(scene)** DirectX 그래픽의 렌더링(그리기)은 신에서 수행해야 한다.
- **renderGame 함수** Game 클래스의 renderGame 함수는 신을 시작하고, 렌더링 함수를 호출하고, 신을 끝낸다. 또한 그래픽 디바이스 로스트를 처리하고 백 버퍼를 화면에 보여준다.

- **실제 경과 시간** 게임 엔진의 `frameTime` 변수는 이전 프레임으로부터 경과된 실제 시간을 포함한다.
- **Input 클래스** `Input` 클래스는 키보드, 마우스, 게임 컨트롤러에 사용하는 코드를 포함하고 있다.
- **키 누름 상태** 키 누름 상태는 `isKeyDown` 또는 `wasKeyPressed` 함수가 결정한다.
- **누른 키** 어떤 키를 눌렀다면 `anyKeyPressed` 함수는 `true`를 반환한다.
- **입력한 텍스트** 입력한 텍스트는 `textIn` 문자열에 저장된다.
- **마우스 캡처** 마우스를 캡처하면 모든 마우스 입력을 캡처 창으로 지시한다.
- **마우스 입력** 마우스 입력은 x, y 이동과 버튼의 상태로 이뤄져 있다.
- **게임 컨트롤러 입력** 게임 컨트롤러 입력은 버튼, 왼쪽, 오른쪽 트리거의 아날로그 위치, 그리고 왼쪽, 오른쪽 썸스틱의 아날로그 위치로 이뤄져 있다.
- **높은, 그리고 낮은 진동수의 진동** 왼쪽 모터는 낮은 진동수의 진동을 생성하며, 오른쪽 모터는 높은 진동수의 진동을 생성한다.
- **모터 속도** 각 진동 모터의 속도는 0~65,535 사이의 숫자로 설정하는데, 65,535는 모터를 100%로 사용함을 나타낸다.

복습문제

1. 게임 엔진을 사용해 게임을 만들기 위해 어떤 클래스로부터 상속을 받아 새 클래스를 만들어야 하는가?
2. 애니메이션 그래픽을 표시할 때 타이머를 사용해야 하는 이유는 무엇인가?
3. 그래픽 디바이스가 로스트 상태가 됐을 때 게임에서는 무슨 일이 일어나는가?
4. DirectX 프리미티브 타입을 렌더링하는 첫 번째 단계는 무엇인가?
5. `WinMain`에 있는 메시지 루프는 어떻게 게임 루프가 되는가?
6. 프로그램의 동작을 잠시 쉬게 만드는 방법은 무엇인가?

7. 고감도 마우스의 정밀도는 얼마인가?

8. '마우스 캡처'가 하는 일은 무엇인가?

9. 방향 키의 가상 키 코드는 무엇인가?

10. getMouseX와 getMouseRawX 함수의 차이는 무엇인가?

11. 별도의 하드웨어 없이 윈도우 PC에서 사용할 수 있는 Xbox 360 컨트롤러에는 어떤 종류가 있는가?

12. 게임 엔진에서 지원하는 Xbox 360 컨트롤러의 최대 개수는 몇 개인가?

13. Xbox 360 컨트롤러에서 왼쪽 모터가 만드는 진동의 종류는 무엇인가?

14. 게임 컨트롤러 1에서 버튼 B를 누르는 경우 테스트할 수 있는 두 가지 방법을 설명하라.

15. 컨트롤러 1의 오른쪽 모터가 50%로 2초 동안 작동하게 코드를 작성하라.

연습문제

1. 'Engine, Part 1' 예제를 다른 폴더에 복사한다. 사용자가 'exit'라는 단어를 입력하면 프로그램이 종료되게 Spacewar의 update 함수를 수정하라. 입력 문자열을 읽기 위해 input>getTextIn() 함수를 사용하라(프로그램을 종료하기 위해 PostQuitMessage(0)를 사용하라).

2. (Xbox 360 USB 컨트롤러 필요) 'Engine, Part 1' 예제를 다른 폴더에 복사한다. 게임 컨트롤러로부터 트리거 값을 읽게 Spacewar의 update 함수를 수정하라. 왼쪽 모터의 진동 속도를 설정하기 위해 왼쪽 트리거 값을 사용하고, 오른쪽 모터의 진동 속도를 설정하기 위해 오른쪽 트리거 값을 사용하라. 트리거 값은 BYTE형이며, 모터 속도는 WORD형이다. 트리거 값 0xFF는 속도 값 0xFF00으로 변환해야 한다.

3. 'Engine, Part 1' 예제를 다른 폴더에 복사한다. 마우스를 클릭하면 배경색이 변하게 Spacewar의 update 함수를 수정하라. 배경색을 변경하기 위해 graphics>setBackColor(SETCOLOR_ARGC(255, red, green, blue));

를 사용하라(red, green, blue는 각 색상의 강도를 0~255 사이의 숫자로 나타낸다). 마우스 버튼을 클릭할 때마다 다른 색상으로 표시하라.

예제

모든 예제는 www.programming2dgames.com에서 다운로드할 수 있다. 다음은 이용 가능한 예제의 목록을 보여준다.

- Engine, Part 1.
  - 게임 엔진의 첫 부분을 만든다.
  - 키보드, 마우스, 게임 컨트롤러로부터 입력을 받을 수 있게 지원하는 Input 클래스를 포함한다.
  - 게임 엔진의 심장인 Game 클래스를 소개한다.
  - Game 클래스로부터 상속을 받는 클래스를 만들어 새 게임을 만드는 방법을 설명한다.

05

스프라이트와 애니메이션

▐ 5.1 게임 그래픽 얻기

게임을 만들려면 예술적인 작업이 필요하다. 다행스럽게도 멋진 게임을 만들기 위해 아티스트를 고용할 필요는 없다. 저작권이 없는 게임 그래픽을 얻을 수 있는 온라인 웹사이트가 몇 군데 있다. 다음은 일부 웹사이트다.

- http://opengameart.org/
- http://freegamearts.tuxfamily.org/
- http://www.reinerstilesets.de/
- http://www.lostgarden.com/search/label/freegamegraphics
- http://www.widgetworx.com/widgetworx/portfolio/spritelib.html
- http://www.spriteland.com/
- http://www.nasaimages.org/

다른 온라인 리소스와 마찬가지로 항상 라이선스 요구 사항을 확인하고 자료가 저작권법을 위반하지 않는지 확인한다.

조금만 연습하면 여러분만의 게임 그래픽을 만들 수 있다. 다음은 사용 가능한 무료 도구 목록이다.

- http://blender.org/
- http://www.anim8or.com/
- http://www.gimp.org/
- http://www.makehuman.org/
- http://www.getpaint.net/index.html
- http://www.aseprite.org/
- http://www.ne.jp/asahi/mighty/knight/

▌▐ 5.2 그래픽스 파이프라인

그래픽스 프로그래밍에서 그래픽스 파이프라인pipeline이란 말이 자주 언급된다. Direct3D의 그래픽스 파이프라인은 그림 5.1과 같이 도식화할 수 있다.

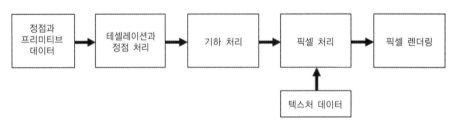

그림 5.1 Direct3D 그래픽스 파이프라인

DirectX는 컴퓨터 화면에 복잡한 모양Shape을 표시하는 데 필요한 계산을 모두 수행할 수 있는 렌더링 엔진이 포함돼 있다. 모양은 정점Vertex과 프리미티브 데이터로 정의된다. 정점은 3D 공간에 정의된 하나의 점이다. 프리미티브 데이터는 직선, 삼각형, 삼각형 스트립, 사각형 등 그릴 모양의 형태를 정의한다. 정점은 위치 데이터뿐만 아니라 색상과 텍스처Texture에 대한 정보도 포함한다. 텍스처는 모양 위에 그려진 그림이다.

기본적으로 정점과 프리미티브 데이터를 파이프라인의 한쪽 끝에 공급해 텍스처 데이터를 끝으로 던지면 텍스처가 그려진 모양이 나오게 된다. 이 과정은 게임에서 렌더링된 프레임마다 반복된다.

▌▌ 5.3 투명도를 적용해 그리기

대부분의 게임에는 많은 이미지가 표시된다. 때때로 이런 이미지들은 화면에 겹쳐지기도 한다. 일반적으로 이미지가 겹칠 경우 상단 이미지의 일부를 투명하게 만든다. 이와 관련된 예제로 그림 5.2를 살펴보자.

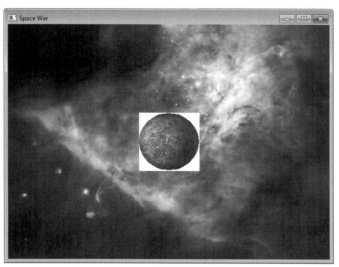

그림 5.2 투명도를 적용하지 않고 그리기. NASA의 허블 망원경으로 관찰한 오리온성운 사진 (nasaimages.org의 허락을 받음)

중앙에 위치한 행성은 투명도를 지원하지 않는 기법을 이용해 그려졌다. 배경 그림이 표시되지 않는 곳에 행성 이미지를 둘러싸는 사각형 테두리를 확인할 수 있다. 이런 현상은 투명도를 적용하지 않고 이미지를 그릴 때 발생한다.

이미지의 투명한 부분은 특별한 색상 키 값이나 알파 채널로 지정돼 있다. 원하는 투명한 색상 값을 아무렇게나 사용할 수 있지만, 일반적으로 마젠타(적색 = 255, 녹색 = 0, 청색 = 255)를 사용한다. 이미지에서 투명한 색으로 지정한 픽셀은 투명하기 때문에 그려지지 않는다. 알파 채널 투명도를 지원하는 소프트웨어로 이미지를 만든 경우 색상 키는 필요 없다. 투명도를 적용한 이미지를 그리기 위해 DirectX 스프라이트^{Sprite}를 사용할 것이다.

5.3.1 DirectX 스프라이트

DirectX 스프라이트는 DirectX 프리미티브 타입과 텍스처 데이터로 구성돼 있다. 스프라이트는 특히 2D 이미지를 그리기 위해 설계된 DirectX 그래픽스 API의 일부다. 또한 스프라이트는 게임에 필요한 그림의 형태를 완벽하게 만들어주는 투명도를 지원한다.

스프라이트는 `D3DXCreateSprite` 함수를 통해 생성한다.

```
HRESULT D3DXCreateSprite(
    LPDIRECT3DDEVICE9 pDevice,
    LPD3DXSPRITE *ppSprite
);
```

매개변수는 다음과 같다.

- **pDevice** `IDirect3DDevice9` 인터페이스를 가리키는 포인터다.
- **ppSprite** `ID3DXSprite` 인터페이스를 가리키는 포인터의 주소를 반환한다.

여러분의 설계 목표는 DirectX에서 그래픽과 관련된 코드를 Graphics 클래스에 배치하는 것이다. 이런 디자인 아이디어에 따라 DirectX 스프라이트 포인터 `LP_SPRITE`를 graphics.h에 정의할 것이다(리스트 5.1 참조).

리스트 5.1 재정의된 스프라이트 포인터

```
#define LP_SPRITE LPD3DXSPRITE
```

게임 엔진을 통해 수행되는 모든 스프라이트 그리기 작업은 하나의 DirectX 스프라이트로 처리된다. 스프라이트를 가리키는 포인터는 graphics.h 파일의

Graphics 클래스에 추가된다(리스트 5.2 참조). 스프라이트 생성 코드는 graphics. cpp 파일의 Graphics::initialize 함수의 끝에 추가된다(리스트 5.3 참조).

리스트 5.2 스프라이트 포인터

```cpp
class Graphics
{
private:
    // DirectX 포인터
    LP_3D          direct3d;
    LP_3DDEVICE    device3d;
    LP_SPRITE      sprite;
```

리스트 5.3 스프라이트 생성

```cpp
    // Direct3D 디바이스 생성
    result = direct3d->CreateDevice(
        D3DADAPTER_DEFAULT,
        D3DDEVTYPE_HAL,
        hwnd,
        behavior,
        &d3dpp,
        &device3d);
    if (FAILED(result))
        throw (GameError(gameErrorNS::FATAL_ERROR,
                        "Error creating Direct3D device"));
    result = D3DXCreateSprite(device3d, &sprite);
    if (FAILED(result))
        throw (GameError(gameErrorNS::FATAL_ERROR,
                        "Error creating Direct3D sprite"));
```

5.3.2 스프라이트 텍스처

텍스처는 그래픽스에서 사용하는 프리미티브 타입에 적용할 수 있는 그림이다. 이 경우 텍스처는 스프라이트다. 텍스처 이미지의 크기는 중요하다. 오래된 그래픽 카드는 크기가 매우 큰 텍스처 파일을 지원하지 않는다. 텍스처의 크기가 비디오 메모리의 크기보다 크다면 시스템 메모리로 불러와야 하므로 접근 속도가 느려지는 결과를 낳게 된다.

그림 안의 각 텍스처와 그림 전체는 폭과 높이가 2의 거듭제곱이 돼야 한다(그림 5.3 참조). 즉, 4, 8, 16, 32, 64, 128 등이 돼야 한다. 새로운 그래픽 카드는 2의 거듭제곱이 아닌 크기의 텍스처도 지원하지만, 그래픽 카드의 성능을 체크하고 2의 거듭제곱이 아닌 텍스처를 지정하는 특별한 코드가 필요하다. 2의 거듭제곱이 아닌 크기의 텍스처를 사용할 경우의 기본 동작은 가장 가까운 2의 거듭제곱으로 크기를 반올림하는 것이다.

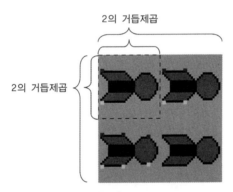

그림 5.3 우주선 텍스터

큰 텍스처의 일부분을 사각형으로 지정해 스프라이트로 적용할 수 있는데, 여러 스프라이트 텍스처를 하나의 큰 이미지로 합친 뒤 원하는 텍스처만 선택할 수 있게 해준다. 스프라이트의 Draw 함수에 있는 매개변수 pSrcRect는 사용하고자 하는 텍스처의 부분을 정의한다. 이 매개변수가 NULL이면 전체 이미지를 텍스처로 사용한다. 원본 이미지의 일부분을 선택한 사각형은 다음과 같이 정의된다.

왼쪽, 위쪽, 오른쪽 + 1, 아래쪽 + 1

매우 중요한 사실은 아래쪽과 오른쪽을 원하는 이미지의 실제 모서리보다 1픽셀 크게 지정해야 한다는 점이다. 아래쪽과 오른쪽 모서리는 스프라이트의 폭과 높이를 사용해 쉽게 정할 수 있다.

$$오른쪽 + 1 = 왼쪽 + 폭$$
$$아래쪽 + 1 = 위쪽 + 높이$$

스프라이트가 다른 크기로 확장되는 경우 텍스처 원본의 사각형 영역은 최소 1픽셀 크기의 폭을 갖는 투명한 테두리가 있어야 한다. 크기를 조정한 스프라이트에 텍스처를 적용할 때 DirectX는 기본적으로 이방성 필터링^{Bilinear Filtering}을 사용하기 때문이다. 이방성 필터링은 스프라이트로 지정된 사각형 외부의 점을 샘플링^{Sampling}해 스프라이트 이미지 원본에 존재하지 않는 데이터를 보간^{Interpolation}해서 그려준다.

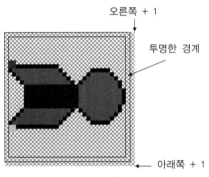

그림 5.4 스프라이트 경계

그림 5.5는 1:8의 비율로 그려진 두 개의 스프라이트를 보여준다. 원본 이미지는 텍스처의 사각형 영역 밖에 1픽셀 크기의 견고한 테두리를 가진다. 크기가 조정된 스프라이트에 그려진 경계선 부분은 실제 크기의 스프라이트에는 없다는 사실을 주목하라. 5장 끝부분의 예제 'Sprite Border'를 참고하라.

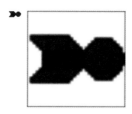

그림 5.5 경계는 확대된 스프라이트에서 볼 수 있다.

5.3.3 텍스처 불러오기

스프라이트를 적용한 텍스처는 일반적으로 파일 안에 위치해 있다. 파일로부터 텍스처 이미지를 불러오는 함수가 필요하다. 텍스처 이미지를 불러오기 위해 **DirectX** 함수인 D3DXCreateTextureFromFileEx를 사용한다. 문법은 다음과 같다.

```
HRESULT D3DXCreateTextureFromFileEx(
    LPDIRECT3DDEVICE9 pDevice,
    LPCTSTR pSrcFile,
    UINT Width,
    UINT Height,
    UINT MipLevels,
    DWORD Usage,
    D3DFORMAT Format,
    D3DPOOL Pool,
    DWORD Filter,
    DWORD MipFilter,
    D3DCOLOR ColorKey,
    D3DXIMAGE_INFO *pSrcInfo,
    PALETTEENTRY *pPalette,
    LPDIRECT3DTEXTURE9 *ppTexture
);
```

매개변수는 다음과 같다.

• **pDevice** IDirect3DDevice9 인터페이스를 가리키는 포인터다.

- **pSrcFile** 파일명을 지정하는 문자열을 가리키는 포인터다.

- **Width** 텍스처의 픽셀 단위 폭이다. 0 또는 D3DX_DEFAULT를 입력한 경우에는 차원을 파일에서 가져오며 2의 거듭제곱으로 반올림한다. 디바이스가 2의 거듭제곱이 아닌 텍스처를 지원하고 D3DX_DEFAULT_NONPOW2를 입력한 경우에는 크기가 반올림되지 않는다.

- **Height** 텍스처의 픽셀 단위 높이다. 0 또는 D3DX_DEFAULT를 입력하는 경우에는 차원을 파일로부터 가져오며 2의 거듭제곱으로 반올림한다. 디바이스가 2의 거듭세곱이 아닌 텍스처를 지원하고 D3DX_DEFAULT_NONPOW2를 입력한 경우에는 크기가 반올림되지 않는다.

- **MipLevels** 만들고자 하는 밉^{Mip} 레벨 수다. 0 또는 D3DX_DEFAULT를 입력한 경우에는 완전한 밉맵 체인$^{Mipmap\ Chain}$이 생성된다. 밉 레벨은 플레이어가 텍스처 표면으로부터 가까워지거나 멀어질 때 텍스처의 모습을 자연스럽게 바꾸기 위해 사용한다. 2D 게임에서는 텍스처가 보는 사람의 거리에 따라 변하지 않기 때문에 밉 레벨은 사용하지 않는다. 따라서 이 매개변수에 1을 지정한다.

- **Usage** 항상 0을 사용한다. 다른 값으로는 D3DUSAGE_RENDERTARGET이 있는데, 텍스처를 렌더링 대상으로 사용한다는 의미고, D3DUSAGE_DYNAMIC은 텍스처가 동적 텍스처의 일부분으로 동적 처리돼야 한다는 의미다.

- **Format** 반드시 D3DFORMAT 열거 형식$^{Enumerated\ Type}$이어야 하는데, 텍스처를 위해 요청한 픽셀 형식을 기술한다. 반환된 실제 텍스처는 요청한 형식과 다를 수 있다. 실제 형식은 pSrcInfo 구조체에서 반환된다. 파일로부터 형식을 사용하기 위해 D3DFMT_UIKNOWN을 사용한다.

- **Pool** 반드시 D3DPOOL 열거 형식이어야 한다. 텍스처를 불러오는 메모리 클래스를 가리킨다.

- **Filter** D3DX_FILTER로부터 하나 이상의 상수가 필요하고, 이미지를 필터링하는 방법을 지정한다. 항상 D3DX_DEFAULT를 사용한다.

- **MipFilter** D3DX_FILTER로부터 하나 이상의 상수가 필요하고 이미지를 필

터링하는 방법을 지정한다. 항상 D3DX_DEFAULT를 사용한다.

- **ColorKey** D3DCOLOR 값으로 지정된 투명하게 처리할 색상이다. 색상을 구성하는 32비트 모두 중요하다. 원본 이미지 중 ColorKey와 일치하는 픽셀은 이미지를 불러올 때 투명하게 변한다. ColorKey는 알파 채널 투명성을 지원하는 이미지를 필요로 하지 않는다.

- **pSrcInfo** 원본 이미지에 대한 설명으로 채워진 D3DXIMAGE_INFO 구조체를 가리키는 포인터다.

- **pPalette** NULL이나 적절한 값이 채워진 256가지 색의 팔레트를 표현하는 PALETTEENTRY 구조체를 가리키는 포인터다. 항상 NULL을 사용한다.

- **ppTexture** 생성된 텍스처를 가리키는 IDirect3DTexture9 인터페이스를 가리키는 포인터의 주소다.

FAILED 또는 SUCCEDDED 매크로를 사용해 반환 값을 확인한다. 텍스처 파일의 폭과 높이는 D3DXGetImageInfoFromFile 함수를 통해 알 수 있다.

```
HRESULT D3DXGetImageInfoFromFile(
    LPCTSTR pSrcFile,
    D3DXIMAGE_INFO *pSrcInfo
);
```

매개변수는 다음과 같다.

- **pSrcFile** 이미지의 파일명을 가리키는 포인터다.
- **pSrcInfo** 이미지 파일에 대한 정보가 채워진 D3DXIMAGE_INFO 구조체를 가리키는 포인터다.

D3DXIMAGE_INFO 구조체는 다음과 같다.

```
typedef struct D3DXIMAGE_INFO {
    UINT                Width;
    UINT                Height;
```

```
UINT                    Depth;
UINT                    MipLevels;
D3DFORMAT               Format;
D3DRESOURCETYPE         ResourceType;
D3DXIMAGE_FILEFORMAT    ImageFileFormat;
} D3DXIMAGE_INFO, *LPD3DXIMAGE_INFO;
```

멤버는 다음과 같다.

- **Width** 이미지의 픽셀 단위 폭
- **Height** 이미지의 픽셀 단위 높이
- **Depth** 이미지의 픽셀 단위 깊이
- **MipLevels** 이미지의 밉 레벨 수
- **Format** 이미지 데이터의 형식을 기술하는 D3DFORMAT 열거 형식 값
- **ResourceType** D3DRTYPE_TEXTURE, D3DRTYPE_VOLUMETEXTURE, D3DRTYPE_
  CubeTexture로 정의된 파일의 텍스처 형식
- **ImageFileFormat** 이미지 파일의 형식

텍스처를 불러오기 위해 Graphics 클래스에 함수를 만들어야 한다. 함수 이름을 loadTexture라고 하자. 이 함수는 파일명과 투명하게 만들 색을 매개변수로 전달받는다. 텍스처의 폭, 높이, 포인터는 레퍼런스형 매개변수를 통해 반환된다. 완성된 loadTexture 함수는 리스트 5.4에 있다.

리스트 5.4 loadTexture 함수

```
// ===================================================
// 텍스처를 기본 D3D 메모리로 불러온다(일반적인 텍스처 사용).
// 엔진 내부에서만 사용한다.
// 게임 텍스처를 불러오기 위해 TextureManager 클래스를 사용한다.
// 이전 : filename은 텍스처 파일의 이름이다.
//        transcolor는 투명색이다.
```

```
// 이후 : width와 height = 텍스처의 크기
//        texture는 텍스처를 가리키는 포인터다.
// HRESULT를 반환한다.
// ==================================================
HRESULT Graphics::loadTexture(const char *filename, COLOR_ARGB transcolor,
                              UINT &width, UINT &height, LP_TEXTURE
                              &texture)
{
    // 파일 정보를 읽기 위한 구조체
    D3DXIMAGE_INFO info;
    result = E_FAIL;
    try{
      if (filename == NULL)
      {
        texture = NULL;
        return D3DERR_INVALIDCALL;
      }

      // 파일로부터 폭과 높이를 얻는다.
      result = D3DXGetImageInfoFromFile(filename, &info);
      if (result != D3D_OK)
        return result;
      width = info.width;
      height = info.height;

      // 파일을 불러와 새 텍스처를 생성한다.
      result = D3DXCreateTextureFromFileEx(
        device3d,            // 3D 디바이스
        filename,            // 이미지 파일명
        info.Width,          // 텍스처 폭
        info.Height,         // 텍스처 높이
        1,                   // 밉맵 수준(연결하지 않을 때는 1을 사용)
        0,                   // 사용
        D3DFMT_UNKNOWN,      // 표면 형식 (기본)
        D3DPOOL_DEFAULT,     // 텍스처를 위한 메모리 클래스
        D3DX_DEFAULT,        // 이미지 필터
```

```
        D3DX_DEFAULT,           // 밉 필터
        transcolor,             // 투명도를 위한 색상 키
        &info,                  // 비트맵 파일 정보 (불러온 파일로부터)
        NULL,                   // 색상 팔레트
        &texture                // 텍스처 목적지
    );
  } catch (...)
  {
    throw (GameError(gameErrorNS::FATAL_ERROR,
                "Error in Graphics::loadTexture"));
  }
  return result;
}
```

5.3.4 스프라이트 그리기

스프라이트를 그리기 위한 첫 번째 단계는 DirectX 신을 시작하는 것이다. 신은 Game 클래스에 있는 renderGame 함수를 통해 자동으로 시작된다(리스트 5.5 참조).

리스트 5.5 renderGame 함수

```
// ==================================================
// 게임 아이템을 렌더링한다.
// ==================================================
void Game::renderGame()
{
  // 렌더링 시작
  if (SUCCEED(graphics->beginScene()))
  {
    render();               // 상속받은 클래스에서 render()를 호출
    // 렌더링 멈춤
    graphics->endScene();
  }
  handleLostGraphicsDevice();
```

```
// 백 버퍼를 화면에 표시한다.
graphics->showBackBuffer();
}
```

renderGame 함수는 순수 가상 함수인 render를 호출한다. 순수 가상 함수 코드는 상속을 받는 모든 클래스에 제공돼야 한다. 게임 엔진을 사용해 게임을 만들 때 Game 클래스로부터 상속을 받는 클래스는 render 함수를 위한 코드를 제공해야 한다. render 함수는 게임 스프라이트를 그리기 위해 코드를 작성해야 하는 곳이다. 모든 스프라이트를 그린 뒤 renderGame 함수는 graphics->endScene()을 호출해 신을 끝낸다.

신 밖에서 스프라이트나 DirectX 프리미티브 타입을 렌더링하면 실패할 것이다.

스프라이트 그리기는 스프라이트의 Begin 함수를 호출해 시작한다. Begin 함수는 D3DXCreateSprite(g3ddev, &sprite) 함수가 반환한 스프라이트 인터페이스의 일부분이다. 스프라이트는 Draw 함수를 호출해 그린다. 게임 엔진 스프라이트를 현재 신에 필요한 만큼 구성하고 그린다. 스프라이트의 End 함수를 호출하면 신 안에 스프라이트가 추가될 것이다.

sprite->Begin 호출과 sprite->Draw 호출 사이에 스프라이트의 크기, 회전 및 위치를 조절할 수 있다. 스프라이트의 위치는 DirectX 프리미티브 타입과 마찬가지로 행렬 수학을 이용해 계산된다. 행렬 수학을 이용해 계산하는 방법을 기억하지 못하는 사용자들을 위해 DirectX가 여러분을 대신해 계산을 해준다. 그러니 공황 상태에 빠질 필요는 없다. 단지 함수를 호출하는 방법만 알고 있으면 된다.

DirectX 함수 D3DMatrixTransformation2D는 크기 조정, 회전 및 위치를 지정할 수 있게 변환 행렬을 구성한다. 함수의 문법은 다음과 같다.

```
D3DXMATRIX * D3DXMatrixTransformation2D(
```

```
    D3DXMATRIX *pOut,
    const D3DXVECTOR2 *pScalingCenter,
    FLOAT pScalingRotation,
    const D3DXVECTOR2 *pScaling,
    const D3DXVECTOR2 *pRotationCenter,
    FLOAT Rotation,
    const D3DXVECTOR2 *pTranslation
);
```

매개변수는 다음과 같다.

- **pOut** 행렬을 연산한 결과가 저장될 D3DXMATRIX 구조체를 가리키는 포인터다.

- **pScalingCenter** 크기 조정의 중심이 저장된 D3DXVECTOR2 구조체를 가리키는 포인터다. 값을 NULL로 설정하면 크기 조정을 할 때 스프라이트의 왼쪽 상단을 원점으로 한다.

- **pScalingRotation** 크기 조정 회전 계수다.

- **pScaling** x와 y의 크기 조정 값을 포함하는 D3DXVECTOR2 구조체를 가리키는 포인터다.

- **pRotationCenter** 회전 중심이 저장된 D3DXVECTOR2 구조체를 가리키는 포인터다.

- **Rotation** 라디안^{Radian} 단위 회전 각도다.

- **pTranslation** 스프라이트의 x와 y 위치를 포함하는 D3DXVECTOR2 구조체를 가리키는 포인터다.

일단 D3DXMATRIX가 구성되고 나면 스프라이트의 SetTransform 함수를 호출해 행렬을 스프라이트에 적용할 수 있다.

```
HRESULT SetTransform(
    const D3DXMATRIX *pTransform
);
```

스프라이트의 Draw 함수는 스프라이트를 신에 추가한다. 함수 문법은 다음과 같다.

```
HRESULT Draw(
    LPDIRECT3DTEXTURE9 pTexture,
    const RECT *pSrcRect,
    const D3DXVECTOR3 *pCenter,
    const D3DXVECTOR3 *pPosition,
    D3DCOLOR Color
);
```

매개변수는 다음과 같다.

- **pTexture** 스프라이트에 그릴 그림을 포함하고 있는 `IDirect3DTexture9` 인터페이스를 가리키는 포인터다.

- **pSrcRect** 스프라이트에 사용할 원본 이미지의 일부분을 정의하는 `RECT` 구조체를 가리키는 포인터다.

- **pCenter** 스프라이트의 중심이 저장된 `D3DXVECTOR3` 벡터를 가리키는 포인터다. 값을 NULL로 설정하면 왼쪽 상단 구석으로 지정된다.

- **pPosition** 스프라이트의 위치가 저장된 `D3DXVECTOR3` 벡터를 가리키는 포인터다. 값을 NULL로 설정하면 왼쪽 상단 구석으로 지정된다.

- **Color** 스프라이트의 색상과 알파 채널을 지정한다. 효과는 이 색상을 필터를 통해 보는 것과 비슷하다. 값을 0xFFFFFFFF(WHITE 상수)로 지정하면 원래 색상과 알파 데이터를 유지한다. 알파 데이터는 16진수 색상 값의 처음 두 자릿수(0xFF------)로 지정한다. 알파 데이터는 스프라이트의 투명도에 영향을 준다. 값을 0으로 지정하면 완전히 투명해지고 0xFF(255)로 지정하면 완전히 불투명해진다. graphics.h에 정의한 `SETCOLOR_ARGB(a, r, g, b)` 매크로로는 다음과 같이 사용자 정의 색상 값을 지정하는 데 사용할 수 있다.

  ○ a = 알파 채널(0부터 255까지)

  ○ r = 적색(0부터 255까지)

○ g = 녹색(0부터 255까지)

○ b = 청색(0부터 255까지)

스프라이트를 화면에 그릴 때마다 속성을 구성해야 한다. 속성과 관련된 값은 SpriteData 구조체에 포함돼 있다. graphics.h에 구조체에 대한 정의가 돼 있으며, 코드는 리스트 5.6과 같다.

리스트 5.6 SpriteData 속성

```
// SpriteData : Graphics::drawSprite에서 스프라이트를 그리기 위해 필요한 속성
struct SpriteData
{
    int         width;          // 스프라이트의 픽셀 단위 폭
    int         height;         // 스프라이트의 픽셀 단위 높이
    float       x;              // 화면 위치(스프라이트의 왼쪽 상단 모서리)
    float       y;
    float       scale;          // < 1이면 작게, > 1이면 크게
    float       angle;          // 라디안 단위 회전 각도
    RECT        rect;           // 큰 텍스처에서 사용할 이미지 선택
    LP_TEXTURE texture;         // 텍스처를 가리키는 포인터
    bool        flipHorizontal; // true라면 스프라이트를 수평으로 뒤집는다(거울처럼).
    bool        flipVertical;   // true라면 스프라이트를 수직으로 뒤집는다.
};
```

멤버는 다음과 같다.

- **width** 스프라이트의 픽셀 단위 폭이다.

- **height** 스프라이트의 픽셀 단위 높이다.

- **x, y** 왼쪽 상단 구석을 기준으로 한 스프라이트의 화면 내 위치다.

- **scale** 크기 조정(확대) 계수다. 값이 1보다 작으면 크기를 줄이고, 1보다 크면 크기를 늘린다.

- **angle** 스프라이트의 라디안 단위 회전 각도다.

- **rect** 스프라이트를 그릴 때 사용할 큰 텍스처 이미지의 사각형 부분이다.

- **texture** 텍스처 이미지 데이터를 가리키는 포인터다.

- **flipHorizontal** true면 스프라이트를 수평으로 뒤집는다(거울처럼).

- **flipVertical** true면 스프라이트를 수직으로 뒤집는다.

이제 스프라이트를 그리는 데 필요한 모든 함수를 갖고 있다. drawSprite 함수에 스프라이트 그리기와 관련된 코드를 결합해 Graphics 클래스에 추가해 보자. 매개변수는 SpriteData 구조체와 선택적 색상으로 이뤄져 있다. color 매개변수는 스프라이트 전체 색상을 바꿀 수 있게 해준다. 효과는 특정 색상의 필터를 통해 보는 것과 비슷하다. 기본 색상은 흰색으로, 스프라이트 색상 변화 없이 결과가 나오게 된다. 함수는 리스트 5.7과 같이 시작한다.

리스트 5.7 drawSprite 함수 시작

```
// ===================================================
// SpriteData 구조체의 정보를 토대로 스프라이트를 그린다.
// Color는 선택적인데, 필터와 같은 역할을 한다. 기본 값은 흰색이다.
// 이전 : sprite->Begin()이 호출된다.
// 이후 : sprite->End()가 호출된다.
// spriteData.rect는 spriteData.texture를 그릴 영역을 정의한다.
//    spriteData.rect.right는 오른쪽 모서리 + 1이어야 한다.
//    spriteData.rect.bottom은 아래쪽 모서리 + 1이어야 한다.
// ===================================================
void Graphics::drawSprite(const SpriteData &spriteData, COLOR_ARGB color)
{
    if (spriteData.texture == NULL) // 텍스처가 없다면
        return;
```

다음으로 스프라이트의 중심을 찾는다. 스프라이트의 중심을 기준으로 스프

라이트를 회전시키려면 중심이 어디에 있는지 알아야 한다(리스트 5.8 참조). 스프라이트의 화면 위치 X, Y는 D3DXVECTOR2 구조체의 translate에 저장된다(리스트 5.9 참조). D3DXVECTOR2 구조체의 scaling은 spriteData 구조체의 크기 조정 값으로 초기화된다. 스프라이트는 X나 Y 차원에 대해 각각 다른 크기로 조정할 수 있다. 여기서는 같은 크기 조정 값을 사용한다(리스트 5.10 참조).

리스트 5.8 스프라이트의 중심 찾기

```
// 스프라이트의 중심을 찾는다.
D3DXVECTOR2 spriteCenter = D3DXVECTOR2(
                    (float)(spriteData.width / 2 * spriteData.scale),
                    (float)(spriteDasta.height / 2 * spriteData.scale));
```

리스트 5.9 이동 벡터 생성

```
// 스프라이트의 화면 위치
D3DXVECTOR2 translate = D3DXVECTOR2( (float)spriteData.x,
                                     (float)spriteData.y);
```

리스트 5.10 크기 조정 벡터 생성

```
// X, Y 크기 조정
D3DXVECTOR2 scaling(spriteData.scale, spriteData.scale);
```

spriteData.flipHorizontal이 true로 설정돼 있다면 스프라이트를 수평으로 뒤집는다. 이렇게 하면 원래 스프라이트를 뒤집은 이미지가 제공된다(리스트 5.11 참조). spriteData.flipVertical이 true로 설정돼 있다면 스프라이트를 수직으로 뒤집는다(리스트 5.12 참조). 리스트 5.13의 코드를 사용해 스프라이트의 위치를 배치하고, 회전하고, 크기를 조정하는 행렬을 만든다. 만든 행렬은

SetTransform 함수로 스프라이트에 적용할 수 있다(리스트 5.14 참조). Draw 함수는 drawSprite 함수의 끝에서 호출된다(리스트 5.15 참조).

리스트 5.11 수평으로 뒤집힌 스프라이트의 위치 조정

```
if (spriteData.flipHorizontal)     // 수평으로 뒤집는다면
{
  scaling.x *= -1;                  // 뒤집기 위해 X 방향에 -1을 곱한다.
  // 뒤집은 이미지의 중심을 가져온다.
  spriteCenter.x -= (float)(spriteData.width * spriteData.scale);
  // 왼쪽 모서리에서 뒤집는 작업이 일어나므로,
  // 뒤집은 이미지를 오른쪽으로 이동시켜 원래 위치에 있게 한다.
  translate.x += (float)(spriteData.width * spriteData.scale);
}
```

리스트 5.12 수직으로 뒤집힌 스프라이트의 위치 조정

```
if (spriteData.flipVertical)     // 수직으로 뒤집는다면
{
  scaling.y *= -1;                 // 뒤집기 위해 Y 방향에 -1을 곱한다.
  // 뒤집은 이미지의 중심을 가져온다.
  spriteCenter.y -= (float)(spriteData.height * spriteData.scale);
  // 위쪽 모서리에서 뒤집는 작업이 일어나므로,
  // 뒤집은 이미지를 아래쪽으로 이동시켜 원래 위치에 있게 한다.
  translate.y += (float)(spriteData.height * spriteData.scale);
}
```

리스트 5.13 변환 행렬 생성

```
// 스프라이트를 회전, 크기 조정, 배치하기 위한 행렬을 생성한다.
D3DXMATRIX matrix;
D3DXMatrixTransformation2D(
  &matrix,      // 행렬
```

```
NULL,          // 크기를 조정할 때 기준을 왼쪽 상단으로 유지
0.0f,            // 크기 조정 회전 없음
&scaling,        // 크기 조정 값
&spriteCenter,   // 회전 중심
(float)(spriteData.angle),   // 회전 각도
&translate;      // X, Y 위치
);
```

리스트 5.14 행렬을 적용한다.

```
// 스프라이트에게 행렬에 대해 알려준다.
sprite->SetTransform(&matrix);
```

리스트 5.15 스프라이트를 그린다.

```
// 스프라이트를 그린다.
sprite->Draw(spriteData.texture, &spriteData.rect, NULL, NULL, color);
}
```

복습한다는 차원에서 스프라이트를 그리는 단계를 정리하면 다음과 같다.

1. Graphics 클래스에서 신을 시작한다.

2. 스프라이트의 Begin 함수를 호출한다.

3. 각 스프라이트에 대해

   a. 변환 행렬을 통해 스프라이트의 위치를 배치하고, 회전하고, 크기를 조정한다.

   b. 스프라이트의 Draw 함수를 호출한다.

4. 스프라이트의 End 함수를 호출한다.

5. Graphics 클래스에서 신을 종료한다(그림 5.6 참조).

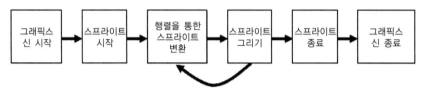

그림 5.6 스프라이트 그리기를 포함한 단계

5.3.5 공용 색상

여러분의 네임스페이스에 책에서 제공한 클래스를 제공한다. Graphics 클래스의 네임스페이스는 graphicsNS다. 네임스페이스 안에 정의된 항목에 접근하려면 네임스페이스 뒤에 전역 식별 연산자Global Resolution Operator인 ':'처럼 두 개의 콜론을 붙여 사용한다.

네임스페이스 graphicsNS에 공용으로 사용할 수 있는 유용한 색상 몇 가지를 추가할 수 있다(리스트 5.16 참조).

마지막 3개의 색상 FILTER, ALPHA25, ALPHA50은 색상이 존재하지 않는다. FILTER 색상은 이미지를 그릴 때 매개변수로 사용할 수 있는 값이다(5.5.1절을 참고). ALPHA25와 ALPHA50은 비트 AND 연산을 통해 색상의 알파 값을 조정하는 데 사용할 수 있다. 알파 값은 색상이 얼마나 투명하게 보일지 결정한다. 값을 0으로 지정하면 완전히 투명해지고, 255로 지정하면 완전히 불투명해진다. 이후 예제에서 알파 값을 사용할 것이다. 예를 들어 오렌지색을 사용하고 싶다면 코드에 graphicsNS::ORANGE만 입력하면 된다.

리스트 5.16 공용 색상

```
// 일부 공용 색상
// 0 ~ 255 범위의 ARGB 숫자로 이루어져 있다.
// A = 알파 채널 (투명도, 255는 불투명함을 의미한다.)
// R = 빨간색, G = 초록색, B = 파란색
const COLOR_ARGB ORANGE      = D3DCOLOR_ARGB(255, 255, 165, 0);
const COLOR_ARGB BROWN       = D3DCOLOR_ARGB(255, 139, 69, 19);
const COLOR_ARGB LTGRAY      = D3DCOLOR_ARGB(255, 192, 192, 192);
```

```
const COLOR_ARGB GRAY        = D3DCOLOR_ARGB(255, 128, 128, 128);
const COLOR_ARGB OLIVE       = D3DCOLOR_ARGB(255, 128, 128, 0);
const COLOR_ARGB PURPLE      = D3DCOLOR_ARGB(255, 128, 0, 128);
const COLOR_ARGB MAROON      = D3DCOLOR_ARGB(255, 128, 0, 0);
const COLOR_ARGB TEAL        = D3DCOLOR_ARGB(255, 0, 128, 128);
const COLOR_ARGB GREEN       = D3DCOLOR_ARGB(255, 0, 128, 0);
const COLOR_ARGB NAVY        = D3DCOLOR_ARGB(255, 0, 0, 128);
const COLOR_ARGB WHITE       = D3DCOLOR_ARGB(255, 255, 255, 255);
const COLOR_ARGB YELLOW      = D3DCOLOR_ARGB(255, 255, 255, 0);
const COLOR_ARGB MAGENTA     = D3DCOLOR_ARGB(255, 255, 0, 255);
const COLOR_ARGB RED         = D3DCOLOR_ARGB(255, 255, 0, 0);
const COLOR_ARGB CYAN        = D3DCOLOR_ARGB(255, 0, 255, 255);
const COLOR_ARGB LIME        = D3DCOLOR_ARGB(255, 0, 255, 0);
const COLOR_ARGB BLUE        = D3DCOLOR_ARGB(255, 0, 0, 255);
const COLOR_ARGB BLACK       = D3DCOLOR_ARGB(255, 0, 0, 0);
    // colorFilter를 명시해서 그릴 때 사용한다.
const COLOR_ARGB FILTER      = D3DCOLOR_ARGB(0, 0, 0, 0);
    // 25% 알파 값을 줄 때 사용한다.
const COLOR_ARGB ALPHA25     = D3DCOLOR_ARGB(64, 255, 255, 255);
    // 50% 알파 값을 줄 때 사용한다.
const COLOR_ARGB ALPHA50     = D3DCOLOR_ARGB(128, 255, 255, 255);
```

▌ 5.4 TextureManager 클래스

Graphics 클래스에 추가한 loadTexture 함수는 텍스처 데이터를 D3DPOOL_
DEFAULT 메모리로 불러온다. 일반적으로 D3DPOOL_DEFAULT는 비디오 메모리
다. 다른 애플리케이션에서 그래픽 디바이스를 사용하고 있다면 사용할 수 없
거나 '로스트' 상태가 되고 만다. 이런 일이 발생한다면 로스트 상태가 된 그래
픽 디바이스를 되찾는 과정과 같이 텍스처 데이터를 해제하고 다시 불러야 한
다. 분리된 텍스처 매니저 클래스를 생성해 디바이스 로스트를 다루는 코드를
추가할 수 있다. 게임에서 텍스처를 사용할 때 각 텍스처를 불러오고 관리하기
위해 TextureManager 객체를 생성할 것이다.

TextureManager의 initialize 함수는 그래픽 시스템을 가리키는 포인터를 저장하고 지정 텍스처 파일을 디스크로부터 불러온다. Graphics->loadTexture 함수는 폭, 높이, 텍스처 데이터를 가리키는 포인터를 저장한다 (리스트 5.17 참조).

리스트 5.17 TextureManager::initialize 함수

```
// ==========================================================
// 디스크로부터 텍스처 파일을 불러온다.
// 이후 : 성공할 경우 true, 실패할 경우 false를 반환한다.
// ==========================================================
bool TextureManager::initialize(Graphics *g, const char *f)
{
    try{
      graphics = g;    // Graphics 객체
      file = f;    // 텍스처 파일
      hr = graphics->loadTexture(file, TRANSCOLOR, width, height, texture);
      if (FAILED(hr))
      {
        SAFE_RELEASE(texture);
        return false;
      }
    }
    catch(...) { return false; }
    initialize = true;           // 성공적으로 초기화했을 때 true로 설정한다.
    return true;
}
```

onLostDevice와 onResetDevice 함수는 로스트 상태가 된 그래픽 디바이스를 다루는 메커니즘의 일부분을 호출한다(리스트 5.18 참조). 또한 텍스처 데이터 뿐만 아니라 폭과 높이를 가리키는 포인터를 반환하는 함수도 있다. 이 함수들은 textureManager.h에 정의돼 있다(리스트 5.19 참조).

리스트 5.18 TextureManager::onLostDevice와 TextureManager::onResetDevice 함수

```
// =======================================================
// 그래픽 디바이스가 로스트 상태일 때 호출된다.
// =======================================================
void TextureManager::onLostDevice()
{
    if (!initialized)
      return;
    SAFE_RELEASE(texture);
}
// =======================================================
// 그래픽 디바이스가 리셋됐을 때 호출된다.
// =======================================================
void TextureManager::onResetDevice()
{
    if (!initialized)
      return;
    graphics->loadTexture(file, TRANSCOLOR, width, height, texture);
}
```

리스트 5.19 TextureManager의 추가 함수

```
// 텍스처를 가리키는 포인터를 반환한다.
LP_TEXTURE getTexture() const { return texture; }
// 텍스처의 폭을 반환한다.
UINT getWidth() const { return width; }
// 텍스처의 높이를 반환한다.
UINT getHeight() const { return height; }
```

▌ 5.5 Image 클래스

스프라이트를 그리고 관리하는 데 필요한 모든 코드는 Image 클래스로 통합된다.

게임 엔진 디자인에서 Image 클래스는 화면에 그리는 작업을 수행하는 가장 낮은 레벨의 객체다.

Image 클래스의 initialize 함수는 Graphics 객체를 가리키는 포인터, 이미지의 픽셀 단위 폭과 높이, 텍스처의 행^{Column} 수, 그리고 텍스처가 포함된 TextureManager를 가리키는 포인터를 받는다.

폭이나 높이 값이 0이라는 것은 텍스처 전체의 폭이나 높이를 사용한다는 뜻이다.

---

initialize 함수는 graphics와 textureManager를 가리키는 포인터를 저장한다. spriteData 구조체는 texture, width, height 멤버로 채워져 있다. 텍스처의 행 수는 저장돼 있다. 초기화의 마지막 단계는 spriteData.rect를 구성하는 것이다. spriteData.rect 구조체는 다중 이미지 텍스처의 일부분을 선택하는 데 사용되는 사각형을 명시한다(리스트 5.20 참조).

리스트 5.20 Image 클래스의 initialize 함수

```
// =========================================================
// Image 객체를 초기화한다.
// 이후 : 성공하면 true, 실패하면 false를 반환한다.
// Graphics를 가리키는 포인터
// 이미지의 픽셀 단위 폭 (0 = 텍스처 전체의 폭을 사용)
// 이미지의 픽셀 단위 높이 (0 = 텍스처 전체의 높이를 사용)
// 텍스처의 행 수 (1 ~ n) (0은 1과 같다)
// TextureManager를 가리키는 포인터
```

```
// =========================================================
bool Image::initialize(Graphics *g, int width, int height, int ncols,
                       TextureManager *textureM)
{
    try{
        graphics = g;                          // Graphics 객체
        textureManager = textureM;             // 텍스처 객체를 가리키는 포인터
        spriteData.texture = textureManager->getTexture();
        if (width == 0)
            width = textureManager->getWidth();    // 전체 폭을 사용
        spriteData.width = width;
        if (height == 0)
            height = textureManager->getHeight();    // 전체 높이를 사용
        spriteData.height = height;
        cols = ncols;
        if (cols == 0)
            cols = 1;                          // cols가 0이라면 1을 사용
        // currentFrame을 그리기 위해 spriteData.rect를 구성한다.
        spriteData.rect.left = (currentFrame % cols) * spriteData.width;
        // 오른쪽 모서리 + 1
        spriteData.rect.right = spriteData.rect.left + spriteData.width;
        spriteData.rect.top = (currentFrame / cols) * spriteData.height;
        // 아래쪽 모서리 + 1
        spriteData.rect.bottom = spriteData.rect.top + spriteData.height;
    }
    catch(...) { return false; }
    initialized = true;             // 성공적으로 초기화됐다.
    return true;
}
```

5.5.1 이미지 그리기

Image::draw 함수는 화면에 이미지를 그린다. 이미지는 spriteBegin()의
호출과 spriteEnd()의 호출 사이에 그린다. color 매개변수는 선택적이다.

그 이유는 프로토타입에 기본 값인 WHITE가 이미 할당돼 있기 때문이다(리스트 5.21 참조). color 매개변수는 이미지가 그려질 때 필터처럼 적용할 수 있다. 마치 특정한 색상으로 음영 처리된 유리창을 통해 이미지를 보는 것과 같은 효과를 준다. 흰색(기본 값)은 필터를 적용하지 않을 때 사용한다. 특별한 색상 값인 FILTER를 포함해 많은 공용 색상이 graphics.h에 정의돼 있다. color 매개변수를 FILTER로 지정하면 이미지의 colorFilter 속성을 색상으로 사용한다. colorFilter 속성은 이미지를 그릴 때 항상 적용되는 색상을 지정하는 방법이다(리스트 5.22 참조).

리스트 5.21 Image::draw 함수의 프로토타입

```
// color를 필터로 사용해 이미지를 그린다. 기본 색상은 흰색이다.
virtual void draw(COLOR_ARGB color = graphicsNS::WHITE);
```

리스트 5.22 Image::draw 함수

```
// ===================================================
// color를 필터로 사용해 이미지를 그린다.
// color 매개변수는 선택적인데, image.h에 있는 흰색이 기본 값으로 할당된다.
// 이전 : spriteBegin()이 호출된다.
// 이후 : spriteEnd()가 호출된다.
// ===================================================
void Image::draw(COLOR_ARGB color)
{
    if (!visible || graphics == NULL)
        return;
    // onReset()이 호출된 경우를 대비해 새로운 텍스처를 가져온다.
    spriteData.texture = texrureManager->getTexture();
    if (color == graphicsNS::FILTER)    // 필터를 사용해 그리는 경우
        graphics->drawSprite(spriteData, colorFilter); // colorFilter를
                                                        // 사용한다.
    else
```

```
        graphics->drawSprite(spriteData, color);    // color를 필터로 사용한다.
}
```

여기에 SpriteData 매개변수를 포함하는 두 번째 버전의 draw 함수가 있다
(리스트 5.23 참조). SpriteData에 값이 입력됐을 때 텍스처를 그릴 부분을 선택하
기 위해 SpriteData.rect 구조체를 사용한다. 같은 스프라이트 설정을 사용
해 여러 이미지를 그리고 싶을 때 유용하게 사용할 수 있다. 예를 들어 우주선과
주위에 보호막을 그리고 싶다고 가정하자. 이럴 때 어떻게 하는지는 6장에서
알아볼 것이다. 리스트 5.24의 함수들을 이용해 이미지를 수평으로(거울에 비춰진
것과 같이) 또는 수직으로 뒤집을 수 있다. 텍스처 뒤집기는 왼쪽과 오른쪽 방향
한 세트, 위쪽과 아래쪽 방향 한 세트를 사용할 수 있게 해준다. 리스트 5.24의
함수들은 image.h에 선언돼 있다.

리스트 5.23 SpriteData 매개변수가 있는 Image::draw 함수

```
// =================================================
// 지정한 SpriteData를 사용해 이미지를 그린다.
//    현재 SpriteData.rect는 텍스처를 선택하는 데 사용된다.
// 이전 : spriteBegin()이 호출된다.
// 이후 : spriteEnd()가 호출된다.
// =================================================
void Image::draw(SpriteData sd, COLOR_ARGB color)
{
   if (!visible || graphics == NULL)
      return;
   // 텍스처를 선택하기 위해 이미지의 rect를 사용한다.
   sd.rect = spriteData.rect;
   // onReset()이 호출된 경우를 대비해 새로운 텍스처를 가져온다.
   sd.texture = texrureManager->getTexture();
   if (color == graphicsNS::FILTER)              // 필터를 사용해 그리는 경우
      graphics->drawSprite(sd, colorFilter);    // colorFilter를 사용한다.
   else
```

```
    graphics->drawSprite(sd, color);          // color를 필터로 사용한다.
}
```

리스트 5.24 이미지를 뒤집는 함수

```
// 이미지를 수평으로 뒤집는다(거울처럼).
virtual void flipHorizontal(bool flip)
{
    spriteData.flipHorizontal = flip;
}
// 이미지를 수직으로 뒤집는다.
virtual void flipVertical(bool flip)
{
    spriteData.flipVertical = flip;
}
```

다음 3개의 함수는 5.7절에서 자세히 설명한다. Image 클래스에 있는 코드를 모두 알아보자는 차원에서 간단히 살펴보면 다음과 같다.

- update 함수는 현재 frameTime을 매개변수로 받는다. update 함수는 경과 시간을 동기화하는 데 필요한 모든 코드가 배치되는 곳이다. update 함수는 텍스처 이미지로부터 어떤 프레임이 표시돼야 하는지 설정하고, setRect를 호출해 텍스처 이미지로부터 현재 프레임을 선택하게 만든다. 움직이는 스프라이트를 그리기 위해 update 함수를 사용한다.

- setCurrentFrame 함수는 여러 프레임이 있는 이미지에서 현재 프레임을 설정한다. 이 함수는 애니메이션 순서를 변경하거나 여러 이미지가 있는 텍스처에서 다른 텍스처를 선택해 이미지에 적용하는 데 사용할 수 있다.

- setRect 함수는 현재 스프라이트에 사용하기 위해 텍스처의 사각형 부분을 선택하는 데 사용되는 spriteData.rect 구조체를 설정한다.

5.5.2 Image의 get 함수

image.h에 수많은 get 함수가 들어있다(리스트 5.25 참조).

리스트 5.25 Image의 get 함수

```
// SpriteData 구조체의 참조형을 반환한다.
const virtual SpriteData& getSpriteInfo() { return spriteData; }
// visible 매개변수를 반환한다.
virtual bool getVisible()       { return visible; }
// X 위치를 반환한다.
virtual float getX()            { return spriteData.x; }
// Y 위치를 반환한다.
virtual float getY()            { return spriteData.y; }
// scale 값을 반환한다.
virtual float getScale()        { return spriteData.scale; }
// 폭을 반환한다.
virtual int getWidth()          { return spriteData.width; }
// 높이를 반환한다.
virtual int getHeight()         { return spriteData.height; }
// X의 중심을 반환한다.
virtual float getCenterX()     { return spriteData.x + spriteData.width /
                                 2 * getScale(); }
// Y의 중심을 반환한다.
virtual float getCenterY()     { return spriteData.y + spriteData.width /
                                 2 * getScale(); }
// 회전 각도를 도(Degree) 단위로 반환한다.
virtual float getDegrees()      { return spriteData.angle * (180.0f /
                                 (float)PI); }
// 회전 각도를 라디안(Radian) 단위로 반환한다.
virtual float getRadians()      { return spriteData.angle; }
// 애니메이션 프레임 사이의 지연 시간을 반환한다.
virtual float getFrameDelay()   { return frameDelay; }
// 프레임의 시작 번호를 반환한다.
virtual int getStartFrame()     { return startFrame; }
```

```
// 프레임의 끝 번호를 반환한다.
virtual int getEndFrame()              { return endFrame; }
// 프레임의 현재 번호를 반환한다.
virtual int getCurrentFrame()          { return currentFrame; }
// Image의 RECT 구조체를 반환한다.
virtual int getSpriteDataRect()        { return spriteData.rect; }
// 애니메이션 완료 상태를 반환한다.
virtual bool getAnimationComplete()  { return animComplete; }
// colorFilter를 반환한다.
virtual COLOR_ARGB getColorFilter()  { return colorFilter; }
```

5.5.3 Image의 set 함수

image.h에 수많은 set 함수가 있다(리스트 5.26 참조).

리스트 5.26 Image의 set 함수

```
// X 위치를 설정한다.
virtual void setX(float newX)    { spriteData.x = newX; }
// Y 위치를 설정한다.
virtual void setY(float newY)    { spriteData.y = newY; }
// scale 값을 반환한다.
virtual void setScale(float s)   { spriteData.scale = s; }
// 회전 각도를 도(Degree) 단위로 설정한다.
// 0도는 위쪽을 의미한다. 각도는 시계 방향으로 움직인다.
virtual void setDegrees(float deg) { spriteData.angle = deg * ((float)PI /
                                  180.0f); }
// 회전 각도를 라디안(Radian) 단위로 반환한다.
// 0도는 위쪽을 의미한다. 각도는 시계 방향으로 움직인다.
virtual void setRadians(float rad)   { spriteData.angle = rad; }
// visible 매개변수를 설정한다.
virtual void setVisible(bool v)      { visible = v; }
// 애니메이션 프레임 사이의 지연 시간을 설정한다.
virtual void setFrameDelay(float d)  { frameDelay = d; }
```

```
// 프레임의 시작 번호와 끝 번호를 설정한다.
virtual void setFrames(int s, int e) { startFrame = s; endFrame = e; }
// 프레임의 현재 번호를 설정한다.
virtual void setCurrentFrame(int c);
// spriteData.rect를 통해 currentFrame을 그리게 설정한다.
virtual void setRect();
// spriteData.rect를 r로 설정한다.
virtual void setSpriteDataRect(RECT r) { spriteData.rect = r; }
// 애니메이션 루프를 설정한다. lp = true라면 루프를 실행한다.
virtual void setLoop(bool lp) { loop = lp; }
// 애니메이션 완료 상태를 설정한다.
virtual void setAnimationComplete(bool a) { animComplete = a; }
// colorFilter를 설정한다. (변화를 주고 싶지 않다면 WHITE를 사용한다)
virtual void setColorFilter(COLOR_ARGB color)    { colorFilter = color; }
```

함수와 더불어 image.h 파일에는 다음과 같은 속성도 포함돼 있다.

- **Graphics *graphics** 여기에 저장될 게임 Graphics 객체를 가리키는 포인 터다.

- **TextureManager *textureManager** 여기에 저장될 textureManager 객 체를 가리키는 포인터다.

- **SpriteData spriteData** Graphics::drawSprite 함수가 요구하는 데이 터를 포함하고 있는 구조체다.

- **COLOR_ARGB colorFilter** color 매개변수가 FILTER로 지정돼 있다면 스 프라이트를 그릴 때 필터로 적용할 색상이다. 아무런 변화를 주고 싶지 않다 면 WHITE를 사용한다.

- **int cols** 여러 프레임을 갖는 스프라이트의 행 수(1부터 n까지)다.

- **int startFrame** 여러 프레임을 갖는 일련의 애니메이션의 첫 번째 프레임 번호다.

- **int endFrame** 여러 프레임을 갖는 일련의 애니메이션의 마지막 프레임 번호다.

- **int currentFrame** 일련의 애니메이션의 현재 프레임 번호다.

- **double frameDelay** 애니메이션의 각 프레임을 보여줄 시간(초)이다.

- **double animTimer** 애니메이션 시간을 정하기 위해 사용하는 변수다.

- **HRESULT hr** 표준 반환형이다.

- **bool loop** 애니메이션을 반복하고 싶다면 true로 설정한다(기본 값). false
  로 설정하면 애니메이션은 마지막 프레임에서 멈춰지고, animComplete를
  true로 설정한다.

- **bool visible** 이미지가 보이게 되면 true가 된다.

- **bool initialized** 이미지가 성공적으로 초기화되면 true가 된다.

- **bool animComplete** 반복하지 않는 일련의 애니메이션이 완료되면 true가
  된다.

▌▌ 5.6 게임 엔진

그림 5.7은 새로운 추가 사항을 포함한 게임 엔진의 다이어그램이다.

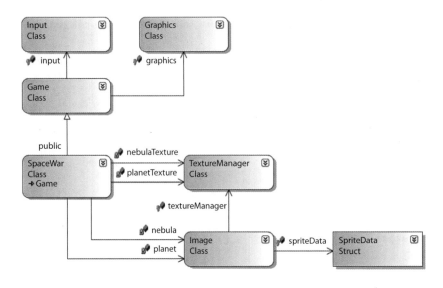

그림 5.7 게임 엔진의 클래스 다이어그램

5.6.1 행성 그리기

TextureManager와 Image 클래스로 투명한 배경을 갖는 행성을 그릴 수 있다.

TextureManager 객체 2개와 Image 객체 2개가 필요한데, 하나는 배경에 사용할 성운을 그리는 데 사용하고, 나머지 하나는 행성을 그리는 데 사용한다. 객체는 리스트 5.27의 spacewar.h에 강조 표시돼 있는 부분에서 생성된다.

리스트 5.27 TextureManager와 Image 객체를 생성

```
// 2D 게임 프로그래밍
// Copyright (c) 2011 by:
// 찰스 켈리 (Charles Kelly)
// 5장 spacewar.h v1.0
#ifndef _SPACEWAR_H          // 여러 곳에서 이 파일을 포함하는 경우
#define _SPACEWAR_H          // 다중 정의를 방지한다.
#define WIN32_LEAN_AND_MEAN
#include "game.h"
#include "textureManager.h"
#include "image.h"
// =================================================
// 이 클래스는 게임의 핵심 부분이다.
// =================================================
class Spacewar : public Game
{
private:
    // 게임 아이템
    TextureManager nebulaTexture;   // 성운 텍스처
    TextureManager planetTexture;   // 행성 텍스처
    Image planet;                   // 행성 이미지
    Image nebula;                   // 성운 이미지
public:
    // 생성자
    Spacewar();
    // 소멸자
```

```
    virtual ~Spacewar();
    // 게임 초기화
    void initialize(HWND hwnd);
    void update();           // Game 클래스로부터 반드시 오버라이딩(Overriding)해야
                             // 되는 순수 가상 함수
    void ai();               // "
    void collisions();       // "
    void render();           // "
    void releaseAll();
    void resetAll();
};
#endif
```

Spacewar::initialize 함수에 성운과 행성을 초기화하는 데 필요한 코드
를 추가한다(리스트 5.28 참조).

폭과 높이 값이 0이면 이미지를 그릴 때 전체 텍스처를 사용하게 된다.

리스트 5.28 성운과 행성 초기화

```
// =================================================
// 게임을 초기화한다.
// 에러가 발생할 경우 GameError를 던진다.
// =================================================
void Spacewar::initialize(HWND hwnd)
{
    Game::initialize(hwnd);          // GameError를 던진다.
    // 성운 텍스처
    if (!nebulaTexture.initialize(graphics, NEBULA_IMAGE))
      throw(GameError(gameErrorNS::FATAL_ERROR,
                    "Error initializing nebula texture"));
    // 행성 텍스처
```

```
if (!planetTexture.initialize(graphics, PLANET_IMAGE))
  throw(GameError(gameErrorNS::FATAL_ERROR,
         "Error initializing planet texture"));
// 성운
if (!nebula.initialize(graphics, 0, 0, 0, &nebulaTexture))
  throw(GameError(gameErrorNS::FATAL_ERROR,
         "Error initializing nebula"));
// 행성
if (!planet.initialize(graphics, 0, 0, 0, &planetTexture))
  throw(GameError(gameErrorNS::FATAL_ERROR,
         "Error initializing planet"));
// 행성을 화면 중앙에 배치한다.
planet.setX(GAME_WIDTH * 0.5f - planet.getWidth() * 0.5f);
planet.setY(GAME_HEIGHT * 0.5f - planet.getHeight() * 0.5f);
return;
}
```

Spacewar::render 함수는 graphics->spriteBegin() 함수를 호출해 스프라이트를 그리기 시작한다. 그리고 nebula.draw() 함수와 planet.draw() 함수를 호출해 성운과 행성을 신에 추가한다. graphics->spriteEnd()를 호출해 스프라이트 그리기를 종료한다(리스트 5.29 참조).

그리기 순서는 중요하다. 행성을 성운 앞에 나타나게 하고 싶다면 성운을 먼저 그리고 행성을 나중에 그려야 한다.

Game 클래스의 releaseAll 함수와 resetAll 함수를 재정의하고 이전에 생성한 TextureManager 객체에 대해 onLostDevice와 onResetDevice를 호출하게 내용을 적절히 채워야 한다. 이전에 언급한 바와 같이 그래픽 디바이스가 로스트 상태가 됐을 때 되찾기 위해 필요하다(리스트 5.30 참조).

리스트 5.29 성운과 행성 그리기

```
// ================================================
// 게임 아이템을 렌더링한다.
// ================================================
void Spacewar::render()
{
    graphics->spriteBegin();    // 스프라이트 그리기를 시작한다.
    nebula.draw();              // 오리온성운을 신에 추가한다.
    planet.draw();              // 행성을 신에 추가한다.
    graphics->spriteEnd();      // 스프라이트 그리기를 끝낸다.
}
```

리스트 5.30 성운과 행성 해제와 리셋

```
// ================================================
// 그래픽 디바이스가 로스트 상태가 됐을 때 예약된 모든 비디오
// 메모리를 해제해 그래픽 디바이스가 리셋할 수 있게 한다.
// ================================================
void Spacewar::releaseAll()
{
    planetTexture.onLostDevice();
    nebulaTexture.onLostDevice();
    Game::releaseAll();
    return;
}
// ================================================
// 그래픽 디바이스를 리셋한다.
// 모든 표면을 재생성한다.
// ================================================
void Spacewar::resetAll()
{
    nebulaTexture.onResetDevice();
    planetTexture.onResetDevice();
```

```
Game::resetAll();
return;
}
```

완성된 프로그램은 5장의 'Planet' 예제에서 확인할 수 있다. 이 예제에서는 투명도가 있는 행성을 그리고, 그래픽 디바이스가 로스트 상태가 됐을 때 적절히 되찾는다(그림 5.8 참조).

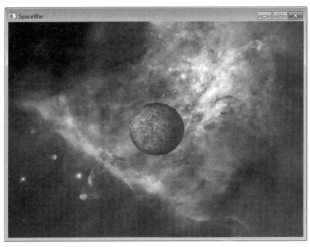

그림 5.8 투명도를 적용해 그리기. NASA의 허블 망원경으로 관찰한 오리온성운 사진(nasaimages.org의 허락을 받음)

▌▌5.7 간단한 애니메이션

5.7.1 프레임 단위 애니메이션

Image 클래스의 update 함수는 경과 시간에 따라 애니메이션의 현재 프레임을 선택하는 코드를 포함하고 있다. 이 코드를 이용해 애니메이션이 있는 우주선을 그리는 방법을 살펴보자. 우주선의 스프라이트 텍스처는 4장의 이미지로 구성돼 있다. 각 이미지는 자동 식별 표식이 다르게 빛나는 장면을 가진다. 이미지를 연속적으로 보여주면 자동 식별 표식이 깜박이게 될 것이다(그림 5.9 참조).

이런 형태의 프레임 단위 애니메이션은 연속적인 이미지를 이용해 게임 스프라이트를 애니메이션처럼 움직이게 만드는 데 사용할 수 있다. 5.7.1절의 코드는 'Spaceship'의 일부다.

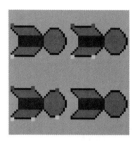

그림 5.9 우주선의 애니메이션 동작에 대한 프레임

게임에 우주선을 추가하기 위해 우주선 텍스처를 위한 `TextureManager` 객체를 추가하고, 우주선을 위한 `Image` 객체를 추가한다. 우주선 텍스처와 `Image` 객체를 초기화하기 위한 코드는 리스트 5.31과 리스트 5.32에 보이는 것과 같이 `Spacewar::initialize` 함수에 위치해 있다.

리스트 5.31 우주선의 TextureManager 초기화

```
// 우주선 텍스처
if (!shipTexture.initialize(graphics, SHIP_IMAGE))
    throw(GameError(gameErrorNS::FATAL_ERROR,
        "Error initializing ship texture"));
```

리스트 5.32 우주선 이미지 초기화

```
// 우주선
if (!ship.initialize(graphics, SHIP_WIDTH, SHIP_HEIGHT, SHIP_COLS, &shipTexture))
    throw(GameError(gameErrorNS::FATAL_ERROR,
        "Error initializng ship"));
```

SHIP_WIDTH, SHIP_HEIGHT, SHIP_COLS 상수는 constants.h에 추가돼 있다. 우주선 이미지는 4장의 분리된 우주선 텍스처를 포함하고 있기 때문에 우주선의 initialize 함수에서 상수 값들을 지정해야 한다. 우주선을 그릴 때 성운과 행성을 그릴 때 했던 것처럼 그림 전체가 아닌 텍스처 이미지의 일부만 사용하길 원한다. Image::setRect에서 폭, 높이, 행 데이터를 사용해 4장의 우주선 텍스처 중 1장을 선택한다. 그런 후 우주선의 화면 내 위치를 설정한다(리스트 5.33 참조).

리스트 5.33 우주선의 화면 위치 설정

```
ship.setX(GAME_WIDTH / 4);          // 행성의 왼쪽 상단에서 시작한다.
ship.setY(GAME_HEIGHT / 4);
```

우주선의 애니메이션을 활성화하기 위해 setFrames 함수에서 애니메이션의 시작 프레임과 끝 프레임만 설정하면 된다. setCurrentFrame 함수에서 현재 프레임을 설정하고 setFrameDelay 함수에서 프레임 사이의 애니메이션 지연 시간을 설정한다. 애니메이션의 프레임은 왼쪽 상단을 기준으로 0부터 시작해 행으로 진행하며 이미지 전체를 훑는다(리스트 5.34 참조). 그림 5.9에서 프레임 0은 왼쪽 상단에 있는 한 쌍의 자동 식별 표식이 빛나는 우주선이며, 프레임 3은 왼쪽 하단의 자동 식별 표식이 꺼져있는 우주선이다.

리스트 5.34 우주선 애니메이션 활성화와 각도 설정

```
ship.setFrames(SHIP_START_FRAME, SHIP_END_FRAME);   // 애니메이션 프레임
ship.setCurrentFrame(SHIP_START_FRAME);             // 시작 프레임
ship.setFrameDelay(SHIP_ANIMATION_DELAY);
ship.setDegrees(45.0f);                             // 우주선의 각도
```

또한 setDegrees 함수를 호출해 이미지의 각도를 변경할 수 있다. 프로그램

결과는 애니메이션이 있는 불빛을 가진 우주선을 보여준다(그림 5.10 참조).

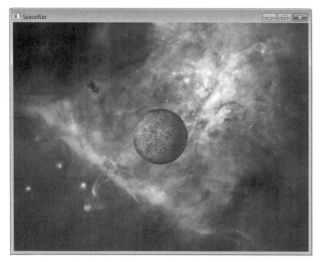

그림 5.10 우주선 예제

게임 엔진이 순수 가상 함수 update를 자동으로 호출하기 때문에 우주선의 불빛은 깜박이게 된다. 따라서 Spacewar 클래스의 update 함수에 코드를 제공해야 한다. 이 함수는 ship.update를 호출하고 frameTime 인수를 전달한다(리스트 5.35 참조).

리스트 5.35 우주선의 update 함수 호출

```
// ===================================================
// 게임 아이템을 갱신한다.
// ===================================================
void Spacewar::update()
{
    ship.update(frameTime);
}
```

우주선은 Image 객체다. Image::update 함수는 frameTime에 animTimer

를 더해 전체 경과 시간을 저장한다. 전체 경과 시간이 frameDelay보다 크다면 애니메이션의 다음 프레임은 currentFrame 변수의 값만큼 추가해 선택하게 된다. 애니메이션 동작의 마지막 프레임이 보이고 loop 속성이 true라면 (기본 값), currentFrame을 startFrame으로 재설정한다. 이미지의 loop 속성이 false라면 애니메이션은 마지막 프레임에서 멈춰지고 불리언 형식의 animComplete을 true로 설정한다. 마지막 단계는 setRect를 호출하는 것이다(리스트 5.36 참조).

리스트 5.36 Image::update 함수

```
// =================================================
// Update
// 일반적으로 프레임당 1번 호출된다.
// frameTime은 이동이나 애니메이션의 속도를 조절하는 데 사용된다.
// =================================================
void Image::update(float frameTime)
{
    if (endFrame - startFrame > 0)   // 애니메이션 동작이 있는 스프라이트라면
    {
        animTimer += frameTime;       // 전체 경과 시간
        if (animTimer > frameDelay)
        {
            animTimer -= frameDelay;
            currentFrame++;
            if (currentFrame < startFrame || currentFrame > endFrame)
            {
                if (loop == true)         // 반복하는 애니메이션이라면
                    currentFrame = startFrame;
                else                      // 반복하지 않는 애니메이션이라면
                {
                    currentFrame = endFrame;
                    animComplete = true;  // 애니메이션 완료
                }
            }
```

```
        }
        setRect();      // spriteData.rect 설정
    }
  }
}
```

setRect 함수는 현재 프레임 번호를 사용해 보여줘야 하는 텍스처 이미지의 사각형 부분을 계산하는 데 사용한다. SpriteData.width, spriteData.height, cols 데이터는 우주선의 텍스처 이미지를 형성하는 데 사용한다(리스트 5.37 참조).

리스트 5.37 텍스처의 사각형 부분을 선택

```
// =================================================
// currnetFrame에 그리게 spriteData.rect를 설정한다.
// =================================================
inline void Image::setRect()
{
    // currnetFrame에 그리게 spriteData.rect를 설정한다.
    spriteData.rect.left = (currentFrame % cols) * spriteData.width;
    // 오른쪽 모서리 + 1
    spriteData.rect.right = spriteData.rect.left + spriteData.width;
    spriteData.rect.top = (currentFrame / cols) * spriteData.height;
    // 아래쪽 모서리 + 1
    spriteData.rect.bottom = spriteData.rect.top + spriteData.height;
}
```

setCurrentFrame 함수는 여러 프레임을 갖는 이미지에서 현재 프레임을 설정한다. 이 함수는 애니메이션 동작을 변경하거나 여러 텍스처를 갖는 이미지로부터 다른 텍스처를 이미지에 적용하는 데 사용한다(리스트 5.38 참조).

```
// =================================================
// 이미지의 현재 프레임을 설정한다.
// =================================================
void Image::setCurrentFrame(int c)
{
    if (c >= 0)
    {
        currentFrame = c;
        animComplete = false;
        setRect();                  // spriteData.rect 설정
    }
}
```

5.7.2 움직임, 회전, 크기 조정

이미지의 x, y 좌표를 변경하면 이미지를 움직일 수 있다. 각도를 변경하면 이미지를 회전하게 만들 수 있고, 크기를 조정하면 이미지를 크게, 또는 작게 만들 수 있다. frameTime 값은 애니메이션의 속도를 조절하는 데 사용한다. Spacewar::update 함수는 우주선의 update 함수를 호출하고 frameTime을 매개변수로 전달한다. 각도, 크기, x 위치는 frameTime를 곱한 일정한 비율로 조정된다. 리스트 5.39의 코드는 5장의 끝에 있는 'Spaceship Movement' 예제의 일부다.

리스트 5.39   우주선 이동과 회전

```
// =================================================
// 모든 게임 아이템을 갱신한다.
// =================================================
void Spacewar::update()
{
    ship.update(frameTime):
```

```
// 우주선을 회전한다.
ship.setDegrees(ship.getDegrees() + frameTime * ROTATION_TIME);
// 우주선을 작게 만든다.
ship.setScale(ship.getScale() - frameTime * SCALE_RATE);
ship.setX(ship.getX() + frameTime * SHIP_SPEED);  // 우주선을 오른쪽으로
                                                  // 옮긴다.
if (ship.getX() > GAME_WIDTH)              // 화면 오른쪽 바깥으로 벗어난다면
{
  ship.setX((float)-ship.getWidth());     // 화면 왼쪽 바깥으로 옮긴다.
  ship.setScale(SHIP_SCALE);              // 시작 크기로 설정한다.
}
}
```

위의 예제에 있는 상수 값은 constants.h에 정의돼 있다. ROTATION 상수는 180으로 정의돼 있는데, 초당 180도 회전을 한다는 의미다. SCALE_RATE 상수는 0.2로 정의돼 있는데, 초당 크기가 20%만큼 줄어든다는 의미다. SHIP_SPEED 상수는 100으로 정의돼 있는데, 초당 100픽셀만큼 움직인다는 의미다. SHIP_SCALE 상수는 1.5로 정의돼 있는데, 우주선이 원래 크기에서 1.5배로 커진다는 의미다.

위 코드를 실행하면 깜박이는 자동 식별 표식이 회전하면서 화면을 가로지르며 날아다니는 우주선이 된다. 우주선은 오리온성운의 광활한 곳에서 길을 잃어 영원히 화면 안에서 날아다닌다.

키를 눌러 우주선을 움직이게 할 수도 있다. 리스트 5.40의 코드는 'Spaceship Control' 예제의 update 함수다.

리스트 5.40 우주선 제어

```
// =================================================
// 모든 게임 아이템을 갱신한다.
// =================================================
void Spacewar::update()
```

```
{
    if (input->isKeyDown(SHIP_RIGHT_KEY))     // 오른쪽으로 움직인다면
    {
      ship.setX(ship.getX() + frameTime * SHIP_SPEED);
      if (ship.getX() > GAME_WIDTH)                // 화면 오른쪽 바깥으로 벗어난다면
        ship.setX((float)-ship.getWidth());   // 화면 왼쪽 바깥으로 옮긴다.
    }
    if (input->isKeyDown(SHIP_LEFT_KEY))      // 왼쪽으로 움직인다면
    {
      ship.setX(ship.getX() - frameTime * SHIP_SPEED);
      if (ship.getX() M -ship.getWidth())       // 화면 왼쪽 바깥으로 벗어난다면
        ship.setX((float)GAME_WIDTH);           // 화면 오른쪽 바깥으로 옮긴다.
    }
    if (input->isKeyDown(SHIP_UP_KEY))        // 위쪽으로 움직인다면
    {
      ship.setY(ship.getY() - frameTime * SHIP_SPEED);
      if (ship.geY() < -ship.getHeight())       // 화면 위쪽 바깥으로 벗어난다면
        ship.setY((float)GAME_HEIGHT);          // 화면 아래쪽 바깥으로 옮긴다.
    }
    if (input->isKeyDown(SHIP_DOWN_KEY))      // 아래쪽으로 움직인다면
    {
      ship.setY(ship.getY() + frameTime * SHIP_SPEED);
      if (ship.getY() > GAME_HEIGHT)               // 화면 아래쪽 바깥으로 벗어난다면
        ship.setY((float)-ship.getHeight());  // 화면 위쪽 바깥으로 옮긴다.
    }
    ship.update(frameTime);
}
```

이 간단한 예제에서는 움직이던 우주선이 키를 떼면 곧바로 멈춘다. 6장에서
계속 움직이게 우주선에 모멘텀을 추가하는 방법을 알아본다.

정리

5장에서는 DirectX 스프라이트를 이용해 게임 그래픽을 그리는 방법을 배웠다. 또한 그리고 싶은 그림을 텍스처로 만들어 스프라이트에 적용했다. 스프라이트에 사용할 그림을 쉽게 관리하기 위해 `TextureManager` 클래스를 만들었다. 스프라이트 코드를 저장하는 `Image` 클래스도 만들었다. 5.7절에서는 스프라이트를 움직이게 만드는 방법을 배웠다. 세부 사항은 다음과 같다.

- 스프라이트는 투명도가 있는 그리기를 지원한다.
- 스프라이트는 크기를 조정할 수 있고, 회전시킬 수 있고, 수평 또는 수직으로 뒤집을 수 있고, 화면에 보이는 위치를 조정할 수 있다.
- 스프라이트 그리기는 스프라이트의 `Begin` 함수를 호출해 시작하고 `End` 함수를 호출해 종료한다.
- 텍스처는 그래픽 프리미티브 타입에 적용하는 그림이다.
- 텍스처의 폭과 높이는 2의 거듭제곱이어야 한다.
- 스프라이트 텍스처는 최소 1픽셀 크기의 투명한 테두리가 있어야 한다.
- 스프라이트 텍스처의 오른쪽과 아래쪽 가장자리는 실제 이미지의 가장자리보다 1픽셀 더 크게 지정한다.
- `Graphics::drawSprite` 함수는 `SpriteData` 구조체에 저장된 스프라이트를 그린다.
- `TextureManager` 객체는 하나의 텍스처 파일을 불러오고 관리한다.
- `image`는 게임 엔진에서 화면에 그려지는 가장 낮은 레벨의 객체다.
- `ImageData` 구조체의 폭과 높이가 0이면 전체 이미지가 그려질 것이다.
- `Image::draw` 함수는 이미지를 그린다.
- `draw` 함수를 호출할 때 매개변수로 `FILTER`를 사용하면 이미지의 `colorFilter` 속성을 필터 색상으로 사용한다.
- `Image::draw` 함수는 선택적으로 `SpriteData` 매개변수를 갖는데, 그릴 때

마다 스프라이트에 다른 텍스처를 적용할 수 있게 지원하는 역할을 한다.

- Image::setCurrentFrame 함수는 여러 프레임을 갖는 이미지에서 현재 프레임을 설정한다.

- Image::setRect 함수는 현재 스프라이트에서 텍스처에 사용할 사각형 부분을 선택한다.

- 이미지를 그릴 때 텍스처의 일부만 사용하기 위해 Image::initialize 함수의 매개변수에 이미지의 폭, 높이, 행 수를 지정해야 한다.

- 이미지를 움직이게 만들기 위해 setFrames 함수로 애니메이션의 시작 프레임과 끝 프레임을 설정하고, setCurrent 함수로 현재 프레임을 설정하고, setFrameDelay 함수로 프레임 사이의 지연 시간을 설정한다.

- 애니메이션 동작을 반복하게 만들기 위해 이미지의 loop 속성을 true로 설정한다.

- setDegrees와 setRadians 함수를 사용해 이미지를 회전시킬 수 있다.

- setScale 함수를 통해 이미지를 작게 만들거나 크게 만들 수 있다.

복습문제

1. 정점^{Vertex}이란 무엇인가?

2. 텍스처^{Texture}란 무엇인가?

3. 스프라이트를 그릴 때 제일 처음 해야 할 일은 무엇인가?

4. _____ 밖에서 스프라이트나 DirectX 프리미티브 타입을 렌더링하면 실패할 것이다.

5. 텍스처의 폭과 높이는 _____여야 한다.

6. 스프라이트 텍스처가 32×32 픽셀 정사각형이고 왼쪽 상단이 (0, 0)이라면 오른쪽 가장자리는 어디에 있는가?

7. 스프라이트 텍스처 주위에 투명한 테두리를 제공하는 것이 왜 중요한가?

8. 텍스처를 불러오는 데 사용하는 Graphics 클래스의 함수는 무엇인가?

9. drawSprite 함수에서 color 매개변수를 사용하는 목적은 무엇인가?

10. TextureManager 객체가 하는 일은 무엇인가?

11. 전체 이미지를 그리기 위해 Image::initialize 함수의 매개변수인 폭과 높이에 어떤 값으로 지정해야 하는가?

12. Image::draw 함수의 color 매개변수의 용도는 무엇인가?

13. Image::draw 함수의 color 매개변수에 할당되는 기본 값은 무엇인가?

14. Image::draw 함수의 선택적인 SpriteData 매개변수의 용도는 무엇인가?

15. 이미지의 애니메이션 동작이 완료됐다는 사실을 어떻게 알 수 있는가?

16. 이미지의 애니메이션 동작을 반복하지 않기 위해 어떻게 설정해야 하는가?

17. 이미지의 frameDelay는 어디에 사용하는가?

18. 애니메이션 동작의 현재 프레임을 설정하기 위해 사용하는 함수는 무엇인가?

19. 5장의 예제에서 행성을 그린 뒤 성운을 그렸다. 순서를 바꿔서 성운을 그린 뒤 행성을 그린다면 어떻게 보이게 되는가? 그리고 왜 그렇게 보이게 되는가?

연습문제

1. 'Spaceship' 예제 프로그램에 두 번째 우주선을 추가해보자.

2. 'Spaceship' 예제 프로그램에서 플레이어가 키보드 키를 누르면 우주선의 각도가 변하게 수정해보자.

3. 'Spaceship Control' 예제에서 키를 떼더라도 우주선이 계속 움직이게 수정해보자. 수정하려면 x의 속도와 y의 속도를 float 변수로 만든다. 이동 키를 누르면 해당하는 속도를 더하거나 뺀다. 여기에 '오른쪽 이동' 키를 눌렀을 경우에 대한 코드 예제가 있다.

```
if(input->isKeyDown(SHIP_RIGHT_KEY))        // 오른쪽 이동이라면
   Xvelocity += frameTime * SHIP_SPEED;
```

속도가 결정되면 그 속도를 이용해 다음과 같이 우주선의 x와 y 위치를 변경한다.

```
ship.setX(ship.getX() + frameTime * Xvelocity);   // Apply X velocity
```

4. (도전 과제) 우주선을 위에서 보는 것처럼 행성의 궤도를 표시하게 만들어라. 즉, 우주선을 화면상에 원을 그리면서 움직여야 한다.

5. (고난도 도전 과제) 우주선을 행성 앞뒤에서 날아다니는 것처럼 궤도를 표시하게 만들어라. 화면을 가로지르며 ¼ 지점에서 우주선이 수직을 중심으로 날아오기 시작한다. 왼쪽에서 오른쪽으로 움직일 때 화면의 중심으로 올 때까지는 우주선이 커지고, 그 뒤부터 줄어들기 시작한다. 우주선이 화면을 가로지르며 ¾ 지점에 도달하면 방향을 반대로 바꿔 오른쪽에서 왼쪽으로 움직인다. 우주선이 오른쪽에서 왼쪽으로 움직이면 우주선을 먼저 그리고, 뒤에 행성을 그리게 그리기 순서를 변경한다. 이렇게 하면 우주선이 행성 뒤에서 날아다니는 모습이 보이게 만들 수 있다. 우주선이 화면의 중앙으로 다가오면 우주선이 다시 커지기 시작한다. 우주선이 화면을 가로지르며 ¼ 지점에 도달하면 지금까지 했던 동작을 다시 시작한다. 궤도 효과를 더욱 향상시키기 위해 우주선의 속도를 0에서 시작해 화면의 중앙에 도달할 때까지는 점진적으로 증가하게, 그리고 그 뒤에는 점진적으로 감소하게 만든다.

예제

다음 예제들은 www.programming2dgames.com에서 다운로드할 수 있다.

- Planet 윈도우를 성운 이미지로 채우고 그 위에 행성을 그린다.
  - 행성은 투명도를 이용해 그린다.
- Sprite Border 1배 크기의 우주선과 8배 크기의 우주선을 그린다.
  - 8배 크기의 우주선은 테두리가 표시돼 있다. 원본 이미지에 최소 1픽셀 크기의 투명한 테두리가 없기 때문이다.

- **Spaceship　Planet** 예제에 애니메이션이 있는 우주선을 추가한다.
  - `Image` 클래스를 사용해 애니메이션이 있는 스프라이트를 그리는 방법을 설명한다.
- **Spaceship Movement** 우주 신에서 회전하고, 점점 작아지며 왼쪽에서 오른쪽으로 화면을 가로지르며 우주선이 날아다닌다.
  - 이미지를 움직이고 회전시키는 방법을 설명한다.
  - 윈도우 주위로 이미지를 래핑^{Wrapping}하는 방법을 설명한다.
- **Spaceship Control** 방향 키를 누르면 애니메이션이 있는 우주선을 윈도우 주위로 움직일 수 있다.
  - `Input` 클래스를 통해 사용자의 입력을 받는 방법을 설명한다.

충돌과 개체

6장에서는 게임 엔진에 새로운 클래스인 `Entity`를 추가한다. `Entity` 클래스의 새로운 기능 중 하나는 다른 개체^{entities}와의 충돌할 수 있는 기능이다. 충돌기능 외에도 개체는 충돌에 반응할 수 있는 기능을 가진다. `Entity` 클래스의 일부분에 충돌 감지와 반응에 대한 코드가 들어있다. 충돌 코드를 수행하는 데 필요한 많은 연산은 벡터와 벡터 수학을 사용하므로, 6장에서는 벡터를 살펴보는 것으로 시작한다.

▌ 6.1 벡터

벡터^{Vector}는 길이와 방향을 나타낸다. 끝점의 x와 y 좌표를 통해 벡터를 정의한다. DirectX는 다음 코드와 같이 DirectX 2D 벡터로 정의된 `D3DXVECTOR2`를 갖고 있다.

```
typedef struct D3DXVECTOR2 {
    FLOAT x;
    FLOAT y;
} D3DXVECTOR2, *LPD3DXVECTOR2;
```

리스트 6.1은 DirectX 벡터 D3DXVECTOR2가 지원하는 연산자다.

리스트 6.1 벡터 연산자

```
// 할당 연산자
D3DXVECTOR2& operator += (CONST D3DXVECTOR2&);
D3DXVECTOR2& operator -= (CONST D3DXVECTOR2&);
D3DXVECTOR2& operator *= (FLOAT);
D3DXVECTOR2& operator /= (FLOAT);
// 단항 연산자
D3DXVECTOR2 operator + () const;
D3DXVECTOR2 operator - () const;
// 이항 연산자
D3DXVECTOR2 operator + (CONST D3DXVECTOR2&) const;
D3DXVECTOR2 operator - (CONST D3DXVECTOR2&) const;
D3DXVECTOR2 operator * (FLOAT) const;
D3DXVECTOR2 operator / (FLOAT) const;
// 비교 연산자
BOOL operator == (CONST D3DXVECTOR2&) const;
BOOL operator != (CONST D3DXVECTOR2&) const;
```

게임 엔진 디자인은 DirectX 코드를 캡슐화한다. 캡슐화의 일환으로 graphics.h 파일에서 D3DXVECTOR2를 게임 엔진 버전에 맞게 VECTOR2로 정의 한다(리스트 6.2 참조).

리스트 6.2 벡터 타입

```
#define VECTOR2 D3DXVECTOR2
```

6.1.1 벡터 수학

DirectX는 벡터 수학 함수를 포함하고 있는데, 이 또한 게임 엔진에 캡슐화돼 있다. 어떻게 사용하는지 살펴보기 전에 벡터 수학을 간단히 살펴보자.

벡터의 합 두 벡터의 합은 하나의 벡터가 다른 벡터가 이동한 후에 이동할 경우 도달할 끝점의 좌표가 된다(그림 6.1).

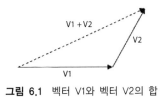

그림 6.1 벡터 V1와 벡터 V2의 합

벡터의 스칼라 곱 벡터에 스칼라Scalar를 곱하면 벡터의 길이가 변한다(그림 6.2).

그림 6.2 V1에 스칼라 값 2를 곱한 결과

단위 벡터 벡터의 길이는 벡터의 크기다. 예를 들어 속도 벡터의 경우 길이는 속력을 나타낸다. 벡터를 길이로 나누면 단위 벡터Unit Vector를 얻는다. 다른 말로 표준 벡터Normalized Vector라고도 한다. 단위 벡터는 원래 벡터와 같은 방향이지만, 길이가 1이다.

그림 6.3의 벡터 V1은 (x=5, y=0)으로 정의돼 있다. 벡터 V1의 길이는 5다. 벡터 V1을 길이로 나누면(x=5/5, y=0/5), 단위 벡터 Vu(x=1, y=0)가 된다.

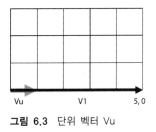

그림 6.3 단위 벡터 Vu

벡터의 내적 두 벡터의 내적은 각 벡터의 x 값과 각 벡터의 y 값을 곱해 두

결과를 더해 계산한다. 결과는 스칼라 값이다.

$$Vdot = (V1x * V2x + V1y * V2y)$$

단위 벡터 Vu와 벡터 V2의 내적을 계산하면 결과는 Vu를 따라 떨어뜨린 V2의 일부분을 나타내는 스칼라 값이다(그림 6.4 참조).

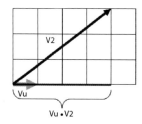

그림 6.4 벡터 Vu와 벡터 V2의 내적

두 단위 벡터의 내적은 두 벡터의 끼인각에 대한 코사인(Cosine) 값이다.

6.1.2 DirectX 벡터 수학 함수

앞에서 살펴본 일부 벡터 수학 연산은 표준 연산자를 통해 수행된다. 예를 들어 벡터에 스칼라를 곱하고 싶다면 간단히 곱 연산자(*)를 사용하면 된다.

$$vectorProduct = vector * scalar$$

vectorProduct와 vector는 벡터, scalar는 숫자 형식이다.

더 복잡한 작업을 위해 리스트 6.3과 같이 graphics.h에 DirectX 벡터 연산 함수를 캡슐화한다.

리스트 6.3 벡터 수학 함수

```
float Vector2Length(const VECTOR2 *v) { return D3DXVec2Length(v); }
float Vector2Dot(const VECTOR2 *v1, const VECTOR2 *v2)
```

```
    { return D3DXVec2Dot(v1, v2); }
void Vector2Normalize(VECTOR2 *v) { D3DXVec2Normalize(v, v); }
```

함수는 다음과 같다.

- Vector2Length(const VECTOR2 *v)는 벡터 V의 길이를 float으로 반환한다.
- Vector2Dot(const VECTOR2 *v1, const VECTOR2 *v2)는 벡터 V1과 V2의 내적을 float으로 반환한다. V1이 단위 벡터라면 V1에 따른 V2의 길이가 된다.
- Vector2Normalize(VECTOR2 *v)는 벡터 V를 단위 벡터로 변환한다.

충돌 코드에서 벡터 수학을 사용하는 예를 볼 수 있다.

6.2 충돌

두 개 이상의 '단단한' 게임 아이템이 같은 화면 공간을 동시에 차지하면 게임에서 충돌이 발생한다. 게임에서 충돌을 감지하기 위해 사용할 수 있는 여러 가지 기법이 있다. 여기서는 단순한 기법부터 복잡한 기법 순서로 알아본다. 원, 사각형, 회전된 사각형, 회전된 사각형과 원 충돌 감지의 순서로 알아보자. 간단한 기법은 복잡한 기법만큼 정확하지 않을 수 있지만, 계산 시간 측면에서 가장 빠르다는 장점이 있다. 게임 디자이너는 계산 요구 사항과 필요한 정확도를 기반으로 어떤 충돌 감지 기법을 사용할 것인지 결정한다.

6.2.1 원형 충돌 감지

원형 충돌 감지는 두 개체의 중심 사이의 거리를 계산해 각 개체에 정의된 충돌 원이 겹치는지 확인한다. 원이 겹치면 개체가 서로 충돌했다고 판단한다.

그림 6.5는 두 우주선 사이의 원형 충돌 감지를 보여준다. 원이 겹쳤지만 실제로 우주선은 충돌하지 않는다는 사실을 알 수 있다. 이처럼 원형 충돌 감지를 사용하면 충돌이 감지되지만 실제로는 충돌이 일어나지 않은 경우가 발생할 수

있다. 이런 이유로 잘못된 충돌 감지를 최소화하기 위해 충돌 원을 작게 만들 수 있다. 하지만 이렇게 하면 그림 6.6에 보이는 것과 같이 다른 문제가 발생하게 된다. 이 경우 우주선은 충돌하고 있지만 원이 겹치지 않기 때문에 충돌이 감지되지 않는다.

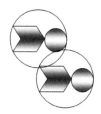

그림 6.5 아무 일이 일어나지 않았음에도 충돌했다고 나타내는 원형 충돌 감지

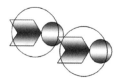

그림 6.6 실제 충돌을 알아채지 못하는 원형 충돌 감지

이런 문제를 해결하는 다른 방법은 게임의 각 요소에 맞게 모양을 만드는 것이다. 우주선에 보호막을 만들고 싶다면 원형 보호막이 제격일 것이다. 더욱 멋진 효과를 주고 싶다면 충돌하는 동안 잠시 보호막을 보여줄 수도 있다. 6장 끝에서 이 코드의 예제를 볼 수 있다.

두 원의 중심 사이 거리가 두 원의 반지름 합보다 작거나 같다면 두 원은 충돌한다고 볼 수 있다(그림 6.7).

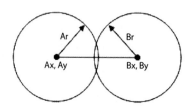

그림 6.7 충돌하는 두 원 A와 B

두 원 A와 B의 중심 사이의 거리는 다음 식을 통해 구할 수 있다.

$$거리 = \sqrt{(Ax - Bx)^2 + (Ay - By)^2}$$

두 원의 중심 사이의 거리가 두 원의 반지름의 합보다 작거나 같으면 두 원은 충돌한다고 볼 수 있다.

$$거리 = (Ar + Br)$$

두 방정식을 조합하면 다음과 같다.

$$\sqrt{(Ax - Bx)^2 + (Ay - By)^2} <= (Ar + Br)$$

일반적으로 제곱근을 계산하는 것보다 제곱을 계산하는 게 더 빠르므로, 양변에 제곱을 하면 다음과 같다.

$$(Ax - Bx)^2 + (Ay - By)^2 <= (Ar + Br)^2$$

부등식이 true이면 원이 겹치게 되므로 충돌이 일어났음을 의미한다. 이 부등식은 collideCircle 함수에서 사용된다(리스트 6.4 참조). collideCircle 함수는 매개변수로 다른 Entity의 참조형와 충돌 벡터의 참조형을 받는다. 기존 개체와 다른 개체 사이에 충돌이 감지되면 충돌 벡터를 계산하고 true를 반환한다. 충돌이 감지되지 않으면 함수는 false를 반환한다. 충돌 벡터는 기존 개체의 중심과 다른 개체의 중심 사이 벡터다. 이후 게임 물리를 살펴볼 때 충돌 벡터를 사용하는 방법을 살펴볼 것이다.

리스트 6.4 collideCircle 함수는 ent 매개변수의 충돌 원이 현재 개체의 충돌 원과 충돌하는 경우 true를 반환한다. 또한 collisionVector를 설정한다.

```
// ========================================================
// 원형 충돌 감지 메소드
// 기본 충돌 감지 메소드인 collision()에서 호출한다.
```

```
// 이후 :  충돌한 경우 true, 아닌 경우 false를 반환한다.
//         충돌한 경우 collisionVector를 설정한다.
// =================================================
bool Entity::collideCircle(Entity &ent, VECTOR2 &collisionVector)
{
    // 두 중심 사이의 차이
    distSquared = *getCenter() - *ent.getCenter();
    distSquared.x = distSquared.x * distSquared.x;          // 제곱 차이
    distSquared.y = distSquared.y * distSquared.y;
    // 각 원의 반지름 합을 계산한다. (크기에 따라 조정)
    sumRadiiSquared = (radius * getScale()) + (ent.radius * ent.getScale());
    sumRadiiSquared *= sumRadiiSquared;                     // 제곱한다.
    // 개체가 충돌한다면
    if (distSquared.x + distSquared.y <= sumRadiiSquared)
    {
        // 충돌 벡터를 설정한다.
        collisionVector = *ent.getCenter() - *getCenter();
        return true;
    }
    return false; // 충돌하지 않음
}
```

6.2.2 상자형 충돌 감지

상자의 경계선은 단순한 사각형이다. 축 정렬 경계 상자^{AABB, Axis-Aligned Bounding} ^{Box}란 모서리가 x축과 y축에 평행한 사각형을 말한다. 앞으로 축 정렬 경계 상자를 상자형 충돌 감지로 말할 것이다. 그림 6.8은 두 우주선 사이의 상자형 충돌 감지를 보여준다. 두 개의 축 정렬 경계 상자는 다음 경우에 충돌한다.

- A의 오른쪽 모서리 >= B의 왼쪽 모서리
- A의 왼쪽 모서리 <= B의 오른쪽 모서리
- A의 아래쪽 모서리 >= B의 위쪽 모서리

- A의 위쪽 모서리 <= B의 아래쪽 모서리

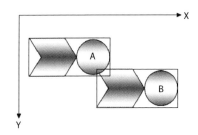

그림 6.8 축 정렬 상자를 사용한 상자형 충돌

Entity::collideBox 함수는 기존 개체와 ent 매개변수로 전달받은 다른 개체 사이의 상단의 충돌 감지를 수행한다(리스트 6.5 참조).

리스트 6.5 collideBox 함수는 ent 매개변수의 충돌 상자가 현재 개체의 충돌 상자와 충돌하는 경우 true를 반환한다. 또한 collisionVector를 설정한다.

```
// ===================================================
// 축 정렬 경계 상자(Axis-Aligned Bounding Box) 충돌 감지 메소드
// collision()에서 호출한다.
// 이후 : 충돌한 경우 true, 아닌 경우 false를 반환한다.
//         충돌한 경우 collisionVector를 설정한다.
// ===================================================
bool Entity::collideBox(Entity &ent, VECTOR2 &collisionVector)
{
    // 개체 중 하나가 활성 상태가 아니라면 충돌이 일어나지 않는다.
    if (!active || !ent.getActive())
        return false;
    // 축 정렬 경계 상자를 사용해 충돌을 검사한다.
    if ((getCenterX() + edge.right * getScale() >= ent.getCenterX() +
        ent.getEdge().left * ent.getScale()) &&
        (getCenterX() + edge.left.getScale() <= ent.getCenterX() +
        ent.getEdge().right * ent.getScale()) &&
        (getCenterY() + edge.bottom * getScale() >= ent.getCenterY() +
```

```
        ent.getEdge().top * ent.getScale()) &&
        (getCenterY() + edge.top * getScale() <= ent.getCenterY() +
        ent.getEdge().bottom * ent.getScale()))
    {
        // 충돌 벡터를 설정한다.
        collisionVector = *ent.getCenter() - *getCenter();
        return true;
    }
    return false;
}
```

충돌 벡터는 각 상자의 중심 사이의 벡터를 반환한다. 상자 중심 사이의 벡터를 사용하는 것은 기술적으로 정확하지는 않지만, 좀 더 간단한 코드를 사용하므로 타협할 수 있다. 그림 6.9에서 볼 수 있듯이 상자형 충돌 방법은 특히 개체가 회전돼 있는 경우 정확하지 않다. 상자와 회전한 개체 사이를 더 정확하게 맞추기 위해, 상자를 회전시킬 수 있다.

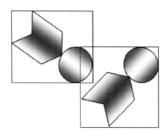

그림 6.9 충돌을 잘못 나타내는 상자형 충돌

6.2.3 회전된 상자형 충돌 감지

회전된 상자형 충돌 감지에서 상자의 경계선은 개체와 함께 회전돼 있다. 개체와 함께 상자의 경계선을 회전하면 개체에 더 맞기 때문에 더 정확한 충돌 감지를 할 수 있다. 그림 6.10은 회전된 상자의 경계선과 함께 있는 회전된 개체를 나타낸다.

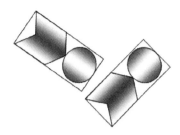

그림 6.10 회전된 상자형 충돌 감지

상자의 경계선 중 어느 부분이라도 겹치면 충돌이 일어난다. 충돌 검사는 각각 상자를 선에 투영Projection하는 작업을 수행한다(각 상자에서 선으로 드리운 그림자로 투영을 시각화했다). 선의 투영이 겹치지 않는 곳에서 발견되면 상자는 충돌하지 않는다. 문제는 투영하는 선을 선택하는 방법이다. 놀랍게도 해결책은 간단하다. 상자 A와 상자 B에서 아무 모서리만 선택하면 된다. 선택한 모서리에서 나오는 두 개의 모서리와 평행한 선은 투영선Projection Line이 된다. 그림 6.11에서 모서리 중 하나를 개체 A의 왼쪽 상단 모서리로 선택한다. 각 개체의 투영은 상자 A의 모서리에 평행한 선 중 하나에 표시된다. 투영이 겹치지 않는 곳에서 발견되면 개체가 충돌하지 않기 때문에 나머지 확인 작업을 생략한다. 개체가 충돌할 때 각 개체가 4개의 투영선으로 투영해야 하는 경우 최악의 성능이 된다.

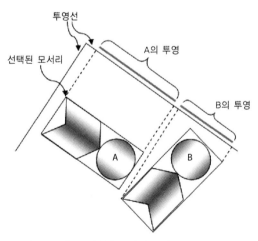

그림 6.11 충돌 상자의 모서리 투영

collideRotatedBox 함수는 위에서 살펴본 현재 개체와 지정된 개체 사이의 충돌 감지를 수행한다. collisionVector에 따라 충돌이 감지되면 true를 반환한다. 충돌 벡터는 간단한 계산을 통해 각 개체의 중심 사이 벡터가 된다. 각 개체의 중심을 사용하면 상자형 충돌을 경계선으로 감지하는 경우 기술적으로 정확하지 않고, 물리 계산의 일부로 사용하는 경우 잘못된 결과를 만들어낼 수도 있다. 하지만 충돌 감지 코드를 가능한 한 간단하게 유지하기 위해 여기서는 간단하지만 정확하지 않은 코드를 사용한다(리스트 6.6 참조).

리스트 6.6 collideRotatedBox 함수는 회전된 상자가 서로 겹치는 경우 true를 반환한다. 또한 collisionVector를 설정한다.

```
// ==================================================
// 회전된 상자형 충돌 감지 메소드
// collision()에서 호출한다.
// 이후 : 충돌한 경우 true, 아닌 경우 false를 반환한다.
//        충돌한 경우 collisionVector를 설정한다.
// 충돌을 감지하기 위해 분리된 축 검사를 사용한다.
// 분리된 축 검사 :
// 두 상자를 선에 투영시켰을 때 겹치지 않는다면 충돌하지 않는다.
// ==================================================
bool Entity::collideRotatedBox(Entity &ent, VECTOR2 &collisionVector)
{
    computeRotatedBox();        // 회전된 상자를 준비한다.
    ent.computeRotatedBox();    // 회전된 상자를 준비한다.
    if (projectionsOverlap(ent) && ent.projectionsOverlap(*this))
    {
        // 충돌 벡터를 설정한다.
        collisionVector = *ent.getCenter() - *getCenter();
```

```
        return true;
    }
    return false;
}
```

상자 경계선의 모서리는 corners[] 배열에 포함돼 있다. corners[] 배열
은 그림 6.12에 정의돼 있다.

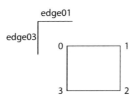

그림 6.12 경계 상자의 모서리

모서리 0은 항상 투영선의 기본 값으로 선택된다. 각 모서리의 위치는 현재
회전 각도와 개체의 위치를 이용해 계산된다. 그리고 투영선에 사용할 2개의
표준 벡터를 만든다. 바로 edge01과 edge03이다. 현재 개체는 edge01과
edge03에 투영된다. 투영선의 최솟값과 최댓값은 edge01Min, edge01Max와
edge03Min, edge03Max에 저장된다. 투영선의 최솟값과 최댓값의 계산은 리스
트 6.7(a~e)에 보이는 computeRotatedBox에서 처리한다.

리스트 6.7(a) computeRotatedBox 함수는 회전된 상자의 모서리를 계산한다.

```
// =================================================
// 회전된 상자의 모서리, 투영된 모서리와
// 투영선의 최솟값 및 최댓값을 계산한다.
// 0---1  모서리 번호
// |   |
// 3---2
// =================================================
void Entity::computeRotatedBox()
```

```
{
    if (rotatedBoxReady)
        return;
    float projection;
```

현재 개체의 각도는 2개의 벡터 rotatedX와 rotatedY를 만드는 데 사용된다. 이 벡터들은 상자 모서리의 경계선이 회전된 위치를 계산하는 데 사용되는데, 관련 코드는 리스트 6.7(b)에서 볼 수 있다.

리스트 6.7(b) 현재 개체의 각도를 통해 생성된 x와 y 벡터

```
VECTOR2 rotatedX(cos(spriteData.angle), sin(spriteData.angle));
VECTOR2 rotatedY(-sin(spriteData.angle), cos(spriteData.angle));
```

현재 개체의 중심은 center라는 이름의 벡터로 불러오게 된다. 상자 경계선은 edge라는 이름의 RECT 구조체에 저장된다. edge 구조체에는 left, right, top, bottom 요소가 포함돼 있다. edge 구조체의 각 요소의 값은 개체 중심으로부터의 거리로 지정된다. 상자 경계선의 각 모서리 위치는 리스트 6.7(c)와 같이 상자 경계선의 해당 모서리의 rotatedX와 rotatedY 벡터를 곱하고 개체 중심 벡터를 더하면 된다.

리스트 6.7(c) 회전된 상자의 모서리가 계산된다.

```
const VECTOR2 *center = getCenter();
corners[0] = *center + rotatedX * ((float)edge.left * getScale()) +
                       rotatedY * ((float)edge.top * getScale());
corners[1] = *center + rotatedX * ((float)edge.right * getScale()) +
                       rotatedY * ((float)edge.top * getScale());
corners[2] = *center + rotatedX * ((float)edge.right * getScale()) +
                       rotatedY * ((float)edge.bottom * getScale());
corners[3] = *center + rotatedX * ((float)edge.left * getScale()) +
```

```
                  rotatedY * ((float)edge.bottom * getScale());
```

Spacewar 게임에서는 ship.h에 상자 모서리의 경계선으로 정의된 값을 사용한다.

```
const int EDGE_TOP = -8;        // BOX와 ROTATE_BOX 충돌에서 사용됨
const int EDGE_BOTTOM = 8;      // "    (중심을 기준으로)
const int EDGE_LEFT = -14;      // "
const int EDGE_RIGHT = 14;      // "
```

개체 중심을 기준으로 하기 때문에 EDGE_TOP과 EDGE_LEFT는 음수가 된다. 리스트 6.7(d)와 같이 2개의 투영선은 각각의 선이 연결된 모서리에서 모서리 0으로 벡터를 생성한 뒤 정규화^{Normalizing} 작업을 통해 만들어진다. 그리고 현재 개체는 모서리로 투영된다. 양쪽 모서리 위에 있는 현재 개체 투영선의 최솟값과 최댓값은 해당 Min과 Max 변수에 저장된다. 리스트 6.7(e)와 같이 불리언 변수 rotatedBoxReady를 true로 설정해 회전된 상자가 유효하고 사용할 수 있다는 것을 나타낸다.

리스트 6.7(d) 두 개의 투영선 생성

```
// corners[0]는 원점으로 사용된다.
// corners[0]에 연결된 두 모서리는 투영선으로 사용된다.
edge01 = VECTOR2(corners[1].x - corners[0].x, corners[1].y - corners[0].y);
graphics->Vector2Normalize(&edge01);
edge03 = VECTOR2(corners[3].x - corners[0].x, corners[3].y - corners[0].y);
graphics->Vector2Normalize(&edge03);
```

리스트 6.7(e) 개체를 모서리에 투영

```
  // 이 개체는 모서리로 투영한 결과의 최솟값과 최댓값이다.
  projection = graphics->Vector2Dot(&edge01, &corners[0]);
```

```
    edge01Min = projection;
    edge01Max = projection;
    // edge01로 투영한다.
    projection = graphics->Vector2Dot(&edge01, &corners[1]);
    if (projection < edge01Min)
        edge01Min = projection;
    else if (projection > edge01Max)
        edge01Max = projection;
    // edge03으로 투영한다.
    projection = graphics->Vector2Dot(&edge03, &corners[0]);
    edge03Min = projection;
    edge03Max = projection;
    projection = graphics->Vector2Dot(&edge03, &corners[3]);
    if (projection < edge03Min)
        edge03Min = projection;
    else if (projection > edge03Max)
        edge03Max = projection;
    rotatedBoxReady = true;
}
```

　　상자 경계선을 투영 모서리에 투영하기 위해 벡터의 내적을 사용한다. 현재 개체의 모서리 0에 대한 투영을 살펴보고 실제로 코드가 어떤 일을 하는지 알아보자. 이전에 벡터 수학에 대한 이야기를 통해 기존 벡터와 단위 벡터의 내적을 구하면 단위 벡터를 따라 떨어뜨린 기존 벡터의 크기를 구할 수 있다는 사실을 알고 있다. 그림 6.13에서 edge01은 모서리 0과 모서리 1 사이의 상자 모서리 경계선을 이용해 계산한 단위 벡터다. 단위 벡터의 길이는 1이다. 상자 경계선의 각 모서리는 벡터로 표현된다. 또한 그림 6.13에서 corners[0]과 edge01의 내적을 구하면 투영이라고 부르는 작업을 통해 edge01을 따라 떨어뜨린 corners[0]의 크기를 구할 수 있다는 사실을 알 수 있다.

　　corners[1]에 대해 내적을 다시 계산하면 edge01을 따라 상자 경계선에 대한 투영선의 최솟값과 최댓값을 구할 수 있다. edge03을 따라 corners[0]

과 corners[3]에 대해 계산이 반복된다. 모서리가 항상 상자 경계선의 측면에 평행하기 때문에 현재 개체로부터 2개의 모서리를 각 모서리로 투영해야 한다.

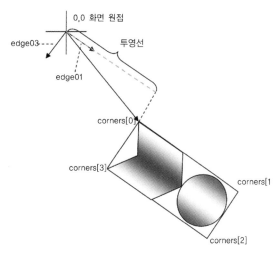

그림 6.13 edge01에 투영한 corners[0]

이제 다른 개체를 edge01과 edge03에 투영하고 개체의 투영선에 대한 최솟값과 최댓값을 비교한다. 다른 개체가 현재 개체와 다른 회전 각도를 가질 수 있는데, 그럴 경우 투영선의 최솟값과 최댓값을 알아내기 위해 4개의 모서리 모두를 각 모서리에 투영해야 한다. projectionsOverlap 함수에서 현재 개체의 투영선과 다른 개체의 투영선을 비교한다(리스트 6.8 참조).

리스트 6.8 projectionsOverlap 함수는 다른 개체의 회전된 상자를 개체의 edge01과 edge03에 투영한다.

```
// ===================================================
// 다른 상자를 edge01과 edge03에 투영한다.
// collideRotatedBox()에서 호출한다.
// 이후 : 투영선이 겹치는 경우 true, 겹치지 않는 경우 false를 반환한다.
// ===================================================
bool Entity::projectionsOverlap(Entity &ent)
```

```
{
    float projection, min01, max01, min03, max03;
    // 다른 상자를 edge01에 투영한다.
    projection = graphics->Vector2Dot(&edge01, ent.getCorner(0));
    // 모서리 0을 투영한다.
    min01 = projection;
    max01 = projection;
    // 나머지 모서리에 대해서
    for(int c = 1; c < 4; c++)
    {
        // 모서리를 edge01에 투영한다.
        projection = graphics->Vector2Dot(&edge01, ent.getCorner(c));
        if (projection < min01)
            min01 = projection;
        else if (projection > max01)
            max01 = projection;
    }
    // 투영선이 겹치지 않는다면
    if (min01 > edge01Max || max01 < edge01Min)
        return false;    // 충돌이 일어나지 않는다.
    // 다른 상자를 edge03에 투영한다.
    projection = graphics->Vector2Dot(&edge03, ent.getCorner(0));
    // 모서리 0을 투영한다.
    min03 = projection;
    max03 = projection;
    // 나머지 모서리에 대해서
    for(int c = 1; c < 4; c++)
    {
        // 모서리를 edge03에 투영한다.
        projection = graphics->Vector2Dot(&edge03, ent.getCorner(c));
        if (projection < min03)
            min03 = projection;
        else if (projection > max03)
            max03 = projection;
    }
```

```
    // 투영선이 겹치지 않는다면
    if (min03 > edge03Max || max03 < edge03Min)
        return false;                    // 충돌이 일어나지 않는다.
    return true;                         // 투영 오버랩
}
```

투영선이 겹치지 않는 곳에 축이 발견되면 false를 반환하는데, 개체가 충돌하지 않는다는 것을 나타낸다. 다른 개체의 투영선이 현재 개체의 양쪽 모서리에 대한 투영선이 겹치면 true를 반환하는데, 충돌한다는 것을 나타낸다.

6.2.4 회전된 상자형과 원형 충돌 감지

개체 중 하나가 상자형이나 회전된 상자형 충돌을 사용하고 다른 개체가 원형 충돌을 사용하면 회전된 상자형 충돌 감지의 수정된 형태를 사용해야 한다.

상자형 충돌의 모서리는 이전과 같이 가장자리 선에 투영된다. 원의 중심을 투영해 원형이 투영되고, 투영선의 최솟값과 최댓값을 구하기 위해 반지름을 더하고 뺀다. 그림 6.14에서 원 A의 경우 원이 상자의 아무 모서리와 충돌하게 되면 간단한 겹침 검사를 통해 충돌을 감지한다.

원의 중심이 상자형 충돌 모서리의 투영선 밖에 있다면 특별한 경우가 발생한다. 상자의 투영선 바깥 지역을 보로노이 영역^{Voronoi Region}이라 한다. 그림 6.14에서 원 B와 원 C는 보로노이 영역에 있다. 보다시피 원 B와 원 C는 충돌 박스와 겹치는 투영선을 갖지만, 원 C만 충돌한다. 원의 중심이 보로노이 영역에 있을 때 원과 상자에서 가장 가까운 모서리가 충돌하는지 확인해야 한다. 충돌 검사는 원의 반지름과 상자 모서리 사이의 거리를 비교한다. 가장 가까운 모서리까지의 거리가 원의 반지름보다 작다면 원은 상자의 모서리와 충돌한 것이다. 가장 가까운 모서리는 상자 모서리의 투영선과 원의 중심을 비교해 결정한다.

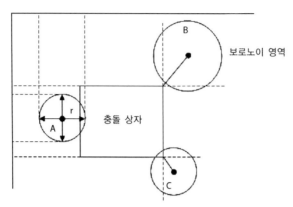

그림 6.14 원과 상자 사이의 충돌 감지

　게임 엔진 함수는 `collideRotatedBoxCircle`이라는 이름의 함수를 통해 충돌 검사를 수행한다. `collideRotatedBoxCircle` 함수는 상자나 회전된 상자 충돌을 사용하는 개체에서 호출해야 한다. 다른 개체는 원 충돌 감지를 사용해야 한다. `collidesWith` 함수를 통해 적절하게 호출하고 있는지 검사한다(리스트 6.9 참조).

리스트 6.9 collideRotatedBoxCircle 함수는 원과 회전된 상자 사이의 충돌을 확인한다.

```
// =================================================
// 회전된 상자와 원의 충돌 감지 메소드
// collision()에서 호출한다.
// 상자의 모서리와 원의 반지름에 대해 분리된 축 검사를 사용한다.
// 원의 중심이 충돌 상자의 모서리를 연장한 선보다 바깥에 있다면
// (보로노이 영역이라고 말한다), 거리 검사를 사용해
// 가장 가까운 상자의 모서리에 대해 충돌 검사를 수행한다.
// 가장 가까운 모서리는 겹침 검사로부터 결정된다.
//
// 보로노이0 |    | 보로노이1
//        ---0---1---
//           |   |
//        ---3---2---
// 보로노이3 |    | 보로노이2
```

```cpp
//
// 이후 : 충돌하는 경우 true, 충돌하지 않은 경우 false를 반환한다.
//        충돌한 경우 collisionVector를 설정한다.
// =================================================
bool Entity::collideRotatedBoxCircle(Entity &ent, VECTOR2 &collisionVector)
{
    float min01, min03, max01, max03, center01, center03;
    computeRotatedBox();                            // 회전된 상자를 준비한다.
    // 원의 중심을 edge01에 투영한다.
    center01 = graphics->Vector2Dot(&edge01, ent.getCenter());
    // 중심으로부터 반지름의 최솟값과 최댓값을 구한다.
    min01 = center01 - ent.getRadius() * ent.getScale();
    max01 = center01 + ent.getRadius() * ent.getScale();
    if (min01 > edge01Max || max01 < edge01Min)     // 투영선이 겹치지 않는다면
        return false;                               // 충돌이 일어나지 않는다.
    // 원의 중심을 edge03에 투영한다.
    center03 = graphics->Vector2Dot(&edge03, ent.getCenter());
    // 중심으로부터 반지름의 최솟값과 최댓값을 구한다.
    min03 = center03 - ent.getRadius() * ent.getScale();
    max03 = center03 + ent.getRadius() * ent.getScale();
    if (min03 > edge03Max || max03 < edge03Min)     // 투영선이 겹치지 않는다면
        return false;                               // 충돌이 일어나지 않는다.
    // 원에 대한 투영선과 상자에 대한 투영선을 겹친다.
    // 원이 충돌 상자의 보로노이 영역 안에 있는지 확인한다.
    if (center01 < edge01Min && center03 < edge03Min) // 원이 보로노이0 안에 있다면
        return collideCornerCircle(corners[0], ent, collisionVector);
    if (center01 > edge01Max && center03 < edge03Min) // 원이 보로노이1 안에 있다면
        return collideCornerCircle(corners[1], ent, collisionVector);
    if (center01 > edge01Max && center03 > edge03Max) // 원이 보로노이2 안에 있다면
        return collideCornerCircle(corners[2], ent, collisionVector);
    if (center01 < edge01Min && center03 > edge03Max) // 원이 보로노이3 안에 있다면
        return collideCornerCircle(corners[3], ent, collisionVector);
    // 원이 보로노이 영역에 없다면 상자의 모서리와 충돌했음을 의미한다.
    // 충돌 벡터를 설정하고, 원의 중심을 상자의 중심으로 사용한다.
    collisionVector = *ent.getCenter() - *getCenter();
```

```
    return true;
}
```

원이 보로노이 영역 위에 있다면 collideCornerCircle 함수를 호출해 원
과 특정 모서리 사이의 충돌을 검사한다(리스트 6.10 참조).

리스트 6.10 collideCornerCircle 함수는 원이 상자의 보로노이 영역에 있을 경우 사용된다.

```
// =================================================
// 거리 검사를 사용해 상자 모서리와 원과의 충돌을 확인한다.
// collideRotatedBoxCircle()에서 호출한다.
// 이후 :  충돌하는 경우 true, 충돌하지 않은 경우 false를 반환한다.
//         충돌한 경우 collisionVector를 설정한다.
// =================================================
bool Entity::collideCornerCircle(VECTOR2 corner, Entity &ent, VECTOR2
                                 &collisionVector)
{
    distSquared = corner - *ent.getCenter();           // 중심 - 원
    distSquared.x = distSquared.x * distSquared.x;      // 제곱 차이
    distSquared.y = distSquared.y * distSquared.y;
    // 각 반지름의 합을 계산한 뒤, 제곱한다.
    sumRadiiSquared = ent.getRadius() * ent.getScale(); // (0 + circleR)
    sumRadiiSquared *= sumRadiiSquared;                 // 제곱한다.
    // 모서리와 원이 충돌한다면
    if (distSquared.x + distSquared.y <= sumRadiiSquared)
    {
        // 충돌 벡터를 설정한다.
        collisionVector = *ent.getCenter() - corner;
        return true;
    }
    return false;
}
```

▎■ 6.3 Entity 클래스

새 Entity 클래스의 일부분에 충돌 코드가 포함돼 있다. Entity 클래스는
Image 클래스로부터 상속받으며, 다음 항목을 추가한다.

- 다른 개체와 충돌할 수 있는 능력
- 체력 속성과 그와 관련된 함수
- 이동 제어를 위한 속력과 델타 속력
- 질량 속성과 중력 함수
- 인공 지능에 관한 셸Shell 함수

새 속성이나 능력을 가진 게임 아이템을 만들고 싶을 때 Entity 클래스로부
터 상속을 받는 새 클래스를 만들 수 있다. Entity 클래스는 Image 클래스로부
터 상속을 받기 때문에 Image의 모든 속성과 함수 또한 Entity의 일부분이
된다.

새 Entity 속성은 다음과 같다.

- **entityNS::COLLISION_TYPE collisionType** 충돌 유형의 종류 NONE,
  CIRCLE, BOX, ROTATED_BOX 등이 있다.
- **VECTOR2 center** 개체의 중심이다.
- **float radius** 원 충돌 감지에 사용하는 원의 반지름을 정의한다.
- **RECT edge** BOX나 ROTATED_BOX 충돌 감지에 사용하는 사각형 영역이다.
  모서리에 관한 멤버는 left, right, top, bottom이 있다. 충돌 사각형은 개
  체 중심에 상대적으로 지정된다. 예를 들어 폭 16픽셀, 높이 28 픽셀의 충돌
  사각형의 경우 edge.top = -8; edge.bottom = 8; edge.left = -14;
  edge.right = 14;와 같이 지정된다.
- **VECTOR2 velocity** 현재 개체의 속력을 포함하고 있는 벡터다.
- **float mass** 개체의 질량이다.

- **float health**   개체의 체력(0~100)이다.

- **bool active**   개체의 현재 상태로, 개체의 충돌 여부만 확인한다.

또한 Entity 클래스는 충돌을 감지하는 동안 사용되는 많은 변수를 포함하고 있다. entity.h 헤더 파일은 새 변수에 대해 간단한 set과 get 함수를 포함하고 있다. 다른 함수는 entity.cpp에 있다. 생성자는 간단한 변수 초기화를 수행한다(리스트 6.11 참조).

리스트 6.11 Entity 클래스의 생성자

```cpp
// 2D 게임 프로그래밍
// Copyright (c) 2011 by:
// 찰스 켈리(Charles Kelly)
// 5장 entity.cpp v1.0
#include "entity.h"
// ========================================================
// 생성자
// ========================================================
Entity::Entity() : Image()
{
    radius = 1.0;
    edge.left = -1;
    edge.top = -1;
    edge.right = 1;
    edge.bottom = 1;
    mass = 1.0;
    velocity.x = 0.0;
    velocity.y = 0.0;
    deltaV.x = 0.0;
    deltaV.y = 0.0;
    active = true;                  // 개체는 활성 상태다.
    rotatedBoxReady = false;
    collisionType = entityNS::CIRCLE;
    health = 100;
```

```
    gravity = entityNS::GRAVITY;
}
```

Entity::initialize 함수는 현재 게임 엔진, 폭, 높이, 텍스처 이미지의 행 수를 가리키는 포인터, TextureManager 객체를 가리키는 포인터를 받는다. gamePtr 포인터는 현재 input 지역^{Local} 포인터에 저장돼 있는 입력 시스템을 저장하는 데 사용한다. Image::initialize는 return문 안에서 호출되는데, Image::initialize를 수행하고 난 뒤 반환된 값을 Entity::initialize를 호출한 곳에 전달한다(리스트 6.12 참조).

리스트 6.12 Entity::initialize 함수

```
// ==========================================================
// 개체를 초기화한다.
// 이전 :  *gamePtr = Game 객체를 가리키는 포인터
//         width = 이미지의 픽셀 단위 폭(0 = 텍스처 전체의 폭 사용)
//         height = 이미지의 픽셀 단위 높이(0 = 텍스처 전체의 높이 사용)
//         ncols = 텍스처의 열 수(1 ~ n) (0은 1과 같다)
//         *textureM = TextureManager 객체를 가리키는 포인터
// 이후 :  성공할 경우 true, 실패할 경우 false를 반환한다.
// ==========================================================
bool Entity::initialize(Game *gamePtr, int width, int height, int ncols,
                        TextureManager *textureM)
{
    input = gamePtr->getInput();       // 입력 시스템
    return (Image::initialize(gamePtr->getGraphics(), width, height, ncols,
            textureM));
}
```

Entity::active 함수의 기본 동작은 active를 true로 설정하는 것이다. 사용자가 만든 개체의 경우 제공되는 함수는 활성화하는 데 더 복잡한 로직^{Logic}

이 필요하다(리스트 6.13 참조).

리스트 6.13 Entity::activate 함수는 더 복잡한 개체에 대해서는 재정의될 수 있다.

```
// =========================================================
// 개체를 활성화한다.
// =========================================================
void Entity::activate()
{
    active = true;
}
```

Entity::update 함수는 속력 벡터에 deltaV를 더하고 deltaV를 초기화한다. Entity:: bounce는 deltaV 변수를 설정한다(리스트 6.20 참조). Entity에서 파생되는 클래스는 위치를 갱신하기 위해 속력 벡터를 사용해야 한다. Image::update 함수가 호출되고 충돌 감지를 위해 경계 사각형을 사용하기 전에 BOX와 ROTATED_BOX 충돌 감지가 computeRotatedBox 함수를 호출해야 한다는 사실을 나타내기 위해 rotatedBoxReady를 false로 설정한다(리스트 6.14 참조).

리스트 6.14 개체의 velocity와 Image 갱신

```
// =========================================================
// Update
// 일반적으로 프레임당 한 번 호출된다.
// frameTime은 움직임과 애니메이션의 속도를 조절하기 위해 사용된다.
// =========================================================
void Entity::update(float frameTime)
{
    velocity += deltaV;
    deltaV.x = 0;
    deltaV.y = 0;
```

```
    Image::update(frameTime);
    rotatedBoxReady = false;          // 회전된 상자의 충돌 감지
}
```

Entity::ai 함수는 간단한 플레이스홀더^{Placeholder}다. 개체는 기본적으로 인공 지능이 없다. 순수 가상 함수를 사용하는 대신 빈 함수를 사용하기로 한다. 순수 가상 함수는 파생 클래스에 함수 코드를 제공해야 한다. 위와 같이 빈 함수를 제공하면 Entity 클래스의 객체를 인스턴스화할 수 있다. 이렇게 하면 Entity 클래스에서 객체를 직접 생성할 수 있다. 게임을 만들 때 빠르게 프로토타입을 만들고 싶다면 Entity 객체를 생성하는 기능을 유용하게 사용할 수 있다(리스트 6.15 참조).

리스트 6.15 Entity::ai 함수는 Entity 객체가 생성될 수 있게 해준다.

```
// ==========================================================
// AI (인공 지능)
// 일반적으로 프레임당 한 번 호출된다.
// AI 계산을 수행한다. ent는 상호작용을 위해 전달된다.
// ==========================================================
void Entity::ai(float frameTime, Entity &ent)
{ }
```

Entity::collidersWith 함수는 해당 개체가 ent 매개변수로 전달된 개체와 충돌하는지 확인한다(리스트 6.16 참조). 각 개체가 사용하는 충돌 유형이 결정되고 알맞은 충돌 함수가 호출된다. 개체의 기본 충돌 유형은 CIRCLE이다. 개체의 파생 클래스에서 사용하는 충돌 메소드를 변경하기 위해 entityNS::CIRCLE, entityNS::BOX, entityNS::ROTATED_BOX 충돌 유형 중 하나를 collisionType 변수에 설정한다.

```
// ===========================================================
// 이 개체와 다른 개체 사이의 충돌 감지를 수행한다.
// 각 개체는 단일 충돌 타입을 사용해야 한다. 다중 충돌 타입을 요구하는
// 복합 타입은 분리된 객체와 같이 각 부분으로 나눠 처리해야 한다.
// 일반적으로 프레임당 한 번 호출된다.
// 충돌 타입은 다음과 같다 : CIRCLE, BOX, 또는 ROTATED_BOX.
// 이후 :  충돌하는 경우 true, 충돌하지 않은 경우 false를 반환한다.
//         충돌한 경우 collisionVector를 설정한다.
// ===========================================================
bool Entity::collidesWith(Entity &ent, VECTOR2 &collisionVector)
{
    // 개체 중 하나가 활성 상태가 아니라면 충돌이 일어나지 않는다.
    if (!active || !ent.getActive())
      return false;
    // 두 개체 모두 CIRCLE 충돌이라면
    if (collisionType == entityNS::CIRCLE &&
        ent.getCollisionType() == entityNS::CIRCLE)
      return collideCircle(ent, collisionVector);
    // 두 개체 모두 BOX 충돌이라면
    if (collisionType == entityNS::BOX &&
        ent.getCollisionType() == entityNS::BOX)
      return collideBox(ent, collisionVector);
    // 다른 모든 조합은 분리된 축 검사를 사용한다.
    // 두 개체 모두 CIRCLE 충돌을 사용하지 않는다면
    if (collisionType != entityNS::CIRCLE &&
        ent.getCollisionType() != entityNS::CIRCLE)
      return collideRotatedBox(ent, collisionVector);
    else    // 둘 중 한 객체가 원인 경우
      // 이 개체가 CIRCLE 충돌을 사용한다면
      if (collisionType == entityNS::CIRCLE)
        return ent.collideRotatedBoxCircle(*this, collisionVector);
      else    // 다른 개체가 CIRCLE 충돌을 사용한다면
        return collideRotatedBoxCircle(ent, collisionVector);
```

```
    return false;
}
```

Entity::outsideRect 함수는 현재 개체가 지정된 사각형 바깥에 있는 경우 true를 반환한다. 이 함수는 플레이어가 게임의 특별한 영역 안에 있는지 검사할 때 유용하게 사용할 수 있다(리스트 6.17 참조).

리스트 6.17 개체가 지정된 사각형 바깥에 있는가?

```
// ========================================================
// 이 개체가 지정된 사각형 바깥에 있는가?
// 이후 : rect 바깥에 있는 경우 true, 아닌 경우 false를 반환한다.
// ========================================================
bool Entity::outsideRect(RECT rect)
{
    if (spriteData.x + spriteData.width * getScale() < rect.left ||
        spriteData.x > rect.right ||
        spriteData.y + spriteData.height * getScale() < rect.top ||
        spriteData.y > rect.bottom)
        return true;
    return false;
}
```

Entity 클래스는 빈 damage 함수를 포함한다. damage 함수는 개체가 무기에 피해를 입은 경우 호출된다. 현재 Entity 클래스는 개체의 세부 사항에 대한 아이디어가 없기 때문에 일단 함수를 비워둔다. 일반적으로 이 함수는 파생 클래스에서 알맞은 피해를 입히기 위해 재정의된다. Entity 클래스에 빈 함수를 제공하면 원하는 경우 Entity 객체를 인스턴스화 할 수 있다(리스트 6.18 참조).

리스트 6.18   damage 함수는 재정의하도록 설계됐다.

```
// =======================================================
// Damage
// 이 개체는 무기에 맞아 피해를 입었다.
// 상속받는 클래스에서 이 함수를 재정의한다.
// =======================================================
void Entity::damage(int weapon)
{ }
```

▌6.4 2D 게임을 위한 물리

이제 게임 개체의 충돌을 감지할 수 있으므로, 개체가 충돌에 반응할 수 있게 만들어야 한다. 물리가 답이다! 이 절에서는 2D 게임에 적용할 수 있는 간단한 물리를 조사한다. 이 절에서 물리의 광범위한 범위를 모두 다루지는 않는다.

6.4.1 벽에 부딪혀 튕겨 나오게 만들기

많은 게임에서 게임 개체를 화면 공간에 한정하려고 한다. update 함수에는 화면 모서리에 부딪혀 튕겨 나오게 하는 검사 코드를 간단하게 추가할 수 있다. 게임 개체의 동작을 수정하고 싶다면 파생 클래스에서 동작을 수정해야 한다. Spacewar 게임에서 Entity 클래스로부터 상속을 받는 Ship 클래스를 생성할 것이다. Ship::update 함수에 우주선이 벽에 튕겨 나오게 만드는 코드를 추가했다. 리스트 6.19의 코드는 6장의 'Bounce' 예제 일부다.

리스트 6.19   우주선을 화면 모서리에서 튕기게 만들도록 코드를 추가한 update 함수

```
// ================================================
// Update
// 일반적으로 프레임당 한 번 호출된다.
// frameTime은 움직임과 애니메이션의 속도를 조절하기 위해 사용된다.
// ================================================
```

```
void Ship::update(float frameTime)
{
    Entity::update(frameTime);
    spriteData.angle += frameTime * shipNS::ROTATION_RATE;    // 우주선을
                                                              // 회전시킨다.
    spriteData.x += frameTime * velocity.x; // X축을 따라 우주선을 이동시킨다.
    spriteData.y += frameTime * velocity.y; // Y축을 따라 우주선을 이동시킨다.
    // 벽으로부터 튕겨 나오게 만든다.
    // 화면 오른쪽 모서리에 충돌하는 경우
    if (spriteData.x > GAME_WIDTH - shipNS::WIDTH * getScale())
    {
        // 화면 오른쪽 모서리에 위치시킨다.
        spriteData.x = GAME_WIDTH - shipNS::WIDTH * getScale();
        velocity.x = -velocity.x;                    // X의 방향을 반대로 바꾼다.
    }
    else if (spriteData.x < 0)           // 화면 왼쪽 모서리에 충돌하는 경우
    {
        spriteData.x = 0;                // 화면 왼쪽 모서리에 위치시킨다.
        velocity.x = -velocity.x;        // X의 방향을 반대로 바꾼다.
    }
    // 화면 아래쪽 모서리에 충돌하는 경우
    if (spriteData.y > GAME_HEIGHT - shipNS::HEIGHT * getScale())
    {
        // 화면 아래쪽 모서리에 위치시킨다.
        spriteData.y = GAME_HEIGHT - shipNS::HEIGHT * getScale();
        velocity.y = -velocity.y;        // Y의 방향을 반대로 바꾼다.
    }
    else if (spriteData.y < 0)           // 화면 위쪽 모서리에 충돌하는 경우
    {
        spriteData.y = 0;                // 화면 위쪽 모서리에 위치시킨다.
        velocity.y = -velocity.y;        // Y의 방향을 반대로 바꾼다.
    }
}
```

update 함수 안에 spriteData.x += frameTime * velocity.x;는 속력의 x 값을 통해 x 방향을 따라 우주선을 움직이고, spriteData.y += frameTime * velocity.y;는 속력의 y 값을 통해 y 방향을 따라 우주선을 움직인다. 그리고 새로운 x, y 위치와 화면 모서리의 좌표 값을 비교해 우주선을 벽으로부터 튕겨 나오게 만든다. 우주선이 화면 밖으로 나간다고 판별하면 속력의 부호를 반대로 바꿔 반대 방향으로 돌린다. 그래서 리스트 6.19의 코드 if (spriteData.x > GAME_WIDTH - shipNS::WIDTH * getScale())은 현재 우주선의 x 위치가 화면의 오른쪽 모서리보다 바깥에 있는지 검사한다. 개체의 X, Y 위치는 개체의 왼쪽 상단 모서리로 정의되는데, 검사를 할 때 shipNS::WIDTH * getScale()을 빼는 이유가 여기에 있다(그림 6.15 참조).

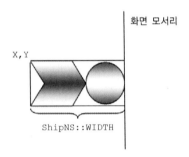

그림 6.15 화면 모서리에 위치한 우주선

6.4.2 갇혀버림

화면 모서리와 충돌이 일어나거나 다른 개체와 충돌을 감지했을 때 충돌을 해결하기 위해 조치를 취해야 한다. 즉, 두 아이템이 더 이상 충돌이 일어나지 않는 상태가 되게 작업을 수행해야 한다. update 함수(리스트 6.19 참조)에서는 화면 모서리에서 충돌을 감지했을 때 다음과 같이 더 이상 충돌이 일어나지 않게 우주선을 화면 모서리 위치로 옮긴다.

```
// 화면 오른쪽 모서리에 충돌하는 경우
if (spriteData.x > GAME_WIDTH - shipNS::WIDTH * getScale())
{
```

```
    // 화면 오른쪽 모서리에 위치시킨다.
    spriteData.x = GAME_WIDTH - shipNS::WIDTH * getScale();
    velocity.x = -velocity.x;          // X의 방향을 반대로 바꾼다.
}
```

이 추가 작업을 수행하지 않으면 우주선이 화면 모서리에 갇힐 수도 있다.
여기에 그런 일이 어떻게 일어나는지 설명한다. 우주선이 프레임마다 움직이는
거리는 우주선의 속도와 frameTime의 값을 통해 결정한다. 프레임 사이의 시
간은 윈도우에서 수행하는 다른 작업에 따라 크게 달라질 수 있다. 그림 6.16(a)
과 같이 우주선이 화면의 모서리에 접근하는 것처럼 frameTime의 값이 큰 경
우 충돌을 끝낼 수 있다. 하지만 우주선의 많은 부분이 화면의 모서리를 벗어나
게 된다. 따라서 그림 6.16(b)와 같이 충돌을 감지하면 x 속력의 부호를 반대로
바꾸고, 다음 프레임 동안 우주선은 왼쪽으로 이동한다. (b)에서 frameTime의
값은 대개 크지 않기 때문에 우주선이 움직인 거리도 크지 않다. 이런 조치는
우주선이 여전히 화면 가장자리와 충돌 상태에 있다는 결과를 낳는다. 이 시점
에서, x 속력의 부호를 반대로 바꾸는 간단한 코드는 다음 프레임 동안 우주선
을 오른쪽으로 이동하게 만든다. 이런 과정은 계속 반복되고, 결국 우주선은
화면 모서리에 갇혀버리고 만다. 충돌하는 두 개체 사이에서도 이런 결과가 발
생한다.

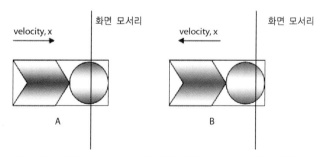

그림 6.16 다양한 frameTime으로 인해 화면 모서리에 갇힌 우주선

이런 문제 때문에 다른 기법을 사용해 충돌을 해결한다. 예를 들어 우주선의

위치를 다시 조정하는 기법 대신 현재 방향을 확인하고 필요하다면 x 속력의 부호만 반대로 바꾸는 기법을 사용한다.

```
if (spriteData.x > GAME_WIDTH - shipNS::WIDTH)    // 화면 오른쪽 모서리에
                                                  // 충돌하는 경우
{
    if (velocity.x > 0)                  // 오른쪽으로 움직이고 있는 경우
        velocity.x = -velocity.x;        // X의 방향을 반대로 바꾼다.
}
```

6.4.3 물리적 충돌

두 개의 게임 개체가 충돌할 때 운동량 보존의 법칙이 적용된다. 운동량 보존의 법칙이란, 에너지 손실이 없다는 가정하에 두 개체의 운동량 합은 충돌 전과 후에 모두 같다는 뜻이다. 개체의 운동량은 개체의 속력과 질량을 곱한 값과 같다.

$$운동량 = 속력 \times 질량$$

원이 움직이지 않는 평면과 충돌하는 경우 부딪혔을 때의 각도와 동일한 각도로 튕겨져 나와야 한다. 그림 6.17에서 V1은 충돌하기 전에 원의 속력 벡터이고, V1'은 충돌한 후 원의 속력 벡터다. 벡터의 길이는 선형 속도를 나타내며 V1과 V1'의 길이는 동일하다.

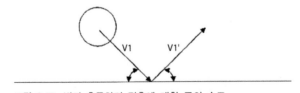

그림 6.17 벽과 충돌하기 전후에 대한 공의 속도

우주선과 움직이지 않는 원(행성처럼) 사이에 충돌이 일어났는데, 우주선을 튕겨 나오게 만들고 싶다면 어떻게 해야 하는가? 평면처럼 두 원 사이의 접점을 다룬다면 문제는 똑같아진다. 이제 해야 할 일은 벡터 V1'를 계산하는 방법을

알아내는 일 뿐이다.

그림 6.18에서 우주선의 현재 속력 V1을 알고 있다. `collideCircle` 함수는 충돌 벡터 cV를 반환한다. 벡터 수학 일부를 사용해 V1'을 계산한다.

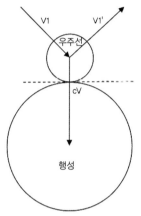

그림 6.18 행성과 충돌하기 전후에 대한 우주선의 속도와 충돌 벡터(cV)

그림 6.18에 있는 벡터를 약간 재배치하면 그림 6.19가 된다. 충돌 벡터 cV를 계산해 얻은 단위 벡터는 cUV가 된다.

$$cUV = Vector2Normalize(cV)$$

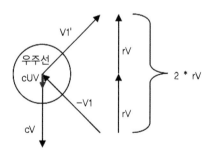

그림 6.19 우주선과 행성 사이의 반응 벡터(rV)

-V1과 충돌 단위 벡터 cUV의 내적은 충돌 후 우주선에 적용할 속도 변화의 크기를 제공한다. 벡터 형태로 얻기 위해 결과 값에 충돌 단위 벡터 cUV를 곱

한다. 이 반응 벡터를 rV라고 하자.

$$rV=(cUV\bullet(-V1))*cUV$$

행성은 우주선에 비해 거의 무한대의 질량을 갖고 있다고 가정한다. 우주선이 행성에 충돌하면 우주선의 속력은 충돌 벡터에 따라 0이 되고 이전에 계산했던 반응 속력을 우주선의 새 속력 V1'에 추가한다. 충돌 벡터에 따라 움직임을 멈추게 되는 우주선의 속력을 계산하는 방법은 간단하다. 반응 벡터(rV)만 추가하면 된다. 그래서 rV를 두 번 추가해야 한다. 하나는 우주선을 멈추는 데, 그리고 나머지 하나는 새 속력 V1'을 얻는 데 사용한다. 또한 우주선의 새 속력 V1'을 구하기 위해 rV를 두 번 곱한 뒤 V1을 더해도 같은 결과를 얻을 수 있다 (리스트 6.19 참조).

$$V1'=V1+2*rV \text{ 또는}$$
$$V1'=V1+2*(cUV\bullet(-V1))*cUV$$

이 계산은 다른 개체가 거의 무한한 질량을 갖고 있는 경우에만 동작한다. 다른 개체가 우주선이라면 어떻게 해야 하는가? 이 경우 우주선 사이에 전달되는 에너지를 고려해야 한다. 그림 6.20은 각각 V1과 V2의 속력을 갖는 두 우주선을 나타낸다. 충돌 단위 벡터는 cUV이고, 충돌 후 우주선1의 새 속력은 V1'이다.

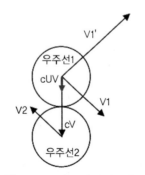

그림 6.20 두 우주선 사이의 충돌

상대성을 조금 이용하면 우주선2를 움직이지 않는 우주선처럼 취급하고 두 우주선의 속력 차이를 새 속력의 값으로 계산할 수 있다. 이 값을 Vdiff라고 한다(그림 6.21 참조).

$$Vdiff = V2 - V1$$

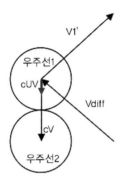

그림 6.21 충돌하는 두 우주선 사이의 속도 차이

이 계산은 그림 6.19와 같은 다이어그램을 생성한다. 이제 각 우주선의 질량에 따른 영향을 계산에 포함하면 된다. 거의 무한한 질량을 갖는 개체와 충돌하는 경우 스칼라 값 2를 곱한다. 두 우주선의 질량 비율에 스칼라 값을 곱해 새로운 값을 계산할 수 있다.

$$massRatio = 2 * mass2 / (mass1 + mass2)$$

V1'을 구하는 식에 대입하면 다음과 같은 식을 얻을 수 있다.

$$V1' = V1 + massRatio * rV, \text{ 또는}$$
$$V1' = V1 + massRatio * (cUV \cdot Vdiff) * cUV$$

게임 코드에서 다른 충돌이 모두 계산되기 전에 우주선의 속력을 변경하고 싶지는 않다. 방금 계산했던 우주선의 속력에 대한 변화 값은 우주선의 `deltaV` 벡터에 더해진다. `deltaV` 벡터는 다른 충돌이 모두 계산되기 전에 호출되지 않는 `update` 함수의 우주선 속력에 더해진다.

$$deltaV=deltaV+massRatio*(cUV \cdot Vdiff)*cUV$$
$$V1'=Vdiff+deltaV$$

다음은 'Planet Collision' 예제의 코드다. deltaV의 계산은 Entity::bounce 함수에서 수행된다(리스트 6.20 참조).

리스트 6.20 이 개체는 개체 ent와 부딪혀 튕겨져 나온다.

```
// =================================================
// 다른 개체와의 충돌 이후에 개체가 튕겨나온다.
// =================================================
void Entity::bounce(VECTOR2 &collisionVector, Entity &ent)
{
    VECTOR2 Vdiff = ent.getVelocity() - velocity;
    VECTOR2 cUV = collisionVector;                    // 충돌 단위 벡터
    Graphics::Vector2Normalize(&cUV);
    float cUVdotVdiff = Graphics::Vector2Dot(&cUV, &Vdiff);
    float massRatio = 2.0f;
    if (getMass() != 0)
      massRatio *= (ent.getMass() / (getMass() + ent.getMass()));
    // 개체가 이미 떨어져 이동하고 있다면
    // 튕김이 이전에 호출됐으며 여전히 충돌중임을 의미한다.
    // collisionVector를 따라 개체가 떨어져 이동한다.
    if (cUVdotVdiff > 0)
    {
      setX(getX() - cUV.x * massRatio);
      setY(getY() - cUB.y * massRatio);
    }
    else
      deltaV += ((massRatio * cUVdotVdiff) * cUV);
}
```

bounce 함수는 충돌이 일어난 개체를 항상 이동시켜 개체가 갇혀버리는 문

제를 사전에 방지할 수 있다. cUVdotVdiff 변수는 (cUV·Vdiff)로 계산된다. 값이 양수라면 개체가 이동하고 있음을 의미한다. 개체가 이동하는 동안 bounce 함수가 호출된다면 이전에 bounce 함수가 호출됐고, 개체를 이동하게 만드는 deltaV가 이미 계산돼 있다고 가정한다. 개체가 이전 프레임 동안 충분히 이동하지 않았고 여전히 충돌하고 있는 중이라면 다른 deltaV 값을 계산하고 싶지는 않을 것이다. 대신에 bounce 함수는 충돌 벡터에 따라 현재 개체를 다른 개체와 떨어진 곳으로 이동시킨다.

두 우주선이 충돌하면 bounce 함수를 두 번 호출해야 한다. 우주선마다 한 번씩 호출한다. collisionVector는 충돌을 감지하는 우주선을 기준으로 하기 때문에 다른 우주선에서 bounce 함수를 호출할 때 collisionVector의 방향을 바꿔야 한다. 스칼라 값 −1을 곱하면 우주선의 방향을 바꿀 수 있다. 예제 'Planet Collision'은 행성이나 각자 충돌할 때 튕겨져 나오는 두 우주선을 설명한다. spacewar.cpp의 collisions 함수는 리스트 6.21의 코드와 같다.

리스트 6.21 두 우주선, 그리고 우주선과 행성 사이의 충돌 처리

```
// ==================================================
// 충돌 처리
// ==================================================
void Spacewar::collisions()
{
    VECTOR2 collisionVector;
    // 우주선과 행성 사이에 충돌이 발생한다면
    if (ship1.collidesWith(planet, collisionVector))
    {
        // 행성에 부딪혀 튕겨져 나온다.
        ship1.bounce(collisionVector, planet);
        ship1.damage(PLANET);
    }
    if (ship2.collidesWith(planet, collisionVector))
    {
```

```
        // 행성에 부딪혀 튕겨져 나온다.
        ship2.bounce(collisionVector, planet);
        ship2.damage(PLANET);
    }
    // 두 우주선 사이에 충돌이 발생한다면
    if (ship1.collidesWith(ship2, collisionVector))
    {
        // 우주선에 부딪혀 튕겨져 나온다.
        ship1.bounce(collisionVector, ship2);
        ship1.damage(SHIP);
        // ship2에 대해 collisionVector의 방향을 변경한다.
        ship2.bounce(collisionVector * -1, ship1);
        ship2.damage(SHIP);
    }
}
```

충돌이 감지되면 우주선의 damage 함수가 호출된다. 예제에서는 damage 함수를 사용해 우주선을 감싸는 보호막 표시를 활성화한다. 실제 Spacewar 게임에서 damage 함수는 무기 유형에 따라 우주선에 피해를 입힌다.

6.4.4 보호막 표시

전에 언급한 것처럼 우주선 주위에 게임에서 사용하는 원형 충돌 감지에 적합한 우주선의 모양을 만드는 원형 보호막을 그릴 수 있다. 그림 6.22는 각 우주선 주위에 나타나는 보호막을 보여준다.

그림 6.22 두 우주선 사이의 충돌 이후에 표시되는 보호막

보호막은 Ship 클래스에서 추가했던 Image 클래스의 객체다. shield 객체는 ship.h 파일에 선언돼 있다(리스트 6.22 참조). 또한 보호막이 나타날 때 추적하는 불리언 변수를 추가했다.

리스트 6.22 Ship 클래스의 shield 변수

```
// Entity 클래스로부터 상속받음
class Ship : public Entity
{
private:
    bool    shieldOn;
    Image   shield;
```

보호막 이미지는 Ship 클래스의 initialize 함수에서 초기화된다. 보호막은 4장의 각기 다른 이미지를 사용해 애니메이션을 수행한다. 애니메이션 프레임의 수와 각 프레임을 보여주는 데 걸리는 총 시간은 상수를 이용해 설정하고 ship.h에 선언돼 있다(리스트 6.23 참조).

리스트 6.23 보호막 초기화

```
// =================================================
// 우주선을 초기화한다.
// 이후 : 성공할 경우 true, 실패할 경우 false를 반환한다.
// =================================================
bool Ship::initialize(Game *gamePtr, int width, int height, int ncols,
                      TextureManager *textureM)
{
    shield.initialize(gamePtr->getGraphics(), width, height, ncols, textureM);
    shield.setFrames(shipNS::SHIELD_START_FRAME, shipNS::SHIELD_END_FRAME);
    shield.setCurrentFrame(shipNS::SHIELD_START_FRAME);
    shield.setFrameDelay(shipNS::SHIELD_ANIMATION_DELAY);
    shield.setLoop(false);       // 애니메이션을 반복하지 않는다.
```

```
    return(Entity::initialize(gamePtr, width, height, ncols, textureM));
)
```

Ship 클래스의 draw 함수는 보호막을 그리는 일을 수행한다. colorFilter 속성을 AND 연산한 50% 알파 채널 값을 사용해 보호막을 그린다. colorFilter 의 기본 색상은 흰색인데, 보호막의 원래 색상에 영향을 주지 않는다. 우주선의 colorFilter 속성을 다른 색상으로 설정하면 보호막의 색상도 같이 변한다. 우주선의 spriteData 구조체를 이용해 보호막을 그린다. draw 함수는 우주선 의 방향과 크기를 이용해 우주선과 같은 위치에 보호막을 그린다(리스트 6.24 참조).

리스트 6.24 보호막 그리기

```
// ===================================================
// 우주선을 그린다.
// ===================================================
void Ship::draw()
{
    Image::draw();              // 우주선을 그린다.
    if (shieldOn)
        // colorFilter 50% 알파를 사용해 우주선을 그린다.
        shield.draw(spriteData, graphicsNS::ALPHA50 & colorFilter);
}
```

update 함수를 호출해 보호막의 애니메이션을 수행한다(리스트 6.25 참조). 우주 선의 애니메이션 동작이 끝나면 보호막을 더 이상 표시하지 않게 불리언 변수 shieldOn을 false로 설정한다.

리스트 6.25 보호막 애니메이션

```
if (shieldOn)
{
```

```
shield.update(frameTime);
if (shield.getAnimationComplete())
{
  shieldOn = false;
  shield.setAnimationComplete(false);
}
}
```

위 예제에서 모든 게임 텍스처를 하나의 텍스처 파일로 합쳤다(그림 6.23 참조).

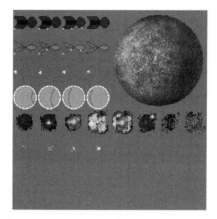

그림 6.23 Spacewar 게임을 위한 스프라이트 이미지

6.4.5 중력

중력 효과는 일반적으로 2D 게임에서 마치 실제로 중력에 영향을 받는 것처럼 게임 아이템을 화면 아래로 떨어지게 만든다. 객체의 update 함수에 코드 한 줄을 추가해 손쉽게 중력 효과를 시험해 볼 수 있다.

```
velocity.y = frameTime * GRAVITY
```

GRAVITY 상수는 constants.h에 정의돼 있다.

```
const float GRAVITY = 2000.0f;               // 중력의 픽셀/초 단위 가속도
```

이 상수를 추가하면 객체를 화면 아래로 가속하게 만든다. 6장 끝에 있는 예제 'Gravity'의 완성된 소스를 살펴보라.

중력 효과의 더 흥미로운 유형은 두 물체 사이의 중력이다. 두 물체 A와 B 사이에 가해지는 힘을 계산하는 공식은 다음과 같다.

$$힘 = GRAVITY * A의\ 질량 * B의\ 질량 / r^2$$

GRAVITY는 중력 상수이고, r^2은 중심점 사이 거리의 제곱이다. r^2은 다음 공식을 이용해 계산한다.

$$r^2 = (Ax-Bx)^2 + (Ay-By)^2$$

이 계산을 수행하는 코드는 Entity 클래스의 gravityForce 함수에 있으며, 코드는 리스트 6.26(a)와 같다.

리스트 6.26(a) gravityForce 함수는 ent 개체에서 이 개체에 가하는 중력을 계산한다.

```
// ================================================
// 다른 개체로부터 이 개체에 작용하는 중력
// 이 개체의 속력 벡터에 중력을 추가한다.
// 힘 = GRAVITY * m1 * m2 / r*r
// r*r = (Ax - Bx)² + (Ay - By)²
// ================================================
void Entity::gravityForce(Entity *ent, float frameTime)
{
    // 두 개체 중 하나가 활성 상태가 아니라면 중력 효과가 없다.
    if (!active || !ent->getActive())
        return;
    rr = pow((ent->getCenterX() - getCenterX()), 2) +
        pow((ent->getCenterY() - getCenterY()), 2);
    force = gravity * ent->getMass() * mass / rr;
```

중력의 힘과 같은 크기로 우주선과 행성 사이의 벡터를 만들어 중력의 힘을 우주선에 적용한다. 우주를 가로지르는 경로를 변경하기 위해 이 벡터를 우주선의 속력 벡터에 추가한다. 중력 벡터를 만들기 위해 리스트 6.26(b)와 같이 우주선과 행성 사이에 벡터를 만든다.

리스트 6.26(b) 두 개체 사이의 벡터 생성

```
// --- 중력 벡터를 생성하기 위해 벡터 수학을 사용한다. ---
// 두 개체 사이의 벡터를 생성한다.
VECTOR2 gravityV(ent->getCenterX() - getCenterX(),
                ent->getCenterY() - getCenterY());
```

그리고 리스트 6.26(c)와 같이 벡터를 정규화한다. 벡터를 정규화하면 길이가 1이 되지만, 방향은 그대로다. 중력의 힘에 의해 정규화된 벡터를 곱하면 중력 벡터가 된다. 즉, 중력의 힘에 해당하는 크기와 중력 인력 방향을 갖는 벡터가 된다.

리스트 6.26(c) 중력 벡터 생성

```
// 벡터를 정규화한다.
Graphics::Vector2Normalize(&gravity);
// 중력 벡터를 생성하기 위해 중력을 곱한다.
gravity *= force * frameTime;
```

마지막으로 리스트 6.26(d)의 코드와 같이 우주선의 방향을 바꾸는 중력 벡터를 우주선의 속력 벡터에 추가한다.

리스트 6.26(d) 중력 벡터에 속력 벡터 더하기

```
// 방향을 변경하기 위해 중력 벡터에 이동 속력 벡터를 더한다.
```

```
    velocity += gravity;
}
```

실제 우주에서 중력 상수는 6.67384×10^{-11} N(m/kg)^{2}이다. 게임의 우주에서는 원하는 값을 사용할 수 있다. 가장 중요한 점은 게임을 물리학의 법칙에 따라 동작하게 만드는 것이 아니라, 재미있게 만들어야 한다는 점이다. 아, 물리학이 전공인 사람이 이 책을 읽고 있다면 미안하다고 전하고 싶다. 게다가 게임의 우주에서는 고유의 법칙을 만들 수 있다. 위 예제에서 GRAVITY 값은 6.67384e-11로 설정돼 있다. 행성의 질량은 1.0e14이고, 우주선의 질량은 300.0이다. 이 값들이 증가하면 개체를 더 끌어들이게 되고, 감소하면 개체를 덜 끌어들이게 된다.

'Orbit' 예제를 통해 Ship 클래스의 gravityForce 함수를 사용하는 방법을 설명한다. Spacewar::update 함수에서 우주선에 대한 내용을 갱신하기 전에 Ship 클래스의 gravityForce 함수를 호출한다(리스트 6.27 참조).

리스트 6.27 게임 아이템 갱신

```
// =================================================
// 모든 게임 아이템을 갱신한다.
// =================================================
void Spacewar::update()
{
    ship.gravityForce(&planet, frameTime);
    planet.update(frameTime);
    ship.update(frameTime);
}
```

gravityForce 함수는 우주선의 velocity 벡터를 바꾼다. velocity는 Ship 클래스의 update 함수 안에서 우주선의 위치를 바꾼다(리스트 6.28 참조).

6장의 'Orbit' 예제의 완성된 코드를 참조하라.

리스트 6.28 우주선의 화면 위치를 변경하기 위한 속력 사용

```
// ====================================================
// Update
// 일반적으로 프레임당 한 번 호출된다.
// frameTime은 움직임과 애니메이션의 속도를 조절하기 위해 사용된다.
// ====================================================
void Ship::update(float frameTime)
{
  Entity::update(frameTime);
  spriteData.angle += frameTime * shipNS::ROTATION_RATE;  // 우주선을 회전시킨다.
  spriteData.x += frameTime * velocity.x; // X축을 따라 우주선을 이동시킨다.
  spriteData.y += frameTime * velocity.y; // Y축을 따라 우주선을 이동시킨다.
  // 벽으로부터 튕겨 나오게 만든다.
  // 화면 오른쪽 모서리에 충돌하는 경우
  if (spriteData.x > GAME_WIDTH - shipNS::WIDTH * getScale())
  {
    // 화면 오른쪽 모서리에 위치시킨다.
    spriteData.x = GAME_WIDTH - shipNS::WIDTH * getScale();
    velocity.x = -velocity.x;          // X의 방향을 반대로 바꾼다.
  }
  else if (spriteData.x < 0)           // 화면 왼쪽 모서리에 충돌하는 경우
  {
    spriteData.x = 0;                  // 화면 왼쪽 모서리에 위치시킨다.
    velocity.x = -velocity.x;          // X의 방향을 반대로 바꾼다.
  }
  // 화면 아래쪽 모서리에 충돌하는 경우
  if (spriteData.y > GAME_HEIGHT - shipNS::HEIGHT * getScale())
  {
    // 화면 아래쪽 모서리에 위치시킨다.
    spriteData.y = GAME_HEIGHT - shipNS::HEIGHT * getScale();
    velocity.y = -velocity.y;          // Y의 방향을 반대로 바꾼다.
  }
```

```
else if (spriteData.y < 0)            // 화면 위쪽 모서리에 충돌하는 경우
{
    spriteData.y = 0;                 // 화면 위쪽 모서리에 위치시킨다.
    velocity.y = -velocity.y;         // Y의 방향을 반대로 바꾼다.
}
}
```

정리

6장에서는 충돌 감지와 게임 물리에 관해 다뤘다. DirectX 벡터 수학 연산을
이해하기 위해 벡터 수학에 대한 내용부터 간단하게 시작했다. 그런 후 충돌
감지를 수행하기 위한 4가지의 다른 기법, 원형, 사각형, 회전된 사각형, 회전된
사각형과 원에 대해 살펴봤다. Entity 클래스를 만들어 충돌과 관련된 코드를
추가했다. 마지막으로 개체를 튕겨져 나오게 만드는 방법과 중력의 효과를 시
험할 수 있는 방법을 살펴봤다. 세부 사항은 다음과 같다.

- **벡터** 벡터는 길이와 방향을 나타낸다.
- **벡터 수학** 벡터 수학은 단항Unary 연산자 +, -, 이항Binary 연산자 +, -, *, /,
  비교 연산자 ==, !=을 지원한다.
- **정의** DirectX 2D 벡터를 VECTOR2라고 정의한다.
- **덧셈** 두 벡터를 더하면 벡터가 된다.
- **곱셈** 벡터를 스칼라로 곱하면 벡터의 길이가 변한다.
- **단위 벡터** 단위 벡터의 길이는 1이다.
- **내적** 기존 벡터와 단위 벡터의 내적을 구하면 단위 벡터를 따라 떨어뜨린
  기존 벡터의 일부분을 나타내는 스칼라 값이 된다.
- **벡터 수학 코드** DirectX 벡터 수학 코드를 Graphics 클래스로 캡슐화했다.
- **원형 충돌 감지** 원형 충돌 감지는 개체의 중심 사이의 거리에 대한 검사를
  수행한다.

- **사각형 충돌 감지** 사각형 충돌 감지는 항상 x와 y 축에 정렬된 사각형의 모서리를 비교한다.
- **회전된 사각형 충돌 감지** 회전된 사각형 충돌 감지는 겹치지 않는 사각형의 모서리를 살펴본다.
- **회전된 사각형과 원 충돌 감지** 회전된 사각형과 원 충돌 감지는 사각형 모서리에 겹쳤는지, 그리고 사각형 모서리에 대해 거리 검사를 수행한다.
- **충돌 감지 코드** Entity 클래스는 충돌 감지 코드를 포함한다.
- **지정된 충돌 유형** 각각의 Entity 객체는 CIRCLE, BOX, ROTATE_BOX와 같이 충돌 유형이 지정돼 있다.
- **검사** Entity::collidesWith 함수는 충돌을 검사하는 데 사용된다.
- **갇혀버림** 충돌 코드는 개체가 갇히지 않게 만들어야 한다.
- **팅겨 나오게 만들기** Entity::bounce 함수는 다른 개체와 충돌이 일어난 후 개체를 팅겨 나오게 만들기 위한 물리적 계산을 수행한다.
- **중력** Entity::gravityForce 함수는 다른 개체로부터 해당 개체에 적용할 중력의 힘을 계산한다.

복습문제

1. VECTOR2 구조체의 두 멤버는 무엇인가?
2. 2개의 벡터를 더한 결과는 무엇인가?
3. 벡터를 스칼라로 곱하면 무슨 일이 일어나는가?
4. 벡터를 단위 벡터로 바꾸는 방법은?
5. 벡터와 단위 벡터를 내적 계산했을 때 결과는 무엇인가?
6. 벡터 내적을 수행하는 Graphics 클래스 함수는 무엇인가?
7. 벡터를 표준화하는 데 사용되는 Graphics 클래스 함수는 무엇인가?
8. 두 원이 충돌하려면 중심 사이의 거리가 얼마나 돼야 하는가?

9. 사각형 충돌 감지와 회전된 사각형 충돌 감지의 차이점을 설명하라.

10. 회전된 사각형 충돌 감지의 장점은 무엇인가?

11. 회전된 사각형 충돌 감지에서 성능이 최악인 경우는 언제 일어나는가?

12. 겹치지 않는 2개의 회전된 사각형이 있는 곳에 투영선이 발견된다면 무엇을 의미하는가?

13. 회전된 사각형과 원 사이의 충돌을 감지할 때 발생할 수 있는 특별한 경우는 무엇인가?

14. 원이 사각형의 보로노이 영역에 있을 때 원과 사각형 사이에 사용할 수 있는 충돌 테스트는 무엇인가?

15. Image 클래스에는 없는 Entity 클래스만이 갖고 있는 특징은 무엇인가?

16. 개체의 충돌 유형을 정의하는 속성은 무엇인가?

17. 개체가 가질 수 있는 충돌 유형에는 어떤 것이 있는가?

18. 다른 개체와의 충돌을 검사하는 데 사용하는 Entity 함수는 무엇인가?

19. 게임 개체가 화면 모서리에 어떻게 갇힐 수 있는가?

20. Entity::bounce 함수를 통해 어떻게 개체를 갇히지 않게 할 수 있는가?

연습문제

1. 'Planet Collision' 예제에 3번째 우주선을 추가하라. 3번째 우주선은 다른 두 우주선과 다른 위치에서 시작해야 한다. 모든 우주선 사이의 충돌을 검사해야 한다.

2. 'Planet Collision' 예제에 10대의 우주선 배열을 사용할 수 있게 수정하라(힌트: 충돌 검사를 수행할 때 중첩 반복문을 사용하라).

```
for (int i = 0; i < MAX_SHIPS; i++)
{
  if (ships[i].collidesWith(planet, collisionVector))
    // 행성과 충돌해 튕겨 나온다.
  ships[i].bounce(collisionVector, planet);
```

```
// 두 우주선 사이에 충돌이 일어난다면
// 다른 모든 우주선에 대해
for (int j = i + 1; j < MAX_SHIPS; j++)
{
  if (ship[i].collidesWith(ships[j], collisionVector))
  {
    // 우주선과 충돌해 튕겨 나온다.
```

3. 'Orbit' 예제에 우주선의 사용자 제어와 충돌 감지를 추가하라.

4. 연습문제 3번에 사용자가 제어할 수 있는 두 번째 우주선을 추가하라. 우주 선과 행성 사이의 충돌 감지를 할 수 있어야 한다.

5. 여러분만의 디자인을 통해 간단한 게임을 만들어보라. 6장 예제 중 하나를 수정하거나 스스로 만들어보라. 게임은 반드시 사용자 제어와 충돌 감지를 포함해야 한다. 간단하게 만들어라! 이 연습 문제의 목표는 세계 최고의 비 디오 게임을 만들자는 것이 아니라, 여러분이 6장에서 다뤘던 기법들을 연습 해보자는 의미다. 이후 연습 문제에 사용하기 위해 반드시 저장하라.

예제

다음 예제들은 www.programming2dgames.com에서 다운로드할 수 있다.

- **Bounce**   우주선 한 대가 화면 모서리에서 튕겨 나온다.
  - ○ 화면 모서리에서의 충돌을 설명한다.

- **Planet Collision**   우주선 두 대가 하늘을 날아다니며, 행성이나 서로 부딪히 면 튕겨 나온다.
  - ○ 충돌과 관련된 두 개체에 대해 bounce 함수를 호출하는 방법을 설명한다.
  - ○ 행성은 우주선과 비교해 무한한 질량을 갖고 있다고 가정한다.
  - ○ 알파 채널을 이용해 반투명한 이미지를 나타내는 방법을 설명한다.

- **Gravity**   노란색 공이 파란색 상자 안에서 튕겨 나온다.
  - ○ 중력이 떨어지는 객체에 어떻게 영향을 주는지 실험해본다.

○ 공이 튕겨져 나올 때마다 에너지가 손실된다.

- **Orbit** 우주선이 행성의 궤도를 돈다.

  ○ 두 개체 사이에 중력이 적용된 힘을 계산하는 `Entity::gravityForce` 함수를 설명한다.

사운드

07

사운드는 게임을 멋지게 만들어준다. 사운드가 없으면 지루하게 느껴질 게임에 단순한 사운드만 추가해도 꽤 멋진 게임이 된다. 사운드는 분위기를 조성하고, 플레이어에게 경고를 하고, 승리를 축하하며, 패배에 대해 굴욕감을 준다.

게임을 위한 마이크로소프트의 최신 오디오 기술은 XAudio2와 XACT다. XAudio2는 오디오 엔진을 만드는 데 사용할 수 있는 저수준 API다. XACT는 오디오 엔진과 마이크로소프트 크로스플랫폼 오디오 생성 도구를 포함하는 고수준 API다. XACT의 오디오 생성 도구는 특수한 XACT 데이터 파일을 만드는 데 사용하는 애플리케이션이다. XACT 엔진과 데이터 파일은 게임 프로그래밍이 요구하는 사항에 완벽한 오디오 솔루션을 제공하기 위해 함께 작동하고 게임 오디오 전용으로 사용할 수 있다.

게임에 사운드를 추가하려면 다음과 같이 해야 한다.

1. 오디오 파일을 만들거나 얻는다.
2. (필요하다면) 오디오 파일을 처리한다.
3. XACT를 이용해 사운드 뱅크와 웨이브 뱅크를 만든다.

4. XACT 오디오 엔진을 이용해 게임 엔진에 코드를 추가해 오디오를 재생한다.

▌ 7.1 오디오 파일 얻기

로열티 없는 사운드 효과를 얻을 수 있는 온라인 리소스가 몇 군데 있다. 사이트
주소는 다음과 같다.

- http://www.freesound.org
- http://www.mediacollege.com/downloads/sound-effects
- http://www.downlopedia.com/sound-effests-collection

서드파티 오디오 파일은 XACT와 호환되는 형식으로 변환해야 한다. 자세한
사항은 7.2.2절을 참고하라. 온라인 리소스와 마찬가지로 항상 라이선스 요구
사항을 확인하고, 오디오 파일이 저작권을 위반하고 있는지 확인하라.

▌ 7.2 오디오 파일 작성

오디오를 편집하고 처리할 수 있는 프로그램은 많다. 이 책에서는 Audacity를
사용하기로 한다(http://audacity.sourceforge.net/). Audacity는 무료 오픈소스 애플리케
이션이다. Audacity는 직관적인 사용자 인터페이스와 게임 오디오 파일을 녹음
하고 처리하는 데 필요한 모든 기능을 갖고 있다. Audacity는 다양한 파일 형식
과 처리 옵션을 지원한다.

7.2.1 Audacity를 이용한 오디오 녹음

자신만의 사운드 효과를 녹음하는 일은 많은 즐거움을 준다. 여러분 주위에는
많은 사운드 소스가 있다. 필요한 것은 마이크와 약간의 상상력이다. 외장 마이
크는 일반적으로 내장 마이크보다 좋은 품질의 소리를 만들어낸다. 마이크로
사운드를 녹음할 때 주위 환경에 대해 알고 있어야 한다. 마이크는 게임에서
원하지 않는 배경음을 어렵지 않게 잡아낼 수 있다.

Audacity를 시작하고 도구 모음에서 마이크를 클릭해 입력 레벨 미터를 활성화한다. 마이크에 대고 말하는 동안 녹음 음량을 조절하라. 입력 레벨 막대그래프는 소리에 대한 응답에 따라 움직인다(그림 7.1 참조).

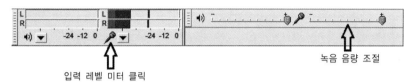

입력 레벨 미터 클릭

녹음 음량 조절

그림 7.1 Audacity에서 녹음 음량 조절

오디오를 녹음하기 위해 도구 모음의 Record 버튼을 클릭한다. Stop 버튼을 눌러 녹음을 종료한다(그림 7.2 참조). 녹음한 사운드가 이제 오디오 에디터에 보인다. 그림 7.3의 View 메뉴에서 Fit in Window를 선택하면 표시된 대로 0.0을 클릭해 파형을 확대할 수 있다.

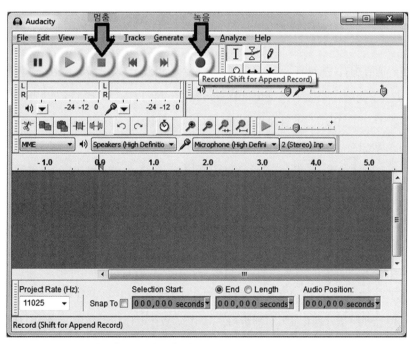

그림 7.2 Audacity의 멈춤 버튼과 녹음 버튼

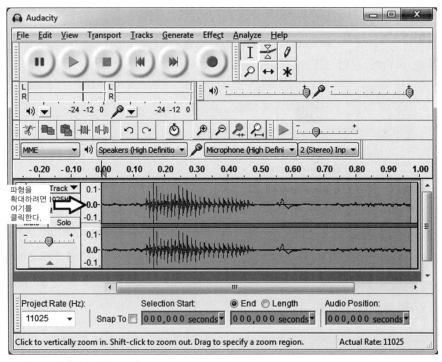

그림 7.3 녹음된 오디오 보기

File 메뉴에서 Export...를 선택해 오디오를 파일로 저장할 수 있다. 저장할 수 있는 유형에는 WAV (Microsoft) signed 16-bit PCM, 그리고 각각의 사운드 효과를 분리된 WAV 파일에 저장할 수 있다. 'beep1.wav', 'hit.wav' 등 사용 목적을 반영할 수 있는 간단한 이름을 파일명으로 선택한다.

녹음 전체를 저장하거나 에디터에서 원하는 부분의 파형만 마우스로 드래그 한 뒤 File 메뉴에서 Export Selection을 선택할 수 있다.

7.2.2 오디오 처리

Audacity는 서로 다른 형식의 오디오 파일로 변환할 때도 사용할 수 있다. XACT와 호환되는 형식으로 오디오 파일을 변환하려면 변환할 파일을 열고 File 메뉴에서 Export...를 선택한다. 그리고 WAV (Microsoft) signed 16-bit PCM으로 저장한다.

Audacity는 다양한 오디오 처리 기능을 제공한다. 여기서 몇 가지 기본적인 명령을 알아보자. Audacity의 내장 도움말을 통해 모든 기능을 사용하는 방법을 설명하므로, 여기에서는 해당 정보에 대해 반복 설명하지는 않는다. 기본 도구 모음에는 다음과 같은 도구가 있다.

선택된 오디오를 잘라낸다.

선택된 오디오를 클립보드에 복사한다.

클립보드로부터 파형의 선택된 위치에 오디오를 붙여 넣는다.

선택된 영역 바깥의 오디오를 잘라낸다.

선택된 영역의 오디오 소리를 나지 않게 한다.

현재 파형에 오디오 파일을 삽입하기 위해 두 번째 오디오 파일을 열고, 원하는 부분을 선택하고, 클립보드에 복사한 뒤, 현재 파형에서 붙여 넣고 싶은 위치를 클릭하고 Paste 버튼을 클릭한다.

파형의 음량 레벨을 변경하기 위해 처리할 파형의 부분을 선택하고 Effect 메뉴 아래의 Amplify...를 선택한다. 음량을 크게 하거나 줄이고 싶다면 슬라이더를 조정한다. 적용하기 전에 변경 사항이 적용된 사운드를 듣고 싶다면 Preview 버튼을 사용한다.

Audacity에 대해 더욱 자세히 알아보고 편집 도구를 이용해 재생해보자. 훌륭한 도구와 약간의 창의력이 함께한다면 매우 흥미로운 사운드 효과를 만들 수 있다.

▌7.3 XACT 사용

게임에서 WAV 파일을 사용할 준비를 하기 위해 마이크로소프트의 크로스플랫폼 오디오 생성 도구, 다른 말로 XACT를 사용한다. XACT는 보통 'Start/

Microsoft DirectX SDK (date)/DirectX Utilities/Microsoft Cross-Platform Audio Creation Tool (XACT)'에서 찾을 수 있다. XACT를 시작하고 File 메뉴에서 New Project를 선택한다(그림 7.4 참조).

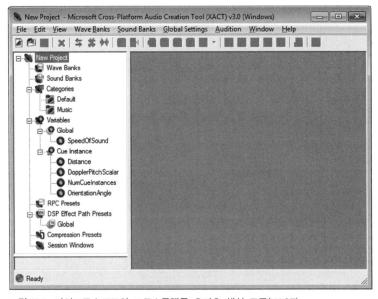

그림 7.4 마이크로소프트의 크로스플랫폼 오디오 생성 도구(XACT)

프로젝트에 이름을 지정하고 프로젝트 위치를 선택한다. 프로젝트 위치는 게임 코드와 같은 폴더일 필요가 없다. 그림 7.5에서 프로젝트 이름을 'Sound Example1'로 지정했다. 프로젝트가 생성된 후 프로젝트에 WAV 파일을 추가하기 위해 다음 단계를 수행한다.

1. 왼쪽 윈도우의 Wave Banks를 마우스 오른쪽 버튼으로 클릭하고 New Wave Bank를 선택한다.

2. Wave Banks 아래에 새로 만들어진 웨이브 뱅크를 마우스 오른쪽 버튼으로 클릭하고, Insert Wave File(s)...를 선택한다. WAV 파일이 들어있는 폴더로 이동해 원하는 파일을 선택한다. 웨이브 파일이 오른쪽 윈도우에 나타난다(그림 7.5 참조).

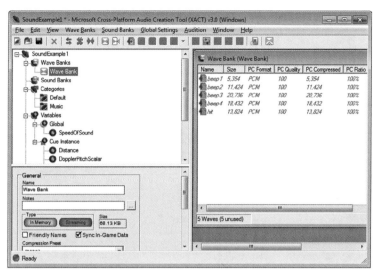

그림 7.5 웨이브 파일을 추가한 뒤의 웨이브 뱅크

3. 왼쪽 윈도우의 Sound Banks를 마우스 오른쪽 버튼으로 클릭하고 New Sound Bank를 선택한다.

4. 모든 웨이브 뱅크 파일을 선택하고 사운드 뱅크 윈도우의 Sound Name 부분 으로 드래그한다. 결과는 그림 7.6과 같다.

그림 7.6 웨이브 뱅크 파일을 드래그한 후의 사운드 뱅크

5. 사운드 뱅크 윈도우에 추가한 모든 파일을 선택하고 윈도우의 아래쪽으로
   드래그해 '큐 이름'을 만든다. 큐^{Cue}는 게임 코드가 특정 사운드를 참조할
   수 있는 방법이다. 원한다면 큐의 이름을 바꿀 수 있다(그림 7.7 참조).

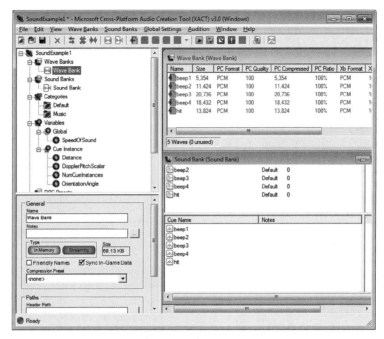

그림 7.7 사운드 뱅크 파일을 'Cue Name' 영역에 드래그한 결과

6. File 메뉴에서 Build를 선택하고 Finish를 클릭한다.

7. File 메뉴에서 Save Project를 선택한다.

프로젝트가 성공적으로 빌드되면 프로젝트가 저장된 폴더에 프로젝트 파일, 즉 이 예제에서는 SoundExample1.xap와 두 개의 폴더 'Win'과 'Xbox'가 들어 있을 것이다. 'Win' 폴더에는 다음 파일이 들어있다.

- Sound Bank.xsb
- SoundExample1.xgs
- Wave Bank.xwb

두 파일 Sound Bank.xsb와 Wave Bank.xwb은 게임에 필요한 파일이다. 두 파일을 게임 코드 폴더의 'Audio'라는 이름의 폴더 안에 복사한다.

7.3.1 XACT GUI에서 사운드 재생

XACT GUI에서 직접 사운드를 재생하기 위해 'All Programs/Microsoft DirectX SDK (date)/DirectX Utilities/Audio Console'을 실행해야 한다. 그에 따라 XACT에 필요한 윈도우 오디션 서버를 시작할 수 있다.

사운드 이름이나 큐 이름을 선택하거나 도구 모음에서 Play나 Repeat Play를 클릭해 사운드를 재생할 수 있다.

▌▌7.4 게임 엔진에 오디오 추가

XACT 오디오 엔진을 사용하는 게임에서 사운드 큐를 실행하는 것은 매우 간단하다. 필요한 단계는 다음과 같다.

1. XACT 엔진을 초기화한다.
2. 사용하길 원하는 XACT 웨이브 뱅크를 생성한다.
3. 사용하길 원하는 XACT 사운드 뱅크를 생성한다.
4. 사운드 큐를 이용해 사운드를 재생한다.
5. XACT 엔진의 `DoWork()` 함수를 주기적으로 호출한다.
6. 실행이 끝나면 정리한다.

목표를 달성하기 위해 각 단계에 필요한 내용과 사용되는 DirectX 코드를 살펴보자. 필요한 DirectX 오디오 코드를 모두 포함하는 `Audio` 클래스를 만든다. `Audio` 클래스는 두 파일 audio.h와 audio.cpp로 구성돼 있다.

7.4.1 XACT 엔진 초기화

`XACT3CreateEngine` 함수는 `IXACT3Engine` 인터페이스의 인스턴스를 생성한다. `IXACT3Engine` 인터페이스는 XACT 객체의 접근을 제공한다. 함수의 정식 문법은 다음과 같다.

```
HRESULT XACT3CreateEngine(
```

```
    DWORD dwCreationFlags,
    IXACT3Engine **ppEngine
)
```

매개변수는 다음과 같다.

- **dwCreationFlags** 엔진이 어떻게 만들어질지에 대해 지정한다. 일반적으로 이 매개변수에 0을 사용한다. 유효한 값은 다음과 같다.

  ○ **0** 일반적인 생성 모드

  ○ **XACT_FLAG_API_AUDTION_MODE** 오디션이 활성화되게 지정한다.

  ○ **XACT_FLAG_API_DEBUG_MODE** 디버그 모드가 활성화되게 지정한다.

- **ppEngine** 생성된 엔진을 가리키는 포인터를 저장하는 출력 주소다.

리스트 7.1과 같이 audio.h에 IXACT3Engine 포인터를 생성한다.

리스트 7.1 XACT 엔진을 가리키는 포인터

```
IXACT3Engine *xactEngine;
```

리스트 7.2의 설명처럼 Audio 클래스의 initialize 함수 안에 XACT3 CreateEngine 함수를 호출하는 코드를 추가한다.

리스트 7.2 XACT 엔진 생성

```
result = XACT3CreateEngine(0, &xactEngine);
if (FAILED(result) || xactEngine == NULL)
    return E_FAIL;
```

엔진이 생성된 후에는 IXACT3Engine의 Initialize 메소드를 호출해 초기화해야 한다.

```
HRESULT Initialize(
    const XACT_RUNTIME_PARAMETERS *pParams
)
```

    원하는 초기화 매개변수를 포함하는 `XACT_RUNTIME_PARAMETERS` 구조체를 가리키는 포인터가 유일한 매개변수다. 여기서 사용할 구조체의 유일한 멤버는 `lookAheadTime`인데, 다른 사운드로 전환할 때 **XACT** 엔진이 어떻게 보일지 미리 지정한다. 이 매개변수에는 `XACT_ENGINE_LOOKAHEAD_DEFAULT`를 사용하는 것이 좋다. 또한 이 코드는 리스트 7.3과 같이 Audio 클래스에 있는 `initialize` 함수의 일부다.

리스트 7.3 XACT 엔진 초기화

```
// XACT 런타임 초기화 & 생성
XACT_RUNTIME_PARAMETERS xactParams = {0};
xactParams.lookAheadTime = XACT_ENGINE_LOOKAHEAD_DEFAULT;
result = xactEngine->Initialize(&xactParams);
if (FAILED(result))
    return result;
```

    다음으로 **XACT GUI** 도구를 사용해 만든 웨이브 뱅크를 이용해 '메모리 내부'에 **XACT** 웨이브 뱅크를 만든다. 이 코드는 마이크로소프트에서 제공한 **XACT** 예제와 기본적으로 동일하다. `CreateFile` 함수에서 이전에 만들었던 웨이브 뱅크를 가리키는 `WAVE_BANK` 매개변수는 constants.h에 정의돼 있다. 주의할 것은 상대 경로 이름을 사용한다는 점이다. 예제에서 게임 프로젝트 폴더는 오디오 폴더를 포함하고 있다(리스트 7.4 참조). 리스트 7.5와 같이 방금 생성한 코드는 Audio 클래스의 `initialize` 함수에도 추가된다.

리스트 7.4 WAVE_BANK 상수 정의

```
// WAVE_BANK는 .xwb 파일의 위치여야 한다.
```

```
const char WAVE_BANK[] = "audio\\Win\WavesExample1.xwb";
```

리스트 7.5 '메모리 내부'에 XACT 웨이브 뱅크 파일 생성

```
// 메모리에 매핑된 파일 IO를 사용해
// XACT 웨이브 뱅크 파일을 "메모리 내부"에서 생성한다.
result = E_FAIL; // 기본 값은 실패 코드지만, 나중에 성공으로 대체된다.
hFile = CreateFile(WAVE_BANK, GENERIC_READ, FILE_SHARE_READ, NULL,
                   OPEN_EXISTING, 0, NULL);
if (hFile != INVALID_HANDLE_VALUE)
{
   fileSize = GetFileSize(hFile, NULL);
   if (fileSize != -1)
   {
     hMapFile = CreateFileMapping(hFile, NULL, PAGE_READONLY, 0,
                                  fileSize, NULL);
     if (hMapFile)
     {
       mapWaveBank = MApViewOfFile( hMapFile, FILE_MAP_READ,
                                    0, 0, 0);
       if (mapWaveBank)
         result = xactEngine->CreateInMemoryWaveBank(
                              mapWaveBank, fileSize, 0, 0, &waveBank);
       // mapWaveBank는 파일에 대한 핸들을 가지고 있다.
       // 불필요한 핸들을 닫는다.
       CloseHandle(hMapFile);
     }
   }
   // mapWaveBank는 파일에 대한 핸들을 가지고 있으므로
   // 불필요한 핸들을 닫는다.
   CloseHandle(hFile);
}
if (FAILED(result))
   return HRESULT_FROM_WIN32(ERROR_FILE_NOT_FOUND);
```

다음에는 이전에 XACT를 통해 만들었던 사운드 뱅크 파일을 읽고 등록한다. 다시 말하지만 이 코드는 DirectX 예제와 일반적으로 동일하다. Audio 클래스의 initialize 함수에 이 코드를 추가하면 함수가 완성된다(리스트 7.6 참조).

리스트 7.6 사운드 뱅크 파일 읽기와 등록

```
// XACT를 통해 사운드 뱅크 파일을 읽고 등록한다.
result = E_FAIL;                 // 기본 값은 실패 코드지만, 나중에 성공으로 대체된다.
hFile = CreateFile(SOUND_BANK, GENERIC_READ, FILE_SHARE_READ, NULL,
                OPEN_EXISTING, 0, NULL);
if (hFile != INVALID_HANDLE_VALUE)
{
  fileSize = GetFileSize(hFile, NULL);
  if (fileSize != -1)
  {
    soundBankData = new BYTE[fileSize];    // 사운드 뱅크를 위해 예약된 메모리
    if (soundBankData)
    {
      if (0 != ReadFile(hFile, soundBankData, fileSize, &bytesRead, NULL))
        result = xactEngine->CreateSoundBank( soundBankData,
                                              fileSize, 0, 0,
                                              &soundBank);
    }
  }
  CloseHandle(hFile);
}
if (FAILED(result))
  return HRESULT_FROM_WIN32(ERROR_FILE_NOT_FOUND);
return S_OK;
}
```

사운드 뱅크를 가리키는 SOUND_BANK 매개변수는 constants.h에 정의돼 있다. 또한 constants.h에 사운드 큐를 정의해야 한다. 사운드 큐는 char형 배열

로 정의돼 있다. 배열의 텍스트는 XACT 도구에서 사용한 이름과 동일해야 한다(리스트 7.7 참조).

리스트 7.7 SOUND_BANK 상수 정의

```
// audio.cpp에 필요한 오디오 파일
// WAVE_BANK는 .xwb 파일의 위치여야 한다.
const char WAVE_BANK[] = "audio\\Win\\WavesExample1.xwb";
// SOUND_BANK는 .xsb 파일의 위치여야 한다.
const char SOUND_BANK[] = "audio\\Win\\SoundsExample1.xsb";
// 사운드 큐
const char BEEP1[] = "beep1";
const char BEEP2[] = "beep2";
const char BEEP3[] = "beep3";
const char BEEP4[] = "beep4";
const char HIT[]   = "hit";
```

7.4.2 사운드 재생

사운드를 재생하기 위해 사운드 뱅크의 GetCueIndex를 호출하고 사운드 큐 중 하나를 매개변수로 제공한다. 반환되는 값은 실제 소리의 사운드 뱅크 안에 있는 인덱스다. 이 인덱스는 Play 함수를 호출하는 데 매개변수로 사용된다. Audio 클래스의 playCue 함수는 오디오 큐의 이름을 받아 해당 사운드를 재생한다(리스트 7.8 참조).

리스트 7.8 playCue 함수는 cue로 지정한 사운드를 재생한다.

```
// =================================================
// 사운드 뱅크의 큐에서 지정한 사운드를 재생한다.
// 큐가 존재하지 않더라도, 에러를 발생시키지 않는다.
// 단지 재생할 사운드가 없을 뿐이다.
// =================================================
void Audio::playCue(const char cue[])
```

```
{
    if (soundBank == NULL)
        return;
    cueI = soundBank->GetCueIndex(cue); // 사운드 뱅크로부터 큐 인덱스를 가져온다.
    soundBank->Play(cueI, 0, 0, NULL);
}
```

사운드를 재생하기 위해 원하는 사운드의 큐 이름을 매개변수로 지정한 상태로 playCue를 호출한다. 예를 들어 리스트 7.9의 코드를 살펴보자.

리스트 7.9 BEEP1 사운드 실행

```
audio->playCue(BEEP1);                      // 사운드를 재생한다.
```

7.4.3 사운드 멈춤

현재 재생되고 있는 사운드를 멈추기 위해 사운드 뱅크의 GetCueIndex 메소드를 호출하고 사운드 큐 중 하나를 매개변수로 제공한다. 반환되는 값은 실제 사운드의 사운드 뱅크 안에 있는 인덱스다. 이 값은 Stop 함수에서 사운드를 멈추기 위한 매개변수로 사용된다. Stop 함수의 두 번째 매개변수는 사운드를 멈춰야 할 때를 지정한다. 0이 사용되면 **XACT** 오디오 도구에서 설정한 디자인 사양에 따라 재생이 완료된다. XACT_FLAG_SOUNDBANK_STOP_IMMEDIATE가 매개변수로 사용되면 사운드 재생을 바로 멈춘다. stopCue 함수는 지정된 사운드를 바로 멈춘다(리스트 7.10 참조).

리스트 7.10 stopCue 함수는 재생 중이던 사운드를 멈춘다.

```
// ================================================
// 사운드 뱅크의 큐에서 지정한 사운드를 멈춘다.
// 큐가 존재하지 않더라도 에러를 발생시키지 않는다.
// ================================================
```

```
void Audio::stopCue(const char cue[])
{
    if (soundBank == NULL)
        return;
    cueI = soundBank->GetCueIndex(cue);   // 사운드 뱅크로부터 큐 인덱스를 가져온다.
    soundBank->Stop(cueI, XACT_FLAG_SOUNDBANK_STOP_IMMEDIATE);
}
```

사운드를 멈추기 위해 원하는 사운드의 큐 이름을 매개변수로 지정한 상태로 stopCue 함수를 호출한다. 리스트 7.11의 예제를 참고하라.

리스트 7.11 BEEP1 사운드의 정지

```
audio->stopCue(BEEP1);                         // 사운드를 멈춘다.
```

7.4.4 XACT 엔진 DoWork 함수

XACT 엔진은 DoWork 함수를 주기적으로 호출해야 한다. Audio 클래스 안에 DoWork 함수를 호출하는 run 함수를 만들어야 한다. Audio::run 함수 호출을 메인 게임 루프에 추가한다. Audio::run 함수는 리스트 7.12의 코드와 같다.

리스트 7.12 DoWork 함수 호출

```
// ==================================================
// 사운드 엔진 작업을 주기적으로 수행한다.
// ==================================================
void Audio::run()
{
    if (xactEngine == NULL)
        return;
    xactEngine->DoWork();
}
```

7.4.5 오디오 정리

오디오 시스템의 정리는 Audio 소멸자에서 수행된다. 이 코드는 XACT 엔진을 종료하고 Audio 클래스에 할당돼 있던 메모리 리소스를 해제한다(리스트 7.13 참조). 필요한 포인터와 함수 프로토타입은 audio.h에 포함돼 있다. 리스트 7.14에 완성된 코드가 포함돼 있다.

리스트 7.13 XACT 엔진의 종료와 메모리 리소스 해제

```cpp
// ==================================================
// 소멸자
// ==================================================
Audio::~Audio()
{
    // XACT 종료
    if (xactEngine)
    {
        xactEngine->ShutDown();    // XACT 엔진을 종료하고 리소스를 해제한다.
        xactEngine->Release();
    }
    if (soundBankData)
        delete[] soundBankData;
    soundBankData = NULL;
    // xactEngine->ShutDown()을 반환한 후 매핑된 파일에 대한 메모리를 해제한다.
    if (mapWaveBank)
        UnmapViewOfFile(mapWaveBank);
    mapWaveBank = NULL;
    if (coInitialized)              // CoInitializeEx가 정상적으로 수행됐다면
        CoUninitialize();
}
```

리스트 7.14 audio.h 파일

```cpp
// 2D 게임 프로그래밍
```

```cpp
// Copyright (c) 2011 by:
// 찰스 켈리 (Charles Kelly)
// audio.h v1.0
#ifndef _AUDIO_H                  // 여러 곳에서 이 파일을 포함하는 경우
#define _AUDIO_H                  // 다중 정의를 방지한다.
#define WIN32_LEAN_AND_MEAN
#include <xact3.h>
#include "constants.h"
class Audio
{
    // 속성
private:
    IXACT3Engine* xactEngine;     // XACT 사운드 엔진을 가리키는 포인터
    IXACT3WaveBank* waveBank;      // XACT 웨이브 뱅크를 가리키는 포인터
    IXACT3SoundBank* soundBank;    // XACT 사운드 뱅크를 가리키는 포인터
    XACTINDEX cueI;                // XACT 사운드 인덱스
    void* mapWaveBank;       // 파일을 해제하기 위해 UnmapViewOfFile()을 호출한다.
    void* soundBankData;
    bool coInitialized;      // coInitialize가 성공적으로 수행됐다면 true로 설정
public:
    // 생성자
    Audio();
    // 소멸자
    virtual ~Audio();
    // 멤버 함수
    // Audio를 초기화한다.
    GRESULT initialize();
    // 사운드 엔진 작업을 주기적으로 수행한다.
    void run();
    // 사운드 뱅크의 큐에서 지정한 사운드를 재생한다.
    // 큐가 존재하지 않더라도 에러를 발생시키지 않는다.
    // 단지 재생할 사운드가 없을 뿐이다.
    void playCue(const char cue[]);
    // 사운드 뱅크의 큐에서 지정한 사운드를 멈춘다.
    // 큐가 존재하지 않더라도 에러를 발생시키지 않는다.
```

```
    void stopCue(const char cue[]);
};
#endif
```

7.4.6 Audio 클래스 결합

마지막 단계는 게임 엔진에 새 Audio 클래스를 추가하는 것이다. game.h에
Audio를 가리키는 포인터를 추가한다(리스트 7.15 참조). 이 포인터는 Game::
initialize 함수에서 초기화된다. WAVE_BANK와 SOUND_BANK 상수가 정의돼
있으면 Audio::initialize 함수가 호출된다(리스트 7.16 참조).

리스트 7.15 game.h 파일에 Audio 클래스 객체를 가리키는 포인터 추가

```
Audio   *audio;                              // Audio 객체를 가리키는 포인터
```

리스트 7.16 Game 클래스의 initialize 함수에 오디오 시스템 초기화

```
// =================================================
// 게임을 초기화한다.
// 에러가 발생할 경우 GameError를 던진다.
// =================================================
void Game::initialize(HWND hw)
{
    hwnd = hw;                               // 윈도우 핸들 저장
    // Graphics 객체 초기화
    graphics = new Graphics();
    // GameError를 던진다.
    graphics->initialize(hwnd, GAME_WIDTH, GAME_HEIGHT, FULLSCREEN);
    // Input 객체를 초기화한다. 또한 마우스를 캡처하지 않는다.
    input->initialize(hwnd, false);          // GameError를 던진다.
    // 사운드 시스템 초기화
    audio = new Audio();
    if (*WAVE_BANK != '\0' && *SOUND_BANK != '\0')  // 사운드 파일을 정의했다면
```

```
    {
        if (FAILED(hr = audio->initialize()))
        {
            if (hr == HRESULT_FROM_WIN32(ERROR_FILE_NOT_FOUND))
                throw(GameError(gameErrorNS::FATAL_ERROR,
                        "Failed to initialize sound system" \
                        "because media file not found"));
            else
                throw(GameError(gameErrorNS::FATAL_ERROR,
                        "Failed to initialize sound system"));
        }
    )
    // 고성능의 타이머 사용을 시도한다.
    if (QueryPerformanceFrequency(&timerFreq) == false)
        throw(GameError(gameErrorNS::FATAL_ERROR,
            "Error initializing high resolution timer"));
    QueryPerformanceCounter(&timerStart);        // 시작 시간 가져오기
    initialized = true;
}
```

Game 클래스의 run 함수에서 Audio 클래스의 run 함수를 호출하는 코드를
추가한다(리스트 7.17 참조). Game::deleteAll()에서 오디오 포인터를 삭제한다
(리스트 7.18 참조).

리스트 7.17 Audio 클래스의 run 함수 호출

```
audio->run();                    // 사운드 엔진 작업을 주기적으로 수행한다.
```

리스트 7.18 audio를 가리키는 포인터 해제

```
SAFE_DELETE(audio);
```

사운드를 재생하는 함수의 호출을 좀 더 명확하게 만들기 위해 Entity 클래스에
도 Audio 포인터를 추가한다(리스트 7.19 참조). 이 포인터는 Entity::initialize
함수에서 초기화된다(리스트 7.20 참조).

리스트 7.19 entity.h 파일에 Audio 객체를 가리키는 포인터 추가

```
Audio  *audio;              // 오디오 시스템을 가리키는 포인터
```

리스트 7.20 audio 포인터 초기화

```
// =================================================
// 개체를 초기화한다.
// 이전 : *gamePtr = Game 객체를 가리키는 포인터
//        width = 이미지의 픽셀 단위 폭(0 = 텍스처 전체의 폭 사용)
//        height = 이미지의 픽셀 단위 높이(0 = 텍스처 전체의 높이 사용)
//        ncols = 텍스처의 열 수(1 ~ n) (0은 1과 같다)
//        *textureM = TextureManager 객체를 가리키는 포인터
// 이후 : 성공할 경우 true, 실패할 경우 false를 반환한다.
// =================================================
bool Entity::initialize(Game *gamePtr, int width, int height, int ncols,
                        TextureManager *textureM)
{
    input = gamePtr->getInput();          // 입력 시스템
    audio = gamePtr->getAudio();          // 오디오 시스템
    return (Image::initialize(gamePtr->getGraphics(), width, height, ncols,
                        textureM));
}
```

Audio 클래스를 게임 엔진으로 결합하면서 모든 작업은 완료된다.

▎7.5 게임에 사운드 추가

게임에서 사운드를 재생하기 위해 Audio 클래스에서 playCue 함수만 호출하면 된다. 6장의 'Bounce' 예제에 사운드를 추가해보자. 화면 각 모서리에서 우주선이 튕겨져 나올 때 다른 소리를 재생한다(리스트 7.21 참조). 완성된 프로그램을 살펴보려면 7장의 'Sound Example 1'을 살펴보라.

리스트 7.21 게임에서 사운드를 재생

```cpp
// =========================================================
// Update
// 일반적으로 프레임당 한 번 호출된다.
// frameTime은 움직임과 애니메이션의 속도를 조절하기 위해 사용된다.
// =========================================================
void Ship::update(float frameTime)
{
    Entity::update(frameTime);
    spriteData.angle += frameTime * shipNS::ROTATION_RATE;   // 우주선을
                                                            // 회전시킨다.
    spriteData.x += frameTime * velocity.x;  // X축을 따라 우주선을 이동시킨다.
    spriteData.y += frameTime * velocity.y;  // Y축을 따라 우주선을 이동시킨다.
    // 벽으로부터 튕겨 나오게 만든다.
    // 화면 오른쪽 모서리에 충돌하는 경우
    if (spriteData.x > GAME_WIDTH - shipNS::WIDTH * getScale())
    {
        // 화면 오른쪽 모서리에 위치시킨다.
        spriteData.x = GAME_WIDTH - shipNS::WIDTH * getScale();
        velocity.x = -velocity.x;              // X의 방향을 반대로 바꾼다.
        audio->playCue(BEEP1);                 // 사운드를 재생한다.
    }
    else if (spriteData.x < 0)             // 화면 왼쪽 모서리에 충돌하는 경우
    {
        spriteData.x = 0;                      // 화면 왼쪽 모서리에 위치시킨다.
        velocity.x = -velocity.x;              // X의 방향을 반대로 바꾼다.
```

```
    audio->playCue(BEEP2);                        // 사운드를 재생한다.
  }
  // 화면 아래쪽 모서리에 충돌하는 경우
  if (spriteData.y > GAME_HEIGHT - shipNS::HEIGHT * getScale())
  {
    // 화면 아래쪽 모서리에 위치시킨다.
    spriteData.y = GAME_HEIGHT - shipNS::HEIGHT * getScale();
    velocity.y = -velocity.y;                      // Y의 방향을 반대로 바꾼다.
    audio->playCue(BEEP3);                        // 사운드를 재생한다.
  }
  else if (spriteData.y < 0)                       // 화면 위쪽 모서리에 충돌하는 경우
  {
    spriteData.y = 0;                              // 화면 위쪽 모서리에 위치시킨다.
    velocity.y = -velocity.y;                      // Y의 방향을 반대로 바꾼다.
    audio->playCue(BEEP4);                        // 사운드를 재생한다.
  }
}
```

■ 7.6 오디오 재생 조정

XACT 오디오 환경은 사운드가 재생되는 방식에 영향을 주는 여러 가지 조정 속성이 있다. 이런 조정은 XACT GUI 도구를 사용해 만들기 때문에 게임 코드를 변경할 필요가 없다. 이렇게 하면 게임 오디오를 직접 변경할 수 있기 때문에 게임을 만들 때 좀 더 많은 유연함을 제공한다. 이런 유형의 시스템으로 오디오 디자이너는 게임 프로그래머 없이 게임 오디오를 변경할 수 있다.

7.6.1 사운드 속성

XACT GUI 도구에서 사운드 뱅크를 열고 사운드 뱅크 윈도우에 있는 사운드 중 하나를 선택한다. 그러면 오디오 속성 윈도우가 표시된다. 그림 7.8의 오디오 속성은 다음과 같다.

• Name 사운드의 이름

- **Notes** 사운드에 대한 주석을 추가한다. GUI 도구에서만 보인다.
- **Category** 사운드 유형을 지정한다(Global, Default, Music).
- **Volume** 사운드의 음량을 조절한다.
- **Pitch** 사운드의 음높이를 조절한다.

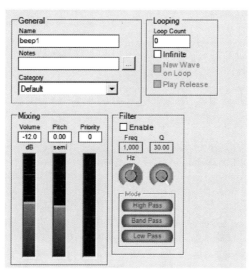

그림 7.8 XACT 오디오 속성

- **Priority** 사운드의 우선순위를 지정한다. 0이 가장 높고, 255가 가장 낮다. 할당된 소리의 최댓값을 사용하는 경우에만 사용된다.
- **Loop Count** 사운드를 추가로 재생할 횟수다. 값이 1이라면 사운드는 두 번 재생된다.

Loop Count는 반복해서 재생해야 하는 사운드에 유용하게 사용된다. 사운드는 멈출 때까지 자동으로 반복한다.

- **Infinite** 사운드가 재생을 시작할 때 계속 반복 재생한다.
- **New wave on loop** 체크하면 다음 반복부터 새 웨이브 변주로 재생된다.

- **Play release** 사운드를 반복 재생할 때 공개돼 있는 엔빌로프^{Envelope}(파형의 끝을 서로 연결하여 파형을 둘러싸듯이 그려진 선 - 옮긴이)나 페이드^{Fade}(사운드의 음량을 높이거나 줄이는 것 - 옮긴이)를 재생한다.

- **Enable** 필터링을 활성화한다.

- **Freq** 필터 주파수의 중심을 설정한다.

- **Q** 필터의 롤오프$^{Roll-Off}$(사운드의 진폭 주파수 특성에 있어 평탄한 부분을 넘어 주파수가 높은 쪽으로(혹은 낮은 쪽으로) 변화하였을 때 진폭이 서서히 작게 감쇠하는 것을 이르는 말 - 옮긴이) 속도를 설정한다.

- **Mode** 필터링의 유형을 설정한다.

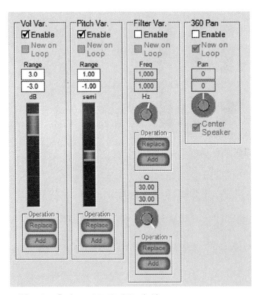

그림 7.9 추가 XACT 오디오 속성

그림 7.9의 오디오 속성은 다음과 같다.

- **Vol Var**
  - **Enable** 사운드가 재생될 때 임의의 음량을 사용한다.
  - **New on loop** 사운드가 반복될 때마다 새 음량을 사용한다.

- ◦ Range   임의의 음량에 대한 최솟값과 최댓값이다.
- ◦ Operation   다른 설정에 대해 이 설정이 어떻게 동작할 것인지 설정한다.
- Pitch Var
  - ◦ Enable   사운드가 재생될 때 임의의 음높이를 사용한다.
  - ◦ New on loop   사운드가 반복될 때마다 새 음높이를 사용한다.
  - ◦ Range   임의의 음높이에 대한 최솟값과 최댓값이다.
  - ◦ Operation   다른 설정에 대해 이 설정이 어떻게 동작할 것인지 설정한다.
- Filter Var.
  - ◦ Enable   사운드가 재생될 때 임의의 필터 주파수를 사용한다.
  - ◦ New on loop   사운드가 반복될 때마다 새 음높이를 사용한다.
  - ◦ Freq   임의의 주파수에 대한 최솟값과 최댓값이다.
  - ◦ Operation (Freq)   다른 설정에 대해 이 설정이 어떻게 동작할 것인지 설정한다.
  - ◦ Q   임의의 Q에 대한 최솟값과 최댓값이다.
  - ◦ Operation (Q)   다른 설정에 대해 이 설정이 어떻게 동작할 것인지 설정한다.

'360 Pan' 속성은 3D 게임에 더 적합하므로, 여기에서는 다루지 않는다.

7.6.2 큐

큐^{Cue}는 게임 코드에서 사운드를 재생하는 데 사용된다. 큐는 하나 또는 그 이상의 사운드를 재생할 수 있다. 앞에서 사운드 이름을 'Cue Name' 윈도우에 드래그해 큐를 만들었다. 또한 'Cue Name' 윈도우에서 마우스 오른쪽 버튼으로 클릭하거나, Ctrl + U 키를 누르거나, 사운드 뱅크 메뉴에서 New Cue를 선택해 새로운 큐를 만들 수 있다. 새 큐는 마우스 오른쪽 버튼으로 클릭하고, Rename을 선택해 이름을 바꿀 수 있다.

Sound Name 윈도우에서 드래그하고 큐 안에 드롭해 사운드를 큐에 추가할

수 있다. 그림 7.10에서 'beep1and2'라는 이름의 새 큐를 만들었고, 'beep1'과
'beep2' 사운드를 추가했다.

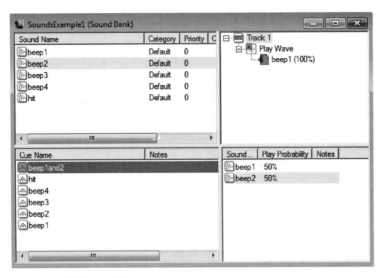

그림 7.10 새로운 큐 생성

7.6.3 큐 속성

큐의 속성을 조정해 연관된 사운드를 재생할 방법을 제어할 수 있다. 선택된
큐의 속성은 XACT GUI 도구의 왼쪽 하단 윈도우에 표시된다. 그림 7.11의
큐 속성은 다음과 같다.

- Name   큐의 이름

- Notes   디자이너 메모

- Playlist type   사운드가 어떻게 재생될 것인가 지정하는데, Ordered, Ordered
  from Random, Random, Random(No Immediate Repeats), Shuffle, Interactive 중
  하나로 지정한다.

- Variations   슬라이더는 사운드가 재생될 확률을 조정하는 데 사용된다.

- Limit instances   동시에 재생할 수 있는 사운드의 인스턴스 수를 제한한다.

Limit instances는 사운드를 재생할 때 여러 사운드의 동시 재생을 방지하는 코드를 추가로 작성
하지 않게 해주는 매우 유용한 기능이다. 설명을 위해 7장의 'Limit Instances' 예제를 참고하라.

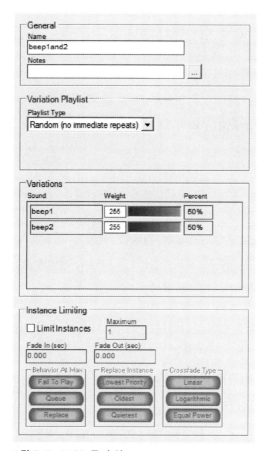

그림 7.11 XACT 큐 속성

- **Maximum** 이 사운드의 인스턴스 수의 최댓값
- **Fade in** 지정된 시간에 사운드가 0 음량에서 최대 음량으로 페이드인Fade In(사운드 음량을 서서히 높이는 것 – 옮긴이)한다.
- **Fade out** 지정된 시간에 사운드가 최대 음량에서 0 음량으로 페이드아웃Fade Out(사운드 음량을 서서히 줄이는 것 – 옮긴이)한다.

- Behavior at max   사운드의 인스턴스 수가 최댓값에 도달하면 어떻게 할 것인지 지정한다.
- Replace instance   재생하고 있는 인스턴스 중 어떤 인스턴스를 새 인스턴스로 교체할 것인지 지정한다.
- Crossfade type   새 인스턴스를 어떻게 이전 인스턴스로 교체할 것인지 지정한다.

XACT GUI 도구에서 사용 가능한 기능 중 일부만 알아봤다. 좀 더 자세한 정보는 'All Programs/Microsoft DirectX SDK (date)/DirectX Documentation for C++'를 참고하라.

정리

7장에서는 사운드를 만들 수 있는 기능을 제공해 게임에서 청각을 자극하는 방법을 배웠다. 멋진 사운드 효과와 음악은 비디오 게임만큼이나 중요하다. 7장에서 배운 세부 사항은 다음과 같다.

- **오디오 소스**   온라인에 로열티 없는 게임 오디오 소스를 사용할 수 있는 곳이 몇 군데 있다.
- **Audacity**   오픈소스 애플리케이션인 Audacity는 게임 오디오를 만들고 편집할 수 있는 굉장한 도구다.
- **XACT**   마이크로소프트 플랫폼 오디오 생성 도구, 다른 말로 XACT를 통해 게임에서 사용할 오디오 파일을 준비할 수 있다.
- **시간 절약**   XACT 도구는 게임에서 사용되는 사운드를 변경할 수 있게 해주고, C++ 코드를 변경할 필요 없이 속성을 변경할 수 있다.
- **필요한 파일**   XACT를 통해 생성된 두 파일 Sound Bank.xsb와 Wave Bank.xwb는 게임에 필요한 파일이다.
- **XACT 오디오 엔진**   게임 엔진은 XACT 오디오 엔진을 사용해 사운드를 재생한다.

- **큐** 각 사운드는 재생을 위해 사운드를 선택하는 데 사용되는 연관된 큐를 가진다.
- **DoWork()** XACT 엔진의 `DoWork()` 함수는 주기적으로 호출해야 한다.
- **Audio 클래스** `Audio` 클래스는 게임 엔진에 XACT 엔진을 추가하는 데 필요한 DirectX 코드를 포함한다.
- **사운드 재생** 원하는 사운드의 큐 이름을 매개변수로 지정한 상태로 `audio->playCue(cue)`를 호출해 사운드를 재생한다.
- **사운드 멈춤** 현재 재생 중인 사운드를 멈추기 위해 원하는 사운드의 큐 이름을 매개변수로 지정한 상태로 `audio->stopCue(cue)` 함수를 호출한다.
- **사운드 엔진 작업** 사운드 엔진 작업을 수행하기 위해 주기적으로 `audio->run()` 함수를 호출해야 한다.
- **여러 사운드** 큐는 하나 이상의 사운드를 재생하기 위해 사용한다.
- **관련 사운드** 큐 속성은 연관된 사운드가 재생되는 방식을 제어한다.
- **재생 방지** 큐의 'Limit instances' 속성은 여러 사운드의 동시 재생을 방지하는 코드를 추가로 작성하지 않게 해주는 매우 유용한 기능이다.

복습문제

1. (참/거짓) XACT는 XAudio2보다 고수준 API다.
2. (참/거짓) XACT 프로그램은 처리된 오디오 파일을 만드는 데 사용한다.
3. (참/거짓) 게임 오디오에 포함하는 두 개의 파일은 'Sound Bank'와 'Cue Bank'다.
4. (참/거짓) 오픈소스 프로그램인 Audacity는 오디오 파일을 편집하는 데 사용하지만, 새 오디오 파일을 녹음하는 기능은 없다.
5. 오디오 파일을 저장할 때 사용을 권장하는 오디오 파일 형식은 무엇인가?
6. Audacity에서 파형의 음량 레벨은 어떻게 변경하는가?
7. XACT 오디오 엔진에서 주기적으로 호출해야 하는 함수는 무엇인가?

8. 사운드 큐의 목적은 무엇인가?

9. 사운드 큐를 사용해 사운드를 재생하는 예제를 보여라.

10. 큐 속성에서 'Limit instances'가 하는 일은 무엇인가?

연습문제

1. 'Limit Instances' 예제 프로그램에서 'B'를 눌러도 재생되는 사운드의 인스턴스가 1개로 제한되게 프로그램을 수정하라. 오직 XACT 프로그램만 사용해 수정해야 한다. 코드를 수정할 필요는 없다.

2. 'Sound Example 1' 예제 프로그램에서 여러분만의 사운드 효과를 사용하게 수정하라.

3. 6장의 'Plant Collision' 예제에 사운드 효과를 추가하라.

4. 6장의 연습문제 5번에서 여러분이 만든 게임에 사운드 효과를 추가하라.

예제

다음 예제들은 www.programming2dgames.com에서 다운로드할 수 있다.

- Sound Example 1 하나의 우주선이 윈도우 모서리에 튕겨져 나온다. 각 모서리마다 다른 사운드 효과가 재생된다.

    ○ XACT 오디오 엔진을 사용해 게임 사운드를 재생하는 방법을 설명한다.

- Limit Instances 두 우주선, 우주선 A와 우주선 B가 나타난다. 'A' 키를 누르면 XACT GUI 도구에서 큐 속성 중 'Limit instances'를 1로 설정해 하나의 인스턴스로 제한해 사운드 효과를 재생한다. 'B' 키를 누르면 무제한의 인스턴스를 가진 사운드 효과를 재생한다.

    ○ XACT GUI 도구를 사용해 사운드 효과의 재생을 제어하는 방법을 설명한다.

텍스트

게임에 텍스트를 추가하는 방법에는 여러 가지가 있다. 이전 예제에 사용했던 간단한 기법 중 하나는 미리 렌더링된 텍스트가 포함돼 있는 그림을 보여주는 것이다. 그림의 일부로 텍스트를 보여주는 것은 시작 화면이나 승리 화면, 또는 패배 화면이나 간단한 대화에 적합하다. 8장에서는 텍스트를 보여주는 다른 두 기법을 살펴본다. 8장에서 살펴볼 첫 번째 기법은 큰 텍스처 이미지에서 각 문자를 표시하는 스프라이트를 사용하는 것이다.

▌8.1 스프라이트 텍스트

스프라이트 텍스트 시스템에서 각 문자는 큰 텍스처 이미지에 포함돼 있다. 프로그램은 각 문자를 렌더링할 때 큰 텍스처 이미지 중 어느 부분을 사용할지 결정한다. 이 기법은 기본적으로 앞의 장들에서 여러 프레임을 갖는 이미지에서 각 프레임을 표시하는 것과 같은 기법이다. 이런 유사성 때문에 여러분이 작성했던 코드의 대부분을 재사용할 수 있다.

스프라이트 기반 텍스처는 여러 장점을 가진다. 장점 중 일부는 다음과 같다.

- **사용자 정의 글꼴** 문자는 간단한 이미지이므로 사용자 정의 글꼴을 쉽게 만들 수 있다(대부분의 글꼴은 저작권이 있다. 따라서 상용 게임에서 사용하려는 경우 라이선스 문제가 생길 수 있다).

- **새로운 문자** 예를 들어 클링온^{Klingon}(미국 영화 스타 트렉에 나오는 호전적인 외계인 – 옮긴이)의 언어와 같이 현재 글꼴에 없는 문자를 표시할 수 있다.

- **빠른 표시** 스프라이트 텍스트 표시는 매우 빠르다.

- **속성 조작** 각 문자의 속성은 회전, 크기 조정, 색상 변경 등 게임 이미지를 조작했던 것과 같은 방법으로 조작할 수 있다.

그림 8.1은 스프라이트 기반 글꼴의 예를 보여준다. 예제의 글꼴은 224개의 문자가 포함돼 있다. 각 문자는 폭 48픽셀, 높이 52픽셀이다. 스프라이트 기반 글꼴에서 중요한 점은, 큰 이미지로 시작하라는 것이다. 작은 문자를 만들기 위해 글꼴의 크기를 줄여야 한다면 각 문자는 선명하게 보일 것이다. 그러나 큰 문자를 만들기 위해 글꼴의 크기를 늘려야 한다면 문자의 곡선 모서리 부분은 부드러운 모양이 아닐 것이다.

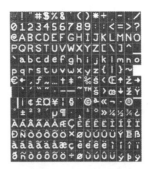

그림 8.1 스프라이트 텍스트에 사용하는 텍스처 이미지

그림 8.2는 각각 122픽셀, 52픽셀, 15픽셀 높이의 문자 'C'를 나타낸다. 62픽셀 높이의 문자 'C'의 배율은 1이다. 즉, 원래 텍스처 이미지와 같은 품질을 가진다. 122픽셀 높이의 텍스처 이미지는 2배의 크기로 확대되는데, 눈에 띄는 들쭉날쭉한 모서리를 생성한다. 15픽셀 높이의 이미지는 원본 이미지에 있는

작은 결함이 작은 배율에서는 손실되기 때문에 더 좋게 보인다.

그림 8.2 스프라이트 기반의 글꼴을 확대했을 때의 결과.

8.1.1 스프라이트 텍스트 함수

각각의 문자 스프라이트를 표시하기 위해 만드는 함수는 다른 프로그램에서 텍스트를 출력하는 것처럼 간단하게 보여줄 수 있도록 만들어야 한다. 텍스트 함수와 속성은 Text 클래스로 통합된다. 스프라이트 기반 텍스트에서 사용하는 함수는 다음과 같다.

- **void setXY(int x, int y)**

  모니터에 표시되는 정보의 위치 X, Y를 설정한다. 다음에 표시될 문자는 X, Y의 왼쪽 상단 모서리에 나타난다. 여기서 X, Y는 게임 화면의 픽셀 좌표를 나타낸다. 텍스트 출력은 모니터에 표시되는 정보의 위치 X, Y를 표시된 문자열 끝으로 재조정한다. 다음 이스케이프 시퀀스 또한 모니터에 표시되는 정보의 위치를 변경하는 데 사용할 수 있다.

  ○ **\n(개행)** X를 시작 위치로 되돌리고 Y를 아래로 한 줄 증가시킨다.

  ○ **\r(캐리지 리턴)** X를 시작 위치로 되돌리지만 Y는 변하지 않는다.

  ○ **\t(탭)** X를 다음 탭의 시작 위치로 설정한다. Y는 변하지 않는다. 탭 크기 상수 TAB_SIZE = 8은 text.h에 들어있다.

  ○ **\b(백스페이스)** X를 한 글자 왼쪽으로 이동한다.

  ○ **\v(수직 탭)** Y를 한 줄 아래로 이동한다.

  텍스트는 print 함수를 통해 표시된다. print 함수는 spriteBegin과 spriteEnd 호출 사이에 사용해야 한다(다음 절의 예제를 참고하라).

- void print(const std::string &str)

  현재 X, Y 위치에 문자열을 출력한다.

- void print(const std::string &str, int x, int y)

  모니터에 표시되는 정보의 위치를 X, Y로 설정하고, 문자열을 출력한다.

- void print(const std::string &str, int x, int y, textNS::Alignment align)

  모니터에 표시되는 정보의 위치를 X, Y로 설정하고, 지정된 정렬을 사용해 문자열을 출력한다. 사용 가능한 정렬 값은 다음과 같다.

  ○ **LEFT** 텍스트를 X, Y 위치에 왼쪽 정렬한다.

  ○ **CENTER** 텍스트를 X 위치에 가운데 정렬하고 Y에 대해 위쪽 정렬한다.

  ○ **RIGHT** 텍스트를 X, Y 위치에 오른쪽 정렬한다.

  ○ **CENTER_MIDDLE** 텍스트를 X 위치에 가운데 정렬하고, Y에 대해 수직 가운데 정렬한다.

  ○ **CENTER_BOTTOM** 텍스트를 X 위치에 가운데 정렬하고, Y에 대해 아래쪽 정렬한다.

  ○ **LEFT_BOTTOM** 텍스트를 X 위치에 왼쪽 정렬하고, Y에 대해 아래쪽 정렬한다.

  ○ **RIGHT_BOTTOM** 텍스트를 X 위치에 오른쪽 정렬하고, Y에 대해 아래쪽 정렬한다.

- void setFontHeiht(UINT height)

  void getFontHeight()

  현재 글꼴의 픽셀 단위 값을 얻거나 설정한다. 텍스처 글꼴 예제에서 1/1 배율의 높이는 62픽셀이다.

- void getWidthHeight(const std::string &str, UINT &width, UINT &height)

  현재 글꼴의 높이를 이용해 문자열을 나타내는 데 필요한 폭과 높이를 얻는다. 폭과 높이는 픽셀 단위로 반환된다. 이 함수를 통해서는 아무 것도 표시되지 않는다.

- **void setFontColor(COLOR_ARGB c)**

  COLOR_ARGB getFontColor()

  현재 글꼴 색상을 얻거나 설정한다. 기본 색상은 white다. graphics.h 파일에는 미리 선언된 많은 색상 값을 포함하고 있다. 또는 SETCOLOR_ARGB 매크로를 사용해 색상을 지정할 수 있다.

- **void setBackColor(COLOR_ARGB bc)**

  COLOR_ARGB getBackColor()

  현재 배경 색상을 얻거나 설정한다. 기본 배경 색상은 TRANSCOLOR다. TRANSCOLOR 색상은 constants.h에 SETCOLOR_ARGB(0, 255, 0, 255), 즉 마젠타Magenta 색으로 정의돼 있다. 스프라이트 텍스처 이미지는 마젠타 색의 배경을 갖는데, 이렇게 되면 문자가 표시돼도 배경 때문에 보이지 않게 된다.

- **void setProportional(bool p)**

  bool getProportional()

  비례 간격의 상태를 얻거나 설정한다. setProportional(true)를 이용해 비례 간격을 활성화하고 setProportional(false)를 이용해 비활성화한다.

- **void setProportionalSpacing(UINT s)**

  UINT getProportionalSpacing()

  비례 간격이 true일 때 문자 사이의 거리를 얻거나 설정한다. 기본 값은 text.h에 PROPORTIONAL_SPACING = 5;로 설정돼 있다.

- **void setUnderline(bool u)**

  bool getUnderline()

  밑줄의 상태를 얻거나 설정한다. setUnderline(true)를 이용해 밑줄을 활성화하고, setUnderline(false)를 이용해 비활성화한다.

- **void setBold(bool b)**

  bool getBold()

  굵은체의 상태를 얻거나 설정한다. setBold(true)를 이용해 굵은체를 활성화하고, setBold(false)를 이용해 비활성화한다. 굵은체 출력은 문자 사이에 수평 간격을 갖는 문자를 각각 두 번 출력해 수행한다. 간격 수치는 tex.h에 BOLD_SIZE = 4;로 선언돼 있다.

- **void setTabSize(UINT size)**

  bool getTabSize()

  탭 크기를 얻거나 설정한다. 기본 탭 크기는 text.h에 TAB_SIZE = 8;로 선언돼 있다.

글꼴 속성의 변경 사항은 변경될 때까지 유효하다.

- **bool initialize(Graphics *g, const char *file)**

  Text 객체를 초기화한다. 매개변수는 다음과 같다.

  ○ ***g** Graphics 객체를 가리키는 포인터

  ○ ***file** 글꼴 텍스처를 포함하는 파일명

  Text 클래스는 Image 클래스로부터 상속을 받으므로 Image 클래스로부터 다음과 같이 텍스트의 표시를 제어하는 멤버 함수를 사용할 수 있다.

- **float getX()**

  float getY()

  현재 X 또는 Y 위치를 얻는다.

- **void setDegrees(float deg)**

  void setRadians(float rad)

  문자의 회전 각도를 설정한다. 각 문자의 중심을 기준으로 회전하게 된다.

8.1.2 스프라이트 텍스트 표시하기

이제 프로그램에서 스프라이트 기반 텍스트를 사용하는 방법을 살펴보자. 8장의 'Three Cs' 예제 코드를 살펴볼 것이다. www.programming2dgames.com에

서 완성된 소스코드를 다운로드할 수 있다. 메인 Game 클래스 헤더 파일에 text.h 헤더 파일을 추가하는 일부터 시작해보자(리스트 8.1 참조).

리스트 8.1 game.h에 text.h 추가

```
// 2D 게임 프로그래밍
// Copyright (c) 2011 by:
// 찰스 켈리 (Charles Kelly)
// 8장 threeCs.h v1.0
#ifndef _THREECS_H          // 여러 곳에서 이 파일을 포함하는 경우
#define _THREECS_H          // 다중 정의를 방지한다.
#define WIN32_LEAN_AND_MEAN
#include "game.h"
#include "image.h"
#include "text.h"
#include "constants.h"
```

다음에는 Text 객체를 가리키는 포인터를 만든다. 예제에서 포인터를 fontCK로 명명했다(리스트 8.2 참조). threeCs.cpp의 클래스 생성자에 새 Text 객체를 만든다(리스트 8.3 참조). 그리고 소멸자에서 Text 객체를 삭제한다(리스트 8.4 참조). initialize 함수 안에 Text 객체의 initialize 함수를 호출한다. FONT_IMAGE는 constants.h에 정의돼 있다(리스트 8.5 참조). 그리고 그래픽 디바이스가 로스트 상태가 됐을 때 처리할 수 있게 적절한 호출도 추가해야 한다(리스트 8.6 참조). 텍스트 출력은 일반적으로 메인 Game 클래스의 render 함수 안에서 다른 모든 게임 요소와 함께 수행된다(리스트 8.7 참조).

리스트 8.2 Text 객체를 가리키는 포인터 생성

```
class ThreeCs : public Game
{
private:
```

```
    // 게임 아이템
    Text      *fontCK;              // 스프라이트 기반의 글꼴
```

리스트 8.3 Text 객체 생성

```
// ==================================================
// 생성자
// ==================================================
ThreeCs::ThreeCs()
{
    fontCK = new Text();        // 스프라이트 기반의 글꼴
}
```

리스트 8.4 Text 객체 삭제

```
// ==================================================
// 소멸자
// ==================================================
ThreeCs::~ThreeCs()
{
    releaseAll();               // 모든 그래픽 아이템에 대해 deviceLost() 호출
    SAFE_DELETE(fontCK);
}
```

리스트 8.5 Text 객체 초기화

```
// ==================================================
// 게임을 초기화한다.
// 에러가 발생할 경우 GameError를 던진다.
// ==================================================
void ThreeCs::initialize(HWND hwnd)
{
    Game::initialize(hwnd);
```

```
graphics->setBackColor(graphicsNS::WHITE);
// 텍스트 초기화
if (!fontCK->initialize(graphics, FONT_IMAGE))
    throw (GameError(gameErrorNS::FATAL_ERROR,
            "Error initializing CKfont"));
```

리스트 8.6 Text 객체 해제와 리셋

```
// ==================================================
// 그래픽 디바이스가 로스트 상태가 됐을 때
// 예약된 모든 비디오 메모리를 해제하고
// 그래픽 디바이스를 리셋할 수 있게 한다.
// ==================================================
void ThreeCs::releaseAll()
{
    fontCK->onLostDevice();
    Game::releaseAll();
    return;
}
// ==================================================
// 그래픽 디바이스를 리셋한다.
// 모든 표면을 재생성한다.
// ==================================================
void ThreeCs::resetAll()
{
    fontCK->onResetDevice();
    Game::resetAll();
    return;
}
```

리스트 8.7 텍스트 출력

```
// ==================================================
// 게임 아이템을 렌더링한다.
```

```
// =================================================
void ThreeCs::render()
{
    graphics->spriteBegin();
    fontCK->setProportional(false);
    fontCK->setFontColor(graphicsNS::BLACK);
    fontCK->setBackColor(TRANSCOLOR);
    fontCK->setFontHeight(FONT_HEIGHT * 2);
    fontCK->print("C", 20, 100);
    fontCK->setFontHeight(FONT_HEIGHT);
    fontCK->print("C", 114, 148);
    fontCK->setFontHeight(FONT_HEIGHT / 4);
    fontCK->print("C", 164, 184);
    graphics->spriteEnd();
}
```

▋ 8.2 사용자 정의 글꼴 작성

사용자 정의 글꼴은 어떤 페인트 프로그램이든 사용해 만들 수 있다. 글꼴 텍스처는 문자를 디자인할 때 도움을 주는 격자를 포함한다. 그림 8.3에서 텍스처 문자 'A'와 'j'를 볼 수 있다. 텍스처 이미지의 경계선은 노란색이다. 이렇게 하면 검은색 배경에서 더 잘 보인다. 글자의 하단 가까이에 있는 경계선 면의 작은 틈은 기준선을 나타낸다. 기준선 아래 영역은 디센더^{Descender}(구문 활자에서 소문자 자체가 나란한 수평선보다 아래로 삐쳐 나온 부분을 말한다. 바로 g, j, p, q, y의 5문자가 디센더를 갖는다. 서체에 따라 디센더의 길이가 다른데, 밑변에 가상의 디센더 라인을 만들어 쓴다. 다른 말로 하강 문자라고도 한다. - 옮긴이)가 사용한다. CKfont에 있는 문자는 모서리를 혼합하는 페인트 프로그램을 사용해 검정색 배경에 흰색으로 그렸다. 그 결과 각 문자 주위에 회색 경계선이 생겼다. 그래서 검은색 배경은 투명한 마젠타 색으로 대체됐다. 알파 투명도를 지원하는 페인트 프로그램을 사용하는 경우에는 투명한 색이 필요하지 않을 것이다.

그림 8.3 문자 텍스처의 예제

Text 클래스는 스프라이트를 그릴 때 색상 필터를 적용해 글꼴 색상을 설정한다. 텍스처 이미지는 색상 필터가 예상한대로 동작하게 문자를 형성하는데 항상 흰색을 사용해야 한다.

글꼴 텍스처가 Text 클래스의 설정과 일치하는지 확인하라. 다음은 text.h에 정의돼 있는 상수와 글꼴 텍스처와 어떤 관련이 있는지 보여준다.

- **FONT_BORDER = 3;** 각 문자의 경계선 크기로, 이전에 스프라이트 텍스처 주위에 1픽셀 크기의 투명 테두리를 제공해야 한다고 했던 말을 기억하길 바란다. 각 면에 1픽셀이 있다는 것은 테두리 크기가 2라는 의미다. 각 문자의 오른쪽과 아래쪽에 눈에 보이는 격자를 추가하면 총합은 3이 된다. 눈에 보이는 격자는 각 문자의 오른쪽과 아래쪽 모서리에만 그릴 수 있다. 격자를 함께 배치하면 완성된 격자를 형성한다.

- **FONT_HEIGHT = 62;** 문자의 픽셀 단위 높이다.

- **GRID_WIDTH = 48 + FONT_BORDER;** FONT_BORDER를 포함한 각 문자 격자의 픽셀 단위 폭으로, 예제에서 각 격자의 폭은 51픽셀이다.

- **GRID_HEIGHT = FONT_HEIGHT + FONT_BORDER;** FONT_BORDER를 포함한 각 문자 격자의 픽셀 단위 높이로, 예제에서 각 격자의 높이는 65픽셀이다.

- **COLUMNS = 16;** 글꼴 이미지의 열 수다.

- **ROWS = 14;** 글꼴 이미지의 행 수다.

- **FRAMES = 1;** 각 문자에 대한 애니메이션의 프레임 수(1 = 애니메이션이 없다)다.

- **ANIM_DELAY = 0.0;** 애니메이션 프레임 사이의 지연 시간이다.

- **MAX_FONT_HEIGHT = 1000;** 글꼴의 최대 높이다.

- **MIN_CHAR = 0x0020;** 왼쪽 상단 문자의 문자 코드로, 글꼴 텍스처의 왼쪽

상단 문자는 일반적으로 표시되지 않고 비어있다고 가정한다. 16진수로 0x0020는 10진수로 32다.

- **MAX_CHAR = 0x00FF;** 오른쪽 하단 문자의 문자 코드로, 16진수로 0x00FF는 10진수로 255다.

- **PROPORTIONAL_SPACING = 5;** 1:1 크기에서 비례 간격이 있는 문자 사이의 픽셀 단위 간격으로, 비례 간격은 다른 글꼴의 크기에 따라 조정된다.

- **TAB_SIZE = 8;** 문자 위치로 표현되는 탭 간격의 크기다.

- **UNDERLINE = '_';** 밑줄을 표시하는 데 사용하는 문자로, '_'의 아스키ASCII 값은 16진수로 0x5F, 또는 10진수로 95다. 밑줄 텍스처가 다른 격자 위치로 옮겨지면 UNDERLINE 상수가 격자 위치를 나타내게 변한다. 밑줄 출력은 표시할 문자 다음에 밑줄 문자를 출력해 수행된다.

- **SOLID = 0x7F;** 솔리드 블록Solid Block을 표시하는 데 사용되는 문자로, 솔리드 블록 문자는 배경색을 표시하는 데 사용된다. 0x7F의 10진수 값은 127이다. 127이라는 값은 글꼴 텍스처의 왼쪽 상단의 문자 번호를 가져와 MIN_CHAR (16진수로 0x20은 10진수로 32) 값을 더해 계산된다.

- **BOLD_SIZE = 4;** 굵은체 출력은 문자 사이에 수평 간격을 갖는 문자를 각각 두 번 출력해 수행한다. 이것은 1:1 크기의 문자에 적용되는 오프셋Offset의 픽셀 수다. 굵은체의 간격은 다른 글꼴의 크기에 따라 조정된다.

▌█ 8.3 Text 클래스의 세부 내용

Text 클래스에서 비례 간격을 결정하는 코드는 initialize 함수 안에 포함돼 있다. 글꼴 텍스처를 불러올 때 각 문자의 왼쪽 모서리와 오른쪽 모서리가 위치할 곳을 결정하기 위해 픽셀 단위로 검사한다. 이 정보는 fontData 배열에 저장된다. 문자가 표시될 때 fontData 배열의 데이터를 사용해 텍스처 이미지로부터 문자를 정확하게 선택한다. 지금은 initialize 함수를 자세히 살펴보고 나중에 출력에 관한 내용을 살펴보자.

일반적으로 Graphics::loadTexture 함수를 통해 텍스처를 불러온다. loadTexture 함수는 텍스처를 일반적으로 비디오 메모리인 기본 D3D 메모리로 불러온다. 하지만 픽셀 수준에서 텍스처를 살펴보기 위해서는 텍스처를 시스템 메모리로 불러와야 한다. 따라서 이런 목적을 위해 Graphics 클래스에 새함수를 추가할 것이다. 이 함수의 이름을 Graphics::loadTextureSystemMem라고 하자. 리스트 8.8은 이 영광스러운 코드를 전부 보여준다. 리스트 8.8에 강조 표시가 된 행에서 볼 수 있듯이 D3DPOOL_SYSTEMMEM 매개변수를 통해 시스템 메모리 풀을 지정한다.

리스트 8.8 loadTextureSystemMem 함수는 텍스처를 시스템 메모리로 불러오는 데 사용된다.

```
// ========================================================
// 텍스처를 시스템 메모리에 불러온다(시스템 메모리는 락을 걸 수 있다).
// 픽셀 데이터에 직접적인 접근을 제공한다.
// TextureManager 클래스를 사용해 표시를 위한 텍스처를 불러온다.
// 이전 :  filename은 텍스처 파일명이다.
//         transcolor는 투명색이다.
// 이후 :  width 및 height = 텍스처의 크기
//         texture는 텍스처를 가리키는 포인터다.
// HRESULT를 반환하고 TextureData 구조체를 채운다.
// ========================================================
HRESULT Graphics::loadTextureSystemMem(const char *filename, COLOR_ARGB
                                       transcolor, UINT &width,
                                       UINT &height, LP_TEXTURE &texture)
{
    // 비트맵 파일 정보를 읽기 위한 구조체
    D3DXIMAGE_INFO info;
    result = E_FAIL;              // 윈도우 표준 반환 값
    try{
      if (filename == NULL)
      {
        texture = NULL;
        return D3DERR_INVALIDCALL;
```

```
    }

    // 비트맵 파일로부터 폭과 높이를 가져온다.
    result = D3DXGetImageInfoFromFile(filename, &info);
    if (result != D3D_OK)
        return result;
    width = info.Width;
    height = info.Height;
    // 불러온 비트맵 이미지 파일로부터 새 텍스처를 생성한다.
    result = D3DXCreateTextureFromFileEx(
    device3d,              // 3D 디바이스
    filename,              // 비트맵 파일명
    info.Width,            // 비트맵 이미지 폭
    info.Height,           // 비트맵 이미지 높이
    1,                     // 밉-맵 레벨(1은 체인 없음)
    0,                     // 사용
    D3DFMT_UNKNOWN         // 표면 형식(기본 값)
    D3DPOOL_SYSTEMMEM,     // 시스템은 락을 걸 수 있다.
    D3DX_DEFAULT,          // 이미지 필터
    D3DX_DEFAULT,          // 밉 필터
    transcolor,            // 투명도를 위한 색상 키
    &info,                 // 비트맵 파일 정보(불러온 파일로부터)
    NULL,                  // 색상 팔레트
    &texture);             // 텍스처 목적지
    } catch (...)
    {
        throw(GameError(gameErrorNS::FATAL_ERROR,
                "Error in Graphics::loadTexture"));
    }
    return result;
}
```

8.3.1 초기화

loadTextureSystemMem 함수는 Text::initialize 함수에서 글꼴 텍스처를 시스템 메모리로 불러오는 데 사용된다. Graphics *g 매개변수는 Graphics 객체를 가리키고, char *file 매개변수는 글꼴 텍스처 파일명이다(리스트 8.9 참조). 픽셀 데이터에 접근하기 전에는 글꼴 텍스처에 락^{Lock}을 걸어야 한다(리스트 8.10 참조).

리스트 8.9 글꼴 텍스처를 시스템 메모리로 불러온다.

```
// =================================================
// 텍스트를 초기화한다.
// 글꼴 이미지에서 각 문자의 왼쪽, 오른쪽 모서리를 찾는다.
// 이후 :   성공할 경우 true, 실패할 경우 false를 반환한다.
//          fontData 배열은 각 문자의 왼쪽과 오른쪽 모서리를 포함한다.
// =================================================
bool Text::initialize(Graphics *g, const char *file)
{
   try {
      graphics = g;            // Graphics 객체를 가리키는 포인터
      // ----------------------------------------------------------------
      // 글꼴 텍스처를 불러와 각 문자의 정확한 위치를 찾기 위해
      // 픽셀마다 검사를 수행한다.
      // ----------------------------------------------------------------
      // 글꼴 텍스처를 시스템 메모리로 불러와 락을 걸 수 있게 한다.
      UINT w, h;
      HRESULT result = graphics->loadTextureSystemMem(file,
                                    TRANSCOLOR, w, h, textureData);
      if (FAILED(result))
      {
         SAFE_RELEASE(textureData);
         return false;
      }
```

```
// textureData.width & textureData.height는 글꼴 텍스처 전체의
// 크기를 포함하고 있다. 각 문자는 1-픽셀-크기의 경계선을 가지며
// ROWS * COLS개의 문자가 있다.
// 픽셀 데이터에 접근하기 위해 필요한 글꼴 텍스처에 락을 건다.
D3DLOCKED_RECT rect;
result = textureData->LockRect(0, &rect, NULL, D3DLOCK_READONLY);
if (FAILED(result))                          // 락을 거는 데 실패한다면
{
    SAFE_RELEASE(textureData);
    return false;
}
```

이제 글꼴 텍스처를 문자 단위로 조사해보자. 각 문자의 왼쪽 모서리와 오른쪽 모서리를 찾으며, 각 문자를 픽셀 단위로 처리한다. 각 문자의 모서리는 fondData 배열에 저장된다(리스트 8.11 참조).

각 문자의 모서리를 찾은 후 텍스처에 걸려있던 락을 풀고 사용했던 메모리를 해제한다(리스트 8.12 참조). intialize 함수는 텍스트를 다시 불러오는 코드로 끝나게 되는데, 텍스처 매니저가 문자를 그릴 수 있게 이번만 텍스처를 텍스처 매니저로 불러온다(리스트 8.13 참조).

리스트 8.11 각 문자의 왼쪽 및 오른쪽 모서리 찾기

```
// 글꼴에 있는 문자의 각 행에 대해
for (DWORD row = 0; row < textNS::ROWS; row++)
{
    // 글꼴에 있는 문자의 각 열에 대해
    for (DWORD col = 0; col < textNS::COLS; col++)
    {
        fontData[row][col].left = MAXINT;        // fontData를 초기화한다.
        fontData[row][col].right = 0;
```

```
// 각 문자를 픽셀 단위로 처리한다.
// for y = 위쪽 픽셀; y <= 아래쪽 픽셀; y++
for (DWORD y = row * textNS::GRID_HEIGHT + 1; y < (row + 1) *
    textNS::GRID_HEIGHT - 1; y++)
{
    // 텍스처의 스캔라인 시작점을 가리키는 포인터를 가져온다.
    DWORD* pBits = (DWORD*)((BYTE*)rect.pBits + y * rect.Pitch);
    // 해당 픽셀 라인을 처리한다.
    for (DWORD x = col * textNS::GRID_WIDTH + 1; x < (col + 1) *
        tetNS::GRID_WIDTH - 1; x++)
    {
        // 해당 픽셀을 가져온다.
        DWORD dwPixel = pBits[x];
        // 알파 값이 투명이 아니라면
        if ((dwPixel & 0xff000000) != 0x00)
        {
            if (x < fontData[row][col].left)  // 해당 픽셀이 더 왼쪽에 있다면
                fontData[row][col].left = x; // 문자의 왼쪽 모서리로 저장한다.
            if (x > fontData[rowl][col].right) // 해당 픽셀이 더 오른쪽에 있다면
                fontData[row][col].right = x; // 문자의 오른쪽 모서리로 저장한다.
        }
    }
}
}
```

리스트 8.12 텍스처 락 해제 및 메모리 해제

```
// 텍스처에 대한 작업이 끝났으므로, 락을 해제한다.
textureData.texture->UnlockRect(0);
// 글꼴 텍스처를 해제한다.
// 글꼴 간격을 얻기 위해 필요했었다.
SAFE_RELEASE(textureData.texture);
```

```cpp
    // -------------------------------------------------------------
    // 사용을 위해 글꼴 이미지를 텍스처 매니저로 불러온다.
    // -------------------------------------------------------------
    if (!fontTexture.initialize(graphics, file))
        return false;              // 글꼴 텍스처를 불러오는 동안 에러가 발생하면
    // 글꼴 이미지를 준비한다.
    if (!Image::initialize(graphics, textNS::FONT_WIDTH,
            textNS::FONT_HEIGHT, 0, &fontTexture))
        return false;                      // 실패한다면
    }
    catch(...)
    {
    return false;
    }
    return true;                        // 성공한다면
}
```

8.3.2 출력

print 함수 하나가 실제 출력과 관련된 모든 작업을 수행한다. print 함수는
세 가지의 다른 형태를 제공하게 오버로딩^{Overloading} 돼 있다. 다른 형태의 print
함수는 이 print 함수를 호출한다. print 함수는 비례 간격과 이스케이프 시
퀀스를 처리한다. print 함수를 자세히 살펴보자(리스트 8.14 참조).

리스트 8.14 이 함수는 화면의 X, Y 위치에 문자를 출력한다.

```cpp
// =================================================
// X, Y 위치에 문자열을 출력한다.
// 이전 : spriteBegin()
// 이후 : spriteEnd()
// =================================================
void Text::print(const std::string &str, int x, int y)
```

```
{
    UCHAR ch = 0, chN = 0;
    std::string str2;
    width = textNS::FONT_WIDTH;
    int scaledWidth = static_cast<int>(textNS::FONT_WIDTH * spriteData.scale);
    float saveY = 0;
    int tabX = 0, tabW = 0;

    spriteData.x = (float)x;
    spriteData.y = (float)y;
    doAlign(str);
    for (UINT i = 0; i < str.length(); i++)
    {
        ch = str.at(i);
```

함수의 매개변수는 출력할 문자열과 화면 위치 X, Y다. width 변수는 스프라이트 텍스처의 문자 하나 폭과 같은 값으로 설정한다. scaledWidth 변수는 크기가 조정된 출력 후 문자의 폭을 포함하고 있다. doAlign(str) 함수는 align 설정을 통해 지정된 값에 따라 문자열을 정렬할 X와 Y의 위치를 설정한다. align 함수는 나중에 살펴본다. for문은 문자열의 각 문자에 대한 반복을 수행한다.

문자열의 문자가 글꼴 텍스처에서 알맞은 이미지를 가진다면 문자를 표시할 수 있다. 글꼴 텍스처에서 현재 문자의 인덱스는 왼쪽 상단 문자의 인덱스가 0일 때를 기준으로 chN에 계산된다. spriteData.rect 구조체는 현재 문자를 보여주기 위해 글꼴 텍스처의 사각형 부분을 선택하는 데 사용한다. 선택된 사각형의 상단은 문자 인덱스(chN)에서 텍스처 이미지에 열의 수만큼 나눈 뒤 그 값에 한 열의 높이(GRID_HEIGHT)를 곱하고 1을 더하면 된다. 선택된 사각형의 하단은 상단에 글꼴의 높이를 더하면 된다(리스트 8.15 참조).

리스트 8.15 글꼴 텍스처에 있는 문자를 표시할 위치 계산

```
// 표시 가능한 문자라면
if (ch > textNS::MIN_CHAR && ch <= textNS::MAX_CHAR)
{
    chN = ch - textNS::MIN_CHAR;        // min_char 인덱스를 0으로 만든다.
    spriteData.rect.top = chN / textNS::COLUMNS * textNS::GRID_HEIGHT + 1;
    spriteData.rect.bottom = spriteData.rect.top + textNS::FONT_HEIGHT;
```

비례 출력이 활성화된 경우 spriteData.rect의 왼쪽과 오른쪽 모서리는 이전에 채워졌던 fontData 배열에서 불러오게 된다. proportionalSpacing 변수는 문자가 폭 전체를 차지하지 않는 경우 각 비례 문자 사이에 간격을 제공하기 위해 width에 더해진다(리스트 8.16 참조).

리스트 8.16 비례 간격을 사용할 수 있을 때의 문자 회면 위치 계산

```
if (proportional)
{
    spriteData.rect.left = fontData[chN / textNS::COLUMNS][chN %
                        textNS::COLUMNS].left;
    // DirectX는 오른쪽 + 1을 원한다.
    spriteData.rect.right = fontData[chN / textNS::COLUMNS][chN %
                        textNS::COLUMNS].right + 1;
    width = spriteData.rect.right - spriteData.rect.left;
    // 폭 전체를 사용하는 문자라면 간격을 추가하지 않는다.
    if (width >= textNS::FONT_WIDTH)
    {
      width = textNS::FONT_WIDTH;// 폭을 제한한다.
      spriteData.rect.left = chN % textNS::COLUMNS *
                        textNS::GRID_WIDTH + 1;
      spriteData.rect.right = spriteData.rect.left +
                        textNS::FONT_WIDTH;
    }
```

```
    else   // 폭 전체를 사용하지 않는다면 문자 사이에 간격을 추가한다.
      width += proportionalSpacing;
    scaledWidth = static_cast<int>(width * spriteData.scale);
    drawChar(ch);
}
```

비례 출력이 활성화되지 않은 경우 spriteData.rect의 왼쪽 모서리는 문자
인덱스(chN)에서 열의 수를 나눈 나머지를 구한 뒤 그 값에 한 문자의 폭을 곱하
고 1을 더하면 된다. spriteData.rect의 오른쪽 모서리는 왼쪽 모서리에 한
문자의 폭을 더한 뒤 테두리 크기를 빼면 된다. 실제로 문자를 표시하는 작업은
drawChar(ch) 함수가 처리한다. 현재 화면의 X 위치에 배율이 1일 때 문자의
폭을 더한다(리스트 8.17 참조).

리스트 8.17 고정된 피치 간격에 대한 문자 화면 위치 계산

```
    else// 고정된 피치
    {
      width = textNS::FONT_WIDTH;
      spriteData.rect.left = chN % textNS::COLUMNS %
                             textNS::GRID_WIDTH + 1
      spriteData.rect.right = spriteData.rect.left + textNS::FONT_WIDTH;
      drawChar(ch);
    }
    spriteData.x += scaledWidth;
}
```

리스트 8.18 표시할 수 없는 문자 처리

```
    else                    // 표시할 수 없는 문자
    {
      switch (ch)
```

```
{
  case ' ':        // 공백
    if (proportional)
    {
      width = textNS::FONT_WIDTH / 2;
      scaledWidth = static_cast<int>(width * spriteData.scale);
    }
    drawChar(' ');
    spriteData.x += scaledWidth;
    break;
```

문자를 표시할 수 없는 경우 이스케이프 시퀀스를 확인하는 데 switch문을 사용한다. 문자가 공백^{Space}이고 비례 간격을 사용한다면 비례 간격의 width와 scaledWidth를 계산한다. drawChar(' ')와 화면 내 X 위치를 통해 공백이 보이게 된다. 문자가 개행(\n)이라면 화면 내의 Y 위치를 한 줄 내리고 X 위치를 가장 최근의 X 시작 위치로 설정한다(리스트 8.19 참조).

리스트 8.19 개행 문자 처리

```
// 개행 문자는 한 줄을 아래로 내리고 왼쪽 모서리를
// 화면의 왼쪽 모서리가 아닌 화면 내 X 위치의 시작점으로 설정한다.
case '\n':                        // 개행 문자
  spriteData.x = (float)x;
  spriteData.y += static_cast<int>(height * spriteData.scale);
  saveY = spriteData.y;
  str2 = str.substr(i, str.length());
  doAlign(str2);
  sptireData.y = saveY;
  break;
```

> 개행 문자 \n과 캐리지 리턴 문자 \r은 윈도우의 왼쪽 모서리가 아닌 가장 최근의 X 시작 위치를 반환한다.

문자가 캐리지 리턴(\r)이라면 화면 내의 X 위치를 가장 최근의 X 시작 위치로 설정한다(리스트 8.20 참조). 문자가 수평 탭(\t)이라면 화면 내 X 위치는 다음 탭의 위치가 되는데, 비율이 조정된 글꼴의 폭을 기반으로 한다(리스트 8.21 참조).

문자가 백스페이스(\b)라면 화면 내의 X 위치는 한 문자의 폭만큼 옆으로 이동된다. 백스페이스는 화면에서 이전 문자를 지우지 않는다(리스트 8.22 참조).

리스트 8.20 캐리지 리턴 문자 처리

```cpp
case '\r':                    // X 위치의 시작점을 반환한다.
  spriteData.x = (float)x;
  str2 = str.substr(i, str.length());
  doAlign(str2);
  break;
```

리스트 8.21 탭 문자 처리

```cpp
case '\t':                    // 탭
  width = textNS::FONT_WIDTH;
  scaledWidth = static_cast<int>(width * spriteData.scale);
  tabX = static_cast<int>(spriteData.x) / (scaledWidth * tabSize);
  tabX = (tabX + 1) * scaledWidth * tabSize;
  tabW = tabX - static_cast<int>(spriteData.x);
  while (tabW > 0)
  {
    if (tabW >= scaledWidth)
    {
      drawChar(' ');
      spriteData.x += scaledWidth;
```

```
    }
    else
    {
        // 문자의 소수 부분은 탭의 위치를 통해 정렬한다.
        width = tabW;
        drawChar(' ');
        spriteData.x += tabW;
    }
    tabW -= scaledWidth;
}
break;
```

리스트 8.22 백스페이스 문자 처리

```
case '\b':                              // 백스페이스
    spriteData.x -= scaledWidth;
    if (spriteData.x < 0)
        spriteData.x = 0;
    break;
```

문자가 수직 탭(\v)이라면 화면 내의 X 위치를 배율이 1인 문자의 폭만큼 아래로 옮긴다(리스트 8.23 참조). 문자 코드가 01이라면 글꼴 텍스처의 왼쪽 상단 모서리에 있는 글꼴 서명 문자가 표시된다(리스트 8.24 참조).

리스트 8.23 수직 탭 문자 처리

```
case '\v':                              // 수직 탭
    spriteData.y += static_cast<int>(height * spriteData.scale);
    break;
```

```
case 0x01:                              // 글꼴 서명 문자
  spriteData.rect.top = 1;
  spriteData.rect.bottom = 1 + textNS::FONT_HEIGHT;
  spriteData.rect.left = 1;
  spriteData.rect.right = 1 + textNS::FONT_WIDTH;
  draw(spriteData);
  spriteData.x += scaledWidth;
  break;
```

8.3.3 텍스트 정렬

doAlign 함수는 align 속성에 따라 문자열을 표시할 수 있게 화면 내의 X,
Y 위치를 설정한다. align 속성에 사용할 수 있는 값은 다음과 같다. LEFT,
CENTER, RIGHT, CENTER_MIDDLE, CENTER_BOTTOM, LEFT_BOTTOM, RIGHT_
BOTTOM이다. 기본 정렬 값은 LEFT다(리스트 8.25 참조).

리스트 8.25 각 정렬 선택에 따라 텍스트의 화면 위치 계산

```
// =================================================
// spriteData.x, spriteData.y를 현재 문자열 및 정렬에 맞게 설정한다.
// 기본 정렬은 LEFT이다.
// =================================================
void Text::doAlign(const std::string &str)
{
  if (spriteData.texture == NULL) // 텍스처가 없다면
    return;
  UINT w, h;
  switch (align) {
  case textNS::CENTER:        // X에 대해 가운데, Y에 대해 위쪽 정렬한다.
    getWidthHeight(str, w, h);
    spriteData.x -= w / 2;
    break;
```

```
        case textNS::RIGHT:              // X, Y 위치에 오른쪽 정렬한다.
            getWidthHeight(str, w, h);
            spriteData.x -= w;
            break;
        case textNS::CENTER_MIDDLE:     // X에 대해 가운데, Y에 대해 수직 가운데 정렬한다.
            getWidthHeight(str, w, h);
            spriteData.x -= w / 2;
            spriteData.y -= h / 2;
            break;
        case textNS::CENTER_BOTTOM:     // X에 대해 가운데, Y에 대해 아래쪽 정렬한다.
            getWidthHeight(str, w, h);
            spriteData.x -= w / 2;
            spriteData.y -= h;
            break;
        case textNS::LEFT_BOTTOM:       // X에 대해 왼쪽, Y에 대해 아래쪽 정렬한다.
            getWidthHeight(str, w, h);
            spriteData.y -= h;
            break;
        case textNS::RIGHT_BOTTOM:      // X에 대해 오른쪽, Y에 대해 아래쪽 정렬한다.
            getWidthHeight(str, w, h);
            spriteData.x -= w;
            spriteData.y -= h;
            break;
    }
}
```

8.3.4 폭과 높이 값 얻기

getWidthHeight 함수는 현재 글꼴 크기에 대한 문자열의 폭과 높이를 픽셀 단위로 반환한다. 코드는 print 함수와 매우 유사하므로, 자세한 설명은 생략한다(리스트 8.26 참조).

```cpp
// =================================================
// getWidthHeight
// 현재 글꼴의 크기에 따라 문자열의 픽셀 단위 폭과 높이를 결정한다.
// 문자열을 표시하지 않는다.
// =================================================
void Text::getWidthHeight(const std::string &str, UINT &w, UINT &h)
{
    if (spriteData.texture == NULL)        // 텍스처가 없다면
        return;
    UCHAR ch = 0, chN = 0;
    width = textNS::FONT_WIDTH;
    int scaledWidth = static_cast<int>(width * spriteData.scale);
    int strW = 0;
    h = 0;
    int stringWidth = 0;
    for (UINT i = 0; i < str.length(); i++)
    {
        ch = str.at(i);
        // 표시 가능한 문자라면
        if (ch > textNS::MIN_CHAR && ch <= textNS::MAX_CHAR)
        {
            chN = ch - textNS::MIN_CHAR;     // min_char 인덱스를 0으로 만든다.
            if (proportional)
            {
                spriteData.rect.left = fontData[chN / textNS::COLUMNS][chN %
                                    textNS::COLUMNS].left;
                // DirectX 스프라이트 폭에 대해 +1을 한다.
                spriteData.rect.right = fontData[chN / textNS::COLUMNS][chN %
                                    textNS::COLUMNS].right + 1;
                width = spriteData.rect.right - spriteData.rect.left +
                                    proportionalSpacing;
                scaledWidth = static_cast<int>(width * spriteData.scale);
            }
```

```cpp
        else                    // 고정된 피치
        {
            width = textNS::FONT_WIDTH;
            spriteData.rect.left = chN % textNS::COLUMNS %
                                textNS::GRID_WIDTH + 1
            spriteData.rect.right = spriteData.rect.left +
                                textNS::FONT_WIDTH;
        }
        stringWidth += scaledWidth;
    }
    else                    // 표시할 수 없는 문자
    {
        switch(ch)
        {
        case ' ':           // 공백
            if (proportional)
            {
                width = textNS::FONT_WIDTH / 2;
                scaledWidth = static_cast<int>(width * spriteData.scale);
            }
            stringWidth += scaledWidth;
            break;
        case '\n':          // 개행 문자
            if (strW == 0)
                strW = stringWidth;
            stringWidth = 0;
            h += static_cast<int>(height * spriteData.scale);
            break;
        case '\r':          // 캐리지 리턴
            if (strW == 0)
                strW = stringWidth;
            stringWidth = 0;
            break;
        case '\t':          // 탭
            {
```

```cpp
            width = textNS::FONT_WIDTH;
            scaledWidth = static_cast<int>(width * spriteData.scale);
            int tabX = static_cast<int>(spriteData.x) / (scaledWidth *
                                       tabSize);
            tabX = (tabX + 1) * scaledWidth * tabSize;
            int tabW = tabX - static_cast<int>(spriteData.x);
            while (tabW > 0)
            {
                if (tabW >= scaledWidth)
                    stringWidth += scaledWidth;
                else
                {
                    // 문자의 소수 부분은 탭의 위치를 통해 정렬한다.
                    width = tabW;
                    stringWidth += tabW;
                }
                tabW -= scaledWidth;
            }
        }
        break;
    case '\b':    // 백스페이스
        stringWidth -= scaledWidth;
        if (stringWidth < 0)
            stringWidth = 0;
        break;
    case 0x01:    // 특별한 것
        stringWidth += scaledWidth;
        break;
        }
    }
}
if (strW == 0)
    strW = stringWidth;
w = strW;
return;
```

```
}
```

8.3.5 문자 그리기

drawChar 함수는 화면에 문자를 실제로 그린다. 또한 배경색과 밑줄, 굵은체도
표시한다. backColor가 TRANSCOLOR 이외의 색으로 설정돼 있으면 backColor
를 이용해 SOLID 상수로 정의된 문자를 나중에 문자 ch를 통해 표시한다. 밑줄
은 UNDERLINE 상수로 정의된 문자를 나중에 문자 ch를 통해 표시한다. 굵은체
는 문자 ch를 표시한 뒤 화면 내의 X 위치를 BOLD_SIZE만큼 오른쪽으로 이동
하고, 문자 ch를 다시 표시한다. 배경색, 밑줄, 굵은체를 표시하기 위해서는 각
문자마다 두 번을 그려야 한다(리스트 8.27 참조).

리스트 8.27 drawChar 함수는 하나의 문자를 형식에 맞춰 표시한다.

```cpp
// ================================================
// drawChar
// 색상과 채우기를 사용해 spriteData에 있는 문자 스프라이트를 표시한다.
// 밑줄과 굵은체를 사용한다.
// ================================================
void Text::drawChar(UCHAR ch)
{
    SpriteData sd2 = spriteData;        // 스프라이트 데이터를 복사한다.
    // backColor 색상을 표시한다.
    if (backColor != TRANSCOLOR)        // backColor가 투명하지 않다면
    {
        spriteData.rect.top = (textNS::SOLID - textNS::MIN_CHAR) /
                    textNS::COLUMNS * textNS::GRID_HEIGHT + 1;
        spriteData.rect.bottom = spriteData.rect.top + textNS::GRID_HEIGHT - 2;
        spriteData.rect.left = (textNS::SOLID - textNS::MIN_CHAR) %
                    textNS::COLUMNS * textNS::GRID_WIDTH + 1;
        spriteData.rect.right = spriteData.rect.left + width;
        draw(backColor);                // backColor를 그린다.
        spriteData.rect = sd2.rect;     // 문자 사각형을 복원한다.
```

```
    }
    // 밑줄을 표시한다.
    if(underline)
    {
      spriteData.rect.top = (textNS::UNDERLINE - textNS::MIN_CHAR) /
                      textNS::COLUMNS * textNS::GRID_HEIGHT + 1;
      spriteData.rect.bottom = spriteData.rect.top + textNS::GRID_HEIGHT - 2;
      spriteData.rect.left = (textNS::UNDERLINE - textNS::MIN_CHAR) %
                      textNS::COLUMNS * textNS::GRID_WIDTH + 1;
      spriteData.rect.right = spriteData.rect.left + width;
      draw(color);
      spriteData.rect = sd2.rect;        // 문자 사각형을 복원한다.
    }
    // 문자를 표시한다.
    if(ch > textNS::MIN_CHAR && ch <= textNS::MAX_CHAR) // 표시 가능한 문자라면
    {
      draw(spriteData, color);
      if(bold)                 // 굵은체는 X 오프셋에 문자를 두 번 표시한다.
      {
        spriteData.x += textNS::BOLD_SIZE * spriteData.scale;
        draw(spriteData, color);
        spriteData.x = sd2.x;
      }
    }
  }
}
```

❚ 8.4 DirectX 텍스트

DirectX는 윈도우의 글꼴을 사용하는 텍스트 표시를 포함한다. DirectX 텍스트
의 장점은 다음과 같다.

- 텍스처 이미지가 필요하지 않기 때문에 사용자가 모든 게임 텍스처를 지운다
  고 하더라도 잘 동작한다.

- 윈도우의 글꼴을 사용하기 때문에 큰 크기의 문자가 스프라이트 기반의 글꼴처럼 들쭉날쭉한 모서리를 갖고 있지 않다.

DirectX 텍스트의 단점은 다음과 같다.

- 사용자가 컴퓨터에 어떤 글꼴을 설치했는지 미리 알아볼 수 있는 방법이 없다.
- DirectX 텍스트 표시는 스프라이트 기반의 텍스트보다 느리다.
- DirectX 텍스트는 각 문자의 크기에 따라 다른 글꼴이 필요하다.
- DirectX 텍스트는 스프라이트 텍스트처럼 표시 옵션을 많이 갖고 있지 않다.

그림 8.4는 'Three Cs DX' 예제 프로그램의 출력 결과를 보여준다. 각각 122 픽셀, 52픽셀, 15픽셀 높이의 문자 'C'를 나타낸다. 글자의 실제 화면 크기는 같은 높이로 표시되는 스프라이트 기반의 텍스트와는 다를 수 있다. 그림 8.2의 스프라이트 예제와 비교해보면 큰 글자 'C'의 모서리가 부드럽다는 사실을 알 수 있다.

그림 8.4 세 가지 글꼴 크기의 DirectX 텍스트

8.4.1 DirectX 텍스트 함수

DirectX 텍스트와 관련된 함수는 `TextDX` 클래스에 포함돼 있다. 멤버 함수는 다음과 같다.

- **bool initialize(Graphics *g, int height, bool bold, bool italic, const std::string &fontName)**

  `textDX` 글꼴을 초기화한다. 각각의 `textDX` 객체는 글꼴 크기, 스타일과 이름을 만들어야 한다. 동적 크기 조정이나 스타일은 지원되지 않는다. 매개변수는 다음과 같다.

- ○ ***g** Graphics 객체를 가리키는 포인터

- ○ **height** 글꼴의 픽셀 단위 높이

- ○ **bold** true이면 굵은체로 표시한다.

- ○ **italic** true이면 이탤릭체로 표시한다.

- ○ **&fontName** 글꼴 패밀리^{Font Family}(어떤 한 종류의 글꼴을 변형시켜 형성한 글꼴의 집합으로, 다른 말로 글꼴 집합이라고도 한다. - 옮긴이)의 이름으로, 원하는 글꼴을 사용할 수 없는 경우 글꼴이 자동으로 대체된다.

  텍스트는 print 함수를 통해 표시된다. print 함수는 반드시 spriteBegin과 spriteEnd 함수 호출 사이에서 사용해야 한다(다음 절의 예제를 참고하라).

- **int print(const std::string &str, int x, int y)**

  X, Y 위치에 문자열을 출력한다. 실패할 경우 0을, 성공할 경우 텍스트의 높이를 반환한다. 매개변수는 다음과 같다.

  - ○ **&str** 화면에 나타낼 텍스트가 포함돼 있는 문자열

  - ○ **x, y** 텍스트의 왼쪽 상단 모서리의 화면 위치

- **int print(const std::string &str, RECT &rect, UINT format)**

  사각형 영역에 지정된 정렬로 문자열을 출력한다. 실패할 경우 0을, 성공할 경우 텍스트의 높이를 반환한다. 매개변수는 다음과 같다.

  - ○ **&str** 화면에 나타낼 텍스트가 포함돼 있는 문자열

  - ○ **&rect** 텍스트를 포함할 화면의 사각형 영역

  - ○ **format** 텍스트를 어떤 형식으로 나타낼 것인지 결정한다. 다음과 같은 조합이 가능하다.

    - □ **DT_BOTTOM** 사각형의 아래쪽에 텍스트를 맞춘다.

    - □ **DT_CALCRECT** 필요한 사각형의 크기를 계산하지만 텍스트를 표시하지는 않는다.

    - □ **DT_CENTER** 텍스트를 수평 가운데 정렬한다.

    - □ **DT_EXPANDTABS** 탭 문자를 확장한다. 기본적으로 탭당 8 문자다.

□ **DT_LEFT** 텍스트를 왼쪽으로 맞춘다.

□ **DT_NOCLIP** 클리핑^{Clipping}(그래픽 등에서 디스플레이 상의 어느 영역만의 그림 또는 도형을 잘라내는 것으로, 그 부분만을 표시하고 다른 부분은 표시하지 않는다. - 옮긴이)없이 텍스트를 그린다. 텍스트가 더 빨리 그릴 수 있다.

□ **DT_RIGHT** 텍스트를 오른쪽으로 맞춘다.

□ **DT_RTLREADING** 텍스트를 오른쪽에서 왼쪽으로 나타낸다.

□ **DT_SINGLELINE** 텍스트를 한 줄로 표시한다.

□ **DT_TOP** 사각형의 위쪽에 텍스트를 맞춘다.

□ **DT_VCENTER** DT_SINGLELINE을 지정했다면 텍스트를 수직 가운데 정렬한다.

□ **DT_WORDBREAK** 단어 단위로 줄을 나눈다.

- **float getDegrees()   { return angle * (180.0f / (float)PI;)**
  텍스트의 도^{Degree} 단위 회전 각도를 반환한다.

- **float getRadians()   { return angle; }**
  텍스트의 라디안^{Radian} 단위 회전 각도를 반환한다.

- **COLOR_ARGB getFontColor()   { return color; }**
  현재 글꼴 색상을 반환한다.

- **float setDegrees(float deg)   { angle = deg * ((float)PI / 180.0f); }**
  텍스트의 도^{Degree} 단위 회전 각도를 설정한다.

DirectX 텍스트의 회전 각도는 스프라이트 텍스트처럼 문자 단위가 아닌 텍스트 전체에 적용된다.

- **float setRadians(float rad) { angle = rad; }**
  텍스트의 라디안^{Radian} 단위 회전 각도를 설정한다.

- **void setFontColor(COLOR_ARGB c)**

글꼴 색상을 설정한다. 매개변수는 다음과 같다.

- **c** 글꼴의 색상으로, 기본 값은 white다. graphics.h에는 미리 정의된 많은 색상 값이 포함돼 있다. 또는 SETCOLOR_ARGB 매크로를 이용해 색상을 지정할 수도 있다.

8.4.2 DirectX 텍스트 표시

DirectX 기반의 텍스트를 프로그램에서 어떻게 사용하는지 알아보자. 8장의 'Three Cs DX' 예제의 코드를 살펴볼 것이다. 완성된 소스코드는 홈페이지 www.programming2dgames.com에서 다운로드할 수 있다.

Game 클래스 헤더 파일에 textDX.h 헤더 파일을 추가하는 것으로 시작해보자(리스트 8.28 참조). 다음으로 각 원하는 글꼴을 위한 객체 포인터를 만든다(리스트 8.29 참조).

리스트 8.28 game.h에 textDX.h 포함

```
// 2D 게임 프로그래밍
// Copyright (c) 2011 by:
// 찰스 켈리 (Charles Kelly)
// 8장 threeCsDx.h v1.0
#ifndef _THREECS_H            // 여러 곳에서 이 파일을 포함하는 경우
#define _THREECS_H            // 다중 정의를 방지한다.
#define WIN32_LEAN_AND_MEAN
#include "game.h"
#include "textDX.h"
#include "constants.h"
```

리스트 8.29 각 글꼴에 대해 TextDX 객체를 가리키는 포인터 생성

```
class ThreeCsDX : public Game
{
private:
```

```
// 게임 아이템
TextDX *dxFontSmall;                    // DirectX 글꼴
TextDX *dxFontMedium;
TextDX *dxFontLarge;
```

TextDX 객체는 생성자에서 만들어진다(리스트 8.30 참조). 생성한 객체는 반드시 삭제해야 한다(리스트 8.31 참조). 그리고 TextDX 객체는 원하는 글꼴로 초기화된다(리스트 8.32 참조).

리스트 8.30 TextDX 객체 생성

```
// =================================================
// 생성자
// =================================================
ThreeCsDX::ThreeCsDX()
{
    dxFontSmall  = new TextDX();        // DirectX 글꼴
    dxFontMedium = new TextDX();
    dxFontLarge  = new TextDX();
}
```

리스트 8.31 TextDX 객체 삭제

```
// =================================================
// 소멸자
// =================================================
ThreeCsDX::~ThreeCsDX()
{
    releaseAll();                // 모든 그래픽 아이템에 대해 deviceLost() 호출
    SAFE_DELETE(dxFontSmall);
    SAFE_DELETE(dxFontMedium);
    SAFE_DELETE(dxFontLarge);
```

```
}
```

```
// ================================================
// 게임을 초기화한다.
// 에러가 발생할 경우 GameError를 던진다.
// ================================================
void ThreeCsDX::initialize(HWND hwnd)
{
    Game::initialize(hwnd);
    graphics->setBackColor(graphicsNS::WHITE);
    // DirectX 글꼴을 초기화한다.
    // 15픽셀, Arial
    if (dxFontSmall->initialize(graphics, 15, true, false, "Arial") == false)
        throw(GameError(gameErrorNS::FATAL_ERROR,
                        "Error initializing DirectX font"));
    // 62픽셀, Arial
    if (dxFontMedium->initialize(graphics, 62, true, false, "Arial") == false)
        throw(GameError(gameErrorNS::FATAL_ERROR,
                        "Error initializing DirectX font"));
    // 124픽셀, Arial
    if (dxFontLarge->initialize(graphics, 124, true, false, "Arial") == false)
        throw(GameError(gameErrorNS::FATAL_ERROR,
                        "Error initializing DirectX font"));
    reset();                    // 모든 게임 변수를 리셋한다.
    fpsOn = true;               // 초당 프레임 수를 표시한다.
    return;
}
```

또한 그래픽 디바이스가 로스트 상태가 됐을 때 처리하기 위해 적절한 호출을 추가해야 한다(리스트 8.33 참조). 텍스트의 표시는 render 함수에서 일어난다(리스트 8.34 참조).

```cpp
// ===============================================
// 그래픽 디바이스가 로스트 상태가 됐다.
// 그래픽 디바이스를 리셋하기 위해 예약된 모든 비디오 메모리를 해제한다.
// ===============================================
void ThreeCsDX::releaseAll()
{
    dxFontSmall->onLostDevice();
    dxFontMedium->onLostDevice();
    dxFontLarge->onLostDevice();
    Game::releaseAll();
    return;
}
// ===============================================
// 그래픽 디바이스를 리셋한다.
// 모든 표면을 다시 생성하고 모든 개체를 리셋한다.
// ===============================================
void ThreeCsDX::resetAll()
{
    dxFontSmall->onResetDevice();
    dxFontMedium->onResetDevice();
    dxFontLarge->onResetDevice();
    Game::releaseAll();
    return;
}
```

리스트 8.34 텍스트 표시

```cpp
// ===============================================
// 게임 아이템을 렌더링한다.
// ===============================================
void ThreeCsDX::render()
{
```

```
graphics->spriteBegin();
dxFontSmall->setFontColor(graphicsNS::BLACK);
dxFontMedium->setFontColor(graphicsNS::BLACK);
dxFontLarge->setFontColor(graphicsNS::BLACK);
dxFontLarge->print("C", 20, 100);
dxFontMedium->print("C", 114, 148);
dxFontSmall->print("C", 164, 184);
graphics->spriteEnd();
}
```

▌█ 8.5 TextDX 클래스 세부 사항

TextDX 클래스의 함수를 더 자세히 알아보자.

8.5.1 초기화

initialize 함수는 제공된 매개변수 데이터를 이용해 DirectX 글꼴을 만든다. 또한 변환 행렬을 초기화한다. 글꼴을 만들 때 여러분이 사용하는 DirectX 함수는 D3DXCreateFont이다. 정식 구문은 다음과 같다.

```
HRESULT D3DXCreateFont(
    LPDIRECT3DDEVICE9 pDevice,
    INT Height,
    UINT Width,
    UINT Weight,
    UINT MipLevels,
    BOOL Italic,
    DWORD CharSet,
    DWORD OutputPrecision,
    DWORD Quality,
    DWORD PitchAndFamily,
    LPCTSTR pFacename,
    LPD3DXFONT *ppFont
);
```

매개변수는 다음과 같다.

- **pDevice** IDirect3DDevice9 인터페이스를 가리키는 포인터로, Graphis 클래스의 get3Ddevice 함수를 통해 접근할 수 있다.

- **Height** 문자의 픽셀 단위 높이

- **Width** 문자의 픽셀 단위 폭이다. 이 매개변수에 0을 사용하는데, 글꼴 크기에 대해 Height 매개변수를 독점으로 제어할 수 있게 만들어준다.

- **Weight** 서체^{Typeface}의 가중치다. 굵은체의 글꼴을 만드는 데 사용한다.

- **MipLevels** 밉맵^{Mipmap}(렌더링 속도를 향상시키기 위한 목적으로 기본 텍스처와 이를 연속적으로 미리 축소시킨 텍스처들로 이뤄진 비트맵 이미지의 집합이다. - 옮긴이) 레벨의 수다. 여기서는 항상 1로 설정한다.

- **Italic** true이면 이탤릭체로 표시한다.

- **CharSet** 항상 DEFAULT_CHARSET을 사용하는데, 현재 시스템 지역에 기반을 두고 문자 집합을 지정한다. 사용 가능한 다른 값은 다음과 같다.

    ○ **ANSI_CHARSET** 영어를 사용 지역의 시스템에서는 DEFAULT_CHARSET과 같다.

    ○ **SYMBOL_CHARSET** 심볼 집합을 생성한다.

    ○ **MAC_CHARSET** 애플 매킨토시 문자 집합을 생성한다.

- **OutputPrecision** 윈도우에서 어떻게 실제 글꼴과 원하는 글꼴 특성을 맞출지 지정한다. 여기서는 항상 OUT_DEFAULT_PRECIS를 사용한다.

- **Quality** 윈도우에서 래스터 글꼴을 사용할 때 어떻게 실제 글꼴과 원하는 글꼴을 맞추는지, 그리고 어떻게 트루타입 글꼴에 영향을 주지 않을지 지정한다. 여기서는 항상 DEFAULT_QUALITY를 사용한다.

- **PitchAndFamily** 피치^{Pitch}에는 DEFAULT_PITCH, FIXED_PITCH, VARIABLE_PITCH가 있다. 패밀리^{Family}에는 FF_DECORATIVE, FF_DONTCARE, FF_MODERN, FF_ROMAN, FF_SCRIPT, FF_SWISS가 있다. 피치와 패밀리 매개변수는 비트 OR 연산자 '|'를 통해 조합할 수 있다. 여기서는 항상 DEFAULT_PITCH |

FF_DONTCARE를 사용한다.

- **pFacename** 서체^{Typeface}의 이름을 포함하는 문자열이다.
- **ppFont** ID3DXFont 인터페이스를 가리키는 포인터를 반환한다.

리스트 8.35에 있는 코드는 TextDX 클래스에서 D3DXCreateFont를 호출하는 initialize 함수다.

리스트 8.35 TextDX::initialize 함수

```
// ===================================================
// DirectX 글꼴 생성
// ===================================================
bool TextDX::initialize( Graphics *g, int height, bool bold, bool italic,
                         const std::string &fontName)
{
   graphics = g;                    // 그래픽 시스템
   UINT weight = FW_NORMAL;
   if (bold)
     weight = FW_BOLD;
   // DirectX 글꼴 생성
   if (FAILED(D3DXCreateFont(graphics->get3Ddevice(), height, 0, weight, 1,
       italic, DEFAULT_CHARSET, OUT_DEFAULT_PRECIS, DEFAULT_QUALITY,
       DEFAULT_PITCH | FF_DONTCARE, fontName.c_str(), &dxFont)))
     return false;
   // 변환 행렬을 초기화한다.
   D3DXMatrixTransformation2D(&matrix, NULL, 0.0f, NULL, NULL, 0.0f, NULL);
   return true;
}
```

8.5.2 출력

print 함수는 화면에 텍스트를 표시한다. 두 가지 버전의 print 함수가 있다. 리스트 8.36에 있는 print 함수는 화면의 X, Y 위치에 문자열을 출력한다.

X, Y 위치는 텍스트의 왼쪽 상단 모서리를 말한다. 텍스트는 변환 행렬을 통해 지정된 각도로 회전한다.

리스트 8.36 angle만큼 회전한 텍스트를 X, Y 위치에 표시한다.

```
// ===================================================
// x, y 위치에 텍스트를 출력한다.
// 실패할 경우 0을, 성공할 경우 텍스트의 높이를 반환한다.
// 이전: spriteBegin()
// 이후: spriteEnd()
// ===================================================
int TextDX::print(const std::string &str, int x, int y)
{
    if (dxFont == NULL)
      return 0;
    // 글꼴의 위치를 설정한다.
    fontRect.top = y;
    fontRect.left = x;
    // 회전 중심
    D3DXVECTOR2 rCenter = D3DXVECTOR2((float)x, (float)y);
    // 각도에 따라 텍스트를 회전하는 행렬을 설정한다.
    D3DXMatrixTransformation2D(&matrix, NULL, 0.0f, NULL, &rCenter, angle,
                              NULL);
    // "Hello Neo" 행렬에 대한 스프라이트를 말해준다.
    graphics->getSprite()->SetTransform(&matrix);
    return dxFont->DrawTextA(graphics->getSprite(), str.c_str(), -1,
                            &fontRect, DT_LEFT, color);
}
```

리스트 8.37에 있는 print 함수는 format에 지정된 정렬 방법에 맞춰 사각형 영역 rect 안에 문자열을 출력한다. format에서 선택 가능한 옵션은 DirectX의 DrawText 함수가 지원하는 옵션과 동일하다.

리스트 8.37 format 매개변수로 지정된 정렬 방법에 맞춰 사각형 영역 rect 안에 문자열을 출력한다.

```
// ================================================
// DirectX 텍스트 서식을 사용해 RECT 안에 텍스트를 출력한다.
// 실패할 경우 0을, 성공할 경우 텍스트의 높이를 반환한다.
// 이전: spriteBegin()
// 이후: spriteEnd()
// ================================================
int TextDX::print(const std::string &str, RECT &rect, UINT format)
{
    if (dxFont == NULL)
        return 0;
    // 텍스트가 회전하지 않게 행렬을 설정한다.
    D3DXMatrixTransformation2D(&matrix, NULL, 0.0f, NULL, NULL, NULL, NULL);
    // "Hello Neo" 행렬에 대한 스프라이트를 알려준다.
    graphics->getSprite()->SetTransform(&matrix);
    return dxFont->DrawTextA(graphics->getSprite(), str.c_str(), -1, &rect,
                             format, color);
}
```

두 버전의 print 함수 모두 텍스트를 출력하기 위해 DrawText를 사용한다. DrawText의 문법은 다음과 같다.

```
INT DrawText(
    LPD3DXSPRITE pSprite,
    LPCTSTR pString,
    INT Count,
    LPRECT pRect,
    DWORD Format,
    D3DCOLOR Color
);
```

매개변수는 다음과 같다.

- **pSprite** 문자열을 포함하는 `ID3DXSprite` 객체를 가리키는 포인터다. NULL일 수 있으며, Direct3D에서 고유의 스프라이트 객체를 사용한 결과다. 성능 향상을 위해 `DrawText`가 한 번 이상 호출되는 경우 스프라이트 객체를 지정해야 한다.

- **pString** 그릴 문자열을 가리키는 포인터다. `Count` 매개변수가 −1이면 문자열은 널^{Null}로 끝나야 한다.

- **Count** 문자열의 길이다. `Count`가 −1이면 `pString`은 널로 끝나는 문자열을 가리켜야 한다.

- **pRect** 텍스트의 서식이 만들어진 화면 영역을 지정하는 `RECT` 구조체를 가리키는 포인터다.

- **Format** 텍스트의 서식을 어떻게 만들지 설정한다. 조합할 수 있는 서식은 다음과 같다.

  - **DT_BOTTOM** 텍스트를 사각형의 하단에 맞춘다.
  - **DT_CALCRECT** 필요한 사각형의 크기를 계산하지만 텍스트가 표시되지 않는다. `pRect.bottom`은 텍스트에 맞게 조정된다.
  - **DT_CENTER** 텍스트를 수평 가운데에 맞춘다.
  - **DT_EXPANDTABS** 탭 문자를 확장한다. 기본 값은 탭당 여덟 문자다.
  - **DT_LEFT** 텍스트를 왼쪽에 맞춘다.
  - **DT_NOCLIP** 텍스트를 클리핑하지 않고 그린다. 텍스트를 더 빠르게 그릴 수 있다.
  - **DT_RIGHT** 텍스트를 오른쪽에 맞춘다.
  - **DT_RTLREADING** 텍스트를 오른쪽에서 왼쪽으로 표시한다.
  - **DT_SINGLELINE** 텍스트를 한 줄에 표시한다.
  - **DT_TOP** 텍스트를 사각형의 상단에 맞춘다.
  - **DT_VCENTER** `DT_SINGLELINE`이 지정된 경우 텍스트를 수직 가운데에 맞춘다.

○ **DT_WORDBREAK**　단어 단위로 줄을 바꾼다.

❚❚ 8.6 FPS 디스플레이 추가

게임 엔진에 초당 프레임 수를 보여주는 디스플레이를 추가하기 위해 새로운 텍스트 기능을 사용할 수 있다. 사용자가 어떤 텍스처 파일을 지우더라도 항상 이용할 수 있게 DirectX를 사용할 것이다. 초당 프레임 수FPS는 정상적으로 표시되지 않기 때문에 스프라이트 텍스트의 멋진 기능과 속도는 필요 없다. game.h 파일에 TextDX 객체를 추가해야 한다. 리스트 8.38은 8장의 'Text Demo' 예제의 코드를 나타낸다.

리스트 8.38　FPS를 표시하기 위해 필요한 변수 선언

```
float   fps;                    // 초당 프레임 수
TextDX dxFont;                  // FPS를 위한 DirectX 글꼴
bool    fpsOn;                  // FPS 표시 여부
```

　fpsOn 변수는 Game 생성자에서 초기화된다. 또한 fps 변수를 적당한 초기 값으로 설정한다. 마지막 작업은 필요하지 않지만, 최종 fps 값을 더 빠르게 정할 수 있도록 돕는 역할을 한다(리스트 8.39 참조).

리스트 8.39　FPS 관련 변수를 초기화한다.

```
// =========================================================
// 생성자
// =========================================================
Game::Game()
{
    input = new Input();        // 키보드 입력을 즉시 초기화한다.
    // 이후에 input이 호출될 경우를 대비해 추가로 초기화를 처리한다.
    paused = false;             // 게임은 일시 중지되지 않는다.
```

```
    graphics = NULL;
    audio = NULL;
    console = NULL;
    fps = 100;
    fpsOn = false;                    // 기본적으로 FPS 디스플레이를 보여주지 않는다.
    initialized = false;
}
```

dxFont는 Game::initialize 함수에서 초기화된다(리스트 8.40 참조). 글꼴 관련 상수는 리스트 8.41과 같이 game.h에 정의돼 있다.

리스트 8.40 dxFont 초기화

```
// DirectX 글꼴 초기화
if (dxFont.initialize(graphics, gameNS::POINT_SIZE, false, false,
    gameNS::FONT) == false)
  throw(GameError(gameErrorNS::FATAL_ERROR,
          "Failed to initialize DirectX font."));
dxFont.setFontColor(gameNS::FONT_COLOR);
```

리스트 8.41 FPS 관련 상수

```
namespace gameNS
{
  const char FONT[] = "Courier New";   // 글꼴
  const int POINT_SIZE = 14;           // 크기
  const COLOR_ARGB FONT_COLOR = SETCOLOR_ARGB(255, 255, 255, 255); // 흰색
}
```

fps 표시는 Game::renderGame 함수에서 수행된다. fps 값은 문자열로 변환돼 화면의 오른쪽 하단 모서리에 표시된다. render 함수를 호출한 후에 fps

디스플레이를 배치하면 fps 숫자가 게임 아이템의 상단에 그려질 것이다(리스트 8.42 참조). FPS 디스플레이를 보여주기 위해 fpsOn을 true로 설정한다(리스트 8.43 참조).

리스트 8.42 renderGame 함수에 FPS 디스플레이를 추가한다.

```
// ========================================================
// 게임 아이템 렌더링
// ========================================================
void Game::renderGame()
{
    const int BUF_SIZE = 20;
    static char buffer[BUF_SIZE];
    // 렌더링 시작
    if (SUCCEED(graphics->beginScene()))
    {
        render();                      // 상속받은 객체의 render() 호출
        graphics->spriteBegin();    // 스프라이트 그리기 시작
        if (fpsOn)                  // FPS 디스플레이를 보여줘야 한다면
        {
            // fps를 Cstring으로 변환한다.
            _snprintf_s(buffer, BUF_SIZE, "fps %d ", (int)fps);
            dxFont.print(buffer, GAME_WIDTH - 100, GAME_HEIGHT - 28);
        }
        graphics->spriteEnd();      // 스프라이트 그리기 종료
        console->draw();            // 콘솔이 여기에 그려지므로 게임의 상단에 나타난다.
        // 렌더링 멈춤
        graphics->endScene();
    }
    handleLostGraphicsDevice();
    // 화면에 백 버퍼를 표시한다.
    graphics->showBackBuffer();
}
```

```
fpsOn = true;
```

8.7 콘솔 추가

콘솔은 텍스트 입력과 출력을 지원하며, 일반적으로 메시지를 표시하고 게임 플레이를 제어하는 명령을 입력하는 진단 도구로 사용된다. 그렇기 때문에 게임을 테스트할 때 매우 유용하다. 예를 들어 플레이어를 무적으로 만들거나 추가 탄약을 주고 싶을 때가 있다. 콘솔을 사용하면 C++ 컴파일러를 사용하지 않고도 매개변수를 변경할 수 있다. 이런 명령은 일반적으로 의도된 목적은 아니지만 '치트 코드'라고도 한다. 진짜 목적은 게임 플레이에 대한 테스트와 조정을 더욱 편하게 하기 위함이다.

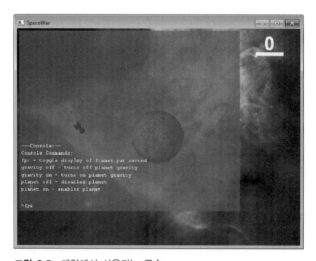

그림 8.5 게임에서 사용되는 콘솔

그림 8.5는 Spacewar 게임에서 사용된 콘솔의 예를 보여준다. 콘솔은 흰색의 텍스트와 반투명 회색 배경을 갖고 있다. 명령은 키보드를 통해 입력하고 프롬프트Prompt '>'에 표시된다. FPS 디스플레이 때 했던 것처럼 외부 텍스처 파일에

의존하지 않고 콘솔을 표시하려고 한다. 짓궂은 사용자들이 무엇을 하든 콘솔은 항상 동작해야 한다. 콘솔 문자는 DirectX를 사용해 표시하면 되지만, 회색 배경은 어떻게 표시할 것인가? 스프라이트는 외부 텍스처를 필요로 하기 때문에 사용할 수 없다. 따라서 이번 기회에 DirectX가 그릴 수 있는 내장 프리미티브Primitive를 배워 배경에 사용할 수 있는지 알아보자.

8.7.1 DirectX 프리미티브

DirectX는 기본적인 도형을 렌더링할 수 있는 `DrawPrimitive` 함수를 포함하고 있다. `DrawPrimitive` 함수는 다음과 같다.

```
HRESULT DrawPrimitive(
    D3DPRIMITIVETYPE PrimitiveType,
    UINT StartVertex,
    UINT PrimitiveCount
);
```

매개변수는 다음과 같다.

- **PrimitiveType** 렌더링할 프리미티브 타입을 설명하는 `D3DPRIMITIVETYPE` 열거형의 멤버다.
- **StartVertex** 정점 버퍼Vertex Buffer에서 사용하는 첫 번째 정점의 인덱스다.
- **PrimitiveCount** 렌더링할 프리미티브 수다.

`D3DPRIMITIVETYPE`은 다음과 같다.

- **D3DPT_POINTLIST** 정점을 각각의 점으로 렌더링한다.
- **D3DPT_LINELIST** 정점을 각각의 선분으로 렌더링한다.
- **D3DPT_LINESTRIP** 정점을 연속적인 폴리라인Polyline(컴퓨터 그래픽에서 선분들을 이어 만든 도형 - 옮긴이)으로 렌더링한다.
- **D3DPT_TRIANGLELIST** 정점을 각각의 삼각형으로 렌더링한다.

- **D3DPT_TRIANGLESTRIP** 정점을 삼각형의 스트립^{Strip}으로 렌더링한다. 처음 세 꼭짓점은 하나의 삼각형을 정의하고, 각각의 추가 정점은 기존 삼각형의 한 모서리를 사용하는 새 삼각형의 세 번째 정점을 정의한다.

- **D3DPT_TRIANGLEFAN** 정점을 삼각형 팬^{Fan}으로 렌더링한다. 처음 세 꼭짓점은 하나의 삼각형을 정의하고, 각각의 추가 정점은 기존 삼각형의 한 모서리를 사용하는 새 삼각형의 세 번째 정점을 정의한다. 삼각형 팬에 있는 모든 삼각형들은 하나의 공통 정점을 공유한다.

삼각형 스트립과 삼각형 팬은 삼각형 리스트보다 더 효율적이다. 삼각형 팬은 삼각형 스트립보다 정점의 배열을 더 쉽게 시각화할 수 있으므로 배경 삼각형을 그리는 데 삼각형 팬을 사용할 것이다. 삼각형 팬을 사용해 사각형을 그리기 위해 다음과 같이 정점을 준비한다.

8.7.2 쿼드 그리기

사각형을 그리기 위해 Graphics 클래스에 새로운 함수를 만들 것이다. 사각형을 형성하는 두 개의 삼각형을 그래픽 용어로 쿼드^{Quad}라고 한다. 따라서 새로운 함수의 이름을 drawQuad로 정할 것이다(리스트 8.44 참조).

리스트 8.44 drawQuad 함수

```
// =================================================
// 삼각형 팬을 사용해 알파 투명도를 가지는 쿼드를 표시한다.
// 이전 :  createVertexBuffer는 시계 방향 순서로 쿼드를 정의하는
//         네 정점을 포함한 vertexBuffer를 생성하기 위해 사용됐다.
//         g3ddev->BeginScene이 호출됐다.
// 이후 :  쿼드가 그려진다.
// =================================================
```

```cpp
bool Graphics::drawQuad(LP_VERTEXBUFFER vertexBuffer)
{
    HRESULT result = E_FAIL;                // 윈도우 표준 반환 값
    if (vertexBuffer == NULL)
        return false;

    device3d->SetRenderState(D3DRS_ALPHABLENDENABLE, true); // 알파 블렌딩
                                                            // 활성화
    device3d->SetStreamSource(0, vertexBuffer, 0, sizeof(VertexC));
    devicce3d->SetFVF(D3DFVF_VERTEX);
    result = device3d->DrawPremitive(D3DPT_TRIANGLEFAN, 0, 2);
    device3d->SetRenderState(D3DRS_ALPHABLENDENABLE, false); // 알파 블렌딩

                                                            // 비활성화

    if (FAILED(result))
        return false;
    return true;
}
```

쿼드는 알파 블렌딩을 사용해 반투명하게 그려진다. 알파 블렌딩은 현재의 렌더링 상태의 일부로 활성화 또는 비활성화된다. 현재의 렌더링 상태는 SetRenderState 함수를 통해 설정된다. 이 함수를 사용해 렌더링 상태 매개변수인 D3DRS_ALPHABLENDENABLE을 true로 설정한다.

쿼드의 모서리를 정의하는 정점들은 정점 버퍼에 포함돼 있다. 사용자는 SetStreamSource 함수를 통해 **DirectX**에게 정점 버퍼에 대해 알려준다. 리스트 8.44에 있는 함수를 호출하는 데 사용되는 매개변수는 다음과 같다.

- **0** 스트림 번호
- **vertexBuffer** 정점 버퍼의 이름
- **0** 스트림의 시작부터 정점 데이터의 시작까지의 바이트 단위의 오프셋
- **sizeof(VertexC)** 정점 하나의 크기다. graphics.h에 VertexC를 구조체로

정의했다. 이 구조체는 정점 하나를 정의한다.

DrawPrimitive를 통해 쿼드를 그리고 알파 블렌딩을 해제한다. 알파 블렌딩은 Graphics::initialize 함수에 다음 코드를 끝에 추가해 구성돼야 한다(리스트 8.45 참조). 또한 알파 블렌딩을 하기 위해 Graphics::reset 함수에 같은 코드를 추가해야 한다(리스트 8.46 참조).

리스트 8.45 프리미티브의 알파 블렌딩을 사용하는 코드

```
// 프리미티브의 알파 블렌딩에 대한 구성
device3d->SetRenderState(D3DRS_BLENDOP, D3DBLENDOP_ADD);
device3d->SetRenderState(D3DRS_SCRBLEND, D3DBLEND_SRCALPHA);
device3d->SetRenderState(D3DRS_DESTBLEND, D3DBLEND_INVSRCALPHA);
```

리스트 8.46 프리미티브의 알파 블렌딩을 지원하기 위해 수정된 reset 함수

```
// ================================================
// 그래픽 디바이스를 리셋(Reset)한다.
// ================================================
HRESULT Graphics::reset()
{
    result = E_FAIL;              // 기본 값은 실패로 두며, 성공으로 변경한다.
    initD3Dpp();                  // D3D 표시(Presentation) 매개변수를 초기화한다.
    sprite->OnLostDevice();
    result = device3d->Reset(&d3dpp);      // 그래픽 디바이스 리셋을 시도한다.
    // 프리미티브의 알파 블렌딩을 위한 설정
    device3d->SetRenderState(D3DRS_BLENDOP, D3DBLENDOP_ADD);
    device3d->SetRenderState(D3DRS_SRCBLEND, D3DBLEND_SRCALPHA);
    device3d->SetRenderState(D3DRS_DESTBLEND, D3DBLEND_INVSRCALPHA);
    sprite->OnResetDevice();
    return result;
}
```

8.7.3 정점 버퍼 생성

정점 버퍼는 DirectX 함수 `CreateVertexBuffer`를 통해 생성된다. 문법은 다음과 같다.

```
HRESULT CreateVertexBuffer(
    UINT Lenghth,
    DWORD Usage,
    DWORD FVF,
    D3DPOOL Pool,
    IDirect3DVertexBuffer9 **ppVertexBuffer,
    HANDLE *pSharedHandle
);
```

매개변수는 다음과 같다.

- **Length** 정점 버퍼의 바이트 단위 크기다.

- **Usage** 정점 버퍼를 어떻게 사용할 것인지를 지정한다. 여기서는 정점 버퍼를 쓰기 전용으로 사용한다는 사실을 나타내고자 `D3DUSAGE_WRITEONLY`를 사용한다. 이렇게 하면 드라이버가 최적의 성능을 제공하기 위해 최선의 메모리 위치를 선택할 수 있다.

- **FVF** 정점의 형식을 설명한다. 여기서는 graphics.h에 `D3DFVF_XYZRHW` | `D3DFVF_DIFFUSE`의 조합으로 정의돼 있는 `D3DFVF_VERTEX`를 사용한다. 멤버 `D3DFVF_XYZRHW`는 정점의 위치가 이미 변환됐음을 나타낸다. 다시 말해서 X, Y, Z는 정점의 화면 좌표계^{Screen Coordinates}다. `D3DFVF_DIFFUSE`는 정점에 디퓨즈 색상 컴포넌트가 포함돼 있음을 나타낸다. 쿼드의 회색 색상은 각 정점의 한 부분으로 정의된다. 각 정점이 다른 색상이라면 DirectX는 쿼드를 렌더링할 때 색상들을 모두 혼합한다.

- **Pool** 버퍼를 배치하기 위한 메모리 풀이다. 여기서는 일반적으로 비디오 메모리에 결과를 저장하는 `D3DPOOL_DEFAULT`를 사용한다.

- **ppVertexBuffer** IDirect3DVertexBuffer9 인터페이스를 가리키는 포인

터의 주소다. 호출이 성공하면 이 포인터는 정점 버퍼를 가리킨다.

- **pSharedHandle** 예약돼 있다. NULL로 설정한다.

리스트 8.47에서 볼 수 있는 것처럼 Graphics::createVertexBuffer 함수로부터 DirectX의 CreateVertexBuffer 함수를 호출한다.

리스트 8.47 정점 버퍼를 생성하는 함수

```
// =================================================
// 정점 버퍼를 생성한다.
// 이전 : verts[]는 정점 버퍼를 포함한다.
//        size = verts[]의 크기
// 이후 : 성공할 경우 &vertexBuffer는 버퍼를 가리킨다.
// =================================================
HRESULT Graphics::createVertexBuffer(VertexC verts[], UINT size,
                            LP_VERTEXBUFFER &vertexBuffer)
{
    // 윈도우 표준 반환 값
    HRESULT result = E_FAIL;
    // 정점 버퍼 생성
    result = device3d->CreateVertexBuffer(size, D3DUSAGE_WRITEONLY,
              D3DFVF_VERTEX, D3DPOOL_DEFAULT, &vertexBuffer, NULL);
    if(FAILED(result))
      return result;
    void *ptr;
    // 데이터가 안으로 전송되기 전에 버퍼에 락(Lock)을 걸어야 한다.
    result = vertexBuffer->Lock(0, size, (void**)&ptr, 0);
    if (FAILED(result))
      return result;
    memcpy(ptr, verts, size);          // 정점 데이터를 버퍼에 복사한다.
    vertexBuffer->Unlock();            // 버퍼에 걸린 락을 해제한다.
    return result;
}
```

버퍼가 생성된 후에 `vertexBuffer->Lock`을 호출해 버퍼에 락을 건다(데이터가 전송되기 전에 정점 버퍼에 락을 걸어야 한다). 그리고 `mpmcpy`를 통해 정점 데이터를 버퍼에 복사한다. 마지막으로 DirectX가 버퍼를 사용할 수 있게 걸린 락을 해제한다.

▎ 8.8 Console 클래스

새 Graphics 클래스의 모든 함수는 새 Console 클래스의 일부로서 콘솔을 표시하는 데 사용된다. console.h 파일은 콘솔의 속성을 정의하는 상수를 포함한다. 상수는 다음과 같다.

- **WIDTH** 콘솔의 픽셀 단위 너비로, 기본 값은 500이다.
- **HEIGHT** 콘솔의 픽셀 단위 높이로, 기본 값은 400이다.
- **X, Y** 콘솔의 왼쪽 상단 모서리의 화면 위치로. 기본 값은 5, 5다.
- **MARGIN** 콘솔의 모서리 텍스트 여백으로, 기본 값은 4픽셀이다.
- **FONT[]** 콘솔의 텍스트에 사용할 글꼴로, 기본 값은 'Courier New'다.
- **FONT_HEIGHT** 콘솔에 사용하는 글꼴의 높이로, 기본 값은 14다.
- **FONT_COLOR** 콘솔에 사용하는 글꼴의 색상으로, 기본 값은 흰색이다.
- **BACK_COLOR** 콘솔의 배경 색상으로, 기본 값은 `SETCOLOR_ARGB(192, 128, 128, 128)`인데, 반투명 회색이다.
- **MAX_LINES** 텍스트 버퍼에서 표시 가능한 텍스트 라인의 최댓값이다.

8.8.1 Console 함수

Console 클래스의 함수는 콘솔을 표시하거나 텍스트를 추가하거나 명령을 처리하는 데 사용된다. Console 클래스의 함수는 다음과 같다.

- **const void draw();**

  게임 화면에 콘솔을 그린다.

- **void showHide();**

  콘솔의 `visible` 속성이 반전된다. 보이던 콘솔은 보이지 않게 만들고, 보이지 않던 콘솔은 보이게 만든다.

- **bool getVisible() { return visible; }**

  현재 `visible` 속성을 반환한다.

- **void show() { visible = true; }**

  콘솔을 보이게 만든다.

- **void hide() { visible = false; }**

  콘솔을 보이지 않게 만든다.

- **void print(const std::string& str);**

  텍스트 문자열을 콘솔에 추가한다.

- **std::string getCommand();**

  콘솔 단일 키 명령을 처리한다. 사용자가 입력한 명령 문자열을 반환한다.

- **std::string getInput() { return inputStr; }**

  콘솔 입력 텍스트를 반환한다.

- **void clearInput() { inputStr = ""; }**

  콘솔 입력 텍스트를 초기화한다.

8.8.2 Console 클래스 세부 사항

생성자는 `Console` 클래스의 변수를 초기화한다(리스트 8.48 참조).

리스트 8.48 Console 클래스의 생성자

```
// =================================================
// 생성자
// =================================================
Console::Console()
{
```

```
initialized = false;          // 성공적으로 초기화하면 true로 설정한다.
graphics = NULL;
visible = false;              // 보이지 않게 한다.
fontColor = consoleNS::FONT_COLOR;
backColor = consoleNS::BACK_COLOR;
x = consoleNS::X;             // 콘솔의 위치 설정을 시작한다.
y = consoleNS::Y;
textRect.bottom = consoleNS::Y + consoleNS::HEIGHT
                   - consoleNS::MARGIN;
textRect.left = consoleNS::X + consoleNS::MARGIN;
textRect.right = consoleNS::X + consoleNS::WIDTH - consoleNS::MARGIN;
textRect.top = consoleNS::Y + consoleNS::MARGIN;
vertexBuffer = NULL;
rows = 0;
scrollAmount = 0;
}
```

8.8.3 초기화

Console 클래스의 initialize 함수는 배경에 사용할 사각형의 모서리를 정의하는 정점 버퍼를 생성한다. 또한 텍스트를 표시하는 데 사용되는 DirectX 글꼴을 초기화한다(리스트 8.49 참조).

리스트 8.49 Console 클래스의 initialize 함수

```
// =================================================
// 콘솔을 초기화한다.
// =================================================
bool Console::initialize(Graphics *g, Input *in)
{
    try {                          // 그래픽 시스템
        graphics = g;
        input = in;
        // 왼쪽 상단
```

```
    vtx[0].x = x;
    vtx[0].y = y;
    vtx[0].z = 0.0f;
    vtx[0].rhw =1.0f;
    vtx[0].color = backColor;
    // 오른쪽 상단
    vtx[1].x = x + consoleNS::WIDTH;
    vtx[1].y = y;
    vtx[1].z = 0.0f;
    vtx[1].rhw = 1.0f;
    vtx[1].color = backColor;
    // 오른쪽 하단
    vtx[2].x = x + consoleNS::WIDTH;
    vtx[2].y = y + consoleNS::HEIGHT;
    vtx[2].z = 0.0f;
    vtx[2].rhw = 1.0f;
    vtx[2].color = backColor;
    // 왼쪽 하단
    vtx[3].x = x;
    vtx[3].y = y + consoleNS::HEIGHT;
    vtx[3].z = 0.0f;
    vtx[3].rhw = 1.0f;
    vtx[3].color = backColor;
    graphics->createVertexBuffer(vtx, sizeof vtx, vertexBuffer);
    // DirectX 글꼴 초기화
    if (dxFont.initialize(graphics, consoleNS::FONT_HEIGHT, false,
                          false, consoleNS::FONT) == false)
        return false;                // 실패할 경우
    dxFont.setFontColor(fontColor);
} catch(...) {
    return false;
}
initialized = true:
return true;
}
```

배열 vtx는 정점 데이터를 포함한다. X와 Y 좌표는 정점의 화면 위치를 지정한다. z 좌표는 화면의 깊이다. rhw 멤버는 항상 1.0으로 설정한다. 정점의 색상은 쿼드의 색상을 정의한다. 각 정점에 대해 서로 다른 색상을 사용하면 색상이 점차 하나의 정점에서 다음 정점으로 변하게 된다.

---

rhw 멤버는 w와 같은 말이다. rhw 멤버는 행렬 수학에서 3D상에 있는 정점을 변환할 때 사용하는 용어다. 2D 그래픽스에서는 미리 변환된 정점으로 작업하기 때문에 rhw를 1로 설정해 계산에서 해당 항을 효과적으로 제거한다.

정점의 순서는 중요하다. 리스트 8.49를 통해 정점 버퍼에 정점을 시계 방향(왼쪽 상단, 오른쪽 상단, 오른쪽 하단, 왼쪽 하단)으로 배치했다는 사실을 알 수 있다. 이 순서를 따르지 않는다면 쿼드는 보이지 않을 것이다. 일반적으로 DirectX에서 삼각형을 그릴 때에는 한쪽으로만 볼 수 있다. 삼각형을 뒤에서 본다면 꿰뚫어 볼 수 있을 것이다. 이를 백페이스 컬링Back Face Culling이라고 한다. 백페이스 컬링은 3D 표면의 렌더링을 가속화하는 데 사용되는 일반적인 기술이다. DirectX는 삼각형을 볼 수 있는 면을 결정하기 위해 정점의 순서를 사용한다. 정점을 반시계 방향으로 배치하면 뒤쪽에서 삼각형을 보기 때문에 보이지 않을 것이다.

8.8.4 콘솔 그리기

draw 함수는 화면에 콘솔을 표시한다. 리스트 8.50(a)와 같이 배경 쿼드를 먼저 그린다.

리스트 8.50(a) 콘솔 배경 그리기

```
// ================================================
// 콘솔을 그린다.
// 이전: BeginScene / EndScene 내부
// ================================================
const void Console::draw()
{
```

```
if (!visible || graphics == NULL || !initialized)
    return;
graphics->drawQuad(vertexBuffer);          // 배경 그리기
if (text.size() == 0)
    return;
```

다음으로 텍스트를 표시한다. DirectX에 텍스트를 스크롤할 수 있는 메커니즘은 없으므로 스스로 만들어야 한다. 자세한 사항은 리스트 8.50(b)를 참조하라. 텍스트 한 행의 높이는 rowHeight에 계산돼 있다.

그리고 리스트 8.50(c)와 같이 표시 가능한 콘솔의 높이를 rowHeight로 나눠 얼마나 많은 행의 텍스트를 보여줄 수 있는지 계산한다. 다음으로 리스트 8.50(d)에서 볼 수 있듯이 콘솔의 하단부터 시작해 위로 올라가며 행 단위로 텍스트를 표시한다.

리스트 8.50(b) 텍스트 한 행의 높이 계산

```
graphics->spriteBegin();                    // 스프라이트 그리기 시작
// 콘솔에 텍스트를 표시한다.
textRect.left = 0;
textRect.top = 0;
// textRect의 하단을 한 행의 높이로 설정한다.
dxFont.print("|", textRect, DT_CALCRECT);   // "|"는 전체 높이 캐릭터로 사용된다.
int rowHeight = textRect.bottom + 2;        // 한 행의 높이 (+2는 행 간격이다)
if (rowHeight <= 0)                          // 절대 true가 되면 안 된다.
    rowHeight = 20;                          // 가능한 결과로 강제한다.
```

리스트 8.50(c) 콘솔에 맞는 행 수 계산

```
// 콘솔에 맞는 행의 수
rows = (consoleNS::HEIGHT - 2 * consoleNS::MARGIN) / rowHeight;
rows -= 2;                                   // 하단에 입력 프롬프트를 위한 공간
```

```
if (rows <= 0)                                    // 절대 true가 되면 안 된다.
    rows = 5;                                     // 가능한 결과로 강제한다.
```

리스트 8.50(d) 콘솔 텍스트를 행 단위로 표시

```
// 텍스트 한 행을 표시할 사각형을 설정한다.
textRect.left = (long)(x + consoleNS::MARGIN);
textRect.right = (long)(textRect.right + consoleNS::WIDTH -
                        consoleNS::MARGIN);
// -2 * rowHeight는 입력 프롬프트를 위한 공간이다.
textRect.bottom = (long)(y + consoleNS::HEIGHT - 2 * consoleNS::MARGIN -
                        2 * rowHeight);
// 상단부터 하단까지 모든 행에 대해서 (최대 text.size())
for (int r = scrollAmount; r < rows + scrollAmount &&
     r < (int)(text.size()); r++)
{
    // 해당 행에 대해 텍스트를 표시하는 사각형의 top을 설정한다.
    textRect.top = textRect.bottom - rowHeight;
    // 텍스트 한 행을 표시한다.
    dxFont.print(text[r], textRect, DT_LEFT);
    // 텍스트를 표시하는 사각형의 bottom을 조정한다.
    textRect.bottom -= rowHeight;
}
```

마지막 단계는 리스트 8.50(e)에서 볼 수 있듯이 명령 프롬프트와 사용자가
입력하는 모든 명령을 표시하는 것이다.

리스트 8.50(e) 콘솔 명령 프롬프트 표시

```
// 명령 프롬프트와 현재 명령을 표시한다.
// 프롬프트 텍스트를 표시하는 사각형을 설정한다.
textRect.bottom = (long)(y + consoleNS::HEIGHT - consoleNS::MARGIN);
```

```
   textRect.top = textRect.bottom - rowHeight;
   std::string prompt = ">";                      // 프롬프트 문자열 구축
   prompt += input->getTextIn();
   dxFont.print(prompt, textRect, DT_LEFT);       // 프롬프트와 명령 표시
   graphics->spriteEnd();                         // 스프라이트 그리기 종료
}
```

8.8.5 콘솔 보이기/감추기

showHide 함수는 visible 매개변수의 상태를 변경해 콘솔을 보이거나 감추게
한다. 또한 새로운 콘솔 명령에 대비해 입력 버퍼를 초기화하거나 게임으로 돌
아오기 전에 이전의 콘솔 명령을 삭제한다(리스트 8.51 참조).

리스트 8.51 Console 클래스의 showHide 함수

```
// =================================================
// 콘솔 보이기 / 감추기
// =================================================
void Console::showHide()
{
    if (!initialized)
       return;
    visible = !visible;
    input->clear(inputNS::KEYS_PRESSED | inputNS::TEXT_IN); // 이전의
                                                      // 입력을 지운다.
}
```

8.8.6 콘솔에 텍스트 추가

콘솔 텍스트는 문자열의 데큐에 저장된다. 데큐^{Deque}는 C++ 표준 템플릿 라이
브러리$^{STL, Standard Template Library}$의 일부다. 데큐는 빠른 임의 접근과 앞쪽이나 뒤
쪽에서의 효율적인 삽입과 삭제를 지원한다. 콘솔 텍스트의 각 줄은 데큐에 문
자열로 저장된다. 리스트 8.52에서 볼 수 있듯이 데큐는 text라는 이름으로

console.h에 선언돼 있다.

리스트 8.52 콘솔 텍스트를 저장하는 데 사용되는 deque.

```
std::deque<std::string> text;          // 콘솔 텍스트
```

print 함수는 콘솔에 텍스트를 추가하는 데 사용된다. 새 텍스트 문자열은 데큐의 앞쪽으로 밀어 넣는다. 텍스트가 최대 줄 수만큼 추가되면 데큐에서 가장 오래된 줄이 삭제된다. 텍스트의 첫 줄만 표시될 것이다(리스트 8.53 참조).

리스트 8.53 print 함수를 통해 콘솔에 추가되는 텍스트

```
// ===================================================
// 콘솔에 텍스트를 추가한다.
// str에 있는 텍스트의 첫 번째 줄만 표시될 것이다.
// ===================================================
void Console::print(const std::string &str)       // 콘솔에 텍스트를 추가한다.
{
    if (!initialized)
      return;
    text.push_front(str);               // str을 텍스트의 데큐에 추가한다.
    if (text.size() > consoleNS::MAX_LINES)
      text.pop_back();                  // 가장 오래된 줄을 삭제한다.
}
```

8.8.7 콘솔 명령
콘솔은 지정된 키를 누르면 표시된다. CONSOLE_KEY 상수는 constants.h에 물결표 '~'로 정의돼 있다(리스트 8.54 참조).

콘솔이 표시되는 동안 명령을 입력할 수 있다. 명령은 화살표 키 또는 'Page Up', 'Page Down', 그리고 다른 텍스트 명령을 통해 콘솔 창을 스크롤하는 기능

을 포함한다. 이 모든 명령은 getCommand 함수에서 처리된다. 일부 명령은
즉시 실행되며, 다른 명령은 게임으로 반환된다(리스트 8.55 참조).

리스트 8.54 콘솔을 표시하는 데 사용되는 기본 키

```cpp
const UCHAR CONSOLE_KEY = VK_OEM_3;            // 미국 키보드를 위한 ~ 키
```

리스트 8.55 사용자가 입력한 텍스트를 반환하는 getCommand 함수 사용

```cpp
// ===================================================
// 콘솔 명령을 반환한다.
// 콘솔의 단일 키 명령을 처리한다.
// 다른 모든 명령은 게임으로 반환한다.
// ===================================================
std::string Console::getCommand()
{
    // 콘솔이 초기화되지 않았거나 보이지 않는다면
    if (!initialized | !visible)
        return "";
    // 콘솔 키를 확인한다.
    if (input->wasKeyPressed(CONSOLE_KEY))
        hide();                                 // 콘솔을 끈다.
    // Esc 키를 확인한다.
    if (input->wasKeyPressed(ESC_KEY))
        return "";
    // 스크롤을 확인한다.
    if (input->wasKeyPressed(VK_UP))            // 위쪽 화살표인 경우
        scrollAmount++;
    else if (input->wasKeyPressed(VK_DOWN))     // 아래쪽 화살표인 경우
        scrollAmount--;
    else if (input->wasKeyPressed(VK_PRIOR))    // Page Up인 경우
        scrollAmount += rows;
    else if (input->wasKeyPressed(VK_NEXT))     // Page Down인 경우
```

```
        scrollAmount -= rows;
    if (scrollAmount < 0)
        scrollAmount = 0;
    if (scrollAmount > consoleNS::MAX_LINES - 1);
        scrollAmount = consoleNS::MAX_LINES - 1;
    if (scrollAmount > (int)(text.size()) - 1)
        scrollAmount = (int)(text.size()) - 1;
    commandStr = input->getTextIn();    // 사용자가 입력한 텍스트를 가져온다.
    // 게임을 통해 키를 전달하면 안 된다.
    input->clear(inputNS::KEYS_DOWN | inputNS::KEYS_PRESSED |
                 inputNS::MOUSE);
    if (commandStr.length() == 0)        // 명령이 입력되지 않았다면
        return "";
    if (commandStr.at(commandStr.length() - 1) != '\r') // 'Enter' 키를
                                                    // 누르지 않았다면
        return "";                        // 명령이 될 수 없기 때문에 반환한다.
    commandStr.erase(commandStr.length() - 1);  // 명령의 끝에 '\r'을 지운다.
    input->clearTextIn();                 // 입력 줄을 지운다.
    return commandStr;                    // 명령을 반환한다.
}
```

사용자가 입력한 명령은 string으로 반환된다. 이스케이프 시퀀스 \r은 반환되기 전에 명령의 끝에서 제거된다.

▐ 8.9 게임 엔진에 Console을 통합

game.h에 Console을 가리키는 포인터를 정의한다(리스트 8.56 참조).

리스트 8.56 Console 포인터

```
Console   *console;                 // Console을 가리키는 포인터
```

또한 Game 클래스에 새 consoleCommand 함수를 정의한다. 이 함수는 콘솔에 입력된 명령을 처리하는 데 사용된다. 프로토타입은 **game.h**에 추가한다(리스트 8.57 참조). Game 클래스의 생성자는 콘솔 포인터를 **NULL**로 설정한다(리스트 8.58 참조). 콘솔은 Game::initialize 함수에서 초기화된다(리스트 8.59 참조). Game::renderGame 함수에서 콘솔의 draw 함수를 호출한다. draw 함수를 호출하는 부분은 콘솔이 항상 현재 게임 화면의 상단에 그려지도록 render 함수를 호출한 후에 배치한다(리스트 8.60 참조).

리스트 8.57 consoleCommand 함수에 대한 프로토타입

```
// 콘솔 명령을 처리한다.
virtual void consoleCommand();
```

리스트 8.58 Game 생성자에 추가된 콘솔 코드

```
console = NULL;
```

리스트 8.59 콘솔 초기화

```
// 콘솔을 초기화한다.
console = new Console();
console->initialize(graphics, input);        // 콘솔을 준비한다.
console->print("---Console---");
```

리스트 8.60 콘솔을 그리는 코드 추가

```
// 렌더링을 시작한다.
if (SUCCEEDED(graphics->beginScene()))
{
    render();                    // 상속받은 객체의 render()를 호출한다.
```

```
graphics->spriteBegin();              // 스프라이트 그리기를 시작한다.
if (fpsOn)                            // FPS 표시를 요청했다면
{
    // fps를 string으로 변환한다.
    _snprintf_s(buffer, BUF_SIZE, "fps %d ", (int)fps);
    dxFont.print(buffer, GAME_WIDTH - 100, GAME_HEIGHT - 28);
}
graphics->spriteEnd();         // 스프라이트 그리기를 종료한다.
console->draw();                      // 콘솔이 그려지고 게임의 상단에 나타난다.
```

Game::run 함수에 리스트 8.61의 코드를 추가한다. 사용자가 콘솔 키를 눌렀는지 확인하고 콘솔로부터 showHide 함수를 호출한다. 콘솔이 보인다면 게임을 일시 중지한다. 그리고 사용자가 콘솔에 입력한 명령을 처리한다. 콘솔 명령은 Game::consoleCommand에서 처리된다(리스트 8.62 참조).

리스트 8.61 Game::run 함수에 추가된 콘솔 코드

```
// 콘솔 키를 확인한다.
if (input->wasKeyPressed(CONSOLE_KEY))
{
    console->showHide();
    paused = console->getVisible();   // 콘솔이 보인다면 게임을 일시 중지한다.
}
consoleCommand();                     // 사용자가 입력한 콘솔 명령을 처리한다.
```

리스트 8.62 기본 콘솔 명령 처리

```
// =========================================================
// 콘솔 명령을 처리한다.
// 새 콘솔 명령이 추가되면 상속받은 클래스에서 이 함수를 오버라이딩한다.
// =========================================================
void Game::consoleCommand()
```

```
{
    command = console->getCommand();      // 콘솔로부터 명령을 얻는다.
    if (command == "")                     // 명령이 아니면
        return;
    if (command == "help")                 // "help" 명령이면
    {
        console->print("Console Commands:");
        console->print("fps - toggle display of frames per second");
        return;
    }
    if (command == "fps")
    {
        fpsOn = !fpsOn;                     // FPS 표시를 켰다 껐다 한다.
        if (fpsOn)
            console->print("fps on");
        else
            console->print("fps off");
    }
}
```

현재 사용 가능한 명령은 help와 fps뿐이다. 새 콘솔 명령이 추가되면 상속
받은 클래스에서 이 함수를 오버라이딩한다. 기존 함수를 상속받은 클래스에
복사해 새 명령을 추가하면 된다. 또한 콘솔이 사용한 메모리를 해제하는 데
필요한 콘솔 함수도 추가한다(리스트 8.63 참조).

리스트 8.63 콘솔 해제와 리셋

```
// ========================================================
// 그래픽 디바이스가 로스트 상태가 됐다.
// 그래픽 디바이스를 리셋하기 위해 예약된 모든 비디오 메모리를 해제한다.
// ========================================================
void Game::releaseAll()
{
```

```
    SAFE_ON_LOST_DEVICE(console);
    dxFont.onLostDevice();
    return;
}
// =========================================================
// 모든 표면을 다시 생성히고 모든 개체를 리셋한다.
// =========================================================
void Game::resetAll()
{
    dxFont.onResetDevice();
    SAFE_ON_RESET_DEVICE(console);
    return;
}
// =========================================================
// 예약된 모든 메모리를 삭제한다.
// =========================================================
void Game::deleteAll()
{
    releaseAll();        // 모든 그래픽 항목에 대해 onLostDevice()를 호출한다.
    SAFE_DELETE(audio);
    SAFE_DELETE(graphics);
    SAFE_DELETE(input);
    SAFE_DELETE(console);
    initialized = false;
}
```

이제 게임 엔진으로 만드는 모든 게임에 콘솔이 추가될 것이다.

정리

텍스트를 표시하는 기능은 프로그래밍에서 당연히 구현해야 된다. 8장에서 봤듯이 DirectX 게임을 만들 때 텍스트를 표시하는 것은 말 그대로 도전이다. 플레이어 점수와 같은 간단한 표시에서부터 게임 내의 대화상자까지 텍스트는 실질적으로 모든 게임에서 사용된다. 새로운 텍스트 표시 기능을 게임 엔진의 FPS 디스플레이를 추가하는 데 사용했다. 또한 DirectX 프리미티브 일부를 사용해 게임 엔진에 콘솔을 추가했다. 8장에서 배운 내용은 다음과 같다.

- **미리 렌더링된 텍스트** 간단한 텍스트는 미리 렌더링된 텍스트를 포함한 그림을 사용해 표시된다.

- **스프라이트** 스프라이트는 게임 텍스처가 표시되는 것과 거의 같은 방법으로 텍스트를 표시하는 데 사용된다.

- **스프라이트 기반의 글꼴** 스프라이트 기반의 글꼴은 각 문자를 만들기 위해 이미지를 사용한다.

- **새 글꼴 생성하기** 사용자 정의 스프라이트 글꼴을 쉽게 만들 수 있다.

- **스프라이트 텍스트의 속도** 스프라이트 텍스트의 표시 속도는 매우 빠르다.

- **텍스트 변경** 스프라이트 텍스트는 회전 및 크기를 조정하거나 다른 색으로 표시할 수 있다.

- **큰 것이 낫다** 스프라이트 텍스트는 큰 텍스처 이미지가 더 작은 글꼴 크기로 줄어들 경우 제일 좋게 보인다.

- **Text 클래스** Text 클래스는 게임에서 스프라이트 기반의 텍스트를 표시하는 데 사용되는 함수와 속성을 포함한다.

- **비례 또는 고정 피치 문자** Text 클래스는 똑같은 글꼴 텍스처의 비례 또는 고정 피치 문자를 지원한다.

- **추가적인 텍스트 효과** 추가적인 글꼴 속성은 밑줄, 굵은체, 색상, 그리고 배경색을 포함한다.

- **글꼴 속성** 글꼴 속성에 대한 변경 사항은 다른 변경 사항이 생기기 전까지 유효하다.

- **print 함수** 텍스트는 print 함수를 통해 표시된다.

- **DirectX 선호 방식** DirectX 텍스트는 텍스처 이미지가 필요하지 않다. 이는 에러나 시스템 메시지를 표시하기 위해 선호되는 방식이다.

- **표준 윈도우 글꼴** DirectX 텍스트는 표준 윈도우 글꼴을 사용하므로 문자의 크기가 크더라도 스프라이트 기반의 글꼴처럼 들쭉날쭉한 모서리를 갖지 않는다.
- **DirectX 텍스트의 속도** DirectX 텍스트 표시 속도는 스프라이트 기반의 텍스트보다 느리다.
- **다른 크기에 대한 다른 글꼴** DirectX 텍스트는 각 문자 크기에 대해 다른 글꼴이 필요하다.
- **표시 옵션** DirectX 텍스트는 스프라이트 텍스트처럼 많은 표시 옵션을 갖고 있지 않다.
- **텍스트 정렬** 텍스트 정렬은 스프라이트나 DirectX 텍스트 모두 지원된다.
- **계산과 기능** 게임 엔진에는 FPS 계산과 표시 기능이 포함돼 있다.
- **콘솔** 게임 엔진에는 텍스트 입력과 출력을 지원하는 콘솔이 포함돼 있다.
- **콘솔 배경** 콘솔 배경은 반투명하게 만드는 알파 블렌딩으로 삼각형 팬을 표시해 생성된다.
- **콘솔에 텍스트 추가** 콘솔에 텍스트를 추가하려면 콘솔의 print 함수를 사용한다.
- **콘솔 표시** 콘솔은 '~' 키를 누르면 표시된다.
- **추가 명령** 콘솔은 명령 help와 fps가 포함돼 있다. 또 다른 명령도 추가할 수 있다.

복습문제

1. 8장에서 설명했던 텍스트를 표시하는 세 가지 방법은 무엇인가?
2. 스프라이트 텍스트와 DirectX 텍스트 중 더 빠른 텍스트 표시 방법은 무엇인가?
3. DirectX 텍스트보다 스프라이트 텍스트가 나은 점 두 가지를 설명하라.
4. 스프라이트 텍스트의 표시 위치를 설정하는 데 사용되는 함수는 무엇인가?

5. 문자열 str에 포함된 스프라이트 텍스트를 화면 위치(10, 30)에 표시하는 함수 호출을 작성하라.

6. 문자열 str에 포함된 스프라이트 텍스트를 X에 중앙으로, Y에 상단으로 화면 위치(40, 50)에 표시하는 함수 호출을 작성하라.

7. 스프라이트 글꼴의 색상을 파란색으로 설정하는 함수 호출을 작성하라.

8. getWidthHeight 함수는 무엇을 반환하는가?

9. 스프라이트 글꼴 시스템은 어떻게 굵은체 문자를 표시하는가?

10. 스프라이트 텍스트보다 DirectX 텍스트가 나은 점 두 가지를 설명하라.

연습문제

1. 6장의 'Planet Collision' 예제에서 행성과 충돌하는 횟수를 표시하게 수정하라. 스프라이트 기반의 글꼴 시스템을 사용해 횟수를 표시하라.

2. 6장의 'Planet Collision' 예제에서 행성과 충돌하는 횟수를 표시하게 수정하라. DirectX 기반의 글꼴 시스템을 사용해 횟수를 표시하라.

3. 스프라이트 기반의 글꼴 시스템을 사용해 여러분의 이름을 굵은체로 표시하는 프로그램을 만들어라.

   a. 여러분의 이름을 화면에서 스크롤할 수 있게 만들어라.

4. DirectX 기반의 글꼴 시스템을 사용해 여러분의 이름을 굵은체로 표시하는 프로그램을 만들어라.

   a. 여러분의 이름을 화면에서 스크롤 할 수 있게 만들어라.

5. 6장의 연습문제 3번에서 만들었던 게임에 점수 표시를 추가하라.

6. 6장의 연습문제 3번에서 만들었던 게임에 콘솔을 추가하라.

예제

다음 예제들은 www.programming2dgames.com에서 다운로드할 수 있다.

- **Three Cs** 스프라이트 기반의 글꼴 시스템을 사용한 3개의 'C' 문자가 각각 다른 크기로 표시된다.
  - 스프라이트 글꼴 시스템을 사용해 텍스트를 표시하는 방법을 보여준다.
  - 스프라이트 글꼴을 확대할 때 품질에 어떤 영향이 있는지 보여준다.
- **Three Cs DX** DirectX 기반의 글꼴 시스템을 사용해 3개의 'C' 문자가 각각 다른 크기로 표시된다.
  - DirectX 글꼴 시스템을 사용해 텍스트를 표시하는 방법을 보여준다.
  - DirectX 글꼴을 확대할 때 품질에 어떤 영향이 있는지 보여준다.
- **Text Demo** 텍스트는 다른 글꼴, 색상, 스타일을 사용해 표시된다. 키를 누르면 DirectX 글꼴과 스프라이트 글꼴의 표시가 전환된다. 현재 FPS는 화면의 오른쪽 하단 모서리에 표시된다.
  - 스프라이트 글꼴과 DirectX 글꼴 모두를 사용해 텍스트를 표시하는 방법을 보여준다.
  - 각 글꼴 유형에 사용할 수 있는 다양한 표시 효과를 보여준다.
  - 두 글꼴 시스템 간의 성능 차이를 비교한다.

향상된 외관

09

9장에서는 게임의 모습을 향상시키기 위한 다양한 기법을 살펴본다. 여기에는 게임에 깊이감을 주고 사용자 인터페이스 요소를 추가하는 기법들이 포함돼 있다. 9장을 통해 2D 게임의 모습을 향상시키기 위한 여러 기법을 배울 수 있다.

▌9.1 비트맵 스크롤링

이전의 우주선 예제에서는 배경 이미지가 고정된 채로 우주선이 화면 주위를 움직인다. 이 예제를 우주선은 화면의 중앙에 고정된 채로 배경을 스크롤링하게 만들어 다른 시각적 모습을 연출할 수 있다. 배경은 여러분이 원하는 방향으로 영원히 스크롤될 것이다. 무한히 스크롤링Scrolling되는 배경을 만들기 위해 무한한 공간의 큰 그림을 사용하거나 모서리를 둘러싸는 작은 이미지를 사용하는 좀 더 실용적인 접근 방식을 선택할 수 있다.

9.1.1 모서리 둘러싸기

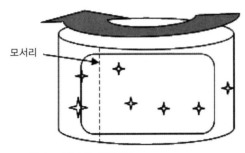

그림 9.1 이미지 둘러싸기

그림 9.1은 수평으로 주위를 둘러싸는 비트맵 이미지를 보여준다. 우주선이 화면의 중앙에 고정돼 있고 배경 이미지가 왼쪽으로 움직이고 있다면 우주선은 우주 공간에서 오른쪽을 향해 날아갈 것이다. 이는 화면 크기보다 더 크고 식별 가능한 패턴을 포함하지 않는 이미지를 사용하는 가장 적합한 방법이다. 플레이어는 같은 이미지가 계속해서 반복된다는 사실을 알지 못한다. 또한 반복된 이미지가 서로 만나는 경계 지점에 선이 생기지 않아야 한다. 따라서 배경으로 사용했던 성운 그림 대신 별밭^{Starfield}(원래 Starfield라는 말은 '임의 크기의 시야에 보이는 별들'이라는 뜻인데, 적절히 별밭이라는 말로 의역해서 표현했다. - 옮긴이) 그림으로 바꿀 것이다. 별 그림을 임의로 배치해 배경을 반복할 때 생기는 문제를 숨기고, 모서리에 빈 공간을 배치해 이미지를 둘러쌀 때 생기는 경계선을 숨길 것이다. 또한 이미지를 수직으로 이어 붙여 스크롤하면 마치 별밭이 위아래로 무한히 스크롤 되는 것처럼 보이게 만들 수 있다.

화면보다 큰 별밭을 얻는 방법은 두 가지가 있다. 화면 크기보다 큰 차원의 고해상도 이미지를 사용하거나 더 작은 이미지를 사용해 크게 확대할 수 있다. 이 책에서는 작은 이미지를 확대한다. 책에서 사용하는 별밭 이미지는 640×480 픽셀 이미지이며, 이름은 space.jpg다.

다음은 9장의 'Scrolling Bitmap' 예제의 코드 일부다. 이 책에서는 이미지를 항상 `TextureManager`로 불러온다. 리스트 9.1은 `Spacewar::Initialize` 함

수에 있는 코드를 보여준다.

리스트 9.1 spacewar.cpp에서 space 텍스처를 초기화하는 코드

```
// 우주 텍스처
if (!spaceTexture.initialize(graphics, SPACE_INAGE))
    throw(GameError(gameErrorNS::FATAL_ERROR,
        "Error initializing space texture"));
```

우주 배경은 Image 객체가 될 것이다. 예제에서 Image 객체의 이름은 space다. 우주 텍스처를 초기화한 후에 setScale 함수를 사용해 더 크게 만든다. SPACE_SCALE 상수는 constants.h에 2로 정의돼 있는데, 이 때문에 이미지가 2배 커지게 된다(리스트 9.2 참조). 게임 화면을 640×480으로 만들면 게임 화면뿐만 아니라 우주 이미지도 2배 커지게 된다(그림 9.2 참조).

리스트 9.2 spacewar.cpp에서 space의 Image 객체를 초기화하는 코드

```
// 우주 이미지
if (!space.initialize(graphics, 0, 0, 0, &spaceTexture))
    throw(GameError(gameErrorNS::FATAL_ERROR,
        "Error initializing space"));
space.setScale((float)SPACE_SCALE);
```

그림 9.2 확대된 우주 이미지는 게임 화면보다 더 크다(회색 테두리).

9.1.2 배경 움직이기

우주선이 움직이면 우주 이미지의 위치를 반대 방향으로 움직인다. 우주 이미지
를 움직이는 코드는 Spacewar::update에 있으며 리스트 9.3에 표시된다.

리스트 9.3 배경 이미지 움직이기

```
// 개체를 갱신한다.
ship1.update(frameTime);
// 우주를 우주선의 X 방향과 반대 방향으로 움직인다.
space.setX(space.getX() - frameTime * ship1.getVelocity().x);
// 우주를 우주선의 Y 방향과 반대 방향으로 움직인다.
space.setY(space.getY() - frameTime * ship1.getVelocity().y);
// 모서리 주위에 있는 우주 이미지를 둘러싼다.
// 우주의 왼쪽 모서리 > 화면의 왼쪽 모서리인 경우
if (space.getX() > 0)
    // 우주 이미지를 SPACE_WIDTH만큼 왼쪽으로 움직인다.
    space.setX(space.getX() - SPACE_WIDTH);
// 우주 이미지가 화면 왼쪽 바깥으로 벗어났다면
if (space.getX() < -SPACE_WIDTH)
    // 프 이미지를 SPACE_WIDTH만큼 오른쪽으로 움직인다.
    space.setX(space.getX() + SPACE_WIDTH);
// 우주의 위쪽 모서리 > 화면의 위쪽 모서리인 경우
if (space.getY() > 0)
    // 우주 이미지를 SPACE_HEIGHT만큼 위로 움직인다.
    space.setY(space.getY() - SPACE_HEIGHT);
// 우주 이미지가 화면 위쪽 바깥으로 벗어났다면
if (space.getY() < -SPACE_HEIGHT)
    // 우주 이미지를 SPACE_HEIGHT만큼 아래로 움직인다.
    space.setY(space.getY() + SPACE_HEIGHT);
```

우주 이미지의 X와 Y는 우주선의 반대 방향으로 움직인다. 우주 이미지가
그림 9.3(a)과 같이 화면의 왼쪽 모서리가 보일 때까지 오른쪽으로 움직였다면

우주 이미지를 그림 9.3(b)와 같이 왼쪽으로 움직인다. 우주 이미지가 화면의 왼쪽 바깥으로 벗어났다면 오른쪽으로 움직인다. 상하 움직임에 대해서도 똑같이 처리한다. 우주 이미지는 화면 전체를 덮어버리거나 화면의 왼쪽 상단에 있어야 한다. 화면에서 우주 이미지가 덮이지 않는 유일한 부분은 오른쪽 하단 모서리다.

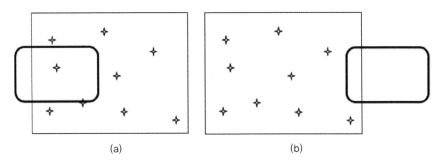

(a)   (b)

그림 9.3 (a) 오른쪽으로 움직이는 우주 이미지, (b) 왼쪽으로 움직이는 우주 이미지

우주 배경 그리기 우주 이미지는 계속 움직이고, 결국 화면 전체를 덮어버릴 수 없게 된다. 그렇게 되면 우주 이미지를 그리고 이동시킨 다음, 화면 전체가 덮어질 때까지 다시 그린다. 우주 이미지를 그리는 작업은 Spacewar::render 함수에서 수행된다(리스트 9.4 참조).

리스트 9.4 우주 배경 그리기

```
// ================================================
// 게임 아이템을 렌더링한다.
// ================================================
void Spacewar::render()
{
    float x = space.getX();
    float y = space.getY();
    graphics->spriteBegin();            // 스프라이트 그리기 시작
    // 모서리 주위에 있는 우주 이미지를 둘러싼다.
```

```
    space.draw();                              // 현재 위치에서 그린다.
    // 우주 이미지의 오른쪽 모서리가 보인다면
    if (space.getX() < -SPACE_WIDTH + (int)GAME_WIDTH)
    {
      space.setX(space.getX() + SPACE_WIDTH);  // 왼쪽 모서리 주위를 둘러싼다.
      space.draw();                            // 다시 그린다.
    }
    // 우주 이미지의 아래쪽 모서리가 보인다면
    if (space.getY() < -SPACE_HEIGHT + (int)GAME_HEIGHT)
    {
      space.setY(space.getY()+ SPACE_HEIGHT);  // 위쪽 모서리 주위를 둘러싼다.
      space.draw();                            // 다시 그린다.
      space.setX(x);                           // X 위치를 복구한다.
      // 우주 이미지의 오른쪽 모서리가 보인다면
      // 왼쪽 모서리 주위를 둘러싼다.
      if (space.getX() < -SPACE_WIDTH + (int)GAME_WIDTH)
        space.draw();                          // 다시 그린다.
    }
    space.setY(y);                             // Y 위치를 복구한다.
    ship1.draw();                              // 우주선을 그린다.
    if (menuOn)
      menu.draw();
    if (countDownOn)
    {
      _snprintf_s(buffer, spacewarNS::BUF_SIZE, "%d", (int)
          (ceil(countDownTimer)));
      fontBig.print(buffer, spacewarNS::COUNT_DOWN_X,
          spacewarNS::COUNT_DOWN_Y);
    }
    graphics->spriteEnd();                     // 스프라이트 그리기 종료
}
```

여러분이 고려해야 할 그리기 시나리오는 다음과 같이 총 네 가지다.

1. 그림 9.2와 같이 우주 이미지가 화면을 완전히 덮는 경우다. 이 경우 현재 위치에 우주 이미지를 그리기만 해야 된다.

2. 그림 9.4와 같이 우주 이미지의 오른쪽 모서리가 화면에 보이는 경우다. 이 경우 우주 이미지를 그리고 오른쪽으로 이동시킨 후에 다시 그린다.

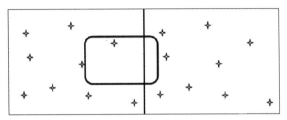

그림 9.4 왼쪽이나 오른쪽 모서리가 보일 경우 두 번 그려지는 우주 이미지

3. 그림 9.5와 같이 우주 이미지의 아래쪽 모서리가 화면에 보이는 경우다. 이 경우 우주 이미지를 그리고 아래쪽으로 이동시킨 후에 다시 그린다.

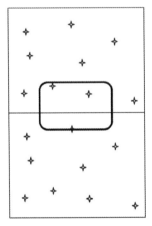

그림 9.5 위쪽이나 아래쪽 모서리가 보일 경우 두 번 그려지는 우주 이미지

4. 그림 9.6과 같이 우주 이미지의 오른쪽 모서리와 아래쪽 모서리가 화면에 보이는 경우다. 이는 최악의 경우며, 우주 이미지를 네 번 그려야 한다.

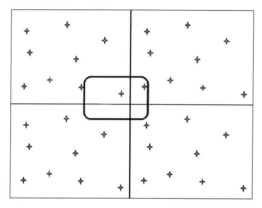

그림 9.6 모퉁이가 보일 경우 네 번 그려지는 우주 이미지

우주 이미지가 그려지는 네 가지 경우는 render 함수에 하이라이트로 표시돼 있다. 우주선은 항상 우주 이미지가 그려진 후에 그려지기 때문에 배경 위에 나타난다.

▌9.2 화가 알고리즘

3D 게임에서 그래픽 시스템은 멀리 떨어진 아이템 앞에 가까운 아이템을 그리기 위해 항상 아이템의 좌표를 사용한다. 2D 게임에서 아이템은 기본적으로 수평과 수직 위치만을 가지며, 깊이는 갖지 않는다. 2D 아이템을 중복해서 표시할 때 어떤 아이템을 앞에 그리고 어떤 아이템을 뒤에 그릴 것인지에 대한 결정을 해야 한다. 이를 위해 화가 알고리즘이라는 간단한 기법을 사용한다.

화가 알고리즘Painter's Algorithm은 나중에 그려진 아이템이 초기에 그려진 아이템을 덮는다고 말한다. 이는 많은 예술가들이 그림을 그릴 때 사용하는 기법과 동일하다. 배경을 먼저 그리고 가까운 아이템은 배경 위에 그린다.

이미 5장의 'Planet' 프로그램에서 성운 이미지 위에 행성 이미지를 표시하기 위해 화가 알고리즘을 적용한 사례가 있다. 게임에서 아이템을 그릴 때에는 간단한 화가 알고리즘을 기억하고 있어야 한다.

9.2.1 레이어

게임 아이템을 올바른 순서로 그릴 수 있는 한 가지 방법은 아이템을 레이어에 할당하는 것이다. 레이어는 0부터 n까지 숫자로 표시한다. 레이어 번호는 아이템이 그려지는 순서를 결정한다. 일반적으로 레이어 0에 있는 아이템을 먼저 그리며, 그 다음 레이어 1에 있는 아이템을 그린다. 같은 레이어에 있는 아이템은 서로 충돌할 수 있다. 이 경우 절대 겹치게 하지 않게 하거나 해당 아이템들이 겹치는 순서를 상관하지 않는다. 배열이나 리스트 데이터 구조는 레이어에 있는 아이템을 저장하는 데 사용된다. 아이템을 그리는 작업은 리스트를 통해 반복하고 레이어에 따라 아이템을 그리는 문제일 것이다.

▌ 9.3 페럴렉스 스크롤링

화가 알고리즘을 사용해 2D 아이템을 깊이에 따라 표시할 수 있다. 이때 페럴렉스 스크롤링Parallax Scrolling이라는 기법을 사용하면 더욱 깊이감을 줄 수 있다. 페럴렉스 스크롤링은 우주 이미지를 전경 이미지보다 더 느리게 스크롤해 2D 게임에 깊이감을 준다.

위키피디아(Wikipedia)에 따르면 페럴렉스 스크롤링은 1982년 이후 비디오 게임에 사용됐다.

9.3.1 스크롤 속도 결정

보는 사람으로부터 아이템이 더 멀어질수록 스크롤 속도도 더 느려진다. 그림 9.7을 통해 쉽게 이해할 수 있다. 두 마리의 닭이 같은 속도로 길을 걸어가고 있다면 B에서 걸어가는 닭이 A에서 걸어가는 닭보다 화면 공간을 적게 이동할 것이다. 두 마리 닭 사이의 화면 속도 차이는 A의 거리와 B의 거리다.

B의 화면 속도 = A의 화면 속도 * B의 길이 / A의 길이

위 계산은 대부분의 2D 게임에서 개선된 겉모습을 제공하는 효과로만 사용하

기 때문에 정확하게 계산할 필요는 없다. 또한 가장 먼 아이템에 최소한의 스크롤 속도를 할당할 수 있다. 기술적으로는 정확하지 않지만, 시각적으로 마음이 끌리는 게임을 만들 수 있다.

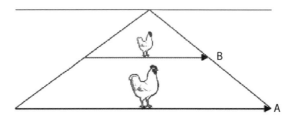

그림 9.7 멀리 떨어져 있는 오브젝트의 화면 속도는 가까이 있는 오브젝트보다 느리다.

페럴렉스 스크롤링을 보여주기 위해 'Bitmap Scroll' 예제에 행성 및 위성들을 추가할 수 있다(그림 9.8 참조). 행성 및 위성은 우주 이미지와 마찬가지로 우주선과 반대 방향으로 움직인다. 행성은 가장 가까운 아이템이기 때문에 가장 빠르게 움직인다. 우주선으로부터 점점 멀어질수록 위성들의 스크롤 속도는 감소한다. 9장의 'Parallax Scroll' 예제에 완성된 소스코드가 있다.

그림 9.8 행성과 위성들에 적용된 페럴렉스 스크롤링

행성과 위성들을 움직이게 만드는 코드는 `Spacewar::update` 함수에 추가되며, 윗부분은 우주 이미지를 움직이는 코드다(리스트 9.5 참조). 이 예제는 위성

들의 스크롤 속도를 결정하는 데 정확한 계산을 사용하지 않는다. 간단하게 각 위성마다 스크롤 속도를 20% 감소시켰다.

리스트 9.5 Spacewar::update 함수에 있는 페럴렉스 스크롤링 코드

```
// 페럴렉스 스크롤링을 위해 개체의 위치를 갱신한다.
ship1.update(frameTime);
// 행성을 X축으로 움직인다.
planet.setX(planet.getX() - frameTime * ship1.getVelocity().x);
// 행성을 Y축으로 움직인다.
planet.setY(planet.getY() - frameTime * ship1.getVelocity().y);
planet.update(frameTime);
for(int i = 0; i < 4; i++)              // 위성들을 움직인다.
{
    // 위성마다 스크롤 속도를 20% 줄인다.
    moons[i].setX(moons[i].getX() - frameTime * ship1.getVelocity().x
                                    * 0.2f * (4 - i));
    moons[i].setY(moons[i].getY() - frameTime * ship1.getVelocity().y
                                    * 0.2f * (4 - i));
}
```

```
// 우주를 X축으로 움직인다.
space.setX(space.getX() - frameTime * ship1.getVelocity().x * 0.1f);
// 우주를 Y축으로 움직인다.
space.setY(space.getY() - frameTime * ship1.getVelocity().y * 0.1f);
// 모서리 주위에 있는 우주 이미지를 둘러싼다.
// 우주의 왼쪽 모서리 > 화면의 왼쪽 모서리인 경우
if (space.getX() > 0)
    // 우주 이미지를 SPACE_WIDTH만큼 왼쪽으로 움직인다.
    space.setX(space.getX() - SPACE_WIDTH);
// 우주 이미지가 화면 왼쪽 바깥으로 벗어났다면
if (space.getX() < -SPACE_WIDTH)
    // 우주 이미지를 SPACE_WIDTH만큼 오른쪽으로 움직인다.
    space.setX(space.getX() + SPACE_WIDTH);
// 우주의 위쪽 모서리 > 화면의 위쪽 모서리인 경우
```

```
if (space.getY() > 0)
    // 우주 이미지를 SPACE_HEIGHT만큼 위로 움직인다.
    space.setY(space.getY() - SPACE_HEIGHT);
// 우주 이미지가 화면 위쪽 바깥으로 벗어났다면
if (space.getY() < -SPACE_HEIGHT)
    // 우주 이미지를 SPACE_HEIGHT만큼 아래로 움직인다.
space.setY(space.getY() + SPACE_HEIGHT);
```

행성과 위성들을 그리는 작업은 Spacewar::render 함수에서 처리한다. 행성과 위성들은 화가 알고리즘을 사용해 뒤에서 앞으로 그린다(리스트 9.6 참조).

리스트 9.6 행성과 위성 그리기

```
for(int i = 3; i >= 0; i--)
    moons[i].draw();            // 위성들을 뒤에서 앞으로 그린다.
planet.draw();                  // 행성을 그린다.
ship1.draw();                   // 우주선을 그린다.
```

▌▌9.4 그림자와 반사된 모습

그림자와 반사된 모습은 게임의 겉모습을 향상시키기 위한 일반적인 방법으로 사용되지만, 더 중요한 역할을 제공하기도 한다. 그림자는 날아다니는 비행기가 있는 게임에서 비행기와 아래 표면의 관계를 시각적으로 제공하는 데 사용될 수 있다. 그림 9.9를 보면 그림자나 반사된 모습은 비행기의 고도를 측정하는 데 도움이 된다. 또한 그림자는 게임 안에서 비행기가 아이템을 떨어뜨리는 경우 정렬하는 데 도움을 준다.

예제에서 비행기는 Entity 클래스로부터 상속을 받은 Plane 클래스로 표현한다. 그림자는 Plane 클래스에 포함돼 있는 Image 객체다. 비행기 없이는 그림자를 표현할 수 없으며, 비행기에 따라 그림자가 움직여야 하기 때문에 Plane 클래스의 그림자를 만드는 부분은 논리적인 접근 방식을 따른다.

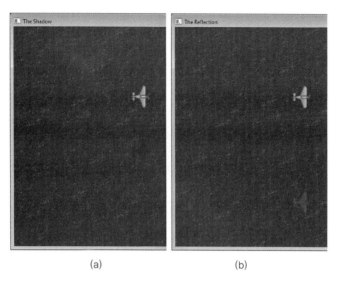

(a)   (b)

그림 9.9 (a) 그림자, (b) 반사된 모습의 비행기

그림자는 항상 비행기의 X, Y 위치 아래에 그려진다. 비행기의 고도가 변하더라도 그림자의 위치에는 영향을 주지 않는다. 예제에서는 스크롤링 배경을 사용하며, 비행기의 그림자는 항상 중앙에 있다. 비행기와 그림자의 좌표와 다른 상수들은 plane.h 선언돼 있다. 리스트 9.7은 'Shadow' 예제 코드다. 그림자에 대한 Image 객체의 선언은 하이라이트로 표시돼 있다.

리스트 9.7 비행기의 그림자를 위한 Image 객체 추가

```
// 2D 게임 프로그래밍
// Copyright (c) 2011 by:
// 찰스 켈리(Charles Kelly)
// 9장 plane.h v1.0
#ifndef _PLANE_H              // 다중 선언되는 경우를 막는다.
#define _PLANE_H              // 파일이 하나 이상의 장소에 포함돼 있다.
#define WIN32_LEAN_AND_MEAN
#include "entity.h"
#include "constants.h"
namespace planeNS
```

```
{
    const int PLANE_SIZE = 64;                 // 텍스처 크기
    const int PLANE_START_PLANE = 0;           // 프레임 번호
    const int PLANE_END_FRAME = 1;
    const int SHADOW_FRAME = 2;
    const int TEXTURE_COLS = 2;                // 텍스처 이미지의 열 수
    const int PLANE_VERTICAL_SPEED = 64;       // 상하 이동 속도
    const int SHADOW_Y = GAME_HEIGHT / 2;      // 그림자의 Y 좌표
    const int PLANE_MAX_Y = SHADOW_Y - 10;     // 비행기의 Y 좌표 최댓값
    const int X = GAME_WIDTH / 2;              // 비행기의 시작 좌표
    const int Y = GAME_HEIGHT / 4;
    const float ROTATION_RATE = (float)PI;     // 초당 1 레디안(Radian)
    const float SPEED = 100;                   // 초당 100 픽셀
    const float ANIMATION_DELAY = 0.01f;       // 프레임 사이의 시간
}
// Entity 클래스로부터 상속받는다.
class Plane : public Entity
{
private:
    Image shadow;                              // 비행기의 그림자
    float planeY;                              // 비행기의 Y 좌표를 위한 임시 저장 공간
public:
    // 생성자
    Plane();
    // 상속받은 멤버 함수
    // 비행기와 그림자를 그린다.
    virtual void draw();
    // 비행기를 초기화한다.
    // 이전 : *gamePtr = Game 객체를 가리키는 포인터
    //        width = 이미지의 픽셀 단위 폭(0 = 텍스처 전체의 폭을 사용)
    //        height = 이미지의 픽셀 단위 높이(0 = 텍스처 전체의 높이를 사용)
    //        ncols = 텍스처의 열 수(1에서 n까지) (0은 1과 같다)
    //        *textureM = TextuerManager 객체를 가리키는 포인터
    virtual bool initialize(Game *gamePtr, int width, int height, int ncols,
                        TextureManager *textuerM);
```

```
    // 비행기의 애니메이션과 위치를 갱신한다.
    void update(float frameTime);
};
#endif
```

비행기의 draw 함수는 그림자를 그린 다음에 비행기를 그린다. 그림자 위에 비행기가 표시돼야 하기 때문에 항상 그림자를 먼저 그린다. 그림자를 그리는 코드는 화면에서 비행기의 Y 위치(spriteData.y)를 planeY에 저장한다. 그런 다음 비행기의 Y 위치를 그림자의 Y 위치를 정의한 상수인 SHADOW_Y로 바꾼다. 비행기의 spriteData를 사용해 그림자를 그린다. 이를 통해 그림자에게 비행기와 동일한 방향과 위치를 제공한다. 단, Y 값은 SHADOW_Y다. 두 번째 매개변수는 25%의 알파 값을 갖는 검은색 그림자를 만든다. 알파 값은 투명도를 나타낸다는 사실을 기억하라. 25%의 알파 값은 더 어둡지만 기본 이미지는 볼 수 있는 그림자 영역을 생성한다(리스트 9.8 참조).

하나 이상의 비행기를 갖고 있다면 모든 그림자를 먼저 그린 다음 모든 비행기를 그려야 한다.

리스트 9.8 비행기와 그림자 그리기

```
// =========================================================
// 비행기 및 그림자 그리기
// =========================================================
void Plane::draw()
{
    // 그림자 그리기
    planeY = spriteData.y;            // 비행기의 Y 좌표를 저장한다.
    spriteData.y = planeNS::SHADOW_Y;
    // 색상 필터 25% 알파를 사용해 그림자를 그린다.
    shadow.draw(spriteData, graphicsNS::ALPHA25 & graphicsNS::BLACK);
    spriteData.y = planeY;            // 비행기의 Y 좌표를 복구한다.
```

```
    // 비행기를 그린다.
    Entity::draw();
}
```

반사된 모습을 그리는 것은 그림자를 그리는 것과 비슷하지만, 반사된 모습의 수직 위치는 비행기와 반대로 움직인다. 비행기가 화면 위쪽으로 이동하면 반사된 모습은 아래쪽으로 움직인다. 반사된 모습의 수직 위치는 반사된 모습의 Y 위치에 대한 최솟값에서 물 위에 있는 비행기의 고도를 빼면 된다.

그림자나 반사된 모습을 표시하기 위한 또 다른 기법은 별도의 Image 객체를 만드는 대신 현재 스프라이트의 프레임을 변경하는 것이다. 'Reflection' 예제는 이 기법을 사용한다. 비행기 스프라이트의 현재 프레임이 저장된다. 스프라이트 텍스처의 반사된 모습에 대한 프레임은 현재 프레임에 REFLECTION_ FRAME_OFFSET을 추가한 뒤 선택된다. 이를 통해 아래에서 본 비행기의 이미지를 선택한다. 반사된 모습이 그려지고 비행기 스프라이트는 원래 프레임으로 복원된다.

리스트 9.9는 'Reflection' 데모 프로그램 코드다.

리스트 9.9 비행기 및 반사된 모습 그리기

```
// =========================================================
// 비행기 및 반사된 모습 그리기
// =========================================================
void Plane::draw()
{
    // 반사된 모습 그리기
    planeY = spriteData.y;                  // 비행기의 Y 좌표를 저장한다.
    spriteData.y = planeNS::REFLECTION_MIN_Y + planeNS::PLANE_MAX_Y -
                    spriteData.y;
    frame = getCurrentFrame();              // 비행기 스프라이트의 현재 프레임
    // 반사된 모습에 대한 프레임을 설정한다.
    setCurrentFrame(frame + planeNS::REFLECTION_FRAME_OFFSET);
```

```
    // 25%의 알파를 사용해 반사된 모습을 그린다.
    Entity::draw(spriteData, graphicsNS::ALPHA25);
    setCurrentFrame(frame);          // 비행기의 프레임을 복원한다.
    spriteData.y = planeY;           // 비행기의 Y 좌표를 복구한다.
    // 비행기 그리기
    Entity::draw();
}
```

'Shadow' 데모의 텍스처 이미지에는 비행기 텍스처 2개와 그림자 텍스처 1개가 포함돼 있다. 'Reflection' 데모는 비행기 텍스처 2개와 반사된 모습의 텍스처 2개가 포함돼 있다(그림 9.10 참조).

'Shadow'와 'Reflection' 데모 프로그램에 대해 재미있는 이야기가 한 가지 있다. 바다를 스크롤링할 때 화면보다 작은 이미지를 사용해 그려진다는 것이다. 이전에 비트맵 스크롤링에서 큰 이미지가 좋은 결과를 만든다는 사실을 이야기했었다. 물 표면을 보면 화면상의 여러 위치에 동일한 패턴을 볼 수 있을 것이다.

완성된 소스코드는 www.programming2dgames.com에서 사용할 수 있다.

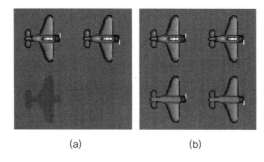

(a)   (b)

그림 9.10 (a) 그림자 텍스처 이미지, (b) 반사된 모습의 텍스처 이미지

▌9.5 메시지 대화상자

대화상자에 대해서는 잘 알고 있을 것이다. 대화상자는 다양한 형태로 제공되며, 사용자에게 텍스트 메시지를 표시할 수 있는 유용한 방법을 제공한다. 대부

분 윈도우 애플리케이션을 작성할 때 사용할 수 있는 대화상자가 윈도우에 내장
돼 있다는 사실을 알고 있을 것이다. DirectX 애플리케이션에서 전체 화면으로
윈도우 표준 대화상자를 사용하는 것은 가능하지만, 몇 가지 이슈가 있다(나중에
알아본다).

8장에서 작성했던 Console 클래스는 DirectX 표면에 텍스트 표시 함수를 제
공했었다. 이 아이디어를 기반으로 자체적인 메시지 대화상자 클래스를 만들도
록 확장한다. 그림 9.11은 메시지 대화상자의 예를 보여준다. 물론 일반적인
메시지 대화상자다. 비트맵 이미지를 배경으로 표시하고 그 위에 텍스트를 표
시해 더욱 화려하게 만들 수 있다.

그림 9.11 메시지 대화상자 예

다음 코드는 'messageDialog Demo' 예제다. messageDialog.h 파일에는 대
화상자와 관련된 상수들이 선언돼 있는 messageDialogNS 네임스페이스가 포
함돼 있다(리스트 9.10 참조).

리스트 9.10 대화상자의 상수들에 대한 선언

```cpp
namespace messageDialogNS
{
    const UINT WIDTH = 400;                          // 대화상자의 기본 폭
    const UINT HEIGHT = 100;                         // 기본 높이
    const UINT BORDER = 5;
    const UINT MARGIN = 5;                           // 테두리 기준 텍스트 여백
    const char FONT[] = "Arial";                     // 글꼴
    const int FONT_HEIGHT = 18;                      // 글꼴 높이
    const COLOR_ARGB FONT_COLOR = graphicsNS::WHITE; // 텍스트 색상
```

```
    const COLOR_ARGB BORDER_COLOR = D3DCOLOR_ARGB(192, 192, 192, 192);
                                              // 테두리 색상
    const COLOR_ARGB BACK_COLOR = SETCOLOR_ARGB(255, 100, 100, 192);
                                              // 배경 색상
    const UINT X = GAME_WIDTH / 2 - WIDTH / 2;        // 기본 위치
    const UINT Y = GAME_HEIGHT / 4 - HEIGHT / 2;
    const UINT BUTTON_WIDTH = (UINT)(FONT_HEIGHT * 4.5);
    const UINT BUTTON_HEIGHT = FONT_HEIGHT + 4;
    const int MAX_TYPE = 2;
    const int OK_CANCEL = 0;                          // 확인, 취소 버튼 타입
    const int YES_NO = 1;                             // 예, 아니오 버튼 타입
    static const char* BUTTON1_TEXT[MAX_TYPE] = {"OK", "YES"};
    static const char* BUTTON2_TEXT[MAX_TYPE] = {"CANCEL", "NO"};
    const byte DIALOG_CLOSE_KEY = VK_return;          // 엔터 키
    const COLOR_ARGB BUTTON_COLOR = graphicsNS::GRAY;    // 버튼 배경 색상
    const COLOR_ARGB BUTTON_FONT_COLOR = graphicsNS::WHITE; // 버튼 텍스트 색상
```

클래스 선언은 상수 뒤에 나온다. 주석의 대부분은 각 변수의 목적을 알맞게
설명한다. height 변수는 표시할 텍스트의 요구 사항에 따라 대화상자를 길고
짧게 만들고자 print 함수에서 계산된다. width 변수는 자동으로 조정되지
않는다. screenRatio 변수는 마우스로 버튼을 클릭했는지 확인하는 코드에
사용된다. buttonType 변수는 버튼에 대한 기본 텍스트를 선택하는 데 사용된
다. 여기에는 두 가지 선택이 있는데, 확인/취소를 위한 0과 예/아니오를 위한
1이 있다(리스트 9.11 참조).

리스트 9.11   메시지 대화상자의 변수

```
// 메시지 대화상자
class MessageDialog
{
protected:
    Graphics        *graphics;        // 그래픽 시스템
```

```
Input              *input;              // 입력 시스템
TextDX             dxFont;              // DirectX 글꼴
float              x, y;                // 화면 위치
UINT               height;              // print()에서 계산된 대화상자의 높이
UINT               width;               // 대화상자의 폭
std::string        text;                // 대화상자의 텍스트
RECT               textRect;            // 텍스트 사각형
RECT               buttonRect;          // 버튼 사각형
RECT               button2Rect;         // 버튼2 사각형
COLOR_ARGB         fontColor;           // 글꼴 색상 (a, r, g, b)
COLOR_ARGB         borderColor;         // 테두리 색상 (a, r, g, b)
COLOR_ARGB         backColor;           // 배경 색상 (a, r, g, b)
COLOR_ARGB         buttonColor;         // 버튼 색상
COLOR_ARGB         buttonFontColor;     // 버튼 글꼴 색상
VertexC vtx[4];                         // 정점 데이터
LP_VERTEXBUFFER    dialogVerts;         // 대화상자를 위한 정점 버퍼
LP_VERTEXBUFFER    borderVerts;         // 테두리를 위한 정점 버퍼
LP_VERTEXBUFFER    buttonVerts;         // 버튼을 위한 정점 버퍼
LP_VERTEXBUFFER    button2Verts;        // 버튼2를 위한 정점 버퍼
int     buttonClicked;                  // 어떤 버튼을 클릭했는가 (1 또는 2)
int     buttonType;                     // 0 = 확인 / 취소, 1 = 예 / 아니오
bool    isInitialized;                  // 성공적으로 초기화됐을 때 true
bool    visible;                        // 표시될 때 true
HWND    hwnd;                           // 윈도우에 대한 핸들
float   screenRatioX, screenRatioY;
```

함수 프로토타입은 변수 뒤에 나온다. 글꼴, 테두리, 버튼, 버튼 글꼴의 색상을 조정할 수 있다. 대화상자를 숨기거나 보이게 만들 수도 있다. print 함수를 사용해 텍스트를 추가한다. 리스트 9.12에 있는 함수를 어떻게 사용하는지 살펴보자.

```
public:
    // 생성자
    MessageDialog();
    // 소멸자
    virtual ~MessageDialog();
    // 메시지 대화상자를 초기화한다.
    // 이전 : *g는 Graphics 객체를 가리킨다.
    //        *in은 Input 객체를 가리킨다.
    //        hwnd = 윈도우 핸들
    bool initialize(Graphics *g, Input *in, HWND hwnd);
    // 정점 버퍼 준비
    void prepareVerts();
    // 메시지 대화상자를 표시한다.
    const void draw();
    // 클릭한 버튼을 반환한다.
    // 0 = 아무 버튼도 클릭하지 않았다.
    // 1은 왼쪽 버튼, 2는 오른쪽 버튼
    int getButtonClicked() { return buttonClicked; }
    // visible을 반환한다.
    bool getVisible() { return visible; }
    // 글꼴 색상을 설정한다.
    void setFontColor(COLOR_ARGB fc)    { fontColor = fc; }
    // 테두리 색상을 설정한다.
    void setBorderColor(COLOR_ARGB bc)  { borderColor = bc; }
    // 배경 색상을 설정한다.
    void setBackColor(COLOR_ARGB bc)    { backColor = bc; }
    // 버튼 배경을 설정한다.
    void setButtonColor(COLOR_ARGB bc)  { buttonColor = bc; }
    // 버튼 글꼴 색상을 설정한다.
    void setButtonFontColor(COLOR_ARGB bfc) { buttonColor = bfc; }
    // visible을 설정한다.
    void setVisible(bool v) { visible = v; }
    // 버튼 타입 설정 : 0 = 확인 / 취소, 1 = 예 / 아니오
```

```cpp
    void setButtonType(UINT t)
    {
      if (t < messageDialogNS::MAX_TYPE)
        buttonType = t;
    }
    // 메시지 대화상자에 있는 텍스트를 표시한다.
    void print(const std::string &str);
    // 닫기 이벤트를 확인한다.
    void update();
    // 그래픽 디바이스가 로스트됐을 때 호출된다.
    void onLostDevice();
    // 그래픽 디바이스가 리셋됐을 때 호출된다.
    void onResetDevice();
};
#endif
```

messageDialog.cpp 파일에는 생성자와 소멸자에 대한 코드가 들어있다. 생성자는 이전의 모든 코드와 마찬가지로 단순한 변수 초기화만 수행한다(리스트 9.13 참조).

리스트 9.13 메시지 대화상자의 생성자와 소멸자

```cpp
// 2D 게임 프로그래밍
// Copyright (c) 2011 by:
// 찰스 켈리(Charles Kelly)
// messageDialog.cpp v1.0
#include "messageDialog.h"
// =======================================================
// 생성자
// =======================================================
MeesageDialog::MessageDialog()
{
    initialized = false;    // 성공적으로 초기화되면 true로 설정한다.
```

```
    graphics = NULL;
    visible = false;                        // 보이지 않는다.
    fontColor = messageDialogNS::FONT_COLOR;
    borderColor = messageDialogNS::BORDER_COLOR;
    backColor = messageDialogNS::BACK_COLOR;
    buttonColor = messageDialogNS::BUTTON_FONT_COLOR;
    x = messageDialogNS::X;                  // 시작 위치
    y = messageDialogNS::Y;
    height = messageDialogNS::HEIGHT;
    width = messageDialogNS::WIDTH;
    textRect.bottom = messageDialogNS::Y + messageDialogNS::HEIGHT -
                      messageDialogNS::MARGIN;
    textRect.left = messageDialogNS::X + messageDialogNS::MARGIN;
    textRect.right = messageDialogNS::X + messageDialogNS::WIDTH -
                      messageDialogNS::MARGIN;
    textRect.top = messageDialogNS::Y + messageDialogNS::MARGIN;
    dialogVerts = NULL;
    borderVerts = NULL;
    buttonVerts = NULL;
    button2Verts = NULL;
    buttonType = 0;    // 확인 / 취소
}
// =======================================================
// 소멸자
// =======================================================
MessageDialog::~MessageDialog()
{
    onLostDevice();       // 모든 그래픽 아이템에 대해 onLostDevice()를 호출한다.
}
```

initialize 함수는 Graphics와 Input 객체를 가리키는 포인터와 윈도우
핸들을 저장한다. 또한 대화상자의 텍스트를 표시하는 데 사용되는 DirectX 글
꼴을 초기화한다(리스트 9.14 참조).

리스트 9.14 메시지 대화상자의 initialize 함수

```cpp
// =========================================================
// 메시지 대화상자 초기화
// =========================================================
bool MessageDialog::initialize(Graphics *g, Input *in, HWND h)
{
    try{
        graphics = g;              // Graphics 객체
        input = in;                // Input 객체
        hwnd = h;
        // DirectX 글꼴 초기화
        if (dxFont.initialize(graphics, messageDialogNS::FONT_HEIGHT, false,
                false, messageDialogNS::FONT) == false)
            return false;          // 실패할 경우
        dxFont.setFontColor(fontColor);
    } catch(...) {
        return false;
    }
    initialized = true;
    return true;
}
```

prepareVerts 함수는 정점 버퍼 4개를 생성한다. 1개는 대화상자의 테두리, 다른 1개는 대화상자의 텍스트 영역, 나머지 2개는 버튼에 대한 정점 버퍼다. 코드가 다소 길고 반복되기 때문에 리스트 9.15에는 첫 번째 정점 버퍼를 생성하는 부분만 보여준다.

리스트 9.15 대화상자와 버튼에 대한 정점 버퍼 생성

```cpp
// =========================================================
// 대화상자 배경과 버튼을 그리기 위해 정점 버퍼를 준비한다.
// =========================================================
```

```
void MessageDialog::prepareVerts()
{
    SAFE_RELEASE(dialogVerts);
    SAFE_RELEASE(borderVerts);
    SAFE_RELEASE(buttonVerts);
    SAFE_RELEASE(button2Verts);
    // 왼쪽 상단 테두리
    vtx[0].x = x;
    vtx[0].y = y;
    vtx[0].z = 0.0f;
    vtx[0].rhw = 1.0f;
    vtx[0].color = borderColor;
    // 오른쪽 상단 테두리
    vtx[1].x = x + width;
    vtx[1].y = y;
    vtx[1].z = 0.0f;
    vtx[1].rhw = 1.0f;
    vtx[1].color = borderColor;
    // 오른쪽 하단 테두리
    vtx[2].x = x + width;
    vtx[2].y = y + height;
    vtx[2].z = 0.0f;
    vtx[2].rhw = 1.0f;
    vtx[2].color = borderColor;
    // 왼쪽 하단 테두리
    vtx[3].x = x;
    vtx[3].y = y + height;
    vtx[3].z = 0.0f;
    vtx[3].rhw = 1.0f;
    vtx[3].color = borderColor;
    graphics->createVertexBuffer(vtx, sizeof vtx, borderVerts);
// ... dialogVerts와 buttonVerts를 생성하기 위해 3번 더 반복한다.
```

draw 함수는 대화상자를 화면에 표시한다. 대화상자의 경계선은 큰 쿼드를

표시한 뒤 작은 쿼드를 그 위에 표시해 생성한다. 작은 쿼드는 대화상자 텍스트를 포함한다. 텍스트는 dxFont.print 함수를 사용해 표시되는데, textRect와 DT_CENTER | DT_WORDBREAK 매개변수들은 textRect로 정의된 테두리 안에 텍스트가 가운데로 정렬되고 단어 단위로 줄이 바뀌게 만든다. 또한 textRect를 대화상자의 내부 쿼드보다 작게 정의한다. 이전에 정의했던 MARGIN 상수는 텍스트와 안쪽의 대화상자 쿼드 사이 여백을 제공하기 위해 textRect가 얼마나 작아야 하는지 지정한다. 버튼 텍스트는 dxFont.print 함수를 사용해 표시되는데, DT_SINGLELINE | DT_CENTER | DT_VCENTER 매개변수는 텍스트를 수평이나 수직 가운데로 정렬해 한 줄에 모두 표시하게 만든다(리스트 9.16 참조).

리스트 9.16 메시지 대화상자를 표시하는 draw 함수

```
// ========================================================
// 메시지 대화상자를 그린다.
// ========================================================
const void MessageDialog::draw()
{
    if (!visible || graphics == NULL || !initialized)
        return;
    graphics->drawQuad(borderVerts);        // 경계선 그리기
    graphics->drawQuad(dialogVerts);        // 배경 그리기
    graphics->drawQuad(buttonVerts);        // 버튼 그리기
    graphics->drawQuad(button2Verts);       // 버튼2 그리기
    graphics->spriteBegin();                // 스프라이트 그리기 시작
    if (text.size() == 0)
        return;
    // 메시지 대화상자에 있는 텍스트 표시
    dxFont.setFontColor(fontColor):
    dxFont.print(text, textRect, DT_CENTER | DT_WORDBREAK);
    // 버튼에 있는 텍스트 표시
    dxFont.setFontColor(buttonFontColor);
    dxFont.print(messageDialogNS::BUTTON1_TEXT[buttonType], buttonRect,
            DT_SINGLELINE | DT_CENTER | DT_VCENTER);
```

```
    dxFont.print(messageDialogNS::BUTTON2_TEXT[buttonType], button2Rect,
            DT_SINGLELINE | DT_CENTER | DT_VCENTER);
    graphics->spriteEnd();      // 스프라이트 그리기 종료
}
```

---

update 메소드는 버튼을 클릭했는지 확인하는 데 사용된다. 예제에서는 키 입력이나 마우스 왼쪽 버튼 (1)을 클릭하는 동작을 허용했다. DIALOG_ CLOSE_KEY 상수는 이전에 messageDialog.h에서 '엔터' 키로 정의했었다.

버튼을 마우스로 클릭했는지 확인하기 전에 윈도우의 크기가 변경된 경우에는 화면의 폭과 높이의 비율을 계산해야 한다. 마우스를 클릭했을 때의 좌표는 buttonRect의 테두리와 비교해 마우스를 버튼 안쪽에서 클릭했는지 확인한다.

buttonClicked 변수는 왼쪽 버튼이 클릭된 경우에 1로 설정하고, 오른쪽 버튼이 클릭된 경우에 2로 설정한다. 아무 버튼을 클릭하면 대화상자의 visible 속성을 false로 변경해 대화상자를 숨긴다(리스트 9.17 참조).

리스트 9.17 메시지 대화상자의 update 함수

```
// =======================================================
// DIALOG_CLOSE_KEY와 OK 버튼에 대한 마우스 클릭을 확인한다.
// =======================================================
void MessageDialog::update()
{
    if (!initialized || !visible)
        return;
    if (input->wasKeyPressed(messageDialogNS::DIALOG_CLOSE_KEY))
    {
        visible = false;
        buttonClicked = 1;                    // 버튼1을 클릭했다.
        return;
    }
    if (graphics->getFullscreen() == false)  // 윈도우 화면이면
    {
```

```
        // 윈도우 크기가 바뀌었을 경우 화면 비율을 계산한다.
        RECT clientRect;
        GetClientRect(hwnd, &clientRect);
        screenRatioX = (float)GAME_WIDTH / clientRect.right;
        screenRatioY = (float)GAME_HEIGHT / clientRect.bottom;
    }
    if (input->getMouseLButton())    // 마우스 왼쪽 버튼을 눌렀다면
    {
        // 마우스가 버튼1 (OK)를 클릭했다면
        if (input->getMouseX() * screenRatioX >= buttonRect.left &&
            input->getMouseX() * screenRatioX <= buttonRect.right &&
            input->getMouseY() * screenRatioY >= buttonRect.top &&
            input->getMouseY() * screenRatioY <= buttonRect.bottom)
        {
            visible = false;            // 메시지 대화상자를 숨긴다.
            buttonCLicked = 1;          // 버튼1을 클릭했다.
            return;
        }
        // 마우스가 버튼2 (취소)를 클릭했다면
        if (input->getMouseX() * screenRatioX >= button2Rect.left &&
            input->getMouseX() * screenRatioX <= button2Rect.right &&
            input->getMouseY() * screenRatioY >= button2Rect.top &&
            input->getMouseY() * screenRatioY <= button2Rect.bottom)
        {
            visible = false;            // 메시지 대화상자를 숨긴다.
            buttonCLicked = 1;          // 버튼2를 클릭했다.
        }
    }
}
```

대화상자에 표시할 텍스트는 print 함수를 사용해 설정한다. 앞에서 설명
한 바와 같이 print 함수는 텍스트에 여백을 제공하기 위해 textRect의 크기
를 설정한다. 그리고 textRect의 bottom은 DT_CENTER | DT_WORBREAK |

DT_CALCRECT 매개변수를 갖는 dxFont.print 함수를 호출해 현재 텍스트 문자열에 맞게 조정된다. DT_CALCRECT 플래그는 DirectX에게 textRect.bottom을 텍스트를 유지하는 데 필요한 크기로 조정하라고 알려주지만, 아무것도 표시되지 않는다. 이 기능은 텍스트를 포함하는 데 필요한 크기로 대화상자의 세로 크기를 조정하는 데 사용한다. 대화상자의 높이를 설정한 후 테두리, 배경, 버튼 쿼드를 표시하는 데 사용되는 정점 버퍼를 초기화하기 위해 prepareVerts를 호출한다(리스트 9.18 참조).

리스트 9.18 대화상자에 텍스트를 표시하는 print 함수

```
// =======================================================
// 텍스트 문자열과 텍스트에 맞는 대화상자의 하단 크기를 설정하고
// visible을 true로 설정한다.
// =======================================================
void MessageDialog::print(const std::string &str)
{
    if (!initialized || visible)      // 초기화되지 않았거나 이미 사용 중이라면
        return;
    text = str + "\n\n\n\n";          // 버튼을 위한 공간을 준다.
    // 대화상자의 텍스트 영역에 대한 textRect를 설정한다.
    textRect.left   = (long)(x + messageDialogNS::MARGIN);
    textRect.right  = (long)(x + messageDialogNS::WIDTH -
                            messageDialogNS::MARGIN);
    textRect.top    = (long)(y + messageDialogNS::MARGIN);
    textRect.bottom = (long)(y + messageDialogNS::HEIGHT -
                            messageDialogNS::MARGIN);
    // textRect.bottom을 텍스트에 필요한 정확한 높이로 설정한다.
    // DT_CALCRECT 옵션으로 인해 아무 텍스트도 출력되지 않는다.
    dxFont.print(text, textRect, DT_CENTER | DT_WORDBREAK | DT_CALCRECT);
    height = textRect.bottom - (int)y + messageDialogNS::BORDER +
                            messageDialogNS::MARGIN;
    prepareVerts();                   // 정점 버퍼를 준비한다.
    buttonClicked = 0;                // buttonClicked를 지운다.
```

```
    visible = true;
}
```

9.5.1 게임 엔진에 MessageDialog 포인터 추가

게임 엔진에 `MessageDialog`를 추가하면 게임을 만들 때 좀 더 쉽게 사용할 수 있다. `MessageDialog` 포인터는 **game.h**에 있는 `Game` 클래스에 추가된다(리스트 9.19 참조).

리스트 9.19 game.h에 MessageDialog 포인터를 추가

```
class Game
{
protected:
    // 일반적인 게임의 속성
    Graphics *graphics;                 // Graphics를 가리키는 포인터
    Input *input;                       // Input을 가리키는 포인터
    Audio *audio;                       // Audio를 가리키는 포인터
    Console *console;                   // Console을 가리키는 포인터
    MessageDialog *messageDialog;       // MessageDialog를 가리키는 포인터
```

`MessageDialog`는 `Game::initialize` 함수에서 초기화된다(리스트 9.20 참조). 버튼을 클릭했는지 확인하기 위해서는 대화상자의 `update` 함수를 호출해야 한다. 코드는 `Game` 클래스의 `run` 함수에 추가돼 있다(리스트 9.21 참조). 대화상자의 `draw` 메소드를 호출하는 코드는 `Game` 클래스의 `renderGame` 함수 끝에 추가돼 있다(리스트 9.22 참조). 그리고 마지막으로 메시지 대화상자에 로스트 상태가 된 그래픽 디바이스를 처리하고 예약된 메모리를 해제하는 코드를 추가해야 한다(리스트 9.23 참조).

리스트 9.20 MessageDiloag 객체 초기화

```cpp
// messageDialog를 초기화한다.
messageDialog = new MessageDialog();
messageDialog->initialize(graphics, input, hwnd);
```

리스트 9.21 버튼을 클릭했는지 확인

```cpp
input->readControllers();    // 킨드롤러의 상태를 읽는다.
messageDialog->update();     // 버튼을 클릭했는지 확인한다.
audio->run();                // 사운드 엔진 작업을 주기적으로 수행한다.
```

리스트 9.22 대화상자 그리기

```cpp
console->draw();             // 콘솔을 그려 게임의 상단에 나타나게 한다.
messageDialog->draw();       // 대화상자를 상단에 그린다.
// 렌더링을 멈춘다.
graphics->endScene();
```

리스트 9.23 game.cpp에 있는 releaseAll, resetAll, deleteAll에 메시지 대화상자 코드를 추가

```cpp
// =================================================
// 그래픽 디바이스가 로스트 상태가 됐다.
// 예약된 모든 메모리를 해제해 그래픽 디바이스를 리셋한다.
// =================================================
void Game::releaseAll()
{
    SAFE_ON_LOST_DEVICE(messageDialog);
    SAFE_ON_LOST_DEVICE(console);
    dxFont.onLostDevice();
    return;
}
```

```
// =================================================
// 모든 표면을 다시 생성하고 모든 개체를 리셋한다.
// =================================================
void Game::resetAll()
{
    dxFont.onResetDevice();
    SAFE_ON_RESET_DEVICE(console);
    SAFE_ON_RESET_DEVICE(messageDialog);
    return;
}
// =================================================
// 예약된 모든 메모리를 삭제한다.
// =================================================
void Game::deleteAll()
{
    releaseAll();            // 모든 그래픽 아이템에 onLoseDevice()를 호출한다.
    SAFE_DELETE(audio);
    SAFE_DELETE(graphics);
    SAFE_DELETE(input);
    SAFE_DELETE(console);
    SAFE_DELETE(messageDialog);
    initialized = false;
}
```

게임에서 메시지를 표시하려면 리스트 9.24와 같이 messageDialog->print
함수를 호출하면 된다. MessageDialog는 다른 모든 아이템 위에 그려지며,
버튼을 클릭할 때까지 계속 표시된다. 한 번에 하나의 대화상자만 표시할 수
있다. 대화상자가 현재 표시되고 있다면 다른 대화상자를 표시하려고 해도 아
무 일이 발생하지 않는다.

리스트 9.24 메시지 대화상자 표시

```
messageDialog->print("Ship1 says \"Ouch, stupid planet!\"");
```

9.5.2 메시지 대화상자 데모

메시지 대화상자 데모에서 initialize 함수는 대화상자의 테두리 색상과 배경 색상을 설정하고 메시지를 표시한다. 리스트 9.25는 messagedemo.cpp의 일부다.

리스트 9.25 대화상자의 테두리, 배경 색상 설정과 메시지 표시

```
// ===================================================
// 게임을 초기화한다.
// 에러 발생 시에 GameError를 던진다.
// ===================================================
void MessageDemo::initialize(HWND hwnd)
{
    GAME::initialize(hwnd);              // GameError를 던진다.
    reset();                             // 모든 게임 변수들을 리셋한다.
    fpsOn = true;                        // 초당 프레임 수(FPS)를 표시한다.
    messageDialog->setBorderColor(graphicsNS::LTGRAY);
    messageDialog->setBackColor(SETCOLOR_ARGB(255, 50, 50, 90));
    messageDialog->print("This is a test message. This is only a test. if"
        "this were an actual message it would contain some useful"
        "information instead of this meaningless dribble.");
}
```

대화상자에 있는 버튼을 클릭했을 때 버튼을 클릭했음을 나타내는 메시지와 함께 새 대화상자가 나타난다. 리스트 9.26은 messagedemo.cpp에 있는 update 함수다.

리스트 9.26 메시지 대화상자에 있는 버튼을 클릭했는지 확인

```
// ===================================================
// 모든 게임 아이템을 옮긴다.
// frameTime은 이동 속도를 조절하는 데 사용된다.
// ===================================================
```

```
void MessageDemo::update()
{
  messageDialog->update();                    // 버튼 이벤트를 확인한다.
  if (messageDialog->getButtonClicked() == 1)
  {
    messageDialog->setButtonType(1);
    messageDialog->print("Button 1 clicked");
  }
  else if (messageDialog->getButtonClicked() == 2)
  {
    messageDialog->setButtonType(2);
    messageDialog->print("Button 2 clicked");
  }
}
```

▌▌9.6 입력 대화상자

입력 대화상자[Input Dialog]는 사용자의 입력을 받는 데 사용한다. 메시지 대화상자에 텍스트 입력을 받을 수 있는 기능을 추가해 입력 대화상자를 만들 수 있다(그림 9.12 참조).

그림 9.12 입력 대화상자

InputDialog 클래스는 MessageDialog 클래스의 기능을 확장하도록 상속을 통해 만든다. InputDialog 클래스는 MessageDialog 클래스에 있는 모든 멤버와 메소드를 가진 채 시작한다. 상속받은 기능을 그대로 사용하거나 행동을 변경하기 위해 덮어쓸 수 있으며, InputDialog에만 있는 새로운 기능을 추가할 수도 있다. InputDialog 클래스는 **inputDialog.h**에 선언돼 있다. 텍스트 입력 영역의 색상에 대한 새로운 상수들은 inputDialogNS 네임스페이스에 추가돼 있다(리스트 9.27 참조).

리스트 9.27 inputDialog.h의 텍스트 입력을 위한 색상 상수

```
// 2D 게임 프로그래밍
// Copyright (c) 2011 by:
// 찰스 켈리(Charles Kelly)
// inputDialog.h v1.0
#ifndef _INPUTDIALOG_H          // 이 파일이 두 번 이상 포함돼 있는 경우
#define _INPUTDIALOG_H          // 여러 번 정의되지 않게 한다.
#define WIN32_LEAN_AND_MEAN
#include <string>
#include "constants.h"
#include "textDX.h"
#include "graphics.h"
#include "input.h"
#include "messageDialog.h"
namespace inputDialogNS
{
    // 입력 텍스트 배경 색상
    const COLOR_ARGB TEXT_BACK_COLOR = graphicsNS::WHITE;
    // 입력 텍스트 색상
    const COLOR_ARGB TEXT_COLOR = graphicsNS::BLACK;
}
```

상속을 나타내는 구문은 리스트 9.28에 하이라이트로 표시돼 있다. public MessageDialog 문법은 InputDialog 클래스가 MessageDialog 클래스로부터 상속받았음을 나타낸다. 텍스트 입력 영역에 필요한 추가 변수는 클래스의 private 부분에 추가된다. 새 변수는 MessageDialog로부터 상속받은 변수에 추가된다(리스트 9.29 참조).

```cpp
// 입력 대화상자는 메시지 대화상자로부터 상속받는다.
class InputDialog : public MessageDialog
{
```

리스트 9.29　InputDialog 클래스의 추가 변수

```cpp
private:
    std::string     intext;              // 입력 텍스트
    RECT    intextRect;
    RECT    tempRect;
    COLOR_ARGB textBackColor;            // 텍스트 영역 배경 색상
    COLOR_ARGB textFontColor;            // 텍스트 영역 글꼴 색상
    LP_VERTEXBUFFER intextVerts;         // 텍스트 영역 정점 버퍼
```

　　MessageDialog 클래스의 모든 함수는 InputDialog 클래스에서 새 코드를 작성해 변경할 수 있다. 함수가 수정되지 않았다면 InputDialog의 일부분으로 호출될 것이다(리스트 9.30 참조).

리스트 9.30　InuptDialog 클래스에서 새로 만들어지거나 재정의된 함수

```cpp
public:
    // 생성자
    InputDialog();
    // 소멸자
    virtual ~InputDialog();
    // 정점 버퍼 준비
    void prepareVerts();
    // 입력 대화상자 표시
    const void draw();
```

getText 함수는 입력 대화상자가 보이지 않는 경우 사용자가 입력한 텍스트를 반환한다. 대화상자가 보인다면 아무 버튼을 클릭하지 않았음을 의미하므로 빈 문자열이 반환된다. 사용자가 **Enter** 키를 누르거나 마우스 왼쪽 버튼을 클릭하면 대화상자의 visible 속성이 false로 설정된다. 사용자가 마우스 오른쪽 버튼을 클릭하면 입력 텍스트가 지워지고 visible 속성이 false로 설정된다 (리스트 9.31 참조). 텍스트 영역의 글꼴 색상, 배경 색상은 다음 함수를 통해 런타임 중에 설정할 수 있다(리스트 9.32 참조).

리스트 9.31 inputDialog.h의 getText 함수

```
// 입력 텍스트를 반환한다.
std::string getText()
{
    if (!visible)
        return intext;
    else
        return "";
}
```

리스트 9.32 텍스트 영역의 색상을 설정하는 함수

```
// 입력 텍스트의 글꼴 색상을 설정한다.
void setTextFontColor(COLOR_ARGB fc) { textFontColor = fc; }
// 입력 텍스트의 배경 색상을 설정한다.
void setTextBackColor(COLOR_ARGB bc) { textBackColor = bc; }
```

print, update, onLostDevice 함수는 메시지 대화상자의 함수와 똑같은 작업을 수행하지만, 입력 대화상자로 동작하도록 조금 변경해야 한다(리스트 9.33 참조).

```
  // InputDialog의 텍스트 str을 표시한다.
  void print(const std::string &str);
  // 닫기 이벤트를 확인한다.
  void update();
  // 그래픽 디바이스가 로스트 됐을 때 호출한다.
  void onLostDevice();
};
#endif
```

때때로 파생^{Derived} 클래스에 재정의된 함수에서 기본^{Base} 클래스에 있는 기존 함수를 호출해야 하는 경우도 있다. prepareVerts 함수가 대표적인 예다. 구문은 BaseClass::function(); 형태이며, 리스트 9.34에서 볼 수 있다. inputDialog.cpp 파일에 나머지 코드가 포함돼 있다.

리스트 9.34 MessageDialog 기본 클래스에 있는 prepareVerts 함수를 호출

```
// =======================================================
// 대화상자 배경과 버튼을 그리기 위한 정점 버퍼를 준비한다.
// =======================================================
void InputDialog::prepareVerts()
{
    MessageDialog::prepareVerts();  // 기본 클래스의 prepareVerts를 호출한다.
    SAFE_RELEASE(intextVerts);
}
```

▌ 9.7 전체 화면의 DirectX 애플리케이션에서 사용하는 윈도우 대화상자

앞서 언급한 바와 같이 전체 화면의 DirectX 애플리케이션에서 윈도우 대화상

자를 표시할 수 있다. 이 코드를 포함하는 이유는 주제에 대해 전부 다루기 위한 노력의 일환이며, 메소드를 사용하라고 권유하는 것은 아니다. 그저 프로그래밍의 모든 방법을 알고 싶은 사람들에게 모험거리를 제공하고 싶었다. 전체 화면 모드의 애플리케이션에서 GUI 대화상자를 사용하게 해주는 Direct3D 메소드는 다음과 같다.

```
idirect3DDevice9::SetDialogBoxMode
HRESULT SetDialogBoxMode(
    BOOL bEnableDialogs
);
```

SetDialogBoxMode를 사용하려면 Graphics::initD3dpp() 함수에 리스트 9.35에 있는 코드 라인을 추가해 락을 걸 수 있는 백 버퍼를 사용해야 한다.

리스트 9.35 GDI 대화상자 사용

```
// GDI 대화상자에 필요하다.
d3dpp.Flags = D3DPRESENTFLAG_LOCKABLE_BACKBUFFER;
```

락을 걸 수 있는 백 버퍼를 사용하면 일부 그래픽 하드웨어의 성능에 손실이 발생할 수 있다.

Graphics::initialize 함수의 끝에 SetDialogBoxMode를 호출하는 코드를 추가한다(리스트 9.36 참조).

리스트 9.36 SetDialogBoxMode 함수 호출

```
result = device3d->SetDialogBoxMode(true);
if (FAILED(result))
{
    MessageBox(hwnd, "Error setting Dialog Box Mode", "Error", MB_OK);
```

```
        releaseAll();                    // 종료하기 전에 리소스를 해제한다.
        return false;
}
```

▌▌ 9.8 대시보드

이번 절에서는 게임의 모습을 향상시키는 데 사용할 수 있는 몇 가지 사용자 인터페이스 예제를 만들어 본다. 이 절의 이름을 '대시보드^{Dashboard}'라고 붙인 이유는 여기서 만들려고 하는 디스플레이와 컨트롤이 대시보드나 계기판에서 찾을 수 있는 것들과 많이 닮았기 때문이다. 그림 9.13은 'Dashboard' 데모가 작동하는 모습을 보여준다.

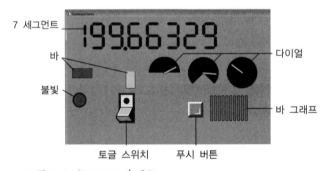

그림 9.13 'Dashboard' 데모

이전에 대화상자를 만들 때 그래픽 프리미티브를 사용했던 것과 달리, 여기서는 대시보드 요소들을 만들기 위해 비트맵 이미지를 사용한다. 비트맵을 사용하면 일반적인 게이지를 좀 더 디테일하게 바꿀 수 있다.

컨트롤과 디스플레이의 크기는 scale 매개변수로 조정할 수 있다. scale 값이 1.0보다 작으면 크기가 줄어들고 1.0보다 크면 크기가 늘어난다. draw 함수는 컨트롤을 표시하는 데 사용된다. 컨트롤과 디스플레이는 다음과 같은 것을 포함한다.

- **여러 자리가 지원되는 7 세그먼트 표시 장치** 각 자리의 숫자와 색상은 조정할 수 있다. set 함수는 값을 변경하는 데 사용된다.

- **길이를 조절할 수 있는 바** 바의 방향과 색상은 조정할 수 있다. set 함수는 바의 길이를 변경하는 데 사용된다. 0~100 범위의 값을 사용할 수 있으며, 0은 바를 보이지 않게 만들고 100은 바를 전체 길이로 설정한다.

- **다이얼 게이지** 다이얼 게이지의 세 가지 변형된 버전을 지원한다. 다이얼은 어떤 각도로든 회전할 수 있다. 다이얼과 바늘의 색상은 조정할 수 있다. set 함수는 바늘의 위치를 설정하는 데 사용된다. 0~100 범위의 값을 사용할 수 있으며, 0은 바늘이 맨 왼쪽에 위치하고 100은 바늘이 맨 오른쪽에 위치한다.

- **깜박이는 불빛** 불빛의 색상과 깜박이는 속도는 조정할 수 있다. set 함수는 깜박이는 속도를 조정하는 데 사용된다. 깜박이는 속도가 0보다 작으면 불빛이 켜진다. 깜박이는 속도가 0이면 불빛이 꺼진다. 깜박이는 속도가 0보다 크면 초 단위로 지연이 발생한다.

- **토글(Toggle) 스위치** 마우스 클릭을 통해 스위치를 전환할 수 있다. 스위치의 온/오프 상태를 읽을 수 있다.

- **푸시(Push) 버튼 스위치** 마우스 클릭을 통해 스위치를 전환할 수 있다. 스위치의 온/오프 상태를 읽을 수 있다.

- **바 그래프 또는 VU 미터** 바의 최댓값과 색상은 조정할 수 있다. set 함수는 바의 백분율을 설정하는 데 사용된다. 0~100 범위의 값을 사용할 수 있으며, 0은 바를 보이지 않게 만들고 100은 바를 최댓값으로 설정한다.

각 컨트롤과 디스플레이는 클래스 단위로 설명할 것이다. 여러 상수와 클래스는 dashboard.h 파일에 선언돼 있다. 구현 코드는 dashboard.cpp에 있다. 파일은 프로젝트에 그대로 포함시킬 수도 있고, 원하는 클래스만 복사해 프로젝트에 사용할 수도 있다. 텍스처를 변경하면 dashboard.h에서 해당 상수를 갱신해야 한다. 각 컨트롤은 draw 함수로 그릴 수 있다. 일부 컨트롤은 특수화된 draw 함수를 사용하며, 일부는 Image 클래스로부터 상속받은 draw 함수를 사용한다.

9.8.1 7 세그먼트 표시 장치

7 세그먼트 표시 장치는 두 개의 간단한 비트맵 이미지를 사용해 그린다(그림
9.14 참조). 한 이미지는 각 세그먼트를 그리는 데 사용되며, 다른 이미지는 소수
점을 그리는 데 사용된다.

그림 9.14 7 세그먼트 표시 장치를 만드는 데 사용되는 텍스처

dashboard.cpp에 있는 initialize 함수는 화면 위치, 크기, 숫자, 색상을 설
정한다(리스트 9.37 참조).

리스트 9.37 SevenSegment 클래스의 initialize 함수

```
// =================================================
// 7 세그먼트 표시 장치를 초기화한다.
// 이전 : *graphics = Graphics 객체를 가리키는 포인터
//        *textureM = TextureManager 객체를 가리키는 포인터
//        left, top = 화면 위치
//        scale = 크기 값
//        digits = 숫자
//        color = 색상
// 이후 : 성공할 경우 true, 에러가 발생할 경우 false를 반환한다.
// =================================================
bool SevenSegment::initialize(Graphics *graphics, TextureManager *textuerM,
                        int left, int top, float scale,
                        UINT digs, COLOR_ARGB color)
{
    try{
        Image::initialize(graphics, dashboardNS::IMAGE_SIZE,
            dashboardNS::IMAGESIZE, dashboardNS::TEXTURE_COLS, textureM);
```

```
    setCurrentFrame(dashboardNS::SEGMENT_FRAME);
    spriteData.x = (float)left;
    spriteData.y = (float)top;
    spriteData.scale = scale;
    colorFilter = color;
    if (digs < 1)
      digs = 1;
    digits = digs;
    decimal.initialize(graphics, dashboardNS::IMAGE_SIZE,
        dashboard::IMAGE_SIZE, dashboardNS::TEXTURE_COLS, textureM);
    decimal.setCurrentFrame(dashboardNS::DECIMAL_FRAME);
    decimal.setColorFilter(color);
  }
  catch(...)
  {
    return false;
  }
  // true를 반환한다.
  return true;
}
```

일반적으로 실제 7 세그먼트 표시 장치에 있는 세그먼트들은 문자로 다뤄진다. 'A'는 위쪽에 있는 세그먼트이며, 'B'는 'A'의 오른쪽에 있는 수직 세그먼트다. 리스트 9.38의 예제 코드에 있는 다이어그램은 각 세그먼트의 문자를 식별한다. drawDigit 함수에는 일반적인 문자 시퀀스를 사용했다. drawDigit 함수는 표시할 문자와 세그먼트 색상을 매개변수로 받는다. 각 세그먼트의 위치가 현재 문자의 일부분으로 표시되는지 테스트한다. 세그먼트가 표시되기 전에 회전돼 배치된다.

리스트 9.38 SevenSegment 클래스의 drawDigit 함수

```
// =================================================
```

```
// 7 세그먼트 숫자 0-9, 그리고 -을 표시한다.
//      A
//    -----
// F|     |B
//    | G |
//    -----
// E|     |C
//    | D |
//    -----
// ===================================================
void SevenSegment::drawDigit(char n, COLOR_ARGB color)
{
    float lowerY = spriteData.y + spriteData.height * spriteData.scale * 0.75f;
    float saveY = spriteData.y;
    // 세그먼트 A
    if (n == '0' || n == '2' || n == '3' || n == '5' || n == '6' || n == '7' ||
        n == '8' || n == '9')
    {
      setDegrees(0);
      Image::draw(color);
    }
    // 세그먼트 B
    if (n == '0' || n == '1' || n == '2' || n == '3' || n == '4' || n == '7' ||
        n == '8' || n == '9')
    {
      setDegress(90);
      Image::draw(color);
    }
    // 세그먼트 G
    if (n == '-' || n == '2' || n == '3' || n == '4' || n == '5' || n == '6' ||
        n == '8' || n == '9')
    {
      setDegrees(180);
      Image::draw(color);
    }
```

```
    // 세그먼트 F
    if (n == '0' || n == '4' || n == '5' || n == '6' || n == '8' || n == '9')
    {
      setDegrees(270);
      Image::draw(color);
    }
    spriteData.y = lowerY; // 숫자 아래쪽 절반의 Y를 설정
    // 세그먼트 E
    if (n == '0' || n == '2' || n == '6' || n == '8')
    {
      setDegrees(270);
      Image::draw(color);
    }
    // 세그먼트 D
    if (n == '0' || n == '2' || n == '3' || n == '5' || n == '6' || n == '8' ||
        n == '9')
    {
      setDegrees(180);
      Image::draw(color);
    }
    // 세그먼트 C
    if (n == '0' || n == '1' || n == '3' || n == '4' || n == '5' || n == '6' ||
       n == '7' || n == '8' || n == '9')
    {
      setDegrees(90);
      Image::draw(color);
    }
    spriteData.y = saveY;
}
```

SevenSegment::drawDecimal 함수는 소수점을 지정된 색상으로 표시한다(리스트 9.39 참조). Set 함수는 7 세그먼트 표시 장치에 숫자를 설정하는 데 사용된다(리스트 9.40 참조).

```
// =================================================
// 소수점을 그린다.
// =================================================
void SevenSegment::drawDecimal(COLOR_ARGB color)
{
    float saveX = spriteData.x;
    float saveY = spriteData.y;
    setDegrees(0);
    spriteData.x -= spriteData.width * spriteData.scale * 0.25f;
    spriteData.y += spriteData.height * spriteData.scale * 0.80f;
    decimal.draw(spriteData, color);
    spriteData.x = saveX;
    spriteData.y = saveY;
}
```

리스트 9.40 SevenSegment 클래스의 set 함수

```
// =================================================
// 7 세그먼트 표시 장치에 숫자를 설정한다.
// =================================================
void SevenSegment::set(double value)
{
    number = value;
}
```

SevenSegment::draw 함수는 7 세그먼트 표시 장치를 사용해 number 변수의 내용을 표시한다. number 변수는 stringstream을 사용해 부동소수점에서 문자열로 변환한다. 문자열은 모든 숫자가 표시되거나 디스플레이가 가득 찰 때까지 숫자로 표시된다(리스트 9.41 참조).

리스트 9.41 SevenSegment 클래스의 draw 함수

```cpp
// ==================================================
// 7 세그먼트 표시 장치를 그린다.
// number 변수는 표시할 float 값을 포함한다.
// ==================================================
void SevenSegment::draw(COLOR_ARGB color)
{
    float saveX = spriteData.x;
    float saveY = spriteData.y;
    char ch;
    if (digits == 0)
        return;
    // 숫자를 문자열로 변환한다.
    std::stringstream strstm;
    strstm.precision(digits);
    strstm.flags(std::ios_base::fixed);
    strstm << number;                       // 숫자를 문자열로 변환한다.
    std::string str = strstm.str();
    UINT digitN = str.length();            // 문자열의 자릿수를 구한다.
    if (digitN > digits) // 문자열이 7 세그먼트 표시 장치보다 많은 자릿수를 갖고 있다면
        digitN = digits;
    // 가장 왼쪽 자릿수의 X 위치
    spriteData.x += spriteData.width * spriteData.scale * 1.2f * (digits - digitN);
    UINT n = 0;
    ch = str.at(n++);            // 숫자의 첫 번째 자릿수를 얻는다.
    while (digitN > 0)           // 표시할 자릿수가 남아있는 동안
    {
        if (ch == '.')           // 소수점이라면
            drawDecimal(color);
        else
        {
            drawDigit(ch, color); // 자릿수를 표시한다.
            // 화면상에서 다음 자릿수의 위치
            spriteData.x += spriteData.width * spriteData.scale * 1.2f;
```

```
    }
    if (n < str.length())
        ch = str.at(n++);              // 다음 자릿수를 얻는다.
    else
        ch = '0';                      // 문자열이 '.'으로 끝나면 숫자 0을 추가한다.
    if (ch != '.')                     // 소수점이 아니라면
        digitN--;                      // 자릿수 카운트를 감소시킨다.
    }
    spriteData.x = saveX;
}
```

9.8.2 바

프로그래스 바Progress Bar는 입력 값의 변화에 따라 길이가 변하는 단일 바이며, 윈도우 컨트롤의 일반적인 표현 방법이다. 프로그래스 바는 게임에서 많은 용도로 사용한다. 간단한 바는 플레이어의 체력이나 방패 강도를 표시할 수 있는 좋은 방법이 된다. 무기 업그레이드나 자원 수집에 대한 프로그래스 바를 표시하고 싶다면 사각형의 단순한 비트맵을 칼 또는 옥수수 줄기 그림으로 대체해 프로그래스 바에 생명을 불어넣을 수 있다.

바 게이지Bar Gauge의 initialize 함수는 화면 위치, 크기, 바의 색상을 설정한다(리스트 9.42 참조).

리스트 9.42 Bar 클래스의 initialize 함수

```
// ===================================================
// 바를 초기화한다.
// 이전 :  *graphics = Graphics 객체를 가리키는 포인터
//         *textureM = TextureManager 객체를 가리키는 포인터
//         left, top = 화면 위치
//         scale = 크기 값
//         color = 바의 색상
// 이후 :  성공할 경우 true, 에러가 발생할 경우 false를 반환한다.
```

```
// ===================================================
bool Bar::initialize(Graphics *graphics, TextureManager *textureM,
                     int left, int top, float scale, COLOR_ARGB color)
{
    try{
        Image::initialize(graphics, dashboardNS::IMAGE_SIZE,
            dashboardNS::IMAGE_SIZE, dashboardNS::TEXTURE_COLS, textureM);
        setCurrentFrame(dashboardNS::BAR_FRAME);
        spriteData.x = (float)left;
        spriteData.y = (float)top;
        spriteData.scale = scale;
        colorFilter = color;
    }
    catch(...)
    {
        return false;
    }
    // true를 반환한다.
    return true;
}
```

바의 길이는 set 함수로 조정할 수 있다. set 함수는 spriteData.rect.right
를 변경하는 작업을 수행한다. spriteData.rect는 표시할 비트맵 이미지 부
분을 선택하기 위해 Graphics::drawSprite 함수에서 사용된다는 사실을 기
억한다. 또한 spriteData.rect.right를 변경해 왼쪽에서 오른쪽으로 움직
이는 바를 얻을 수 있다. 오른쪽에서 왼쪽으로 움직이게 만들고 싶다면
setDegrees 함수를 사용해 180도 회전하면 된다. 수직 바는 setDegrees 함
수로 바를 회전해 만들 수 있다. 90도를 회전하면 위쪽에서 아래쪽으로 움직이
는 수직 바를 생성하고, 270도를 회전하면 아래쪽에서 위쪽으로 움직이는 수직
바를 생성할 수 있다(리스트 9.43 참조).

```cpp
// ==================================================
// 바의 크기를 설정한다.
// ==================================================
void Bar::set(float p)
{
    if (p < 0)
      p = 0;
    else if (p > 100)
      p = 100;
    spriteData.rect.right = spriteData.rect.left +
                          (LONG)(spriteData.width * p / 100);
}
```

9.8.3 다이얼 게이지

다이얼 게이지^{Dial Gauge}에는 세 가지 유형이 있는데, 360도/270도/180도 다이얼이 있다. 화면의 위치, 크기, 다이얼의 유형, 영점 각도, 다이얼 색상, 바늘 색상은 initialize 함수에 정의돼 있다. 다이얼은 zeroAngle 각도만큼 시계 방향으로 회전한다. 다이얼 유형은 dashboardNS에 DIAL360, DIAL270, DIAL180으로 정의돼 있다(리스트 9.44 참조).

리스트 9.44 DialGauge 클래스의 initialize 함수

```cpp
// ==================================================
// 다이얼 게이지를 초기화한다.
// 이전 : *graphics = Graphics 객체를 가리키는 포인터
//        *textureM = TextureManager 객체를 가리키는 포인터
//        left, top = 화면 위치
//        scale = 크기 값
//        type = 다이얼 유형
//        zeroAngle = 다이얼에서 영점이 있는 곳
```

```cpp
//      dialColor = 다이얼의 색상
//      pointerColor = 바늘의 색상
// 이후 : 성공할 경우 true, 에러가 발생할 경우 false를 반환한다.
// ==================================================
bool DialGauge::initialize(Graphics *graphics, TextureManager *textuerM,
                           int left, int top, float scale,
                           dashboardNS::DialType type, float zeroAngle,
                           COLOR_ARGB dialColor, COLOR_ARGB pointerColor)
{
    try{
        Image::initialize(graphics, dashboardNS::IMAGE_SIZE,
            dashboardNS::IMAGE_SIZE, dashboardNS::TEXTURE_COLS, textureM);
        dialType = type;
        switch (type)
        {
            case dashboardNS::DIAL360:
                setCurrentFrame(dashboardNS::DIAL360_FRAME); break;
            case dashboardNS::DIAL270:
                setCurrentFrame(dashboardNS::DIAL270_FRAME); break;
            case dashboardNS::DIAL180:
                setCurrentFrame(dashboardNS::DIAL180_FRAME); break;
        }
        spriteData.x = (float)left;
        spriteData.y = (float)top;
        spriteData.scale = scale;
        colorFilter = dialColor;
        setDegrees(zeroAngle);
        pointer.initialize(graphics, dashboardNS::IMAGE_SIZE,
            dashboardNS::IMAGE_SIZE, dashboardNS::TEXTURE_COLS, textureM);
        pointer.setCurrentFrame(dashboardNS::POintER_FRAME);
        pointer.setColorFilter(pointerColor);
    }
    catch(...)
    {
        return false;
```

```
   }
   // true를 반환한다.
   return true;
}
```

---

set 함수를 통해 다이얼 게이지의 바늘을 배치한다. 0은 바늘을 원점 위치로
설정하고, 100은 바늘을 최대 위치로 설정한다. 바늘은 0에서 100까지 시계 방
향으로 회전한다(리스트 9.45 참조). draw 함수는 다이얼과 바늘을 그리도록 오버
로드된다(리스트 9.46 참조).

리스트 9.45 바늘의 위치를 설정하는 DialGauge 클래스의 set 함수

```
// =================================================
// 다이얼 게이지의 바늘을 설정한다.
// =================================================
void DialGauge::set(float p)
{
   if (p < 0)
     p = 0;
   else if (p > 100)
     p = 100;
   switch (dialType)
   {
     case dashboardNS::DIAL360:
       pointer.setDegrees(p * 360 / 100.0f + getDegrees()); break;
     case dashboardNS::DIAL270:
       pointer.setDegrees(p * 270 / 100.0f + getDegrees() - 135); break;
     case dashboardNS::DIAL180:
       pointer.setDegrees(p * 180 / 100.0f + getDegrees() - 90); break;
   }
}
```

```
// ================================================
// 다이얼 게이지와 바늘을 그린다.
// ================================================
void DialGauge::draw(COLOR_ARGB color)
{
    Image::draw(color);
    float dialAngle = spriteData.angle;
    spriteData.angle = pointer.getRadians();
    pointer.draw(spriteData, graphicsNS::FILTER);
    spriteData.angle = dialAngle;
}
```

9.8.4 불빛

불빛은 켜고 끄거나 깜박일 수 있다. initialize 함수는 화면 위치, 크기, 깜박이는 속도, 켰을 때와 껐을 때의 불빛 색상을 설정한다(리스트 9.47 참조). set 함수는 깜박이는 속도를 변경한다. 깜박이는 속도가 음수라면 불빛을 켠다. 깜박이는 속도가 0이라면 불빛을 끈다. 깜박이는 속도가 0보다 크다면 초당 깜박이는 수를 설정한다(리스트 9.48 참조).

리스트 9.47 Light 클래스의 initialize 함수

```
// ================================================
// 불빛을 초기화한다.
// 이전 :  *graphics = Graphics 객체를 가리키는 포인터
//         *textureM = TextureManager 객체를 가리키는 포인터
//         left, top = 화면 위치
//         scale = 크기 값
//         flashRate = 켜기 / 끄기 / 깜박이는 정도, < 0이면 켜고, = 0이면 끄고, >0이면
//             초당 깜박이는 수
//         colorOn = 켰을 때 불빛의 색상
```

```
//          colorOff = 껐을 때 불빛의 색상
// 이후 :   성공할 경우 true, 에러가 발생할 경우 false를 반환한다.
// ===================================================
bool Light::initialize(Graphics *graphics, TextureManager *textureM,
                       int left, int top, float scale, float flashRate,
                       COLOR_ARGB colorOn, COLOR_ARGB colorOff)
{
    try{
        Image::initialize(graphics, dashboardNS::IMAGE_SIZE,
            dashboardNS::IMAGE_SIZE, dashboardNS::TEXTURE_COLS, textureM);
        setCurrentFrame(dashboardNS::BAR_FRAME);
        spriteData.x = (float)left;
        spriteData.y = (float)top;
        spriteData.scale = scale;
        colorFilter = color;
        offColor = colorOff;
        onColor = colorOn;
        if (flashRate > 0)
            flashDelay = flashRate / 2.0f;  // 50% 작동 주기
        else
            flashDelay = flashRate;
    }
    catch(...)
    {
        return false;
    }
    // true를 반환한다.
    return true;
}
```

리스트 9.48 깜박이는 속도를 변경하는 Light 클래스의 set 함수

```
// ===================================================
// flashRate를 설정한다. <0이면 켜고, =0이면 끄고, >0이면 초당 깜박이는 수
```

```
// ================================================
void DialGauge::set(float p)
{
    if (flashRate > 0)
        flashDelay = flashRate / 2.0f;   // 50% 작동 주기
    else
        flashDelay = flashRate;
}
```

update 함수는 colorFilter 변수의 값을 켰을 때나 껐을 때의 색상으로
변경해 불빛을 깜박인다(리스트 9.49 참조).

리스트 9.49 Light 클래스의 update 함수

```
// ================================================
// 불빛을 갱신한다.
// ================================================
void Light::update(float frameTime)
{
    if (flashDelay > 0)  // >0이면 불빛을 깜박인다.
    {
        flashTimer += frameTime;
        if (flashTimer >= flashDelay)
        {
            flashTimer -= flashDelay;
            if (colorFilter == onColor)
                colorFilter = offColor;
            else
                colorFilter = onColor;
        }
    }
}
```

9.8.5 토글 스위치

토글 스위치^{Toggle Switch}는 켜거나 끌 수 있다. 화면 위치와 크기는 initialize 함수에서 설정한다. 또한 initialize 함수는 Input 객체를 가리키는 포인터와 윈도우에 대한 핸들을 받아 마우스 클릭을 처리한다(리스트 9.50 참조).

리스트 9.50 ToggleSwitch 클래스의 initialize 함수

```
// =================================================
// 토글 스위치를 초기화한다.
// 이전 :  *graphics = Graphics 객체를 가리키는 포인터
//         *textureM = TextureManager 객체를 가리키는 포인터
//         *in = Input 객체를 가리키는 포인터
//         hwnd = 윈도우에 대한 핸들
//         left, top = 화면 위치
//         scale = 크기 값
// 이후 :  성공할 경우 true, 에러가 발생할 경우 false를 반환한다.
// =================================================
bool ToggleSwitch::initialize(Graphics *graphics, TextureManager *textureM,
                    Input *in, HWND h, int left, int top,
                    float scale)
{
    try{
      Image::initialize(graphics, dashboardNS::IMAGE_SIZE,
          dashboardNS::IMAGE_SIZE, dashboardNS::TEXTURE_COLS, textureM);
      setCurrentFrame(dashboardNS::SWITCH_OFF_FRAME);
      spriteData.x = (float)left;
      spriteData.y = (float)top;
      spriteData.scale = scale;
      hwnd = h;    // 윈도우에 대한 핸들
      input = in;    // Input 객체
      switchRect.left = left;
      switchRect.top = top;
      switchRect.right = (long)(left + (dashboardNS::SWITCH_WIDTH *
          spriteData.scale));
```

```
      switchRect.bottom = (long)(top + (spriteData.height * spriteData.scale));
   }
   catch(...)
   {
     return false;
   }
   // true를 반환한다.
   return true;
}
```

update 함수는 마우스로 버튼을 클릭했는지 확인한다. 현재 윈도우의 크기는 원하는 게임 윈도우의 크기와 비교해 screenRatioX와 screenRatioY로 저장된다. 마우스 왼쪽 버튼을 클릭하면 마우스 좌표가 화면 비율에 따라 조절되며, 버튼 사각형의 모서리와 비교한다. 버튼을 클릭하면 switchOn의 상태가 변경된다(리스트 9.51 참조).

리스트 9.51 ToggleSwitch 클래스의 update 함수

```
// =================================================
// 마우스로 스위치를 클릭했는지 확인한다.
// =================================================
void ToggleSwitch::update(float frameTime)
{
   if (!initialized | !visible)
     return;
   // 윈도우의 크기가 조절된 경우 화면 비율을 계산한다.
   RECT clientRect;
   GetClientRect(hwnd, &clientRect);
   float screenRatioX = (float)GAME_WIDTH / clientRect.right;
   float screenRatioY = (float)GAME_HEIGHT / clientRect.bottom;
   if (input->getMouseLButton())   // 마우스 왼쪽 버튼을 클릭했다면
   {
     // 마우스로 스위치를 클릭했는지 확인한다.
```

```
        if (input->getMouseX() * screenRatioX >= switchRect.left &&
            input->getMouseX() * screenRatioX <= switchRect.right &&
            input->getMouseY() * screenRatioY >= switchRect.top &&
            input->getMouseY() * screenRatioY <= switchRect.bottom)
    {
        if (mouseClick)
        {
            mouseClick = false;
            swithOn = !switchOn;    // 스위치를 전환한다.
            if (switchOn)
                setCurrentFrame(dashboardNS::SWITCH_ON_FRAME);
            else
                setCurrentFrame(dashboardNS::SWITCH_OFF_FRAME);
        }
    }
    } else
        mouseClick = true;
}
```

스위치의 상태, 즉 켜졌는지 꺼졌는지는 getSwitchOn 함수로 확인할 수 있고, setSwitch를 통해 상태를 설정할 수 있다(리스트 9.52 참조).

리스트 9.52 토글 스위치의 상태를 읽거나 설정하는 함수

```
// 스위치 상태를 가져온다.
bool getSwitchOn() { return switchOn; }
// 스위치 상태를 설정한다.
void setSwitch(bool on) { switchOn = on; }
```

9.8.6 푸시 버튼

푸시 버튼Push Button 스위치에는 모멘터리 타입Momentary Type과 토글 타입Toggle Type
이 있다. initialize 함수는 화면 위치, 크기, 타입을 설정한다. 또한 Input

객체에 대한 포인터, 윈도우에 대한 핸들을 받아 마우스 클릭을 처리할 수 있게 한다. 예제에서는 푸시 버튼의 크기를 절반 크기로 설정했다(리스트 9.53 참조).

리스트 9.53 PushButton 클래스의 initialize 함수

```
// ==================================================
// 푸시 버튼을 초기화한다.
// 이전 : *graphics = Graphics 객체를 가리키는 포인터
//        *textureM = TextureManager 객체를 가리키는 포인터
//        *in = Input 객체를 가리키는 포인터
//        hwnd = 윈도우에 대한 핸들
//        left, top = 화면 위치
//        scale = 크기 값
//        type = true면 모멘터리, false면 토글
// 이후 : 성공할 경우 true, 에러가 발생할 경우 false를 반환한다.
// ==================================================
bool PushButton::initialize(Graphics *graphics, TextureManager *textureM,
                            Input *in, HWND h, int left, int top,
                            float scale, bool type)
{
    try{
        Image::initialize(graphics, dashboardNS::IMAGE_SIZE,
            dashboardNS::IMAGE_SIZE, dashboardNS::TEXTURE_COLS, textureM);
        setCurrentFrame(dashboardNS::BUTTON_UP_FRAME);
        spriteData.x = (float)left;
        spriteData.y = (float)top;
        spriteData.scale = scale;
        hwnd = h;                    // 윈도우에 대한 핸들
        input = in;                  // Input 객체
        switchRect.left = left;
        switchRect.top = top;
        switchRect.right = (long)(left + spriteData.width * spriteData.scale);
        switchRect.bottom = (long)(top + spriteData.height * spriteData.scale);
        momentary = type;
```

```
      }
   catch(...)
   {
      return false;
   }
   // true를 반환한다.
   return true;
}
```

update 함수는 마우스로 버튼을 클릭했는지 확인한다. 현재 윈도우의 크기
는 원하는 게임 윈도우의 크기와 비교해 screenRatioX와 screenRatioY로
저장된다. 마우스 왼쪽 버튼을 클릭하면 마우스 좌표가 화면 비율에 따라 조절
되며, 버튼 사각형의 모서리와 비교한다. 버튼을 클릭하면 switchOn의 상태가
모멘터리 스위치에 대해서는 true로, 토글 스위치에 대해서는 반대 상태로 설
정된다. 스위치 타입이 모멘터리인 상태에서 마우스 버튼을 누르지 않았다면
switchOn은 false로 설정되며, 현재 프레임은 BUTTON_UP_FRAME으로 설정된
다(리스트 9.54 참조).

리스트 9.54 PushButton 클래스의 update 함수

```
// =================================================
// 마우스로 푸시 버튼을 클릭했는지 확인한다.
// =================================================
void PushButton::update(float frameTime)
{
   if (!initialized | !visible)
      return;
   // 윈도우의 크기가 조절된 경우 화면 비율을 계산한다.
   RECT clientRect;
   GetClientRect(hwnd, &clientRect);
   float screenRatioX = (float)GAME_WIDTH / clientRect.right;
   float screenRatioY = (float)GAME_HEIGHT / clientRect.bottom;
```

```cpp
    if (input->getMouseLButton())   // 마우스 왼쪽 버튼을 클릭했다면
    {
      // 마우스로 스위치를 클릭했는지 확인한다.
      if (input->getMouseX() * screenRatioX >= switchRect.left &&
            input->getMouseX() * screenRatioX <= switchRect.right &&
            input->getMouseY() * screenRatioY >= switchRect.top &&
            input->getMouseY() * screenRatioY <= switchRect.bottom)
      {
        if (mouseClick)
        {
          mouseClick = false;
          if (momentary)                    // 모멘터리 스위치라면
            switchOn = true;
          else
            swithOn = !switchOn;        // 스위치를 전환한다.
          if (switchOn)
            setCurrentFrame(dashboardNS::BUTTON_DOWN_FRAME);
          else
            setCurrentFrame(dashboardNS::BJUTTON_UP_FRAME);
        }
      }
    } else
    {
      mouseClick = true;
      if (momentary)
      {
        switchOn = false;
        setCurrentFrame(dashboardNS::BJUTTON_UP_FRAME);
      }
    }
}
```

9.8.7 바 그래프

바 그래프^{Bar Graph}는 때때로 VU 미터라고도 하는데, 0부터 최댓값까지의 범위를 갖는 바의 시퀀스를 표시한다. 화면 위치, 크기, 1미터당 존재하는 바의 개수, 바의 색상은 initialize 함수에서 지정할 수 있다(리스트 9.55 참조).

리스트 9.55 BarGraph 클래스의 initialize 함수

```
// =================================================
// 바 그래프를 초기화한다.
// 이전 :  *graphics = Graphics 객체를 가리키는 포인터
//         *textureM = TextureManager 객체를 가리키는 포인터
//         left, top = 화면 위치
//         scale = 크기 값
//         bars = 1미터 당 존재하는 바의 개수
//         color = 바의 색상
// 이후 :  성공할 경우 true, 에러가 발생할 경우 false를 반환한다.
// =================================================
bool BarGraph::initialize(Graphics *graphics, TextureManager *textureM,
                     int left, int top, float scale, UINT bars,
                     COLOR_ARGB color)
{
    try{
        Image::initialize(graphics, dashboardNS::IMAGE_SIZE,
            dashboardNS::IMAGE_SIZE, dashboardNS::TEXTURE_COLS, textureM);
        setCurrentFrame(dashboardNS::BUTTON_UP_FRAME);
        spriteData.x = (float)left;
        spriteData.y = (float)top;
        spriteData.scale = scale;
        colorFilter = color;
        if (maxBars > 0)
            maxBars = bars;
    }
    catch(...)
    {
```

```
    return false;
  }
  // true를 반환한다.
  return true;
}
```

바의 백분율은 set 함수를 통해 변경할 수 있다. 올바른 백분율 범위는 0~
100이며, 0은 모든 바를 끄고 100은 모든 바를 켠다(리스트 9.56 참조). 바 그래프는
draw 함수를 재정의해 barsOn 변수에 지정된 바의 개수를 표시한다(리스트 9.57
참조).

리스트 9.56 BarGraph 클래스의 set 함수

```
// ================================================
// barsOn 카운트를 표시할 바의 개수로 설정한다.
// 매개변수 p는 0 ~ 100 범위의 %다.
// ================================================
void BarGraph::set(float p)
{
  if (p < 0)
    p = 0;
  else if (p > 100)
    p = 100;
  barsOn = (int)(p * 0.01f * maxBars + 0.5);
}
```

리스트 9.57 BarGraph 클래스의 draw 함수

```
// ================================================
// 바 그래프를 그린다.
// barsOn은 표시할 바의 개수를 포함하고 있다.
// ================================================
```

```
void BarGraph::draw(COLOR_ARGB color)
{
    float saveX = spriteData.x;
    for (int i = barsOn; i > 0; i--)
    {
        // 다음 바의 화면 위치
        spriteData.x += dashboardNS::BAR_GRAPH_WIDTH * spriteData.scale;
        Image::draw(color);
    }
    spriteData.x = saveX;
}
```

'Dashboard' 데모 예제(그림 9.13)는 다양한 컨트롤을 모두 표시한다. 예제에서 dashboardDemo.cpp의 update 함수는 스위치를 상태를 읽고 다른 컨트롤의 디스플레이 속성을 조정하는 방법을 보여준다(리스트 9.58 참조).

리스트 9.58 스위치 상태를 읽고 대시보드 컨트롤의 디스플레이 속성을 조정

```
// ================================================
// 모든 게임 아이템을 옮긴다.
// frameTime은 이동 속도를 조절하는 데 사용된다.
// ================================================
void DashboardDemo::update()
{
    if (toggleSwitch.getSwitchOn())        // 토글 스위치가 켜졌다면
    {
        horizontal += frameTime * 20;      // 수평 위치를 증가시킨다.
        vertical += frameTime * 30;        // 수직 위치를 증가시킨다.
        dial += frameTime * 10;            // 다이얼을 증가시킨다.
    }
    if (horizontal > 100)                  // 값이 100을 넘으면 리셋한다.
        horizontal -= 100;
    if (vertical > 100)
```

```
      vertical -= 100;
    if (dial > 100)
      dial -= 100;
    horizontalBar.set(horizontal);        // 수평 바의 크기를 설정한다.
    verticalBar.set(vertical);            // 수평 바의 크기를 설정한다.
    dial180.set(dial);                    // 다이얼 위치를 설정한다.
    dial270.set(dial);
    dial360.set(dial);
    light.update(frameTime);              // 컨트롤을 갱신한다.
    toggleSwitch.update(frameTime);
    pushButton.update(frameTime);
    sevenSegment.set(fps);                // 7 세그먼트에 fps를 표시한다.
    if (pushButton.getSwitchOn())         // 푸시 버튼 스위치가 켜져있다면
      vu += frameTime * 100;              // vu를 증가시킨다.
    if (vu > 100)
      vu -= 100;
    barGraph.set(vu);                     // 바 그래프를 vu로 설정한다.
}
```

정리

9장에서는 광택을 내고 개량시키는 작업을 했다. 게임의 모습을 향상시키기 위해 몇 가지 기술을 살펴봤다. 이런 기술들을 적용하면 좋은 게임을 넘어 멋진 게임을 만들 수 있다. 또한 9장에서는 게임의 모습만 다루지 않았다. 게임 엔진에 메시지 대화상자를 추가했을 때 실용적으로 사용할 수 있는 기능도 포함했다. 9장에서 배운 내용은 다음과 같다.

- **연속적인 배경** 모서리 주위를 매끄럽게 둘러싸는 이미지를 스크롤링하면 연속적인 배경을 만들 수 있다.
- **깊이 시뮬레이션** 화가 알고리즘은 2D 그래픽에서 깊이를 시뮬레이션하는 데 도움을 준다.

- **페럴렉스 스크롤링** 페럴렉스 스크롤링은 멀리 있는 물체에 대해 다른 이동 속도를 적용해 깊이에 따른 모습을 향상시킨다.
- **그림자와 반사된 모습** 그림자와 반사된 모습은 보기 좋을 뿐만 아니라 플레이어에게 오브젝트의 위치를 파악하는 데 도움을 준다.
- **메시지 표시** 게임 엔진에 있는 모달^{Modal} 메시지 대화상자는 플레이어에게 항상 메시지를 표시해주는 방법을 제공한다.
- **대시보드 요소** Dashboard 클래스는 게임에서 사용자 인터페이스를 만드는 데 사용할 수 있는 몇 가지 대시보드 요소를 담고 있다.

복습문제

1. 이미지를 수평이나 수직으로 둘러싸는 스크롤링 배경을 만드는 데 사용될 그림을 선택할 때 중요하게 고려해야 할 특성은 무엇인가?

2. 스크롤링 배경에서 우주선이 오른쪽으로 날고 있다면 배경을 어느 방향으로 움직여야 하는가?

3. 스크롤링 우주 이미지를 그릴 때 얼마나 많은 그리기 시나리오를 고려해야 하는가?

4. 화가 알고리즘을 설명하라.

5. 페럴렉스 스크롤링에서 보는 사람을 기준으로 가까운 오브젝트와 멀리 떨어져 있는 오브젝트 중 화면상에서 어느 오브젝트의 이동 속도가 더 빠른가? 이유는 무엇인가?

6. 그림자와 반사된 모습의 위치는 어떻게 다른가?

7. 그림자가 플레이어에게 제공하는 이점은 무엇인가?

8. 게임 엔진에 추가한 메시지 대화상자는 모달 대화상자다. 모달 대화상자의 속성은 무엇인가?

9. 메시지 대화상자에 'Hello World' 메시지를 표시하는 코드를 한 줄로 작성하라.

10. '7 세그먼트 표시 장치'에서 '7'이 의미하는 바는 무엇인가?

11. 7 세그먼트 표시 장치에서 숫자를 변경하는 데 사용되는 함수는 무엇인가?

12. 바 그래프는 한쪽 방향으로 움직일 수 있다. 바 그래프를 왼쪽 방향으로 움직이게 만들기 위해서는 얼마나 많은 각도로 회전해야 되는가?

13. 간단한 바 그래프를 무기 업그레이드 상태를 나타내는 그래프로 변환하기 위해 어떤 작업을 수행할 수 있는가?

14. 다이얼 게이지에서 사용 가능한 세 가지 타입은 무엇인가?

15. 다이얼 게이지의 바늘 위치를 설정할 때 사용할 수 있는 값의 유효 범위는 무엇인가?

16. 다이얼 게이지에서 사용하는 zeroAngle 속성은 무엇인가?

17. 불빛이 1초당 5번 깜박이게 설정하려면 대시보드에서 flashRate 속성의 값은 무엇이 돼야 하는가?

18. 대시보드 토글 스위치의 상태를 읽는 데 사용되는 함수는 무엇인가?

19. 푸시 버튼은 모멘터리 타입을 기본 값으로 갖는데, 이 말은 마우스 버튼을 떼자마자 스위치가 열린다는 것을 의미한다. 푸시 버튼을 토글 스위치로 구성하는 방법은 무엇인가?

20. 바 그래프에서 바의 개수를 설정하기 위해 사용되는 값의 유효 범위는 무엇인가?

연습문제

1. 'Scrolling Bitmap' 예제를 여러분의 우주 이미지를 사용하게 수정하라.

2. 'Scrolling Bitmap' 예제에 페럴렉스 스크롤링 기법을 결합하라. 우주 배경 위에 별들이 그려진 두 번째 우주 이미지를 추가하라. 공간감의 환영을 주기 위해 별들의 이미지를 우주 이미지보다 더 빠른 속도로 스크롤하게 만들어라.

3. 7 세그먼트 표시 장치와 모멘터리 푸시 버튼이 포함된 프로그램을 만들어라. 버튼을 클릭하면 7 세그먼트 표시 장치에 숫자가 표시돼야 한다.

4. 'Shadow' 데모에 두 번째 비행기를 추가하라(힌트: 두 비행기를 그리기 전에 그림자를 그려야 한다).

예제

다음 예제들은 www.programming2dgames.com에서 다운로드할 수 있다.

- **Scrolling Bitmap** 우주선은 별들이 뒤에서 스크롤되는 동안 화면 중앙에 남아있다.
  - 모서리 주위를 둘러싸는 이미지를 스크롤링해 모든 방향으로 끝없이 스크롤하는 모습을 보여준다.
- **Parallax Scroll** 우주선은 화면 중앙에 남아있다. 행성은 우주선 뒤에 있으며, 위성들은 공간감의 환영을 주기 위해 다른 속도로 스크롤한다.
  - 공간감의 환영을 주는 페럴렉스 스크롤링을 보여준다.
- **Shadow** 비행기는 물 표면에 보이는 그림자와 함께 바다 위를 날아다닌다.
  - 알파 투명도를 사용해 그림자를 만드는 방법을 보여준다.
- **Reflection** 비행기는 물 표면에 보이는 반사된 모습과 함께 바다 위를 날아다닌다.
  - 알파 투명도를 사용해 반사된 모습을 만드는 방법을 보여준다.
- **Message Dialog Demo** 메시지 대화상자는 테스트 메시지와 OK 버튼과 함께 화면에 표시된다. 버튼을 클릭하거나 Enter 키를 누르면 대화상자가 닫힌다.
  - 메시지 대화상자를 표시하는 방법을 보여준다.
- **Input Dialog Demo** 입력 대화상자는 메시지와 텍스트 입력 영역과 함께 화면에 표시된다. 'next' 단어를 입력하면 두 번째 대화상자가 표시된다.
  - 입력 대화상자를 표시하는 방법을 보여준다.
- **Dashboard Demo** 게이지의 대시보드가 표시된다.
  - 각 대시보드 요소를 표시하는 방법을 보여준다.
  - 'next'를 입력하면 두 번째 대화상자가 표시된다.

타일 기반 게임

10장에서는 타일 기반의 게임을 알아본다. 타일 기반의 게임은 각각의 타일로 구성된 맵에서 플레이한다. 각각의 타일은 이미지 전체나 일부를 포함한다(그림 10.1 참조). 타일을 배치해 그림 10.2와 같이 게임 월드나 맵을 형성할 수 있다.

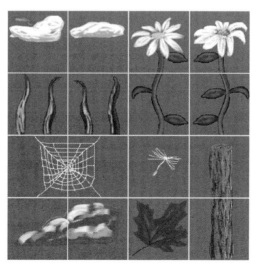

그림 10.1 게임 타일에 사용되는 텍스처

그림 10.2 게임 월드를 만들기 위해 배치된 각각의 타일

다양한 게임 플랫폼에서 '플랫폼' 게임의 대부분은 타일을 사용한다. 타일 기반의 게임들은 사이드 스크롤^{Side Scroll}, 탑다운^{Top-Down}, 등각^{Isometric} 뷰 등 여러 가지 형태로 제공된다. 먼저 타일 기반의 게임의 장점을 알아보며 시작한다. 그런 다음 타일 세트를 만드는 방법과 맵을 편집하는 방법을 살펴본다. 마지막으로 타일 기반의 게임 화면을 그리는 다른 방법을 알아본다. 10장을 배우고 나면 자신만의 플랫폼 스타일 게임을 만들 수 있을 것이다.

▌ 10.1 왜 타일 기반의 게임인가?

각각의 타일로 구성된 맵을 정의하는 것은 단순히 타일을 나타내는 번호를 할당하고 맵을 형성하기 위해 번호를 배치하는 문제다. 맵의 크기는 무엇이든 될 수 있으며, 현재 보이는 부분만 화면에 표시된다. 제한된 텍스처를 갖고 타일을 재사용해 매우 큰 맵을 만들 수 있다. 이는 일부 휴대용 게임 장치와 같이 제한된 메모리를 갖는 플랫폼에서 타일 기반의 게임을 개발하기 위한 좋은 방법이다.

그림 10.1에 있는 타일은 그림 10.3에 있는 번호를 사용해 정의됐다. 이 번호들은 9장의 내용 중 큰 텍스처 이미지에서 각각의 텍스처를 식별했었던 것과 같은 방법을 사용한다. 따라서 이전에 텍스처를 선택하기 위해 작성했던 코드를 사용해 각각의 타일 이미지를 선택할 수 있다.

타일은 그림 10.4에 있는 배열과 비슷한 맵으로 배치돼 있다. 그림 10.4를 통해 번호가 들어있는 배열만 있으면 게임 월드 전체를 표현할 수 있음을 명확하게 알 수 있다.

0	1	2	3
4	5	6	7
8	9	10	11
12	13	14	15

그림 10.3 각 타일을 나타내는 데 사용되는 번호

	0		1			12	13					0			
					11										
		2			15		3							3	2
5	4	5	6	4	4	5	15	4	7	5		14	5	7	6

그림 10.4 맵을 형성하기 위해 배치된 타일 번호

번호가 매겨진 타일을 갖고 게임 월드를 구축하는 것은 몇 가지 흥미로운 가능성을 주는데, 간단한 타일 교체를 수행해 배경을 변경하고, 배경에 임의 요소를 추가하고, 게임 월드 전체를 동적으로 생성하고, 페럴렉스 스크롤링을 통해 여러 타일 레이어를 사용하고, 다른 플레이어와의 상호 작용을 판단하기 위해 타일 번호를 사용하는 것 등이 있다.

10.2 타일 세트 작성

타일은 반복해서 사용할 수 있는데, 타일을 만들 때 가장 중요하게 고려해야 할 점은, 같은 타일이나 다른 타일 옆에 그려질 때 표시되는 방식이다. 이미지가 여러 타일에 걸쳐 있다면 모서리가 정확히 한 줄로 세워져 있는지 확인해야 한다.

각 타일은 단순히 텍스처일 뿐이므로, 타일을 만드는 데 사용되는 게임 텍스처를 생성하기 위해 도구를 사용해야 한다. 여기에 게임 타일을 생성할 수 있는 전용 프로그램이 있다. 프로그램 중 하나를 http://tilestudio.sourceforge.net/에

서 찾을 수 있다.

일부 재능 있는 아티스트의 아량으로 인터넷에 무료로 사용할 수 있는 몇 가지 타일 세트가 있다. Yar가 제공한 멋진 타일 세트는 http://opengameart. org/content/isometric-64x64-outside-tileset에서 사용 가능하다. 그림 10.5에 있는 그림은 CCL^{Creative Commons License}(http://creativecommons.org/licenses/by/3.0/)에 따라 배포할 수 있다.

그림 10.5 Yar가 만든 무료 타일 세트

▌█ 10.3 레벨 배치

맵이나 레벨에 타일을 배치하는 작업은 수동으로 하거나 맵 에디터의 도움을 받아 진행한다. 다시 말하지만 재능 있는 프로그래머는 다른 사람들을 위해 작업물을 공유한다. 다음은 무료 맵 에디터의 일부를 나열한 것이다.

- http://www.mapeditor.org/

- http://tilemap.co.uk/mappy.php
- http://tilemapeditor.com/
- http://www.codeproject.com/KB/edit/TileEditor.aspx

10장의 예제들은 2D 배열로 이뤄져 있는 맵을 사용한다.

■ 10.4 타일 표시

타일을 표시하는 방법에는 여러 가지가 있다. 여기서 알아볼 기술들은 모두 평행 투영법^{Parallel Projection}을 사용해 이미지를 만든다. 평행 투영법에서 투영선은 서로 평행하다. 또한 투영선은 먼 지점에서도 수렴하지 않는다. 이 때문에 가까이 있는 물체와 멀리 있는 물체 모두 투영된 크기가 같다. 일반적으로 보는 사람의 각도는 더 멀리 있는 물체일수록 화면상에서 더 높은 위치에 표시된다. 평행 투영법은 보는 사람과의 거리가 변함에 따라 물체의 크기가 변하지 않는 2D 렌더링 기술에서 유용하게 사용할 수 있다.

■ 10.5 직교 투영법

그림 10.2에서 꽃과 잔디가 있는 맵은 직교 투영법^{Orthogonal Projection}을 사용해 그렸다. 직교 투영법은 평행 투영법의 한 유형으로 투영선이 화면에 직교(수직)한다. 이런 유형의 투영법은 '탑다운^{Top Down}'과 '사이드 스크롤^{Side Scroll}' 게임에 사용된다.

render 함수는 맵에서 타일 번호를 얻어 올바른 화면 위치에 해당 타일 이미지를 표시한다. 그리고 타일 텍스처를 설정하기 위해 setCurrentFrame 함수를 재사용할 수 있다(리스트 10.1 참조).

리스트 10.1 FlowerPower 클래스의 render 함수

```
// ==========================================================
// 게임 아이템을 렌더링한다.
```

```
// =========================================================
void FlowerPower::render()
{
    graphics->spriteBegin();
    for (int row = 0; row < MAP_HEIGHT; row++)          // 맵의 각 행에 대해
    {
        tile.setY((float)(row * TEXTURE_SIZE));         // 타일의 Y 좌표를 설정한다.
        for (int col = 0; col < MAP_WIDTH; col++)       // 맵의 각 열에 대해
        {
            if (tileMap[row][col] >= 0)                 // 타일이 존재한다면
            {
                tile.setCurrentFrame(tileMap[row][col]);// 타일 텍스처를 설정한다.
                tile.setX((float)(col * TEXTURE_SIZE) + mapX);  // 타일의 X 좌표를
                                                        // 설정한다.
                // 타일이 화면상에 있다면
                if (tile.getX() > -TEXTURE_SIZE && tile.getX() < GAME_WIDTH)
                    tile.draw();                        // 타일을 그린다.
            }
        }
    }
    // 나비를 그린다.
    butterfly.draw();
    if (menuOn)
        menu.draw();
    graphics->spriteEnd();
}
```

   두 개의 for로 이뤄진 반복문은 맵에 있는 각 타일을 접근하는 데 사용된다.
타일이 현재 맵 좌표에 존재한다면 tile.setCurrentFrame(tileMap[row]
[col])을 호출해 타일 텍스처를 설정한다. tile.setX((float)(col *
TEXTURE_SIZE) + mapX) 함수 호출은 타일의 x 화면 좌표의 현재 열 번호에
각 타일의 텍스처 크기를 곱한 결과에 맵의 x 오프셋을 더한 값으로 설정한다.

타일의 x 위치를 통해 현재 타일을 볼 수 있는지 확인한다. 타일이 보인다면 tile.draw()를 호출해 그린다.

10장의 예제 프로그램인 'FlowerPower'에는 애니메이션 동작을 하는 나비가 포함돼 있다. 나비는 방향 키를 통해 컨트롤할 수 있다. 나비가 화면의 오른쪽 모서리에 도달하면 맵의 끝에 도달할 때까지 왼쪽으로 스크롤한다. 마찬가지로 나비가 화면의 왼쪽 모서리에 도달하면 맵을 오른쪽으로 스크롤한다. 나비를 움직이는 코드는 butterfly.cpp에 있으며, 리스트 10.2와 같다.

리스트 10.2 Butterfly 클래스의 update 함수

```cpp
// =========================================================
// update 함수.
// 일반적으로 프레임당 한 번 호출된다.
// frameTime은 움직임과 애니메이션의 속도를 조절하는 데 사용된다.
// =========================================================
void Butterfly::update(float frameTime)
{
    Entity::update(frameTime);
    if (input->isKeyDown(UP_KEY))           // 위쪽 화살표 키라면
    {
        spriteData.y = spriteData.y - frameTime * CLIMB_RATE;
        if (spriteData.y < 0)
            spriteData.y = 0;
    }
    if (input->isKeyDown(DOWN_KEY))         // 고도가 낮아진다면
    {
        spriteData.y = spriteData.y + frameTime * DROP_RATE;
        if (spriteData.y > GAME_HEIGHT - HEIGHT)
            spriteData.y = GAME_HEIGHT - HEIGHT;
    }
    if (input->isKeyDown(LEFT_KEY))         // 왼쪽 화살표 키라면
    {
        this->flipHorizontal(true);
```

```
      velocity.x -= frameTime * SPEED;
      if (velocity.x < -MAX_SPEED)
        velocity.x = -MAX_SPEED;
    }
    if (input->isKeyDown(RIGHT_KEY))                    // 오른쪽 화살표 키라면
    {
      this->flipHorizontal(false);
      velocity.x += frameRate * SPEED;
      if (velocity.x > MAX_SPEED)
        velocity.x = MAX_SPEED;
    }
    spriteData.x += velocity.x * frameTime;
}
```

나비 텍스처는 나비의 오른쪽 모습에 대한 연속적인 이미지들을 포함한다(그림 10.6 참조). 나비 텍스처는 간단한 그리기 프로그램을 사용해 만들었다. 나비의 몸통에 붙여넣기 전에 날개를 한 번 그려 세로로 크기를 조절해가며 다른 이미지를 만든다. 나비를 왼쪽으로 날아가게 만들기 위해 코드상에서 이미지를 가로로 뒤집는다(리스트 10.2에 하이라이트로 표시된 코드 참조).

그림 10.6 애니메이션 동작을 하는 나비의 텍스처 이미지.

Butterfly의 update 함수는 나비의 현재 위치를 기반으로 맵을 왼쪽 또는 오른쪽으로 스크롤하는 FlowerPower의 update 함수에서 호출된다(리스트 10.3 참조).

```
// =========================================================
// 모든 게임 아이템을 갱신한다.
// =========================================================
void FlowerPower::update()
{
    float butterflyX;
    if (menuOn)
    {
        if (input->anyKeyPressed())
        {
            menuOn = false;
            input->clearAll();
        }
    }
    butterfly.update(frameTime);           // 나비가 날아간다.
    butterflyX = butterfly.getX();
    if (butterflyX < 0)                    // 나비가 화면 왼쪽 밖으로 나간다면
    {
        mapX -= butterfly.getVelocity().x * frameTime;  // 맵을 오른쪽으로 스크롤한다.
        butterfly.setX(0);                 // 나비를 왼쪽 모서리에 놓는다.
    }
    // 나비가 화면 오른쪽 밖으로 나간다면
    else if (butterfly > GAME_WIDTH - butterfly.getWidth())
    {
        mapX -= butterfly.getVelocity().x * frameTime;  // 맵을 왼쪽으로 스크롤한다.
        // 나비를 오른쪽 모서리에 놓는다.
        butterfly.setX((float)(GAME_WIDTH - butterfly.getWidth()));
    }
    if (mapX > 0)                          // 맵이 왼쪽 모서리를 지나간다면
    {
        mapX = 0;                          // 맵의 왼쪽 모서리에 세운다.
        butterfly.setVelocityX(0);         // 나비를 멈춘다.
    }
```

```
    // 맵이 오른쪽 모서리를 지나간다면
    else if (mapX < (-MAP_WIDTH * TEXTURE_SIZE) + GAME_WIDTH)
    {
        // 맵의 오른쪽 모서리에 세운다.
        mapX = (-MAP_WIDTH * TEXTURE_SIZE) + GAME_WIDTH;
        butterfly.setVelocityX(0);              // 나비를 멈춘다.
    }
}
```

▋ 10.6 경사 투영법

경사 투영법Oblique Projection은 투영선이 화면에 비스듬하게 나타나는 곳에 평행 투영Parallel Projection을 사용해 도형을 투영하는 작업을 수행한다(그림 10.7 참조).

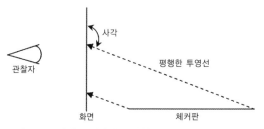

그림 10.7 경사 투영법의 평행한 투영선

그림 10.8은 경사 투영법을 사용해 플레이어의 위치에서 본 체커판Checkerboard의 모습을 나타낸다. 체커판의 폭은 똑같지만 높이는 낮아진 채로 보인다. 참고로 체커판의 위쪽에 있는 사각형과 체커의 크기는 아래쪽과 같다.

그림 10.8 경사 투영법의 한 예

그리는 순서가 중요하다. 더 멀리 있는 오브젝트를 먼저 그려야 한다. 체커판에서 더 멀리 있는 체커는 판의 위쪽에 있으므로, 단순히 위에서 아래 순서로 판과 체커를 그리면 아무 문제도 없는 것일까? 판에 있는 체커의 반사된 모습에 주목하라. 보드의 각 사각형과 체커를 단순히 위에서 아래 순서로 그린다면 그림 10.9(a)와 같은 결과를 얻게 될 것이다. 아래쪽 체커의 반사된 모습은 보이지 않는다는 사실에 주목하라. 알맞게 반사된 모습은 그림 10.9(b)와 같다. 이런 결과를 얻기 위해 오브젝트를 뒤에서 앞 순서로 그려야할 뿐만 아니라 레이어도 고려해야 한다. 먼저 체커판 레이어를 그린 뒤 체커 레이어를 그린다.

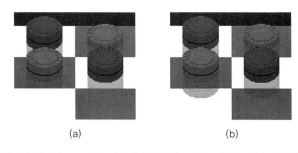

(a)   (b)

그림 10.9 (a) 하나의 레이어로 그려진 체커판이 반사된 모습을 가리고 있다. (b) 체커판을 먼저 그린 뒤 체커와 반사된 모습에 대한 레이어를 그린다.

체커판 레이어를 뒤에서 앞 순서로 그린 뒤 체커와 반사된 모습에 대한 레이어를 뒤에서 앞 순서로 그린다. 참고로 여기에서 반사된 모습을 그리기 위해 사용한 기법은 두 개 이상의 오브젝트로부터 반사된 모습이 겹칠 때는 올바른 모습을 갖지 않는다. 체커판을 그리는 부분은 'Oblique' 예제에 있는 checkers.cpp 파일의 `render` 함수에서 수행된다(리스트 10.4 참조).

리스트 10.4 Checkers 클래스의 render 함수

```
// =========================================================
// 게임 아이템을 렌더링한다.
// =========================================================
void Checkers::render()
```

```
{
    float checkerY = 0;
    graphics->spriteBegin();
    // 체커판을 그린다.
    for (int row = 0; row < BOARD_SIZE; row++)
    {
        for (int col = 0; col < BOARD_SIZE; col++)
        {
            // 서로 직교하는 격자 그리기
            boardSquare.setX((float)(BOARD_X + (col * TEXTURE_SIZE)));
            boardSquare.setY((float)(BOARD_Y + (row * TEXTURE_SIZE / 2)));
            if ((row + col) % 2)      // 행과 열의 색상을 번갈아가며 바꾼다.
                boardSquare.draw(graphicsNS::GRAY);
            else
                boardSquare.draw(graphicsNS::WHITE);
        }
    }
    // 체커를 그린다.
    for (int row = 0; row < BOARD_SIZE; row++)
    {
        for (int col = 0; col < BOARD_SIZE; col++)
        {
            checker.setX((float)(BOARD_X + (col * TEXTURE_SIZE)));
            king.setX((float)(BOARD_X + (col * TEXTURE_SIZE)));
            checkerY = (float)(BOARD_X + (row * TEXTURE_SIZE / 2));
            switch (board[row][col])
            {
                case 'r':
                    // 반사된 모습을 그린다.
                    checker.setY((float)(checkerY + TEXTURE_SIZE / 7));
                    checker.draw(checkerNS::RED_COLOR & graphicsNS::ALPHA25);
                    // 체커를 그린다.
                    checker.setY(checkerY);
                    checker.draw(checkerNS::RED_COLOR);
                    break;
```

```
        case 'R':
            // 반사된 모습을 그린다.
            king.setY((float)(checkerY + TEXTURE_SIZE / 4));
            king.draw(checkerNS::RED_COLOR & graphicsNS::ALPHA25);
            // 왕을 그린다.
            checker.setY(checkerY);
            checker.draw(checkerNS::RED_COLOR);
            break;
        case 'b':
            // 반사된 모습을 그린다.
            checker.setY((float)(checkerY + TEXTURE_SIZE / 7));
            checker.draw(checkerNS::BLUE_COLOR & graphicsNS::ALPHA25);
            // 체커를 그린다.
            checker.setY(checkerY);
            checker.draw(checkerNS::BLUE_COLOR);
            break;
        case 'B':
            // 반사된 모습을 그린다.
            king.setY((float)(checkerY + TEXTURE_SIZE / 4));
            king.draw(checkerNS::BLUE_COLOR & graphicsNS::ALPHA25);
            // 왕을 그린다.
            checker.setY(checkerY);
            checker.draw(checkerNS::BLUE_COLOR);
            break;
        }
    }
  }
  graphics->spriteEnd();
}
```

체커판의 각 사각형은 boardSquare::draw(graphicsNS::GRAY) 또는 boardSquare::draw(graphicsNS::WHITE)로 색상을 지정해 그린다. 체커의 색상도 코드에 지정돼 있다. 또한 텍스처를 그릴 때 색상 필터를 적용하기 위해 Image 클래스의 기능을 사용한다. 사각형과 체커의 텍스처는 흰색과 그림자를 위한 회색으로 그린다(그림 10.10 참조).

그림 10.10 경사 투영법을 적용한 체커판을 만드는 데 사용되는 텍스처 이미지

반사된 모습은 화면상에서 낮은 위치에 있는 체커 이미지에 반투명하게 만들어주는 graphicsNS::ALPHA25를 알파 필터 값으로 그려 만들어진다.

▐ 10.7 등각 투영법

등각 투영법Isometric Projection은 X, Y, Z축과 동일한 시야각을 가진 평행 투영을 사용해 수행된다. 그림 10.11은 등각 투영법을 사용해 그린 체커판을 보여준다. 사각형과 체커는 모두 같은 크기다. 더 멀리 있는 체커는 0번째 행에 있다.

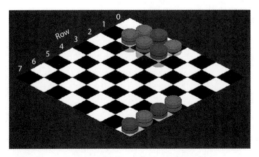

그림 10.11 등각 투영법을 사용해 그린 체커판

체커판은 그림 10.12와 같이 다이아몬드 텍스처 이미지를 사용해 그린다.

그림 10.12 등각 투영법을 적용한 체커판을 만드는 데 사용되는 텍스처 이미지

그리는 순서는 다시 한 번 행 순서에 따라 0번째 행부터 7번째 행까지, 그리고 레이어에 따라 아래에서 위쪽 순서가 될 것이다. 각 타일의 화면 위치는 다음과 같이 계산한다.

```
타일의 X 위치 = BOARD_X - (row * TEXTURE_SIZE / 2) + (col * TEXTURE_SIZE / 2)
타일의 Y 위치 = BOARD_Y + (row * TEXTURE_SIZE / 4) + (col * TEXTURE_SIZE / 4)
```

여기서 (BOARD_X, BOARD_Y)는 0번째 행, 0번째 열에 있는 타일의 화면 위치다.

X와 Y 타일의 위치를 계산하는 데 사용된 식은 그림 10.13을 통해 설명할 수 있다. 오른쪽에 그려진 타일은 현재 타일로부터 TEXTURE_SIZE / 2 픽셀만큼 오른쪽에, 그리고 TEXTURE_SIZE / 4 픽셀만큼 아래쪽에 위치한다. 체커판을 그리는 코드는 'Isometric Diamond' 예제에 있는 checkers.cpp 파일의 render 함수에 있다(리스트 10.5 참조).

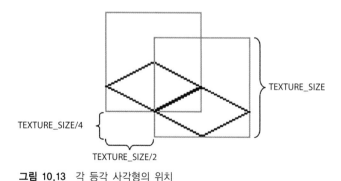

그림 10.13 각 등각 사각형의 위치

```
// 체커판을 그린다.
for (int row = 0; row < BOARD_SIZE; row++)
{
    for (int col = 0; col < BOARD_SIZE; col++)
    {
        // 등각 다이아몬드를 그린다.
        if ((row + col) % 2)
        {
            boardSquare.setX((float)(BOARD_X -
                            (row * TEXTURE_SIZE / 2) +
                            (col * TEXTURE_SIZE / 2)));
            boardSquare.setY((float)(BOARD_Y +
                            (row * TEXTURE_SIZE / 4) +
                            (col * TEXTURE_SIZE / 4)));
            boardSquare.draw(graphicsNS::BLACK);
        }
        else
        {
            boardSquare.setX((float)(BOARD_X -
                            (row * TEXTURE_SIZE / 2) +
                            (col * TEXTURE_SIZE / 2)));
            boardSquare.setY((float)(BOARD_Y +
                            (row * TEXTURE_SIZE / 4) +
                            (col * TEXTURE_SIZE / 4)));
            boardSquare.draw(graphicsNS::WHITE);
        }
    }
}
```

체커의 위치는 타일의 위치를 계산하는 데 사용했던 수식과 같은 것을 이용해 알아냈다.

10.7.1 등각 배치

각 타일의 다이아몬드 모양은 유지하되 사각형 방식으로 배열하고 싶다면 그림 10.14와 같은 타일 패턴을 얻게 된다. 언뜻 보기에는 타일이 올바른 순서로 그려지지 않은 것처럼 보일 수 있다. 체커판이 다이아몬드 모양이 됐을 때 패턴에 무슨 일이 일어났는가? 정답은 타일의 행이 배치되는 방식에 있다. 체커판에서 체커를 제거하고 0번째 행 주위에 아웃라인을 그린다면 다이아몬드를 구성했던 것처럼 타일의 색상이 행에 따라 밝은 곳과 어두운 곳이 번갈아 나오는 것을 볼 수 있다(그림 10.15 참조).

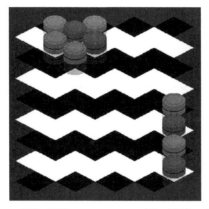

그림 10.14 등각 배치(Isometric Stagger)를 사용해 그린 체커판

그림 10.15 아웃라인으로 표시된 체커판의 한 행

그리는 순서는 다시 한 번 행 순서에 따라 0번째 행부터 7번째 행까지, 그리고 레이어에 따라 아래에서 위쪽 순서가 될 것이다. 각 타일의 화면 위치는 다음과 같이 계산한다.

타일의 X 위치 = BOARD_X + (col * TEXTURE_SIZE / 2),
홀수일 경우, 타일의 Y 위치 = BOARD_Y + (row * TEXTURE_SIZE / 2),
짝수일 경우, 타일의 Y 위치 = BOARD_Y + (row * TEXTURE_SIZE / 2) + TEXTURE_SIZE / 4,

여기서 (BOARD_X, BOARD_Y)는 0번째 행, 0번째 열에 있는 타일의 화면 위치다. 체커판을 그리는 코드는 'Isometric Stagger' 예제에 있는 checkers.cpp 파일의 render 함수에 있다. 리스트 10.6과 10.7에 있는 코드는 명확성을 위해 편집됐다.

리스트 10.6 등각 배치를 이용해 체커판을 그리는 코드

```
// 등각 배치에 있는 체커판을 그린다.
for (int row = 0; row < BOARD_SIZE; row++)
{
    for (int col = 0; col < BOARD_SIZE; col++)
    {
        // 타일의 위치를 설정한다.
        boardSquare.setX((float)(BOARD_X + (col * TEXTURE_SIZE / 2)));
        if (col % 2)                    // 열이 홀수 번째라면
            boardSquare.setY((float)(BOARD_Y + (row * TEXTURE_SIZE / 2)));
        else                            // 열이 짝수 번째라면
            boardSquare.setY((float)(BOARD_Y + (row * TEXTURE_SIZE / 2 +
                                     TEXTURE_SIZE / 4)));
        // 타일의 색상을 알아낸다.
        black = (row + col) % 2;
        if (black)
            boardSquare.draw(graphicsNS::BLACK);
        else
            boardSquare.draw(graphicsNS::WHITE);
    }
```

}

```
// 체커를 뒤에서 앞으로 그린다.
// 홀수 번째 사각형은 짝수 번째 사각형의 뒤에 그린다.
// 체커를 열에 따라 홀수, 짝수, 홀수 순서로 그린다.
for (int row = 0; row < BOARD_SIZE; row++)
{
    for (int col = 1; col < BOARD_SIZE; col += 2)      // 홀수 번째 열에 대해
        drawOneChecker(row, col);
    for (int col = 0; col < BOARD_SIZE; col += 2)      // 짝수 번째 열에 대해
        drawOneChecker(row, col);
}
```

체커는 뒤에서 앞으로 그려야 한다. 타일의 배치 순서 때문인데, 홀수 번째 행에 있는 타일은 짝수 번째 행에 있는 타일 뒤에 그려진다. 체커를 뒤에서 앞으로 그리기 위해, 홀수 번째 열에서부터 짝수 번째 열로 번갈아 그릴 것이다.

▌10.8 등각 지형

등각¹ˢᵒᵐᵉᵗʳⁱᶜ 타일은 멋진 지형 맵을 만드는 데 사용한다. 지형의 높이에 변화가 있을 수 있으므로, 타일을 그릴 때 이를 표현할 방법이 필요하다. 타일의 높이를 표현하고자 Y 위치를 변경한다면 그림 10.16과 같은 결과를 얻을 것이다.

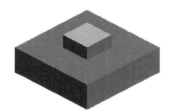

그림 10.16 높이에 변화를 준 등각 타일

이런 결과는 높이가 높아진 모습을 보여주긴 하지만, 변화가 매우 급격하게 일어난다는 문제가 있다. 높이의 변화를 자연스럽게 만들기 위해 높은 타일 주위에 전이 타일Transition Tile을 만들 수 있다. 그림 10.17을 보면 중앙에 높은 타일 주위로 전이 타일이 그려진 것을 볼 수 있다. 타일들을 분리했기 때문에 각 타일을 쉽게 확인할 수 있다.

그림 10.17 높은 타일 주위에 있는 등각 전이 타일

낮은 타일도 유사한 방식으로 표현할 수 있다. 그림 10.18은 낮은 타일 주위에 있는 전이 타일을 나타낸다. 벽이나 나무를 만들기 위한 특수 타일을 추가한다면 그림 10.19와 같은 지형을 만들 수 있다. 그림 10.19를 만드는 데 사용된 타일 세트는 그림 10.20에 나와 있다. 그림 10.20에 있는 타일 세트는 16픽셀만큼 높이 변화를 갖는 64×64 픽셀 크기의 타일을 사용한다(그림 10.21 참조). 그림 10.5에 있는 타일을 사용한다면 그림 10.22와 같은 결과를 얻게 된다. 그림 10.5에 있는 타일 세트는 32픽셀만큼 높이 변화를 갖는 64×64픽셀 크기의 타일을 사용한다.

그림 10.18 낮은 타일 주위에 있는 등각 전이 타일

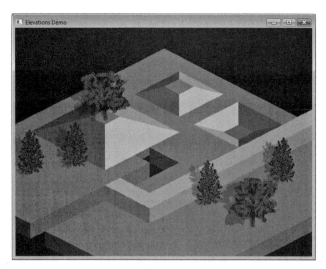

그림 10.19 높이와 외관 오브젝트가 있는 등각 지형

그림 10.20 등각 타일 세트

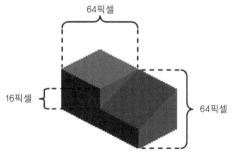

그림 10.21 타일 크기와 높이 변화

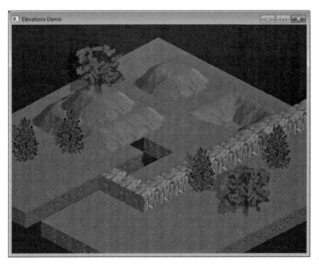

그림 10.22 그림 10.5에 있는 타일을 이용해 만든 등각 지형

높이 지형에 대한 맵은 3개의 2차원 배열에 포함돼 있다. tileMap, heightMap, objectMap은 모두 elevations.h 파일에 위치하고 있다. tileMap 배열은 각 타일을 나타내는 번호를 포함하고 있다(리스트 10.8 참조). 그림 10.23과 같이 타일에 번호가 매겨져 있다. 앞서 설명한 바와 같이, 이 숫자들은 큰 이미지에서 각 텍스처를 선택하기 위해 사용했던 것과 같은 함수를 이용해 각각의 타일 이미지를 선택할 수 있게 해준다.

리스트 10.8 그림 10.19와 10.22를 만드는데 사용하는 타일 맵

```
// 맵
const int tileMap[MAP_SIZE][MAP_SIZE] = {
    13, 13, 13, 13, 13, 13, 13, 13, 13, 13, 15, 13, 13, 13, 13, 13,
    13, 13, 10,  5, 12, 13,  3,  1,  7, 13, 15, 13, 13, 13, 13, 13,
    13, 13,  6, 13,  2, 13,  2, 14,  6, 13, 15, 13, 13, 13, 13, 13,
    13, 13, 11,  1,  9, 13,  8,  5,  4, 13, 15, 13, 13, 13, 13, 13,
    13, 13, 13, 13, 13, 13, 13, 13, 13, 13, 15, 13, 13, 13, 13, 13,
    13, 10,  5,  5,  5, 12, 13, 13, 13, 13, 15, 13, 13, 13, 13, 13,
    13,  6, 10,  5, 12,  2, 13, 13, 13, 13, 15, 13, 13, 13, 13, 13,
```

```
    13,  6,  6, 13,   2,  2,  0,  0, 13, 13, 15, 13, 13, 13, 13, 13,
    13,  6, 11,  1,   9,  2, 13,  0, 13, 13, 15, 13, 13, 13, 13, 13,
    13, 11,  1,  1,   1,  9, 13,  0, 13, 13, 15, 13, 13, 13, 13, 13,
    13, 13, 13, 13, 13, 13, 13,  0, 13, 13, 15, 13, 13, 13, 13, 13,
    13, 13, 13, 13, 13, 13, 13,  0, 15, 15, 15, 13, 13, 13, 13, 13,
    13, 13, 13, 13, 13, 13, 13,  0, 13, 13, 13, 13, 13, 13, 13, 13,
    13, 13, 13, 13, 13, 13, 13,  0, 13, 13, 13, 13, 13, 13, 13, 13,
    13, 13, 13, 13, 13, 13, 13,  0, 13, 13, 13, 13, 13, 13, 13, 13,
    13, 13, 13, 13, 13, 13, 13,  0, 13, 13, 13, 13, 13, 13, 13, 13
};
```

heightMap 배열에는 0부터 최대 높이까지의 타일이 포함돼 있다(리스트 10.9 참조). 전이 타일의 높이는 타일의 가장 높은 쪽의 높이로 지정된다. 다시 말해 모든 타일의 높이가 1이고 높은 타일의 높이가 2라면 높은 타일 주위에 있는 전이 타일의 높이 또한 2가 될 것이다.

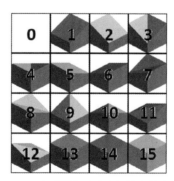

그림 10.23 각 타일을 나타내기 위해 할당된 번호

리스트 10.9 그림 10.19와 10.22에 대한 높이맵

```
const int heightMap[MAP_SIZE][MAP_SIZE] = {
    1, 1, 1, 1, 1, 1, 1, 1, 1, 1, 2, 1, 1, 1, 1, 1,
    1, 1, 2, 2, 2, 1, 1, 1, 1, 1, 2, 1, 1, 1, 1, 1,
    1, 1, 2, 2, 2, 1, 1, 0, 1, 1, 2, 1, 1, 1, 1, 1,
```

```
    1, 1, 2, 2, 2, 1, 1, 1, 1, 1, 2, 1, 1, 1, 1, 1,
    1, 1, 1, 1, 1, 1, 1, 1, 1, 1, 2, 1, 1, 1, 1, 1,
    1, 2, 2, 2, 2, 2, 1, 1, 1, 1, 2, 1, 1, 1, 1, 1,
    1, 2, 3, 3, 3, 2, 1, 1, 1, 1, 2, 1, 1, 1, 1, 1,
    1, 2, 3, 3, 3, 2, 1, 1, 1, 1, 2, 1, 1, 1, 1, 1,
    1, 2, 3, 3, 3, 2, 1, 1, 1, 1, 2, 1, 1, 1, 1, 1,
    1, 2, 2, 2, 2, 2, 1, 1, 1, 1, 2, 1, 1, 1, 1, 1,
    1, 1, 1, 1, 1, 1, 1, 1, 1, 1, 2, 1, 1, 1, 1, 1,
    1, 1, 1, 1, 1, 1, 1, 1, 2, 2, 2, 1, 1, 1, 1, 1,
    1, 1, 1, 1, 1, 1, 1, 1, 1, 1, 1, 1, 1, 1, 1, 1,
    1, 1, 1, 1, 1, 1, 1, 1, 1, 1, 1, 1, 1, 1, 1, 1,
    1, 1, 1, 1, 1, 1, 1, 1, 1, 1, 1, 1, 1, 1, 1, 1,
    1, 1, 1, 1, 1, 1, 1, 1, 1, 1, 1, 1, 1, 1, 1, 1
};
```

objectMap 배열은 맵에 있는 오브젝트의 위치를 포함하고 있다(리스트 10.10 참조). 예제에는 두 종류의 나무 오브젝트만 있다.

리스트 10.10 그림 10.19와 10.22에서 나무의 위치를 정의하는 오브젝트 맵

```
// 0 = 비어있음, 1 = 0번 나무, 2 = 1번 나무
const int objectMap[MAP_SIZE][MAP_SIZE] = {
    0, 0, 0, 0, 0, 0, 0, 0, 0, 0, 0, 0, 0, 0, 0, 0,
    0, 0, 0, 0, 0, 0, 0, 0, 0, 0, 0, 0, 0, 0, 0, 0,
    0, 0, 0, 0, 0, 0, 0, 0, 0, 0, 0, 0, 0, 0, 0, 0,
    0, 0, 0, 0, 0, 0, 0, 0, 0, 0, 0, 0, 0, 0, 0, 0,
    0, 0, 0, 0, 0, 0, 0, 0, 0, 0, 0, 2, 0, 0, 0,
    0, 0, 0, 0, 0, 0, 0, 0, 0, 0, 0, 0, 0, 0, 0, 0,
    0, 0, 0, 0, 0, 0, 0, 0, 0, 0, 0, 0, 0, 0, 0, 0,
    0, 0, 0, 1, 0, 0, 0, 0, 0, 0, 0, 0, 0, 0, 0, 0,
    0, 0, 0, 0, 0, 0, 0, 0, 0, 0, 0, 2, 0, 0, 1, 0,
    0, 0, 0, 0, 0, 0, 0, 0, 0, 0, 0, 0, 0, 0, 0, 0,
    0, 0, 0, 0, 2, 0, 0, 0, 0, 0, 0, 0, 0, 0, 0, 0,
```

```
    0, 0, 0, 0, 0, 0, 0, 0, 0, 0, 0, 0, 0, 0, 0, 0,
    0, 0, 0, 2, 0, 0, 0, 0, 0, 0, 0, 0, 0, 0, 0, 0,
    0, 0, 0, 0, 0, 0, 0, 0, 0, 0, 0, 0, 0, 0, 0, 0,
    0, 0, 0, 0, 0, 0, 0, 0, 0, 0, 0, 0, 0, 0, 0, 0,
    0, 0, 0, 0, 0, 0, 0, 0, 0, 0, 0, 0, 0, 0, 0, 0
};
```

지형 이미지는 체커판에서 했던 것처럼 뒤에서 앞으로, 레이어별로, 아래에서 위로 그린다. 화면상에서 타일의 X 위치는 리스트 10.5의 등각 투영 예제에서 했던 것처럼 알아낸다.

타일의 X 위치 = SCREEN_X - (row * TEXTURE_SIZE / 2) + (col * TEXTURE_SIZE / 2)

또한 타일의 Y 위치도 등각 투영 예제에서 했던 것처럼 계산한 후 heightMap 과 높이가 변한 값을 곱한 결과만큼 화면 위로 올린다.

타일의 Y 위치 = SCREEN_Y - (row * TEXTURE_SIZE / 4) + (col * TEXTURE_SIZE / 4)
              - heightMap[row][col] * HEIGHT_CHANGE

여기서 (SCREEN_X, SCREEN_Y)는 0번째 행, 0번째 열에 있는 타일의 화면 위치다.

지형 맵을 그리는 코드는 10장의 'Isometric Elevations' 예제에 있는 elevations.cpp 파일의 render 함수에 있다(리스트 10.11 참조).

리스트 10.11 그림 10.19와 10.22를 그리는 코드

```
// =======================================================
// 게임 아이템을 렌더링한다.
// =======================================================
void Elevations::render()
{
    graphics->spriteBegin();
    // 등각 다이아몬드에 맵을 그린다.
```

```
for (int row = 0; row < MAP_SIZE; row++)
{
  for (int col = 0; col < MAP_SIZE; col++)
  {
    mapTile.setCurrentFrame(tileMap[row][col]);
    mapTile.setX((float)(SCREEN_X - (row * TEXTURE_SIZE / 2) + (col *
            TEXTURE_SIZE / 2)));
    mapTile.setY((float)(SCREEN_Y - (row * TEXTURE_SIZE / 4) + (col *
            TEXTURE_SIZE / 4) - heightMap[row][col] * HEIGHT_CHANGE));
    mapTile.draw();
  }
}
// 오브젝트를 그린다, 0 = 비어있음, 1 = 0번 나무, 2 = 1번 나무.
float treeX = 0, treeY = 0;
for (int row = 0; row < MAP_SIZE; row++)
{
  for (int col = 0; col < MAP_SIZE; col++)
  {
    switch (objectMap[row][col])
    {
      case 1:   // 0번 나무
        tree.setX((float)(SCREEN_X - (row * TEXTURE_SIZE / 2) + (col *
                TEXTURE_SIZE / 2)) + TREE_OFFSET_X);
        tree.setY((float)(SCREEN_Y - (row * TEXTURE_SIZE / 4) + (col *
                TEXTURE_SIZE / 4) - heightMap[row][col] * HEIGHT_CHANGE)
                + TREE_OFFSET_Y);
        if (col % 2)
          tree.flipHorizontal(true);
        // 그림자를 그린다.
        tree.setCurrentFrame(TREE0_SHADOW);
        tree.setDegrees(TREE_SHADOW_DEGREES);
        treeX = tree.getX();
        treeY = tree.getY();
        tree.setX(treeX + TREE_SHADOW_X);
        tree.setY(treeY + TREE_SHADOW_Y);
```

```
tree.draw(graphicsNS::ALPHA25 & graphicsNS::BLACK);
tree.setX(treeX); // X를 복원한다.
tree.setY(treeY);     // Y를 복원한다.
// 나무를 그린다.
tree.setDegrees(0);
tree.setCurrentFrame(TREE0_FRAME);
trec.draw();
tree.flipHorizontal(false);
break;
case 2:   // 1번 나무
tree.setX((float)(SCREEN_X - (row * TEXTURE_SIZE / 2) + (col *
    TEXTURE_SIZE / 2)) + TREE_OFFSET_X);
tree.setY((float)(SCREEN_Y - (row * TEXTURE_SIZE / 4) + (col *
    TEXTURE_SIZE / 4) - heightMap[row][col] * HEIGHT_CHANGE) +
    TREE_OFFSET_Y);
if (col % 2)
    tree.flipHorizontal(true);
// 그림자를 그린다.
tree.setCurrentFrame(TREE1_SHADOW);
tree.setDegrees(TREE_SHADOW_DEGREES);
treeX = tree.getX();
treeY = tree.getY();
tree.setX(treeX + TREE_SHADOW_X);
tree.setY(treeY + TREE_SHADOW_Y);
tree.draw(graphicsNS::ALPHA25 & graphicsNS::BLACK);
tree.setX(treeX); // X를 복원한다.
tree.setY(treeY);     // Y를 복원한다.
// 나무를 그린다.
tree.setDegrees(0);
tree.setCurrentFrame(TREE1_FRAME);
tree.draw();
tree.flipHorizontal(false);
break;
}
}
```

```
    }
    graphics->spriteEnd();
}
```

렌더링의 편의를 위해 세트에 있는 각 타일의 크기는 같아야 한다. 다른 크기의 타일을 사용해
야 한다면 각 타일의 크기가 똑같은 세트를 여러 개 만든다.

이번 예제에서 지형 타일의 크기는 모두 64×64픽셀이다. 나무 텍스처의 크기
는 128×128픽셀이다. TREE_OFFSET_X와 TREE_OFFSET_Y 상수는 타일의 X,
Y 좌표에 추가해 나무 텍스처를 화면 좌표에 알맞게 배치한다. 나무의 그림자
는 TREE_SHADOW_DEGREES만큼 회전한다. 또한 나무의 현재 위치에 TREE_
SHADOW_X와 TREE_SHADOW_Y를 더해 상대적인 화면 위치에 그림자를 알맞게
배치한다. 나무의 그림자에 대한 상수는 모두 elevations.h에 정의돼 있다.

추가로 다양함을 주기 위해 나무가 홀수 번째 열에 그려지는 경우 나무 이미
지를 수평으로 뒤집는다. 그림 10.19와 10.22에서 언덕 꼭대기에 있는 큰 나무
는 반전됐다.

다양함을 주는 다른 방법은 일반적으로 사용하는 타일에 임의의 텍스처를 적
용하는 것이다. Yar가 만든 타일 세트는 바로 이 목적을 위해 수많은 텍스처를
갖고 있다(그림 10.5 참조).

▌ 10.9 높이 레이어

맵에 부가적인 레이어를 추가한다면 한 타일 위에 다른 타일을 쌓아올려 구조물
을 만들 수 있다. 예제 프로그램인 'Isometric Elevations Layers'가 그렇게 돼
있다. 그림 10.24와 같이 여분의 레이어를 추가해 높은 부분에 벽을 만들었다.

그림 10.24 수직 벽 부분이 여러 레이어로 이뤄져 있는 등각 지형

이 방법에서는 맵 배열을 각 높이에 따라 분리해 사용하고 있다. heightMap
은 더 이상 각 타일의 Y 위치를 조정하는 데 사용되지 않는다. 오직 맵에 있는
오브젝트만, 이 경우에는 나무를 배치하는 데 사용된다. 이 예제에는 높이 맵
레이어가 총 4개 포함돼 있다. 상단 레이어는 리스트 10.12와 같다. 벽의 상단
레이어는 타일 번호 15로 구성돼 있으며, 리스트 10.12에 하이라이트로 표시돼
있다. 또한 큰 나무 아래에 있는 언덕의 위쪽 또한 상단 레이어의 일부이며,
하이라이트로 표시돼 있다.

리스트 10.12 높이 맵의 상단 레이어

```
const int objectMap[MAP_SIZE][MAP_SIZE] = {
    0, 0, 0, 0, 0, 0, 0, 0, 0, 0, 0, 0, 0, 0, 0, 0,
    0, 0, 0, 0, 0, 0, 0, 0, 0, 0, 0, 0, 0, 0, 0, 0,
    0, 0, 0, 0, 0, 0, 0, 0, 0, 0,15, 0, 0, 0, 0, 0,
    0, 0, 0, 0, 0, 0, 0, 0, 0, 0, 0, 0, 0, 0, 0, 0,
    0, 0, 0, 0, 0, 0, 0, 0, 0, 0, 0, 0, 0, 0, 0, 0,
    0, 0, 0, 0, 0, 0, 0, 0, 0, 0,15, 0, 0, 0, 0, 0,
    0, 0,10, 5,12, 0, 0, 0, 0, 0, 0, 0, 0, 0, 0, 0,
```

```
     0, 0, 6,13, 2, 0, 0, 0, 0, 0, 0, 0, 0, 0, 0, 0,
     0, 0,11, 1, 9, 0, 0, 0, 0, 0,15, 0, 0, 0, 0, 0,
     0, 0, 0, 0, 0, 0, 0, 0, 0, 0, 0, 0, 0, 0, 0, 0,
     0, 0, 0, 0, 0, 0, 0, 0, 0, 0, 0, 0, 0, 0, 0, 0,
     0, 0, 0, 0, 0, 0, 0, 0,15, 0,15, 0, 0, 0, 0, 0,
     0, 0, 0, 0, 0, 0, 0, 0, 0, 0, 0, 0, 0, 0, 0, 0,
     0, 0, 0, 0, 0, 0, 0, 0, 0, 0, 0, 0, 0, 0, 0, 0,
     0, 0, 0, 0, 0, 0, 0, 0, 0, 0, 0, 0, 0, 0, 0, 0,
     0, 0, 0, 0, 0, 0, 0, 0, 0, 0, 0, 0, 0, 0, 0, 0
};
```

elevations.cpp에 있는 render 함수는 맵을 레이어별로 그린다. 화면상에서
타일의 Y 위치는 타일의 Y 위치에서 맵 레이어 번호에 레이어의 높이를 곱한
값을 빼면 된다. 레이어 0의 경우 HEIGHT_CHANGE * 0의 결과는 0이므로 빼는
것이 의미가 없지만, 타일의 Y 위치가 어떻게 계산되는지 강조하기 위해 일부러
표시했다(리스트 10.13 참조).

리스트 10.13 레이어별로 맵을 그리는 render 함수

```
// 레이어 0
for (int row = 0; row < MAP_SIZE; row++)
{
    for (int col = 0; col < MAP_SIZE; col++)
    {
      mapTile.setCurrentFrame(tileMap0[row][col]);
      mapTile.setX((float)(SCREEN_X - (row * TEXTURE_SIZE / 2) + (col *
              TEXTURE_SIZE / 2)));
      mapTile.setY((float)(SCREEN_Y - (row * TEXTURE_SIZE / 4) + (col *
              TEXTURE_SIZE / 4) - HEIGHT_CHANGE * 0));
      mapTile.draw();
    }
}
// 레이어 1
```

```
for (int row = 0; row < MAP_SIZE; row++)
{
    for (int col = 0; col < MAP_SIZE; col++)
    {
      mapTile.setCurrentFrame(tileMap1[row][col]);
      mapTile.setX((float)(SCREEN_X - (row * TEXTURE_SIZE / 2) + (col *
            TEXTURE_SIZE / 2)));
      mapTile.setY((float)(SCREEN_Y - (row * TEXTURE_SIZE / 4) + (col *
            TEXTURE_SIZE / 4) - HEIGHT_CHANGE * 1));
      mapTile.draw();
    }
}
... 남아있는 레이어에 대해서도 같은 작업을 수행한다.
```

정리

10장에서는 게임 환경을 만들기 위해 타일을 사용하는 데 필요한 기법들을 다뤘다. 이런 타일 환경은 이전에 게임을 만들 때 다뤘던 그래픽 기법들을 조합해 사용할 수 있다. 고전 사이드 스크롤에서 높이 변화에 따른 등각 투영까지, 타일 기반의 게임들은 게임 그래픽을 위한 많은 옵션을 제공한다. 10장에서 배운 내용은 다음과 같다.

- **타일 재사용** 타일은 매우 큰 맵을 만들 때 제한된 메모리에서 텍스처를 사용해야 하는 경우 재사용될 수 있다.
- **배열 사용** 타일 번호는 게임 맵의 환경을 만들기 위해 2차원 배열에 저장된다.
- **임의 선택** 타일은 임의로 선택된다.
- **페럴렉스 스크롤링** 여러 타일 레이어들은 페럴렉스 스크롤링과 함께 사용될 수 있다.
- **타일 번호** 타일 번호는 플레이어의 상호 작용을 알아내는 데 사용될 수 있다.

- **직교 투영법** 직교 투영법은 다른 선과 평행하며 화면과 수직인 투영선을 사용한다.

- **경사 투영법** 경사 투영법은 다른 선과 평행하며, 비스듬한 각도에서 화면과 교차하는 투영선을 사용한다.

- **등각 투영법** 등각 투영법은 X, Y, Z 축과 동일한 시야각을 갖는 평행 투영선을 사용한다.

- **오브젝트 렌더링** 오브젝트 렌더링은 경사 및 등각 투영법의 경우 뒤에서 앞 순서로 수행된다.

- **격자 정보** 등각 배치는 다이아몬드 배치를 사용하는 대신 격자 형태로 타일을 배열한다.

- **높이 변화** 등각 지형은 높이의 변화를 표현하기 위해 고유한 타일 패턴을 사용한다.

- **여러 맵 레이어** 여러 맵 레이어를 사용하면 타일을 쌓을 수 있어 하나의 타일보다 큰 구조물을 만들 수 있다.

복습문제

1. 게임 월드를 만들기 위해 타일을 사용했을 때 얻을 수 있는 장점은 무엇인가?

2. 측면에서 보는 타일 기반 게임을 만들 때 사용되는 투영 방법은 무엇인가?

3. 타일을 사용해서 게임 월드를 표현할 때 필요한 비디오 메모리의 양을 어떻게 줄일 수 있는가?

4. 경사 투영법을 사용할 때 멀리 있는 오브젝트와 가까이 있는 오브젝트를 표시할 때 어떻게 차이가 나는가?

5. 경사 및 등각 투영법을 사용할 때 그리기 순서가 중요한 이유는 무엇인가?

6. 체커판 예제에서 오직 하나의 흰색 사각형만 텍스처로 사용됐다. 검은색 사각형은 어떻게 그렸는가?

7. 높이 변화가 있는 등각 지형을 그리기 위해 얼마나 많은 다른 모양의 타일이 필요한가?

8. 등각 지형을 그릴 때 마지막으로 해야 되는 일은 무엇인가?

9. 높은 타일을 둘러싸는 전이 타일에 사용되는 높이는 무엇인가?

10. 타일 레이어를 여러 개 사용했을 경우 어떤 장점이 있는가?

연습문제

1. 'FlowerPower' 예제를 수정해 게임 맵을 더 크게 만들어라.

2. 'FlowerPower' 예제에 구름을 표시하는 배경 요소의 두 번째 맵 레이어를 패럴렉스 스크롤링과 함께 추가하라.

3. 'Isometric Elevations Layers' 예제에 더 많은 지형 타일을 추가해보라.

4. 2인용 체커 게임을 만들어라.

예제

다음 예제들은 www.programming2dgames.com에서 다운로드할 수 있다.

• FlowerPower   나비가 잔디와 꽃 위를 날아다닌다.

   ○ 직교 투영법을 사용한 타일 기반의 게임을 보여준다.

   ○ 플레이어는 나비를 컨트롤할 수 있다.

   ○ 나비가 화면 모서리에 다가가면 맵이 스크롤된다.

• Oblique   경사 투영법을 사용해 체커판을 그린다.

   ○ 경사 투영법을 보여준다.

   ○ 체커는 반사된 모습을 가진다.

   ○ 체커판과 체커는 뒤에서 앞 순서로 그려진다.

• Isometric Diamond   등각 투영법을 사용해 체커판을 그린다.

○ 등각 투영법을 보여준다.

○ 체커는 반사된 모습을 가진다.

○ 체커판과 체커는 뒤에서 앞 순서로 그려진다.

- Isometric Stagger 등각 투영법을 사용해 체커판을 그리되 타일은 격자 패턴으로 그린다.

  ○ 등각 투영법을 보여준다.

  ○ 다른 패턴으로 구성돼 있는 타일을 어떻게 배치하는지 보여준다.

  ○ 다른 방식의 그리기 순서가 선택될 수 있다.

- Isometric Elevations 등각 투영법을 사용해 지형 맵을 그린다.

  ○ 등각 투영법을 보여준다.

  ○ 타일이 서로 다른 높이를 나타내게 그려진다.

  ○ 서드파티 타일 세트와 통합하는 방법을 보여준다.

- Isometric Elevations Layers 여러 맵 레이어를 사용해 지형 맵을 그린다.

  ○ 등각 투영법을 보여준다.

  ○ 여러 맵 레이어는 하나의 타일보다 큰 구조물을 만들 수 있다.

게임 완성

11장에서는 완성된 게임을 만든다. 완성을 위해 선택한 게임은 Spacewar다. 컴퓨터 게임의 선구자들에게 경의를 표하는 방법으로 Spacewar를 선택했다.

Spacewar는 가장 초기에 알려진 컴퓨터 게임 중 하나다. Spacewar는 1961~1962년에 스티브 러셀(Steve 'Slug' Russell), 마틴 그레츠(Martin 'Shag' Graetz), 웨인 위타넨(Wayne Witaenem)이 만들었다.

사실 이전에 배웠던 내용들을 통해 Spacewar 게임의 일부를 구축했었다. 11장에서는 완성된 게임을 만들기 위해 모든 조각을 함께 넣는다. 실제 제작 과정에 들어가기 전에 프로젝트 관리와 소프트웨어 개발을 위한 기법들을 살펴본다.

▌ 11.1 점진적 프로토타이핑

소프트웨어 공학에는 수많은 개발 모델이 있다. 여기에서 설명하는 모델은 점진적 프로토타이핑Evolutionary Prototyping의 변형이다. 점진적 프로토타이핑에서 프로토타입은 디자인 과정 초기에 구성된다. 개발이 진행됨에 따라 프로토타입은 최종 제품이 만들어질 때까지 끊임없이 개선된다. 각 개발 단계에서 프로토타입을 개선하기 전에 전체 프로젝트 폴더가 저장된다. 복사본은 프로젝트 폴더로 구성돼 있으며, 새로운 버전 번호가 부여된다. 수정 사항은 새 프로젝트 폴더에 적용된다. 이런 방법으로 프로토타입의 기록이 만들어진다.

이 모델에는 몇 가지 장점이 있다. 먼저 배우는 동안 만든 작품에 대해 문서화된 기록을 남길 수 있다. 이는 특히 프로젝트에 필요한 시간을 너무 적게 잡았거나 게임을 완성하지 않은 경우에 도움이 될 수 있다. 또한 이전 버전은 개발 과정에서 참고 자료로 도움이 될 수 있다. 가끔 프로그램의 한 부분을 변경하면 다른 곳에서 예기치 않은 동작이 발생할 수 있다. 이전 버전을 갖고 있으면 WinMerge 애플리케이션을 사용해 현재 프로젝트 폴더와 비교할 수 있다. 비교를 통해 버전 간의 차이를 볼 수 있는데, 이는 예기치 않은 동작의 원인을 알아내는 데 많은 도움이 된다.

▍▮ 11.2 프로젝트 관리

상용화를 목적으로 만들어지는 게임들의 대부분은 실력이 뛰어난 수많은 사람들이 포함된 대규모 프로젝트다. 최신 AAA 게임 중 하나를 실행해 크레딧을 찾아본다. 그리고 앉아서 페이지를 넘겨가며 표시되는 이름들을 본다. 또한 배우는 동안 만들었던 게임들은 그룹에서도 만들 수 있다. 그룹으로 작업을 하면 프로젝트 관리 기술을 개발할 수 있는 훌륭한 기회를 얻게 된다.

포괄적인 프로젝트 관리에 대해 이야기하면 책 전체를 쉽게 채울 수 있을 것이다. 하지만 게임 프로젝트를 관리하는 두 가지 측면인 시간 관리와 자원 관리만 이야기하려고 한다.

첫 번째 단계는 프로젝트를 더 작은 구성 요소로 분해하는 것이다. 게임 프로젝트의 기본 구성 요소는 다음과 같다.

- 기획

- 그래픽

- 오디오

- 프로그래밍

- 글쓰기(이야기, 캐릭터 대화 등)

- 품질 보증

- 제작

- 문서

분류 정도에 따라 추가 구성 요소가 필요하거나 하위 구성 요소가 만들어질 수 있다. 이상적으로는 필요한 시간과 자원을 쉽게 추정할 수 있도록 각 구성 요소를 작게 나누는 것이 좋다. 각 구성 요소의 예상 완료 시간은 약 1주일 이내로 한다. 그 이상은 기다리기 힘들고, 문제를 발견하기 전에 보낸 시간으로는 너무 길다.

11.2.1 시간 관리

시간 관리의 전반적인 목표는 프로젝트를 일정에 맞춰 진행하는 것이다. 이전에 세웠던 각 구성 요소에 따라 예상 완료 시간이 할당된다. 예상 시간을 할당해 논리적인 순서에 맞춰 작업을 완료하고, 다음 작업을 시작하기 전에 사전 작업이 모두 완료됐는지 확인한다. 프로젝트가 진행됨에 따라 원래 예측했던 대로 진행되고 있는지 추적할 수 있다.

간트 차트(Gantt Chart) 간트 차트는 스케줄링이나 추적을 위한 멋진 도구다. 그림 11.1에 간트 차트의 예가 있다. 개별 작업은 왼쪽에 있다. 시간은 가로축에 월과 일로 나눠져 있다. 예상 시간은 열린 사각형Open Rectangle(모서리의 일부가 없는 사각형을 말한다 - 옮긴이)으로 표시된다. 실제 시간은 실선으로 표시된다(범례 참조). 또한 간트 차트에 마일스톤Milestone을 표시할 수 있다. 이 예제에서는 각 프로토타입과 게임의 최종 버전에 대한 마일스톤을 갖고 있다. 차트에 현재 날짜를 표시할 수도 있다.

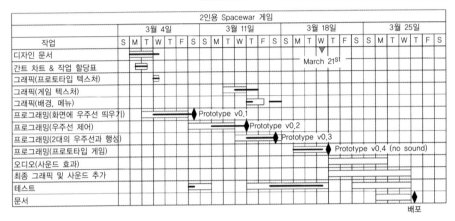

Spacewar
한 대의 컴퓨터에서 두 명의 플레이어가 즐기는 게임
교수 이름 : 켈리(Kelly)
팀 이름 :

그림 11.1 Spacewar 게임의 간트 차트

11.2.2 자원 관리

여러분이 관리해야 하는 자원은 사람일 수도 있고, 공유 자원일 수도 있다. 자원 관리는 사람들 사이에 충돌이 일어나는 시간을 최소화하기 위해 일정을 설정하는 일을 포함한다. 프로젝트에서 사람들을 관리하려면 별개의 시간 블록에 각자 해야 할 작업을 할당하면 된다. 사람들에게 작업을 할당하고 추적하는 좋은 방법은 바로 작업 할당표를 작성하는 것이다.

작업 할당표(Person Loading Table) 작업 할당표는 한 축에는 작업 목록을, 다른 축에는 사람들을 포함하는 표다. 각 위치에는 두 개의 숫자가 슬래시(/)를 기준으로 입력돼 있다. 첫 번째 숫자는 작업을 완료하는 데 소요될 예상 시간을 나타내고, 두 번째 숫자는 지금까지 걸린 실제 시간을 나타낸다(일반적으로 시간 단위를 사용한다). 예를 들어 테이블 항목 10/7.5는 10시간을 예상했고, 지금까지 7.5시간 걸렸음을 나타낸다. 표에서 사용된 작업들은 간트 차트에서 직접 수행할 수 있다. 해당 예제는 표 11.1에 있다.

표 11.1 Spacewar 게임의 작업 할당표

2인용 Spacewar 게임

작업 설명	데이브	척	마티	총합
디자인 문서	4/4.5	4/4.5	4/4.5	12/13.5
간트 차트 & 작업 할당표	0/0	4/3	0/0	4/3
그래픽(프로토타입 텍스처)	2/2	0/0	0/0	2/2
그래픽(게임 텍스처)	2/1	2/0	3/4	7/5
그래픽(배경, 메뉴)	4/1	0/0	4/4	8/5
프로그래밍(화면에 우주선 띄우기)	0/0	8/9	8/4	16/13
프로그래밍(우주선 제어)	0/0	16/16	8/8	24/24
프로그래밍(2대의 우주선과 행성)	0/0	12/8	12/4	24/12
프로그래밍(프로토타입 게임)	0/0	12/10	12/10	24/20
오디오(사운드 효과)	16/0	0/0	0/0	16/0
최종 그래픽 및 사운드 추가	2/0	24/0	24/0	50/0
테스트	10/6	70/32	70/20	150/58
문서	4/0	8/0	8/0	20/0

프로젝트가 진행됨에 따라 예정보다 늦어질 수 있는 작업의 양을 균등하게 분할하고 추가 자원을 제공하기 위해 사람들에게 할당된 작업을 바꿀 수도 있다.

▌▌ 11.3 디자인 문서

게임 디자인 문서는 게임에 대한 설명서다. 게임 디자인 문서는 텍스트, 이미지, 드로잉, 기타 미디어를 포함할 수 있다. 디자인 문서의 주된 목적은 각 팀 멤버에게 프로젝트 전체에 대해 명확하게 이해할 수 있도록 만들기 함이다. 이는 다른 모든 게임 디자인에 대한 의사 결정의 기반이 되는 하나의 레퍼런스라고

할 수 있다. 디자인 문서는 게임의 고수준 설명을 제공할 뿐 구현에 대한 세부 사항까지 들어가진 않는다. 다음은 Spacewar의 디자인 문서다.

Spacewar : 한 대의 컴퓨터에서 두 명의 플레이어가 즐기는 게임이다. 각 플레이어는 우주선 한 대를 가지며, 키보드나 게임 컨트롤러를 사용해 컨트롤 할 수 있다. 각 우주선은 발사할 수 있는 미사일을 가진다. 또한 지연 시간을 사용해 우주선당 한 발의 미사일만 발사할 수 있게 만든다. 미사일이 다른 우주선에 직접 충돌하면 피해를 입힌다. 미사일은 자신의 우주선에는 아무런 피해를 주지 않는다. 화면의 중앙에 있는 행성은 고유한 질량과 중력이 있어 우주선과 미사일을 잡아당긴다. 우주선, 행성, 그리고 적이 발사한 미사일 사이에 일어나는 충돌을 감지할 수 있다. 또한 게임에는 충돌 및 폭발했을 때 나는 소리가 포함돼 있다. 플레이어는 다른 우주선이 파괴될 때, 심지어 우발적으로 행성에 충돌해 파괴될 때도 점수를 획득하게 된다. 각 플레이어의 점수가 표시된다.

▌ 11.4 프로토타입 텍스처

게임에는 3개의 텍스처 파일이 사용된다. 각 텍스처는 배경, 제목 화면, 다른 게임 텍스처 모두를 포함하고 있는 파일이다. 초기 프로토타입에는 적절한 크기의 텍스처 생성만 고려한다. 목표는 멋진 그래픽을 만드는 것이 아니라, 프로토타입에 사용할 간단한 텍스처를 만드는 것이다. 앞의 장들에서 다룬 수많은 예제들에는 여기에 있는 게임 텍스처보다 더 정교한 텍스처가 포함돼 있다. 여기에 제시된 예제는 일반적인 프로토타입에 사용되는 수준을 나타내기 위한 것이다.

이번 절의 목적을 위해 윈도우에 있는 그림판 프로그램으로 작업한다. 다음은 이번 예제를 위해 만든 텍스처다. 그림 11.2는 제목 페이지다. 제목 페이지는 마젠타 색상 배경에 문자 색상은 흰색이며, 크기는 640×480픽셀이다. 마젠타는 투명색이 될 것이다. 그림 11.3은 배경 이미지다. 배경 이미지는 파란색에 별들을 표현하기 위해 흰색 점이 몇 개 그려져 있다. 배경 이미지의 크기 또한 640×480픽셀이다.

그림 11.2 프로토타입 제목

그림 11.3 프로토타입 배경 텍스처

그림 11.4는 다른 게임 텍스처 모두를 포함하고 있다. 제목과 게임 텍스처 이미지의 배경색은 마젠타이며, 이미지가 표시될 때 투명색으로 지정된다.

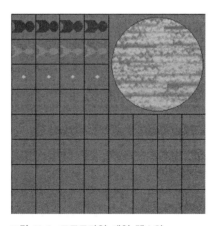

그림 11.4 프로토타입 게임 텍스처

게임 텍스처 이미지는 눈에 보이는 격자를 갖고 있다. 격자는 큰 이미지 안에서 각 텍스처의 위치를 잡는 데 도움을 준다. 최종 버전에서는 격자를 제거할 것이다. 우주선과 미사일 이미지는 애니메이션 동작이 있으므로, 각 이미지를 4장씩 그렸다. 행성 텍스처의 위치를 지정하기 위해 두 개의 열과 두 개의 행으로 분할해 텍스처 이미지를 시각화할 수 있다. 행성은 프레임 1에 있다.

▌▌ 11.5 Spacewar 작업

11.5.1 화면에 우주선 띄우기

그림 11.1에 있는 간트 차트를 통해 프로젝트의 다음 단계는 화면에 '우주선을 그린다'라는 것을 알 수 있다. 이 작업은 5장의 'Spaceship' 예제에서 완성했었다. 철저하게 코드를 테스트한 후 (Spacewar v0.1과 같이) 버전 번호를 붙이고 저장한다.

11.5.2 우주선 제어

일정에 따라 다음 작업은 우주선에 사용자 제어를 추가하는 것이다. 무언가를 수정하기 전에 v0.1의 복사본을 만들고 이름을 v0.2로 바꾼다. 이 작업은 5장의 'Spaceship Control' 예제에서 부분적으로 완성했었다. 그 예제에서 우주선이 움직이다가 사용자가 키를 떼면 멈췄었다. 연습문제 5.3에서는 우주선에 가속도를 추가해 계속 움직이게 만들었다.

11.5.3 2대의 우주선과 행성

Spacewar v0.3은 2대의 우주선과 행성이다. 6장의 'Planet Collision' 예제에서 이 작업을 수행했다. 연습문제 6.4에서는 2대의 우주선에 사용자 제어를 추가했다.

11.5.4 프로토타입 게임

Spacewar v0.4는 프로토타입 게임이다. 플레이어에게 다른 우주선이나 행성에 피해를 입힐 수 있도록 미사일을 발사할 수 있는 기능을 추가해야 한다. 아무리 프로토타입이더라도 게임을 만드는 작업은 항상 큰 성취감을 준다. 게임을 플레이했을 때 재미가 있다면 안하고는 견디기 힘들 것이다. 아, 잠깐! 이 작업을 플레이한다고 말하지 않고, 테스트한다고 말한다. 어쨌든 간트 차트에 '테스트'라는 항목이 있다.

11.5.5 오디오(사운드 효과)

게임에 사용할 사운드 효과를 만드는 일은 코드를 작성하는 것보다 더 많은 시간이 걸릴 수 있다. 지금은 바로 사용할 수 있는 사운드 효과를 찾는다. 나중에 시간이 있을 때 사운드를 다시 바꿀 수 있다. XACT 사운드 엔진을 사용했을 때의 장점 중 하나는 게임 코드를 수정하지 않고 게임 사운드를 수정할 수 있었다는 것을 기억한다.

11.5.6 최종 그래픽과 사운드 추가

이 시점에서 Spacewar 게임은 거의 완성됐다고 할 수 있다. 사운드 효과를 재생하는 코드를 포함하고 최종 그래픽을 추가한다.

11.5.7 테스트

테스트는 개발 과정 전체의 일부분이며, 시간만 충분히 있다면 테스트를 끝에서만 진행하지 않는다. 다만 충분한 시간이 없다. 일반적인 소프트웨어 개발 과정에서 "프로그램은 절대 완성되지 않는다, 그저 출시할 뿐이다."라는 말이 있다. 소프트웨어 개발 계획에 있어서 테스트를 위한 시간이 충분히 있는지 확인한다.

개발 주기에 있어서 더 이른 시기에 결함을 발견할수록 해결하는 데 드는 비용도 더 줄어든다.

11.5.8 문서

문서는 여러 가지 형태가 될 수 있다. 소스코드에 있는 주석은 내부에서 사용하는 문서의 한 형태라고 볼 수 있다. 주석은 다른 개발자에게 코드를 설명할 수 있는 수단이 되며, 향후에 코드를 볼 때 상기시켜 주는 역할을 한다. 최종 사용자를 위한 문서는 도움말 화면이나 시스템 프롬프트에 표시할 수 있다. 최종 사용자 설명서는 게임 코드와는 다른 별도의 파일로 만들어야 한다. 별도의 파일로 만들면 쉽게 수정하거나 다른 언어로 번역할 수 있다.

▌ 11.6 Spacewar v1.0

이제 초기 프로토타입을 완성하고 추가 작업을 통해 버전 1.0의 게임을 만들 시간이 됐다. 다음은 게임 코드의 주요 부분이다. 우주선, 행성, 다른 오브젝트와 충돌하는 미사일 등이 있다. 충돌 감지가 필요한 오브젝트는 Entity 클래스를 상속받는 클래스의 일부가 돼야 한다. Planet 클래스가 세 클래스 중에서 가장 간단하므로, 먼저 살펴보자.

11.6.1 Planet 클래스

planet.h 파일에는 크기, 화면 위치, 질량, 텍스처 정보를 정의하는 상수가 들어 있다(리스트 11.1 참조).

리스트 11.1 Planet 클래스

```
// 2D 게임 프로그래밍
// Copyright (c) 2011 by:
// 찰스 켈리(Charles Kelly)
// planet.h v1.0
#ifndef _PLANET_H          // 파일이 한 곳 이상에서 포함되는 경우
#define _PLANET_H          // 다중으로 정의되는 문제를 방지한다.
#define WIN32_LEAN_AND_MEAN

#include "entity.h"
#include "constants.h"

namespace planeNS
```

```
{
    const int WIDTH = 128;                      // 이미지 폭
    const int HEIGHT = 128;                     // 이미지 높이
    const int COLLISION_RADIUS = 120 / 2;       // 원형 충돌
    const int X = GAME_WIDTH / 2 - WIDTH / 2;
    const int Y = GAME_HEIGHT / 2 - HEIGHT / 2;
    const float MASS = 1.0e14f;                 // 질량
    const int TEXTURE_COLS = 2;                 // 텍스처는 2개의 열을 갖는다.
    const int START_FRAME = 1;                  // 프레임 1에서 시작한다.
    const int END_FRAME = 1;                    // 애니메이션이 없다.
}

class Planet : public Entity                    // Entity 클래스로부터 상속받는다.
{
public:
    // 생성자
    Planet();
    void disable()  { visible = false; active = false; }
    void enable()   { visible = true; active = true; }
};
#endif
```

Planet 클래스는 필요한 충돌 코드가 모두 포함돼 있는 Entity 클래스로부터 상속받는다. Planet 클래스에서 새로 만들어야 하는 코드는 생성자뿐이다. 생성자에서는 위치와 애니메이션과 관련된 속성들을 초기화한다(리스트 11.2 참조).

리스트 11.2 Planet 클래스의 생성자

```
// 2D 게임 프로그래밍
// Copyright (c) 2011 by:
// 찰스 켈리(Charles Kelly)
// planet.cpp v1.0
#include "planet.h"
// ===================================================
```

```
// 디폴트 생성자
// ================================================
Planet::Planet() : Entity()
{
    spriteData.x = planetNS::X;              // 화면상의 위치
    spriteData.y = planetNS::Y;
    radius       = planetNS::COLLISION_RADIUS;
    mass         = planetNS::MASS;
    startFrame   = planetNS::START_FRAME;    // 우주선 애니메이션의 첫 프레임
    endFrame     = planetNS::END_FRAME       // 우주선 애니메이션의 마지막 프레임
    setCurrentFrame(startFrame);
}
```

11.6.2 Torpedo 클래스

Torpedo 클래스도 Entity 클래스로부터 상속받는다. torpedo.h 파일에는 미사일의 속성들을 초기화하는 상수와 프로토타입에 대한 멤버 함수를 포함하고 있다(리스트 11.3 참조).

리스트 11.3 Torpedo 클래스

```
// 2D 게임 프로그래밍
// Copyright (c) 2011 by:
// 찰스 켈리(Charles Kelly)
// torpedo.h v1.0
#ifndef _TORPEDO_H              // 파일이 한 곳 이상에서 포함되는 경우
#define _TORPEDO_H              // 다중으로 정의되는 문제를 방지한다.
#define WIN32_LEAN_AND_MEAN

#include "entity.h"
#include "constants.h"

namespace torpedoNS
{
    const int WIDTH = 32;        // 이미지 폭
```

```
    const int HEIGHT = 32;               // 이미지 높이
    const int COLLISION_RADIUS = 4;      // 원형 충돌
    const int float SPEED = 200;         // 초당 픽셀 수
    const float MASS = 300.0f;           // 질량
    const float FIRE_DELAY = 4.0f;       // 미사일 재발사 대기 시간 4초
    const int TEXTURE_COLS = 8;          // 텍스처는 8개의 열을 가진다.
    const int START_FRAME = 40;          // 40번째 프레임부터 시작한다.
    const int END_FRAME = 43;            // 43번째 프레임에서 끝난다.
    const float ANIMATION_DELAY = 0.1f;  // 프레임 사이 간격
}

class Torpedo : public Entity          // Entity 클래스로부터 상속받는다.
{
private:
    float fireTimer;
public:
    // 생성자
    Torpedo();
    // 상속받은 멤버 함수
    void update(float frameTime);
    float getMass()        const { return torpedoNS::MASS; }
    // 새로운 멤버 함수
    void fire(Entity *ship);               // 우주선에서 미사일을 발사한다.
};
#endif
```

Torpedo 생성자는 torpedo.h에 정의된 상수들을 사용해 속성들을 초기화한다
(리스트 11.4 참조).

리스트 11.4 Torpedo 클래스 생성자

```
// 2D 게임 프로그래밍
// Copyright (c) 2011 by:
// 찰스 켈리(Charles Kelly)
```

```
// torpedo.cpp v1.0
#include "torpedo.h"
// ================================================
// 디폴트 생성자
// ================================================
Torpedo::Torpedo() : Entity()
{
    active = false;                    // 처음에 미사일을 비활성화 상태로 설정한다.
    spriteData.width      = torpedoNS::WIDTH;     // 이미지 크기
    spriteData.height     = torpedoNS::HEIGHT;
    spriteData.rect.bottom = torpedoNS::HEIGHT;    // 이미지의 일부분을 선택
    spriteData.rect.right = torpedoNS::WIDTH;
    cols      = torpedoNS::TEXTURE_COLS;
    frameDelay = torpedoNS::ANIMATION_DELAY;
    startFrame = torpedoNS::START_FRAME;      // 미사일 애니메이션의 첫 프레임
    endFrame   = torpedoNS::END_FRAME;        // 미사일 애니메이션의 마지막 프레임
    currentFrame = startFrame;
    radius     = torpedoNS::COLLISION_RADIUS; // 원형 충돌
    visible    = false;
    fireTimer  = 0.0f;
    mass = torpedoNS::MASS;
    collisionType = entityNS::CIRCLE;
}
```

Torpedo::update 함수는 미사일이 발사된 시각으로부터 경과된 시간을 추적한다. 충분한 시간이 경과됐다면 미사일이 비활성화된다. 또한 update 함수는 미사일의 움직임과 화면 모서리에 감싸는 작업도 한다(리스트 11.5 참조).

리스트 11.5 Torpedo 클래스의 update 함수

```
// ================================================
// Update
// 일반적으로 프레임당 한 번 호출된다.
```

```cpp
// frameTime은 움직임과 애니메이션의 속도를 조절하는데 사용된다.
// =====================================================
void Torpedo::update(float frameTime)
{
    fireTimer -= frameTime;        // 발사가 활성화 될 때까지 남은 시간

    if (visible == false)
        return;
    if (fireTimer < 0)             // 발사할 준비가 됐다면
    {
        visible = false;           // 기존 미사일은 없앤다.
        active = false;
    }

    Image::update(frameTime);
    spriteData.x += frameTime * velocity.x;        // X축에 따라 옮긴다.
    spriteData.y += frameTime * velocity.y;        // Y축에 따라 옮긴다.

    // 화면 모서리 주위를 감싼다.
    if (spriteData.x > GAME_WIDTH)                 // 화면 오른쪽
        spriteData.x = -torpedoNS::WIDTH;          // 모서리를 벗어나면
                                                   // 왼쪽 모서리로 옮긴다.
    else if (spriteData.x < -torpedoNS::WIDTH)     // 화면 왼쪽
        spriteData.x = GAME_WIDTH;                 // 모서리를 벗어나면
                                                   // 오른쪽 모서리로 옮긴다.
    if (spriteData.y > GAME_HEIGHT)                // 화면 아래쪽
        spriteData.y = -torpedoNS::HEIGHT;         // 모서리를 벗어나면
                                                   // 위쪽 모서리로 옮긴다.
    else if (spriteData.y < -torpedoNS::HEIGHT)    // 화면 위쪽
        spriteData.y = GAME_HEIGHT;                // 모서리를 벗어나면
                                                   // 아래쪽 모서리로 옮긴다.
}
```

fireTimer가 0보다 작은 경우에만 미사일을 발사한다. 이런 조건을 통해 이전에 발사한 미사일이 시간 초과가 될 때까지 미사일을 발사하지 못하게 만들

수 있다. 발사할 우주선은 매개변수로 전달된다. 미사일의 초기 속도는 발사할 우주선의 현재 각도에 기반을 둔다(리스트 11.6 참조).

리스트 11.6 Torpedo::fire 함수

```cpp
// =================================================
// Fire
// 우주선에서 미사일을 발사한다.
// =================================================
void Torpedo::fire(Entity *ship)
{
    if (fireTimer <= 0.0f)                    // 발사할 준비가 됐다면
    {
        velocity.x = (float)cos(ship->getRadians()) * torpedoNS::SPEED;
        velocity.y = (float)sin(ship->getRadians()) * torpedoNS::SPEED;
        spriteData.x = ship->getCenterX() - spriteData.width / 2;
        spriteData.y = ship->getCenterY() - spriteData.height / 2;
        visible = true;                       // 미사일을 보이게 만든다.
        active = true;                        // 충돌할 수 있게 만든다.
        fireTimer = torpedoNS::FIRE_DELAY;    // 발사 대기 시간
        audio->playCue(TORPEDO_FIRE);
    }
}
```

11.6.3 Ship 클래스

ship.h 파일에는 두 대의 우주선, 엔진, 보호막, 폭발 애니메이션에 대한 상수들이 들어있다. engine, shield, explosion은 Ship 클래스에 세 개의 Image 오브젝트로 선언돼 있다(리스트 11.7 참조).

리스트 11.7 Ship 클래스

```cpp
// 2D 게임 프로그래밍
```

```cpp
// Copyright (c) 2011 by:
// 찰스 켈리(Charles Kelly)
// ship.h v1.0
#ifndef _SHIP_H              // 파일이 한 곳 이상에서 포함되는 경우
#define _SHIP_H              // 다중으로 정의되는 문제를 방지한다.
#define WIN32_LEAN_AND_MEAN

#include "entity.h"
#include "constants.h"

namespace shipNS
{
    const int       WIDTH = 32;                     // 이미지 폭 (각 프레임당)
    const int       HEIGHT = 32;                    // 이미지 높이
    const int       X = GAME_WIDTH / 2 - WIDTH / 2; // 화면상의 위치
    const int       Y = GAME_HEIGHT / 6 - HEIGHT;
    const float     ROTATION_RATE = (float)PI;      // 초당 라디안
    const float     SPEED = 100;                    // 초당 100 픽셀
    const float     MASS = 300.0f;                  // 질량
    enum DIRECTION { NONE, LEFT, RIGHT };           // 회전 방향
    const int       TEXTURE_COLS = 0;               // 텍스처는 8개의 열을 가진다.
    const int       SHIP1_START_FRAME = 0; // 우주선 1은 0번째 프레임부터 시작한다.
    const int       SHIP1_END_FRAME = 3;   // 우주선 1은 3번째 프레임에서 끝난다.
    const int       SHIP2_START_FRAME = 8; // 우주선 2는 8번째 프레임부터 시작한다.
    const int       SHIP2_END_FRAME = 11;  // 우주선 2는 11번째 프레임에서 끝난다.
    const float     SHIP_ANIMATION_DELAY = 0.2f;    // 프레임 사이 간격
    const int       EXPLOSION_START_FRAME = 32;     // 폭발 시작 프레임
    const int       EXPLOSION_END_FRAME = 39;       // 폭발 종료 프레임
    const float     EXPLOSION_ANIMATION_DELAY = 0.2f; // 프레임 사이 간격
    const int       ENGINE_START_FRAME = 16;        // 엔진 시작 프레임
    const int       ENGINE_END_FRAME = 19;          // 엔진 종료 프레임
    const float     ENGINE_ANIMATION_DELAY = 0.1f;  // 프레임 사이 간격
    const int       SHIELD_START_FRAME = 24;        // 보호막 시작 프레임
    const int       SHIELD_END_FRAME = 27;          // 보호막 종료 프레임
    const float     SHIELD_ANIMATION_DELAY = 0.1f;  // 프레임 사이 간격
    const float     TORPEDO_DAMAGE = 46;            // 미사일로 인한 피해
```

```cpp
        const float   SHIP_DAMAGE = 10;          // 다른 배와 충돌해 입는 피해
}

// Entity 클래스로부터 상속받는다.
class Ship : public Entity
{
private:
    float     oldX, oldY, oldAngle;
    float     rotation;                    // 현재 회전율 (라디안 / 초)
    shipNS::DIRECTION direction;           // 회전 방향
    float     explosionTimer;
    bool      explosionOn;
    bool      engineOn;                    // true라면 우주선을 앞으로 움직인다.
    bool      shieldOn;
    Image     engine;
    Image     shield;
    Image     explosion;
public:
    // 생성자
    Ship();
    // 상속받은 멤버 함수
    virtual void draw();
    virtual bool initialize(Game *gamePtr, int width, int height, int ncols,
                            TextureManager *textureM);
    // 우주선의 위치와 각도를 갱신한다.
    void update(float frameTime);
    // 우주선에 피해를 입힌다.
    void damage(WEAPON);
    // 새로운 멤버 함수
    // 우주선을 충돌 지점 바깥으로 밀어낸다.
    void toOldPosition()
    {
      spriteData.x = oldX;
      spriteData.y = oldY;
      spriteData.angle = oldAngle;
```

```
        rotation = 0.0f;
    }
    // rotation을 반환한다.
    float getRotation()    { return rotation; }
    // engineOn 상태를 반환한다.
    bool getEngineOn()     { return engineOn; }
    // shieldOn 상태를 반환한다.
    bool getShieldOn()     { return shieldOn; }
    // engineOn을 설정한다.
    void setEngineOn(bool eng) { engineOn = eng; }
    // shieldOn을 설정한다.
    void setShieldOn(bool sh)  { shield = sh; }
    // 질량을 설정한다.
    void setMass(float m)      { mass = m; }
    // 회전율을 설정한다.
    void setRotation(float r)  { rotation = r; }
    // 회전력의 방향을 설정한다.
    void rotate(shipNS::DIRECTION dir) { direction = dir; }
    // 우주선이 폭발한다.
    void explode();
    // 우주선을 수리한다.
    void repair();
};
#endif
```

Ship의 생성자는 속성을 초기화한다(리스트 11.8 참조).

리스트 11.8 Ship 클래스 생성자

```
// 2D 게임 프로그래밍
// Copyright (c) 2011 by:
// 찰스 켈리(Charles Kelly)
// ship.cpp v1.0
#include "ship.h"
```

```
// =================================================
// 디폴트 생성자
// =================================================
Ship::Ship() : Entity()
{
    spriteData.width = shipNS::WIDTH;              // 우주선 1의 크기
    spriteData.height = shipNS::HEIGHT;
    spriteData.x = shipNS::X;                      // 화면상의 위치
    spriteData.y = shipNS::Y;
    spriteData.rect.bottom = shipNS::HEIGHT;       // 이미지의 일부분을 선택
    spriteData.rect.right = shipNS::WIDTH;
    oldX = shipNS::X;
    oldY = shipNS::Y;
    oldAngle = 0.0f;
    rotation = 0.0f;
    velocity.x = 0;                                // X의 속도
    frameDelay = shipNS::SHIP_ANIMATION_DELAY;
    startFrame = shipNS::SHIP1_START_FRAME;   // 우주선 애니메이션의 첫 프레임
    endFrame = shipNS::SHIP1_END_FRAME;       // 우주선 애니메이션의 마지막 프레임
    currentFrame = startFrame;
    radius = shipNS::WIDTH / 2.0;
    collisionType = entityNS::CIRCLE;
    direction = shipNS::NONE;                 // 엔진의 회전 방향
    engineOn = false;
    shieldOn = false;
    explosionOn = false;
    mass = shipNS::MASS;
}
```

initialize 함수는 우주선을 초기화하는 Entity::initialize 함수를 호
출하기 전에 engine, shield, explosion 이미지를 준비한다(리스트 11.9 참조).

리스트 11.9 Ship 클래스의 initialize 함수

```cpp
// ===================================================
// 우주선을 초기화한다.
// 이전 :   성공했을 경우 true, 실패했을 경우 false를 반환한다.
// ===================================================
bool Ship::initialize(Game *gamePtr, int width, int height, int ncols,
                      TextureManager *textureM)
{
    engine.initialize(gamePtr->getGraphics(), width, height, ncols, textureM);
    engine.setFrames(shipNS::ENGINE_START_FRAME, shipNS::ENGINE_END_FRAME);
    engine.setCurrentFrame(shipNS::ENGINE_START_FRAME);
    engine.setFrameDelay(shipNS::ENGINE_ANIMATION_DELAY);
    shield.initialize(gamePtr->getGraphics(), width, height, ncols, textureM);
    shield.setFrames(shipNS::SHIELD_START_FRAME, shipNS::SHIELD_END_FRAME);
    shield.setCurrentFrame(shipNS::SHIELD_START_FRAME);
    shield.setFrameDelay(shipNS::SHIELD_ANIMATION_DELAY);
    shield.setLoop(false);          // 애니메이션 반복을 중지한다.
    explosion.initialize(gamePtr->getGraphics(), width, height, ncols,
        textureM);
    explosion.setFrames(shipNS::EXPLOSION_START_FRAME,
        shipNS::EXPLOSION_END_FRAME);
    explosion.setCurrentFrame(shipNS::EXPLOSION_START_FRAME);
    explosion.setFrameDelay(shipNS::EXPLOSION_ANIMATION_DELAY);
    explosion.setLoop(false);       // 애니메이션 반복을 중지한다.
    return (Entity::initialize(gamePtr, width, height, ncols, textureM));
}
```

draw 함수는 explosionOn이 true인지 false인지 확인한다. true라면 explosion.draw 함수를 호출해 폭발 애니메이션을 그린다. 우주선이 폭발하지 않는다면 Image::draw를 호출해 그린다. engine과 shield 또한 해당하는 값이 true라면 그리는 작업을 수행한다. explosion, engine, shield는 우주선의 SpriteData 구조체를 매개변수로 전달하는 Image::draw 함수를 사용해

그린다. Image::draw 함수는 해당 이미지들을 우주선과 같은 위치와 방향에
그린다(리스트 11.10 참조).

리스트 11.10 Ship 클래스의 draw 함수

```
// ===================================================
// 우주선을 그린다.
// ===================================================
void Ship::draw()
{
    if (explosionOn)
        explosion.draw(spriteData);   // 현재 spriteData를 사용해 폭발을 그린다.
    else
    {
        Image::draw();                // 우주선을 그린다.
        if (engineOn)
            engine.draw(spriteData);   // 엔진 로켓을 그린다.
        if (shieldOn)
            // colorFilter 25% 알파를 사용해 보호막을 그린다.
            shield.draw(spriteData, graphicsNS::ALPHA50 & colorFilter);
    }
}
```

update 함수는 explosion, shield, engine 이미지를 갱신한다. engineOn
이 true라면 우주선의 속도가 현재 각도의 방향에 따라 증가한다. 우주선의
애니메이션은 Entity::update 함수를 호출해 수행된다. 다음으로 플레이어
가 방향 속성에 의해 지정된 회전 키를 누르면 우주선의 회전율이 조절된다.
마지막으로 회전율에 따라 우주선의 각도가 증가하게 되고 우주선의 화면 위치
가 설정된다(리스트 11.11 참조).

```cpp
// ==================================================
// Update
// 일반적으로 프레임당 한 번 호출된다.
// frameTime은 움직임과 애니메이션의 속도를 조절하는데 사용된다.
// ==================================================
void Ship::update(float frameTime)
{
    if (explosionOn)
    {
      explosion.update(frameTime);
      if (explosion.getAnimationComplete())    // 폭발 애니메이션을 완료하면
      {
        explosionOn = false;                    // 폭발을 끈다.
        visible = false;
        explosion.setAnimationComplete(false);
        explosion.setCurrentFrame(shipNS::EXPLOSION_START_FRAME);
      }
    }
    if (shieldOn)
    {
      shield.update(frameTime);
      if (shield.getAnimationComplete())
      {
        shieldOn = false;
        shield.setAnimationComplete(false);
      }
    }
    if (engineOn)
    {
      velocity.x += (float)cos(spriteData.angle) * shipNS::SPEED * frameTime;
      velocity.y += (float)sin(spriteData.angle) * shipNS::SPEED * frameTime;
      engine.update(frameTime);
    }
```

```
        Entity::update(frameTime);
        oldX = spriteData.x;                    // 현재 위치를 저장한다.
        oldY = spriteData.y;
        oldAngle = spriteData.angle;

        switch (direction)                      // 우주선을 회전시킨다.
        {
          case shipNS::LEFT:
            rotation -= frameTime * shipNS::ROTATION_RATE; // 왼쪽으로 회전시킨다.
            break;
          case shipNS::RIGHT:
            rotation += frameTime * shipNS::ROTATION_RATE; // 오른쪽으로 회전시킨다.
            break;
        }

        spriteData.angle += frameTime * rotation;       // 회전을 적용한다.
        spriteData.x += frameTime * velocity.x;         // X축에 따라 옮긴다.
        spriteData.y += frameTime * velocity.y;         // Y축에 따라 옮긴다.

        // 화면 모서리 주위를 감싼다.
        if (spriteData.x > GAME_WIDTH)                  // 화면 오른쪽
          spriteData.x = -shipNS::WIDTH;                // 모서리를 벗어나면
                                                        // 왼쪽 모서리로 옮긴다.

        else if (spriteData.x < -shipNS::WIDTH)         // 화면 왼쪽
          spriteData.x = GAME_WIDTH;                    // 모서리를 벗어나면
                                                        // 오른쪽 모서리로 옮긴다.

        if (spriteData.y > GAME_HEIGHT)                 // 화면 아래쪽
          spriteData.y = -shipNS::HEIGHT;               // 모서리를 벗어나면
                                                        // 위쪽 모서리로 옮긴다.

        else if (spriteData.y < -shipNS::HEIGHT)        // 화면 위쪽
          spriteData.y = GAME_HEIGHT;                   // 모서리를 벗어나면
                                                        // 아래쪽 모서리로 옮긴다.
        }
```

Entity 클래스의 damage 함수는 Ship 클래스에 있는 함수를 재정의했다.

우주선은 TORPEDO, SHIP, PLANET에 피해를 입을 수 있다. 우주선이 피해를 입었지만 파괴되지 않는다면 shieldOn을 true로 설정한다(리스트 11.12 참조). 미사일이나 우주선에 피해를 입을 때 적절한 사운드 효과를 재생한다. 행성에게 피해를 입으면 우주선이 파괴된다. Ship::explode 함수를 통해 폭발음을 재생한다(리스트 11.13 참조). repair 함수는 피해를 입은 우주선을 수리하고 파괴된 우주선을 다시 되살린다(리스트 11.14 참조).

리스트 11.12 Ship::damage 함수

```
// ==================================================
// Damage
// ==================================================
void Ship::damage(WEAPON weapon)
{
    if (shieldOn)
        return;

    switch (weapon)
    {
    case TORPEDO:
        audio->playCue(TORPEDO_HIT);
        health -= shipNS::TORPEDO_DAMAGE;
        break;
    case SHIP:
        audio->playCue(COLLIDE);               // 사운드를 재생한다.
        health -= shipNS::SHIP_DAMAGE;
        break;
    case PLANET:
        health = 0;
        break;
    }

    if (health <= 0)
        explode();
```

```
    else
        shieldOn = true;
}
```

리스트 11.13 Ship::explode 함수

```
// =================================================
// Explode
// =================================================
void Ship::explode()
{
    audio->playCue(EXPLODE);
    active = false;
    health = 0;
    explosionOn = true;
    engineOn = false;
    shieldOn = false;
    velocity.x = 0.0f;
    velocity.y = 0.0f;
}
```

리스트 11.14 Ship 클래스의 repair 함수

```
// =================================================
// Repair
// =================================================
void Ship::repair()
{
    active = true;
    health = FULL_HEALTH;
    explosionOn = false;
    engineOn = false;
    shieldOn = false;
```

```
    rotation = 0.0f;
    direction = shipNS::NONE;              // 엔진의 회전 방향
    visible = true;
}
```

11.6.4 Spacewar 클래스

Spacewar 클래스는 게임의 핵심이다. Spacewar 클래스는 게임 로직의 대부분이 있는 Game 클래스로부터 상속받는다. spacewar.h 파일은 몇 가지 게임 상수를 정의하는 일부터 시작한다(리스트 11.15(a) 참조).

리스트 11.15(a) Spacewar 게임 상수들

```
// 2D 게임 프로그래밍
// Copyright (c) 2011 by:
// 찰스 켈리(Charles Kelly)
// spacewar.h v1.0
#ifndef _SPACEWAR_H               // 파일이 한 곳 이상에서 포함되는 경우
#define _SPACEWAR_H               // 다중으로 정의되는 문제를 방지한다.
#define WIN32_LEAN_AND_MEAN

#include <string>
#include "game.h"
#include "textureManager.h"
#include "image.h"
#include "dashboard.h"
#include "planet.h"
#include "ship.h"
#include "torpedo.h"

namespace spacewarNS
{
    const char FONT[] = "Arial Bold";     // 글꼴
    const int FONT_BIG_SIZE = 256;        // 글꼴 높이
    const int FONT_SCORE_SIZE = 48;
```

```
    const COLOR_ARGB FONT_COLOR = graphicsNS::YELLOW;
    const COLOR_ARGB SHIP1_COLOR = graphicsNS::BLUE;
    const COLOR_ARGB SHIP2_COLOR = graphicsNS::YELLOW;
    const int SCORE_Y = 10;
    const int SCORE1_X = 60;
    const int SCORE2_X = GAME_WIDTH - 80;
    const int HEALTHBAR_Y = 30;
    const int SHIP1_HEALTHBAR_X = 40;
    const int SHIP2_HEALTHBAR_X = GAME_WIDTH - 100;
    const int COUNT_DOWN_X = GAME_WIDTH / 2 - FONT_BIG_SIZE / 4;
    const int COUNT_DOWN_Y = GAME_HEIGHT / 2 - FONT_BIG_SIZE / 2;
    const int COUNT_DOWN = 5;            // 카운트다운을 5부터 시작한다.
    const int BUF_SIZE = 20;
    const int ROUND_TIME = 5;            // 새 라운드를 시작하기까지의 시간
}
```

다음은 클래스 선언부에 있는 상수들이다. Spacewar 클래스는 menu, nebula, game 텍스처를 위한 TextureManager 객체를 포함하고 있다. 또한 리스트 11.15(b)에서 볼 수 있는 것처럼 우주선, 미사일, 행성, 성운, 메뉴, 체력 표시줄, 글꼴에 대한 객체와 몇 가지 추가 변수를 포함하고 있다. 그리고 리스트 11.15(c)에서 볼 수 있는 것처럼 클래스 정의는 멤버 함수에 대한 프로토타입을 포함한다.

리스트 11.15(b) Spacewar의 객체와 변수

```
// Spacewar는 새로 만든 클래스이며, Game 클래스로부터 상속받는다.
class Spacewar : public Game
{
private:
    // 게임 아이템
    TextureManager menuTexture, nebulaTexture, gameTextures;    // 텍스처
    Ship    ship1, ship2;           // 우주선
```

```
Torpedo   torpedo1, torpedo2;    // 미사일
Planet    planet;                     // 행성
Image     nebula;                     // 배경 이미지
Image     menu;                       // 메뉴 이미지
Bar       healthBar;                    // 우주선을 위한 체력 표시줄
TextDX    fontBig;                    // 게임 배너를 위한 DirectX 글꼴
TextDX    fontScore;
bool      menuOn;
bool      countDownOn;                 // true라면 카운트다운을 표시한다.
float     countDownTimer;
char      buffer[spacewarNS::BUF_SIZE];
bool      ship1Scored, ship2Scored;  // true라면 라운드를 진행하는 동안
                                        // 우주선이 획득한 점수를 표시한다.
bool      roundOver;                   // 라운드가 종료될 때 true가 된다.
float     roundTimer;                  // 새 라운드가 시작할 때까지의 시간
int       ship1Score, ship2Score;    // 점수
```

리스트 11.15(c) Spacewar 프로토타입

```
public:
    // 생성자
    Spacewar();
    // 소멸자
    virtual ~Spacewar();
    // 게임을 초기화한다.
    void initialize(HWND hwnd);
    void update();   // Game 클래스에서 상속받은 순수 가상 함수, 반드시 재정의해야 한다.
    void ai();      // "
    void collisions();  // "
    void render();   // "
    void consoleCommand(); // 콘솔 명령을 처리한다.
    void roundStart();    // 새 라운드를 시작한다.
    void releaseAll();
    void resetAll();
```

```
};
#endif
```

---

    spacewar.cpp 파일은 생성자와 소멸자 선언부터 시작한다(리스트 11.16 참조).
initialize 함수는 모든 게임 오브젝트를 준비한다. 에러가 발생하면 예외를
던진다. 두 대의 우주선은 시계 방향 궤도로 움직이는 행성의 반대편에서 시작
한다(리스트 11.17 참조).

리스트 11.16 Spacewar의 생성자와 소멸자

```
// 2D 게임 프로그래밍
// Copyright (c) 2011 by:
// 찰스 켈리(Charles Kelly)
// spacewar.cpp v1.0
// 이 클래스는 게임의 핵심 클래스다.
#include "spacewar.h"
// ================================================
// 생성자
// ================================================
Spacewar::Spacewar()
{
    menuOn = true;
    countDownOn = false;
    roundOver = false;
    ship1Score = 0;
    ship2Score = 0;
    ship1Scored = false;
    ship2Scored = false;
    initialized = false;
}
// ================================================
// 소멸자
// ================================================
```

```
Spacewar::~Spacewar()
{
    releaseAll();      // 모든 그래픽 아이템에 대해 onLostDevice()를 호출한다.
}
```

리스트 11.17 Spacewar::initialize 함수

```
// =================================================
// 게임을 초기화한다.
// 에러가 발생하면 GameError를 던진다.
// =================================================
void Spacewar::initialize(HWND hwnd)
{
    Game::initialize(hwnd);                  // GameError를 던진다.
    // DirectX 글꼴을 초기화한다.
    fontBig.initialize(graphics, spacewarNS::FONT_BIG_SIZE, false, false,
                    spacewarNS::FONT);
    fontBig.setFontColor(spacewarNS::FONT_COLOR);
    fontScore.intialize(graphics, spacewarNS::FONT_SCORE_SIZE, false,
                    false, spacewarNS::FONT);
    // 메뉴 텍스처
    if (!menuTexture.initialize(graphics, MENU_IMAGE))
      throw(GameError(gameErrorNS::FATAL_ERROR,
                    "Error initializing menu texture"));
    // 성운 텍스처
    if (!nebulaTexture.initialize(graphics, NEBULA_IMAGE))
      throw(GameError(gameErrorNS::FATAL_ERROR,
                    "Error initializing nebula texture"));
    // 게임 메인 텍스처
    if (!gameTextures.initialize(graphics, TEXTURES_IMAGE))
      throw(GameError(gameErrorNS::FATAL_ERROR,
                    "Error initializing game textures"));
    // 메뉴 이미지
    if (!menu.initialize(graphics, 0, 0, 0, &menuTexture))
```

```
                throw(GameError(gameErrorNS::FATAL_ERROR,
                        "Error initializing menu"));
// 성운 이미지
if (!nebula.intiailize(graphics, 0, 0, 0, &nebulaTexture))
    throw(GameError(gameErrorNS::FATAL_ERROR,
                        "Error initializing nebula"));
// 행성
if (!planet.initialize(this, planetNS::WIDTH, planetNS::HEIGHT, 2,
        &gameTextures))
    throw(GameError(gameErrorNS::FATAL_ERROR,
                        "Error initializing planet"));
// 우주선 1
if (!ship1.initialize(this, shipNS::WIDTH, shipNS::HEIGHT,
        shipNS::TEXTURE_COLS, &gameTextures))
    throw(GameError(gameErrorNS::FATAL_ERROR,
                        "Error initializing ship1"));
ship1.setFrames(shipNS::SHIP1_START_FRAME, shipNS::SHIP1_END_FRAME);
ship1.setCurrentFrame(shipNS::SHIP1_START_FRAME);
// 보호막에 사용할 연한 파랑색
ship1.setColorFilter(SETCOLOR_ARGB(255, 230, 230, 255));
ship1.setMass(shipNS::MASS);
// 우주선 2
if (!ship2.initialize(this, shipNS::WIDTH, shipNS::HEIGHT,
        shipNS::TEXTURE_COLS, &gameTextures))
    throw(GameError(gameErrorNS::FATAL_ERROR,
                        "Error initializing ship2"));
ship2.setFrames(shipNS::SHIP2_START_FRAME, shipNS::SHIP2_END_FRAME);
ship2.setCurrentFrame(shipNS::SHIP2_START_FRAME);
// 보호막에 사용할 연한 노랑색
ship2.setColorFilter(SETCOLOR_ARGB(255, 255, 255, 64));
ship2.setMass(shipNS::MASS);
// 미사일 1
if (!torpedo1.initialize(this, torpedoNS::WIDTH, torpedoNS::HEIGHT,
        torpedoNS::TEXTURE_COLS, &gameTextures))
    throw(GameError(gameErrorNS::FATAL_ERROR,
```

```
                  "Error initializing torpedo1"));
    torpedo1.setFrames(torpedoNS::START_FRAME, torpedoNS::END_FRAME);
    torpedo1.setCurrentFrame(torpedoNS::START_FRAME);
    torpedo1.setColorFilter(SETCOLOR_ARGB(255, 128, 128, 255)); // 연한 파랑색
    // 미사일 2
    if (!torpedo2.initialize(this, torpedoNS::WIDTH, torpedoNS::HEIGHT,
            torpedoNS::TEXTURE_COLS, &gameTextures))
        throw(GameError(gameErrorNS::FATAL_ERROR,
                        "Error initializing torpedo2"));
    torpedo2.setFrames(torpedoNS::START_FRAME, torpedoNS::END_FRAME);
    torpedo2.setCurrentFrame(torpedoNS::START_FRAME);
    torpedo2.setColorFilter(SETCOLOR_ARGB(255, 255, 255, 64)); // 연한 노랑색
    // 체력 표시줄
    healthBar.initialize(graphics, &gameTextures, 0, spacewarNS::HEALTHBAR_Y,
                        2.0f, graphicsNS::WHITE);
    // 우주선을 시계 방향 궤도로 움직이는 행성의 반대편에서 시작하게 만든다.
    ship1.setX(GAME_WIDTH / 4 - shipNS::WIDTH);
    ship2.setX(GAME_WIDTH - GAME_WIDTH / 4);
    ship1.setY(GAME_HEIGHT / 2 - shipNS::HEIGHT);
    ship2.setY(GAME_HEIGHT / 2);
    ship1.setVelocity(VECTOR2(0, -shipNS::SPEED));
    ship2.setVelocity(VECTOR2(0, shipNS::SPEED));
    return;
}
```

Spacewar::update 함수는 게임 루프에서 반복적으로 호출한다. 현재 메뉴가 표시되고 있다면 키에 대한 입력을 확인한다. 키를 누르면 메뉴는 사라지고 새로운 라운드가 시작된다.

카운트다운이 5부터 시작해 종료되고 나면 새로운 라운드가 시작된다. countDownTimer가 줄어들어야 한다면 countDownOn은 true가 된다. 타이머가 0에 도달하면 카운트다운 표시는 사라지게 된다.

플레이어의 키보드와 게임 패드에 대한 입력은 각 우주선에 적용된다. 앞으

로 이동하는 키를 누르면 엔진 애니메이션이 활성화된다.

　행성의 중력은 우주선과 미사일에 모두 적용되며, 게임상의 모든 개체는 갱신
된다(리스트 11.18 참조).

리스트 11.18　Spacewar::update 함수

```
// ===================================================
// 모든 게임 아이템을 갱신한다.
// ===================================================
void Spacewar::update()
{
    if (menuOn)
    {
        if (input->anyKeyPressed())
        {
            menuOn = false;
            input->clearAll();
            roundStart();
        }
    }
    else if (countDownOn)
    {
        countDownTimer -= frameTime;
        if (countDownTimer <= 0)
            countDownOn = false;
    }
    else
    {
        if (ship1.getActive())
        {
            // 엔진이 켜진다면
            if (input->isKeyDown(SHIP1_FORWARD_KEY) ||
                input->getGamepadDPadUp(0))
            {
```

```cpp
      ship1.setEngineOn(true);
      audio->playCue(ENGINE1);
    }
    else
    {
      ship1.setEngineOn(false);
      audio->stopCue(ENGINE1);
    }
    ship1.rotate(shipNS::NONE);
    // 우주선 1이 방향을 왼쪽으로 돌린다면
    if (input->isKeyDown(SHIP1_LEFT_KEY) ||
          input->getGamepadDPadLeft(0))
      ship1.rotate(shipNS::LEFT);
    // 우주선 1이 방향을 오른쪽으로 돌린다면
    if (input->isKeyDown(SHIP1_RIGHT_KEY) ||
          input->getGamepadDPadRight(0))
        ship1.rotate(shipNS::RIGHT);
    // 우주선 1이 미사일을 발사하면
    if (input->isKeyDown(SHIP1_FIRE_KEY) || input->getGamepadA(0))
      torpedo1.fire(&ship1);   // 미사일 1을 발사한다.
  }
  if (ship2.getActive())
  {
    // 엔진이 켜진다면
    if (input->isKeyDown(SHIP2_FORWARD_KEY) ||
          input->getGamepadDPadUp(0))
    {
      ship2.setEngineOn(true);
      audio->playCue(ENGINE2);
    }
    else
    {
      ship2.setEngineOn(false);
      audio->stopCue(ENGINE2);
    }
```

```
    ship1.rotate(shipNS::NONE);
    // 우주선 2가 방향을 왼쪽으로 돌린다면
    if (input->isKeyDown(SHIP2_LEFT_KEY) ||
            input->getGamepadDPadLeft(0))
      ship2.rotate(shipNS::LEFT);
    // 우주선 2가 방향을 오른쪽으로 돌린다면
    if (input->isKeyDown(SHIP2_RIGHT_KEY) ||
            input->getGamepadDPadRight(0))
      ship2.rotate(shipNS::RIGHT);
    // 우주선 2가 미사일을 발사하면
    if (input->isKeyDown(SHIP2_FIRE_KEY) || input->getGamepadA(0))
      torpedo2.fire(&ship2);                 // 미사일 2를 발사한다.
  }
  if (roundOver)
  {
    roundTimer -= frameTime;
    if (roundTimer <= 0)
      roundStart();
  }
}
ship1.gravityForce(&planet, frameTime);
ship2.gravityForce(&planet, frameTime);
torpedo1.gravityForce(&planet, frameTime);
torpedo2.gravityForce(&planet, frameTime);
// 모든 개체를 갱신한다.
planet.update(frameTime);
ship1.update(frameTime);
ship2.update(frameTime);
torpedo1.update(frameTime);
torpedo2.update(frameTime);
}
```

새로운 라운드가 시작되면 각 우주선의 위치를 리셋하고 카운트다운 타이머
를 시작한다(리스트 11.19 참조). 충돌 감지는 Spacewar 클래스에서 수행된다. 이

때 충돌할 수 있는 모든 조합을 테스트해야 한다. 우주선이 충돌한다면 우주선과 충돌하는 항목을 매개변수로 지정해 damage 함수를 호출한다. 또한 충돌 코드는 점수를 갱신한다. 이번 버전의 게임에서 플레이어의 점수는 오직 다른 우주선이 파괴될 때에만 획득할 수 있다(리스트 11.20 참조).

리스트 11.19 Spacewar::roundStart 함수

```
// ================================================
// 새로운 라운드를 시작한다.
// ================================================
void Spacewar::roundStart()
{
    // 우주선은 시계 방향 궤도로 움직이는 행성의 반대편에서 시작한다.
    ship1.setX(GAME_WIDTH / 4 - shipNS::WIDTH);
    ship2.setX(GAME_WIDTH - GAME_WIDTH - 4);
    ship1.setY(GAME_HEIGHT / 2 - shipNS::HEIGHT);
    ship2.setY(GAME_HEIGHT / 2);
    ship1.setVelocity(VECTOR2(0, -shipNS::SPEED));
    ship2.setVelocity(VECTOR2(0, shipNS::SPEED));
    ship1.setDegrees(0);
    ship2.setDegrees(180);
    ship1.repair();
    ship2.repair();
    countDownTimer = spacewarNS::COUNT_DOWN;
    countDownOn = true;
    roundOver = false;
    ship1Scored = false;
    ship2Scored = false;
}
```

```
// ================================================
// 충돌을 처리한다.
// ================================================
void Spacewar::collisions()
{
    VECTOR2 collisionVector;

    // 우주선 1과 행성 사이에 충돌이 일어난다면
    if (ship1.collidesWith(planet, collisionVector))
    {
        ship1.toOldPosition();              // 우주선을 충돌 밖으로 보낸다.
        ship1.damage(PLANET);
        // 컨트롤러에 0, 100%, 1.0로 설정해 진동을 준다.
        input->gamePadVibrateLeft(0, 65535, 1.0);
    }
    // 우주선 2와 행성 사이에 충돌이 일어난다면
    if (ship2.collidesWith(planet, collisionVector))
    {
        ship2.toOldPosition();              // 우주선을 충돌 밖으로 보낸다.
        ship2.damage(PLANET);
        // 컨트롤러에 1, 100%, 1.0로 설정해 진동을 준다.
        input->gamePadVibrateLeft(1, 65535, 1.0);
    }
    // 우주선 1과 우주선 2 사이에 충돌이 일어난다면
    if (ship1.collidesWith(ship2, collisionVector))
    {
        // 다른 우주선으로부터 튕겨져 나온다.
        ship1.bounce(collisionVector, ship2);
        ship2.bounce(collisionVector * -1, ship1);
        ship1.damage(SHIP);
        ship2.damage(SHIP);
        input->gamePadVibrateRight(0, 30000, 0.5);
        input->gamePadVibrateRight(1, 30000, 0.5);
```

```
}
// 미사일과 우주선 사이에 충돌이 일어난다면
if (torpedo1.collidesWith(ship2, collisionVector))
{
  ship2.damage(TORPEDO);
  torpedo1.setVisible(false);
  torpedo1.setActive(false);
  input->gamePadVibrateRight(1, 20000, 0.5);
}
if (torpedo2.collidesWith(ship1, collisionVector))
{
  ship1.damage(TORPEDO);
  torpedo2.setVisible(false);
  torpedo2.setActive(false);
  input->gamePadVibrateRight(0, 20000, 0.5);
}
// 미사일과 행성 사이에 충돌이 일어난다면
if (torpedo1.collidesWith(planet, collisionVector))
{
  torpedo1.setVisible(false);
  torpedo1.setActive(false);
  audio->playCue(TORPEDO_CRASH);
}
if (torpedo2.collidesWith(planet, collisionVector))
{
  torpedo2.setVisible(false);
  torpedo2.setActive(false);
  audio->playCue(TORPEDO_CRASH);
}
// 점수를 확인한다.
if (ship1.getActive() == false && ship2Scored == false)
{
  ship2Score++;
  ship2Scored = true;
  if (roundOver == false)
```

```
        {
            roundTimer = spacewarNS::ROUND_TIME;
            roundOver = true;
        }
    }
    if (ship2.getActive() == false && ship1Scored == false)
    {
        ship1Score++;
        ship1Scored = true;
        if (roundOver == false)
        {
            roundTimer = spacewarNS::ROUND_TIME;
            roundOver = true;
        }
    }
}
```

render 함수는 모든 게임 아이템을 그린다(리스트 11.21 참조). 재미를 위해 콘솔 명령 몇 가지를 추가했다. 행성의 중력을 켜고 끄거나, 행성 전체를 비활성화할 수 있다(리스트 11.22 참조).

리스트 11.21 Spacewar::render 함수

```
// =================================================
// 게임 아이템을 렌더링한다.
// =================================================
void Spacewar::render()
{
    graphics->spriteBegin();              // 스프라이트 그리기 시작
    nebula.draw();                        // 오리온 성운을 표시한다.
    planet.draw();                        // 행성을 그린다.
    // 점수를 표시한다.
    fontScore.setFontColor(spacewarNS::SHIP1_COLOR);
```

```
_snprintf_s(buffer, spacewarNS::BUF_SIZE, "%d", (int)ship1Score);
fontScore.print(buffer, spacewarNS::SCORE1_X, spacewarNS::SCORE_Y);
fontScore.setFontColor(spacewarNS::SHIP2_COLOR);
_snprintf_s(buffer, spacewarNS::BUF_SIZE, "%d", (int)ship2Score);
fontScore.print(buffer, spacewarNS::SCORE2_X, spacewarNS::SCORE_Y);
// 체력 표시줄을 표시한다.
healthBar.setX((float)spacewarNS::SHIP1_HEALTHBAR_X);
healthBar.set(ship1.getHealth());
healthBar.draw(spacewarNS::SHIP1_COLOR);
healthBar.setX((float)spacewarNS::SHIP2_HEALTHBAR_X);
healthBar.set(ship2.getHealth());
healthBar.draw(spacewarNS::SHIP2_COLOR);
ship1.draw();      // 우주선을 그린다.
ship2.draw();
torpedo1.draw(graphicsNS::FILTER); // colorFilter를 사용해 미사일을 그린다.
torpedo2.draw(graphicsNS::FILTER);

if (menuOn)
  menu.draw();
if (countDownOn)
{
  _snprintf_s(buffer, spacewarNS::BUF_SIZE, "%d",
            (int)(ceil(countDownTimer)));
  fontBig.print(buffer, spacewarNS::COUNT_DOWN_X,
            spacewarNS::COUNT_DOWN_Y);
}
graphics->spriteEnd();   // 스프라이트 그리기 종료
}
```

리스트 11.22 Spacewar 게임에 추가된 콘솔 명령

```
// ================================================
// 콘솔 명령을 처리한다.
// ================================================
```

```
void Spacewar::consoleCommand()
{
    command = console->getCommand();        // 콘솔로부터 명령을 가져온다.
    if (command == "")                      // 아무런 명령도 입력하지 않았다면
        return;
    if (command == "help")                  // "help" 명령을 입력했다면
    {
        console->print("Console Commands:");
        console->print("fps - toggle display of frames per second");
        console->print("gravity off - turns off planet gravity");
        console->print("gravity on - turns on planet gravity");
        console->print("planet off - disables planet");
        console->print("planet on - enables planet");
        return;
    }
    if (command == "fps")
    {
        fpsOn = !fpsOn;                     // FPS 표시를 전환한다.
        if (fpsOn)
            console->print("fps On");
        else
            console->print("fps Off");
    }
    if (command == "gravity off")
    {
        planet.setMass(0);
        console->print("Gravity Off");
    } else if (command == "gravity on")
    {
        planet.setMass(planetNS::MASS);
        console->print("Gravity On");
    } else if (command == "planet off")
    {
        planet.disable();
        console->print("Planet Off");
```

```
    } else if (command == "planet on")
    {
        planet.enable();
        console->print("Planet On");
    }
}
```

Spacewar 클래스는 releaseAll과 resetAll 함수를 구현해 마무리한다(리스트 11.23 참조).

리스트 11.23 Spacewar 클래스의 releaseAll 함수와 resetAll 함수

```
// =================================================
// 그래픽 디바이스가 로스트 상태가 됐을 때 예약된 비디오 메모리를
// 모두 해제해 그래픽 디바이스가 리셋될 수 있게 한다.
// =================================================
void Spacewar::releaseAll()
{
    menuTexture.onLostDevice();
    nebulaTexture.onLostDevice();
    gameTextures.onLostDevice();
    fontScore.onLostDevice();
    fontBig.onLostDevice();
    Game::releaseAll();
    return;
}
// =================================================
// 그래픽 디바이스를 리셋하고, 모든 그래픽을 다시 생성한다.
// =================================================
void Spacewar::resetAll()
{
    fontBig.onResetDevice();
    fontScore.onResetDevice();
```

```
gameTextures.onResetDevice();
nebulaTexture.onResetDevice();
menuTexture.onResetDevice();
Game::resetAll();
return;
}
```

이것으로 Spacewar 게임을 위해 만든 코드에 대한 설명을 마친다. 나머지
부분은 게임 엔진을 구성하고 있는 파일들이다. 모두 프로젝트에 포함돼 있다.
완성된 소스코드는 www.programming2dgames.com에서 다운로드할 수 있다.

■ 11.7 저장과 불러오기

Spacewar 게임에는 진행 도중에 게임을 저장하거나 불러오는 기능이 포함돼
있지 않다. 게임을 저장하거나 불러오는 기능은 일반적으로 2인용 게임에는 포
함돼 있지 않다. 1인용 게임을 만들었고 플레이어가 일련의 퀘스트를 완료해야
된다면 플레이어의 진행 상황을 저장할 방법을 제공해야 한다. 해당 방법은 주
요 지점에서 자동 저장되거나 플레이어가 원할 때 저장할 수 있는 형태로 제공
된다. 저장하는 데 필요한 데이터는 플레이어의 행동으로 인해 변경될 수 있는
변수들뿐이다.

게임 저장과 불러오기를 보여주기 위해 Spacewar 코드의 대부분을 재사용해
1인용 게임을 만들었다.

11.7.1 우주 해적

게임의 배경이 되는 이야기는 우주 해적^{Space Pirates}이 지구에 있는 소들을 훔쳤다
는 것이다. 분명 해적은 최근 행성에 대한 정찰 임무 중에 아이스크림에 대해
알게 됐고, 소들을 훔쳐 아이스크림을 만들기로 결정했다(그들을 누가 비난할 수 있겠
는가?). 플레이어는 도난 당한 소들을 모아 지구에 다시 돌려놔야 한다(그림 11.5
참조).

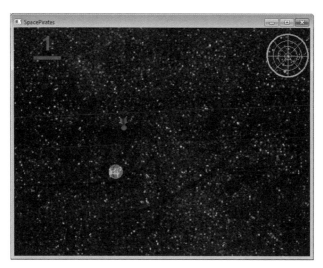

그림 11.5 Space Pirates 게임

게임은 saveGame과 loadGame 함수를 갖추고 있다. saveGame 함수는 게임이 종료될 때 자동으로 호출된다. 새로운 게임을 시작했을 때 저장된 게임이 있는지 확인하기 위해 세 번째 함수인 foundGame이 사용된다. 저장된 게임이 있다면 플레이어에게 이전에 저장된 게임을 불러올지 물어본다.

saveGame 함수는 텍스트 파일을 만든다. 만들 파일의 이름은 SAVE_NAME이라는 상수에 정의돼 있는 **SpacePiratesSave.txt**다. 경로 이름을 지정하지 않으면 게임 실행 파일과 같은 폴더에 생성된다(리스트 11.24 참조).

리스트 11.24 SpacePirates 클래스의 saveGame 함수

```cpp
// =================================================
// 게임 저장하기
// 미사일은 저장하지 않는다. 우주선 1의 속도만 저장한다.
// =================================================
void SpacePirates::saveGame()
{
    std::ofstream outFile(SAVE_NAME);
    if (outFile.fail())             // 저장할 파일을 생성할 때 에러 발생
```

```
    {
        messageDialog->print("Error creating save file.");
        return;
    }
    outFile  << ship1Score << '\n'
             << ship1.getX() << '\n'
             << ship1.getY() << '\n'
             << ship1.getHealth() << '\n'
             << ship1.getVelocity().x << '\n'
             << ship1.getVelocity().y << '\n';
    for (int i = 0; i < MAX_PIRATES; i++)
    {
        outFile  << ship2[i].getX() << '\n'
                 << ship2[i].getY() << '\n'
                 << ship2[i].getHealth() << '\n'
                 << cow[i].getX() << '\n'
                 << cow[i].getY() << '\n';
    }
}
```

게임 저장 방식을 텍스트 파일로 사용하면 파일의 내용을 확인할 수 있기 때문에 개발 목적에 적합하다. 또한 플레이어가 치트를 사용하기 위해 직접 수정할 수도 있다. 치트 행위를 막고 싶다면 텍스트 파일 대신 바이너리 파일을 사용할 수 있다. 또는 파일 안에 있는 데이터를 알기 어렵게 조치를 취할 수도 있다. 게임을 불러오는 데 사용되는 코드는 리스트 11.25와 같다. 파일로부터 값을 불러와 지역 변수 n, x, y에 저장하고 실제 게임 변수에 설정하기 위해 set 함수의 매개변수로 사용할 것이다.

리스트 11.25 SpacePirates 클래스의 loadGame 함수

```
// ==================================================
// 게임 불러오기
```

```cpp
// ====================================================
void SpacePirates::loadGame()
{
    std::ifstream inFile(SAVE_NAME);
    float n, x, y;
    if (inFile.fail())                      // 저장된 파일을 열 때 에러 발생
    {
        messageDialog->print("Error opening save file.");
        return;
    }
    inFile >> ship1Score;
    inFile >> n;
    ship1.setX(n);
    inFile >> n;
    ship1.setY(n);
    inFile >> n;
    ship1.setHealth(n);
    inFile >> x;
    inFile >> y;
    ship1.setVelocity(D3DXVECTOR2(x, y));
    for (int i = 0; i < MAX_PIRATES; i++)
    {
        inFile >> n;
        ship2[i].setX(n);
        inFile >> n;
        ship2[i].setY(n);
        inFile >> n;
        ship2[i].setHealth(n);
        inFile >> n;
        cow[i].setX(n);
        inFile >> n;
        cow[i].setY(n);
    }
}
```

foundGame 함수는 입력을 위해 파일을 열려고 시도함으로써 저장된 게임 파일의 존재를 확인한다(리스트 11.26 참조). saveGame 함수는 게임의 소멸자에서 호출되는데, 게임을 종료할 때 실행될 것이다(리스트 11.27 참조).

리스트 11.26 SpacePirates 클래스의 foundGame 함수

```
// =================================================
// 저장된 게임 파일이 있는지 확인한다.
// 이후: 저장된 게임 파일을 발견하면 true, 발견하지 못하면 false를 반환한다.
// =================================================
bool SpacePirates::foundGame()
{
    std::ifstream inFile(SAVE_NAME);
    if (inFile.fail())          // 저장된 파일을 찾을 수 없는 경우 에러 발생
      return false;
    inFile.close();
    return true;                // 저장된 파일 발견
}
```

리스트 11.27 saveGame 함수 호출

```
// =================================================
// 소멸자
// =================================================
SpacePirates::~SpacePirates()
{
    saveGame();          // 게임 상태 저장
    releaseAll();        // 모든 그래픽 아이템에 대해 onLostDevice() 호출
}
```

foundGame 함수는 initialize 함수 끝에 호출된다. 코드는 저장된 게임 파일의 존재 여부를 확인하고, 사용자에게 최근 저장된 게임을 불러올지에 대한

여부를 확인하기 위해 messageDialog를 사용한다. loadGameDialog는 플레이어가 messageDialog에서 '예(Yes)' 또는 '아니오(No)'를 클릭하는 동안 true로 설정한다(리스트 11.28 참조).

리스트 11.28 저장된 게임 파일이 있는지 확인하기 위해 foundGame 함수 사용

```
// 게임을 불러올 것인가?
if (foundGame())              // 저장된 게임 파일을 발견하면
{
    messageDialog->setButtonType(messageDialogNS::YES_NO);
    messageDialog->print("Load last saved game?");
    loadGameDialog = true;
}
```

loadGameDialog는 update 함수에서 사용된다. 플레이어가 messageDialog에서 Yes 버튼을 클릭하면 loadGame 함수는 저장된 게임을 불러오기 위해 호출된다(리스트 11.29 참조).

리스트 11.29 게임 불러오기 대화상자의 버튼 클릭을 처리

```
// =================================================
// 모든 게임 아이템을 갱신한다.
// =================================================
void SpacePirates::update()
{
    if (loadGameDialog)
    {
        if (messageDialog->getButtonClicked() == 1)      // Yes라면
            loadGame();                            // 저장된 게임 파일을 불러온다.
        if (messageDialog->getVisible() == false)
            loadGameDialog = false;
    }
```

Space Pirates의 완성된 소스코드는 www.programming2dgames.com에서 다운로드할 수 있다.

정리

11장에서는 몇 가지 프로젝트 관리 기법들을 다뤘다. 먼저 소프트웨어 개발 모델에 대해 알아봤다. 또한 시간 및 자원 관리에 대한 기법을 소개하고 Spacewar 게임 제작을 여러 개의 작은 작업으로 나눈 뒤, 이전에 해당 작업을 어떻게 완료했는지 설명했다. 그 뒤에는 모두 합친 뒤 게임의 최종 버전에 대해 설명했다. 마지막으로 게임을 저장하고 불러오는 방법에 대해 설명했다. 11장에서 배운 내용은 다음과 같다.

- **점진적 프로토타이핑** 점진적 프로토타이핑은 초기 디자인 과정에서 프로토타입 생성을 포함하는 소프트웨어 개발 모델이다.
- **저장** 저장하라, 저장하라, 초기 프로토타입을 반드시 저장하라. 각 프로토타입에는 서로 다른 버전 번호를 사용한다.
- **기술 배우기** 프로젝트 관리 기술은 게임 개발에서 아주 중요하다.
- **간트 차트** 간트 차트는 시간 관리를 위한 좋은 도구다.
- **작업 할당표** 작업 할당표는 자원 관리를 위한 좋은 도구다.
- **디자인 문서** 각 프로젝트는 팀 멤버들에게 공동의 기준점을 제공하기 위해 디자인 문서로 시작한다.
- **빠르게 제작** 프로토타입 텍스처와 사운드 효과는 신속하게 만들어야 한다.
- **논리적인 순서** 작업 순서를 논리적으로 정렬해 사전에 완료할 수 있게 한다.
- **테스트** 테스트, 테스트, 테스트하라.
- **주석** 소스코드를 이해하기 쉽게 주석을 작성하라.
- **문서** 사용자 문서는 수정이나 번역의 편의를 위해 별도의 파일에 저장해야 한다.

- **작업 분할** 게임을 만드는 것은 진화 과정과 같다. 처음에 대부분의 게임 프로그래머들은 게임 제작의 복잡함을 알게 되면 당황할 수 있다. 이때 작업을 작게 나누는 편이 좋다.

복습문제

1. 점진적 프로토타이핑의 장점은 무엇인가?

2. 게임 프로젝트에서 가장 오랜 시간이 걸릴 것으로 예상되는 작업은 무엇인가?

3. 게임 프로젝트에서 시간 관리의 전반적인 목표는 무엇인가?

4. 간트 차트는 어디에 사용되는가?

5. 작업을 완료하는 데 필요한 실제 시간이 예상 시간을 초과하면 간트 차트에는 무슨 일이 일어나는가?

6. 프로젝트 관리에서 작업 할당표는 어떤 측면에서 사용되는가?

7. 작업 할당표에서의 작업 설명은 간트 차트와 비교할 때 어떻게 다른가?

8. 디자인 문서의 목적은 무엇인가?

9. 프로토타입 텍스처에서 중요한 것은 무엇인가?

10. 초기 테스트가 중요한 이유는 무엇인가?

11. 내부 사용을 위한 문서의 형태는 무엇인가?

12. 충돌하는 게임 오브젝트들은 모두 어떤 게임 엔진 클래스로부터 상속받았는가?

13. 행성과 우주선 1 사이에 중력이 적용되는 코드 라인은 어디인가?

14. 두 대의 우주선이 충돌해 피해를 입었다. 이때 우주선 1에 피해를 입히기 위해 호출하는 함수는 무엇인가?

15. `foundGame` 함수는 저장된 게임 파일의 존재를 확인하는가?

연습문제

1. 여러분의 게임 프로젝트에 대한 간트 차트를 만들어라.

2. 여러분의 게임 프로젝트에 대한 작업 할당표를 만들어라.

3. 여러분의 게임 프로젝트에 대한 디자인 문서를 만들어라.

4. Spacewar 게임의 플레이에 변화를 준다. 변화에 대한 이론적 근거와 변경해야 하는 코드를 설명하라.

5. 행성의 중력이 반전돼 우주선과 미사일이 접근하지 못하게 만드는 콘솔 명령을 Spacewar 게임에 추가하라.

예제

다음 예제들은 www.programming2dgames.com에서 다운로드할 수 있다.

- **Spacewar Gantt Chart** Spacewar 게임에 대한 마이크로소프트 비지오^{Visio}의 간트 차트다.

- **Spascewar v1.0** Spacewar 게임의 완성된 버전이다.
  - 이전 장에서 다뤘던 게임 프로그래밍의 대부분을 보여준다.

- **Space Pirates** 게임 저장과 불러오기를 포함해 Spacewar 테마를 변형한 1인용 게임이다.
  - 게임 상태를 저장하고 불러오는 방법을 보여준다.
  - 파일의 존재를 확인하는 방법을 보여준다.
  - 앞의 장들에서 다뤘던 게임 프로그래밍의 대부분을 보여준다.

네트워크 프로그래밍

12

▮ 12.1 네트워크 개요

장난감에 대한 선과 생명체에 대한 선은 서로 다른 것이다.

— 한 솔로(Han Solo)

한 솔로와 논쟁하고자 하는 여러분은 누구인가? 불행하게도 여러분이 다른 플레이어를 상대로 게임을 하려고 할 때 그들이 항상 근처에 있는 것은 아니다. 컴퓨터가 네트워크에 연결돼 있다면 상대하는 플레이어가 다른 방에 있든 다른 지역에 있든 그와 함께 게임을 할 수 있다.

네트워크 세계에서 클라이언트^{Client}와 서버^{Server}라는 용어를 자주 볼 수 있다. 네트워크 게임에서 클라이언트는 플레이어가 사용하는 장치이며, 서버는 클라이언트와 통신하는 장치다. 클라이언트는 플레이어로부터 입력을 받아 서버로 전송한다. 일반적으로 서버는 게임을 실행하며, 클라이언트로부터 입력 데이터를 받아 게임에 적용한 뒤 클라이언트에게 게임의 상태를 전송한다. 클라이언트는 서버로부터 수신한 상태 정보를 사용해 게임에 표시한다. 이는 대부분의 게임에서 사용하는 일반적인 클라이언트/서버 모델이다.

인터넷과 대부분의 근거리 네트워크에서는 인터넷 프로토콜IP, Internet Protocol을 사용한다. 인터넷 프로토콜이란 데이터를 한 위치에서 다른 위치로 전송하기 위해 정보와 하드웨어를 구성하는 방법을 정의하는 일련의 규칙이다. 그러나 IP는 대용량 파일을 전송하는 방법과 전송 중에 에러가 발생했을 경우에 대한 구체적인 규칙을 정의하지 않는다. 이런 시나리오에서는 IP와 함께 동작하는 상위 레벨의 프로토콜들이 있다.

TCP 전송 제어 프로토콜TCP, Transmission Control Protocol은 데이터의 신뢰성 있는 전달을 제공한다. 큰 메시지는 자동으로 IP 크기의 패킷으로 나눠 전송하거나 수신하고, 받은 곳에서 순서에 따라 재조립된다. 전송 중에 손실된 패킷은 자동으로 재전송한다. 패킷이 손실돼 재전송하는 경우 TCP 메시지 전달의 신뢰성으로 인해 (몇 초 정도의) 오랜 지연이 발생할 수 있다. 이 때문에 TCP는 일반적으로 실시간 데이터를 전달하는 데 적합하지 않다. TCP는 두 디바이스 사이의 연결을 확립하기 때문에 하나의 디바이스나 두 디바이스 모두 끊어지기 전까지는 연결이 유지된다. 구현한 예제에서는 한 번에 오직 하나의 TCP 접속만 허용한다. 다른 디바이스가 연결을 끊으면 데이터를 전송하거나 수신할 때 에러가 발생할 것이다.

UDP 사용자 데이터그램 프로토콜UDP, User Datagram Protocol은 비연결 프로토콜이다. 비연결 프로토콜은 단일 인터페이스에서 여러 디바이스와의 통신을 지원한다. UDP는 데이터 전송을 보장하지 않는다. 데이터 패킷은 순서가 뒤바뀌어 도착할 수도 있고, 복사될 수도 있으며, 전달되지 않을 수도 있다. UDP는 일반적으로 신뢰성보다 데이터의 전송 시간이 더 중요한 애플리케이션에 사용된다.

12.1.1 주소

네트워크에 있는 각 디바이스는 고유의 IP 주소를 갖고 있다. IPv4로 알려진 기존 주소 방식은 각 주소에 대해 32비트를 사용하므로, 2^{32}(4,294,967,296)개의 주소가 존재한다. 현재 많은 디바이스들이 인터넷에 연결돼 있고 주소를 할당하는 방식 때문에 사용하지 않는 주소가 빠르게 줄어들고 있다. 이를 대체하기 위해 IPv6이라고 알려진 새로운 주소 체계가 도입됐다. IPv6은 각 주소에 대해 64비트를 사용하므로, 2^{128}(약 3.4×10^{38})개의 주소가 존재한다. 이는 지구상에 있는 모든 모래 알갱이에 주소를 부여해도 남을 정도로 충분한 개수다. IPv4는 여전히 가장 널리 사용되는 주소 체계이므로, 이 책에서는 IPv4를 사용한다.

12.1.2 포트

주소를 가진 각 디바이스는 사용할 수 있는 포트^{Port}의 범위를 가진다. 포트 번호는 16비트를 사용하므로, 2^{16}(65,536)개의 포트 번호가 존재한다. IP 주소는 건물의 주소, 포트 번호는 건물 안에 있는 방과 동일하다고 볼 수 있다. 포트 번호 0~1023은 잘 알려진 서비스를 위해 미리 정의돼 있으므로 피해야 한다. 포트 번호 1024~65535는 자유롭게 사용할 수 있다.

12.1.3 소켓

네트워크 프로그래밍에서 소켓^{Socket}은 네트워크에 대한 인터페이스다. 이 때문에 네트워크 프로그래밍은 종종 소켓 프로그래밍이라고도 한다. 윈도우 프로그래밍에서 윈속^{Winsock}은 TCP/IP와 UDP/IP를 지원하는 소켓 생성을 돕기 위한 API다. 소켓은 블로킹^{Blocking} 또는 논블로킹$^{Non-Blocking}$으로 구성될 수 있다. 블로킹 소켓은 작업이 완료될 때까지 함수 호출로부터 송신하거나 수신한 데이터를 반환하지 않는다. 논블로킹 소켓은 데이터 송수신이 없는 경우에도 항상 즉시 반환한다. 많은 게임의 실시간 특성을 감안할 때 소켓 작업이 완료될 때까지 기다릴 여유가 없다. 블로킹 소켓을 사용한다면 통신을 처리하기 위한 별도 스레드와 함께 멀티스레드 애플리케이션을 만들어야 한다. 멀티스레드 프로그램을 작성하는 것은 더 복잡하므로, 이 책에서는 논블로킹 소켓을 사용한다.

▌12.2 Net 클래스

게임 엔진에 네트워크 지원을 추가하기 위해 Net 클래스를 새로 생성할 것이다. Net 클래스는 데이터를 주고받을 수 있게 논블로킹 원속 소켓을 생성하는 코드를 포함하고 있다. 소켓은 TCP/IP나 UDP/IP 네트워크 통신을 사용할 수 있게 구성된다. Network 클래스는 net.h와 net.cpp 파일을 포함한다. net.h 파일은 winsock2.h를 포함하고 있다. 또한 이전 버전인 winsock.h 파일도 있다. 이 두 헤더 파일은 같은 프로젝트에 포함되는 경우 에러가 발생한다. 불행하게도 windows.h 파일은 자동으로 winsock.h를 포함한다. #define WIN32_LEAN_AND_MEAN 구문을 사용하면 winsock.h 파일을 포함해 여러 헤더 파일로부터 windows.h를 불러오는 것을 막을 수 있다. Net 클래스로 작업을 할 때 프로젝트의 모든 헤더 파일에 대해 #include 구문 앞에 WIN32_LEAN_AND_MEAN이 정의돼 있는지 확인한다.

▋ 12.3 네트워크 초기화

원속을 사용하는 첫 번째 단계는 WSAStartup 함수를 호출하는 것이다. 이 함수는 애플리케이션이 추가 원속 함수를 호출할 수 있게 해준다. 원속 사용이 끝나면 애플리케이션은 WSAStartup 함수에서 할당한 리소스를 해제하기 위해 WSACleanup 함수를 호출해야 한다. WSACleanup 함수는 WSAStartup 함수를 호출한 횟수만큼 호출해야 한다.

```
int WSAStartup(
    WORD wVersionRequested,
    LPWSADATA lpWSAData
);
```

매개변수는 다음과 같다.

- **wVersionRequested** 사용할 수 있는 윈도우 소켓의 가장 높은 버전으로, 여기서는 2.2 버전을 사용할 것이다. 원속 DLL인 Ws_32.dll은 2.2 버전을 통해 1.0 버전의 원속 규격을 사용하는 애플리케이션을 지원한다.

- **lpWSAData** 윈도우 소켓 구현에 대한 정보를 수신하는 WSAData 구조체를

가리키는 포인터다.

반환 값은 성공할 경우 0이며, 실패할 경우 에러 코드가 된다. 12장 뒷부분에서 에러 코드에 대해 더 자세히 알아본다. 리스트 12.1(a)에서 볼 수 있듯이 WSAStartup 함수는 initialize 함수에서 호출된다.

리스트 12.1(a) Net::initialize 함수에서 WSAStartup 함수 호출

```
// =========================================================
// 네트워크를 초기화한다.
// 프로토콜 = UDP 또는 TCP
// netCreateServer 또는 netCreateClient에서 호출한다.
// 이전 :
//      port = 포트 번호
//      protocol = UDP 또는 TCP
// 이후 :
//      에러에 대해 두 부분의 int 코드를 반환한다.
//      하위 16비트는 net.h에 정의된 상태 코드를 포함한다.
//      상위 16비트는 "윈도우 소켓 에러 코드"를 포함한다.
// =========================================================
int Net::initialize(int port, int protocol)
{
    unsigned long ul = 1;
    int nRet;
    int status;
    if (netInitialized)                 // 네트워크가 현재 초기화돼 있다면
        closeSockets();                 // 현재 네트워크를 닫고 시작한다.
    mode = UNINITIALIZED;
    status = WSAStartup(0x0202, &wsd);   // 윈속 2.2 버전을 사용해 시작한다.
    if (status != 0)
        return ((status << 16) + NET_INIT_FAILED);
```

12.3.1 소켓 생성

윈속을 초기화한 후 다음 단계는 네트워크 소켓을 생성하는 것이다. socket 함수는 지정된 주소 패밀리, 유형이나 프로토콜에 대해 소켓을 생성한다.

```
SOCKET WSAAPI socket(
    int af,
    int type,
    int protocol
);
```

매개변수는 다음과 같다.

- **af** 주소 패밀리로, 가능한 값은 Winsock2.h 헤더 파일이나 윈도우 비스타 이후에 릴리스된 윈도우 SDK에 대해서는 Ws2def.h 헤더 파일에 정의돼 있다. 여기서는 IPv4 인터넷 주소 패밀리인 AF_INET을 사용한다. 지원하는 유형은 다음과 같다.
  - **AF_UNSPEC** 지정되지 않음
  - **AF_INET** 인터넷 프로토콜 버전 4(IPv4)
  - **AF_INET6** 인터넷 프로토콜 버전 6(IPv6)
  - **AF_IPX** IPX/SPX 주소 패밀리다. 윈도우 비스타 이후 버전에서는 지원하지 않는다.
  - **AF_APPLETALK** 애플토크AppleTalk 주소 패밀리다. 윈도우 비스타 이후 버전에서는 지원하지 않는다.
  - **AF_NETBIOS** 넷바이오스NetBIOS 주소 패밀리다. 윈도우 비스타 이후 버전에서는 지원하지 않는다.
  - **AF_IRDA** 적외선 통신 협회IrDA, Infrared Data Association 주소 패밀리
  - **AF_BTH** 블루투스Bluetooth 주소 패밀리
- **type** 생성할 소켓의 유형으로, 지원하는 유형은 다음과 같다.
  - **SOCK_STREAM** 신뢰할 수 있는 연결 기반의 바이트 스트림으로, 인터넷

주소 패밀리(AF_INET 또는 AF_INET6)와 함께 TCP를 사용한다.

- ○ **SOCK_DGRAM** 비연결적이며 신뢰할 수 없는 데이터그램을 지원하는 소켓으로, 넷 주소 패밀리(AF_INET 또는 AF_INET6)와 함께 UDP를 사용한다.

- ○ **SOCK_RAW** 프로토콜 헤더를 조작할 수 있는 애플리케이션을 허용하는 원시^{Raw} 소켓

- ○ **SOCK_RDM** 신뢰할 수 있는 데이터그램 메시지 소켓

- ○ **SOCK_SEQPACKET** 신뢰할 수 있는 시퀀스 패킷

- **protocol** 사용하는 프로토콜로, 많은 유형이 지원된다. 두 가지 유형을 많이 사용하는데, 다음과 같다.

  - ○ **IPPROTO_TCP** af 매개변수는 AF_INET 또는 AF_INET6이어야 하며, type 매개변수는 SOCK_STREAM이어야 한다.

  - ○ **IPPROTO_UDP** af 매개변수는 AF_INET 또는 AF_INET6이어야 하며, type 매개변수는 SOCK_DGRAM이어야 한다.

반환 값은 에러가 발생해서 INVALID_SOCKET이 반환되지 않는다면 소켓의 참조형이 된다. 자세한 에러 코드는 WSAGetLastError 함수를 호출해 얻을 수 있다.

initialize 함수는 소켓을 생성할 때 사용할 매개변수가 무엇인지 결정하는 프로토콜 매개변수를 받는다(리스트 12.1(b) 참조).

리스트 12.1(b) 네트워크 소켓 생성

```
switch (protocol)
{
  case UDP:                          // UDP
    // UDP 소켓을 생성하고 로컬 인터페이스 및 포트에 바인딩한다.
    sock = socket(AF_INET, SOCK_DGRAM, IPROTO_UDP);
    if (sock == INVALID_SOCKET)
    {
      WSACleanUp();
```

```
        status = WSAGetLastError();           // 자세한 에러 정보를 얻는다.
        return ((status << 16) + NET_INVALID_SOCKET);
    }
    type = UDP;
    break;
case TCP:                // TCP
    // TCP 소켓을 생성하고 로컬 인터페이스 및 포트에 바인딩한다.
    sock = socket(AF_INET, SOCK_STREAM, IPPROTO_TCP);
    if (sock == INVALID_SOCKET)
    {
        WSACleanUp();
        status = WSAGetLastError();  // 자세한 에러 정보를 얻는다.
        return ((status << 16) + NET_INVALID_SOCKET);
    }
    type = UNCONNECTED_TCP;
    break;
default:                // 올바르지 않은 유형
    return (NET_INIT_FAILED);
}
```

소켓을 생성하는 부분에서 에러가 발생하면 WSACleanup을 호출해 윈도우 소켓 작업을 끝내고 리소스를 해제한다. 에러 코드를 검색하기 위해 WSAGetLastError 함수가 호출되는데, 사용자 정의 에러 코드와 결합한 결과를 반환한다. 반환 코드인 ((status << 16) + NET_INVALID_SOCKET);은 에러 코드 번호를 16비트만큼 시프트 연산을 수행한 뒤 에러 코드를 삽입한다. 반환된 에러 코드에는 상위 16비트에 윈속 에러 번호, 하위 16비트에 사용자 정의 에러 코드가 포함돼 있다. getError 함수는 두 부분의 에러 코드로부터 자세한 에러 메시지를 반환한다(12장 후반부에서 다룬다).

12.3.2 논블로킹 모드 소켓 넣기

ioctlsocket 함수를 통해 논블로킹 소켓을 만들 수 있다.

```
int ioctlsocket(
    SOCKET s,
    long cmd,
    u_long *argp
);
```

매개변수는 다음과 같다.

- **s** 소켓

- **cmd** 소켓에서 수행할 명령으로, 지원하는 명령은 다음과 같다.

  ○ **FIONBIO** *argp가 unsigned long 타입 0을 가리키면 논블로킹 모드가 비활성화된다. *argp가 0이 아닌 값을 가리키면 논블로킹 모드가 활성화된다.

  ○ **FIONREAD** recv 함수를 통해 읽을 수 있는 대기 중인 데이터의 크기를 가져온다. 크기는 *argp를 가리키는 unsigned long 타입에 저장한다.

  ○ **SIOCATMARK** 모든 대역 외[OOB, Out-of-Band] 데이터를 읽었는지 확인하는 데 사용된다.

- **argp** 명령 매개변수를 가리키는 포인터

함수가 성공하면 0을, 실패하면 SOCKET_ERROR를 반환한다. 특정 에러 코드는 리스트 12.1(c)에서 볼 수 있는 것처럼 WSAGetLastError 함수를 호출해 검색할 수 있다.

리스트 12.1(c) 논블로킹 모드 소켓 넣기

```
// 논블로킹 모드 소켓 넣기
nRet = ioctlsocket(sock, FIONBIO, (unsigned long*)&ul);
if (nRet == SOCKET_ERROR)
{
    WSACleanup();
    status = WSAGetLastError();  // 자세한 에러 정보를 얻는다.
```

```
    return ((status << 16) + NET_INVALID_SOCKET);
}
```

12.3.3 패밀리와 포트 설정

데이터를 송신하거나 수신하기 전에 SOCKADDR_IN 구조체를 설정해야 한다. 구조체는 다음과 같다.

```
typedef struct sockaddr_in {
    ADDRESS_FAMILY    sin_family;
    USHORT            sin_port;
    IN_ADDR           sin_addr;
    CHAR              sin_zero[8];
} SOCKADDR_IN, *PSOCKADDR_IN;
```

멤버는 다음과 같다.

- **sin_family** 사용할 주소 패밀리로, 항상 AF_INET으로 설정한다.
- **sin_port** 사용하는 포트 번호로, 컴퓨터에서 하나 이상의 애플리케이션이 같은 포트를 사용한다면 충돌이 발생할 것이다.
- **sin_addr** IPv4 주소를 포함하는 IN_ADDR 구조체다. 이 주소는 클라이언트 코드에서 서버의 주소이며, 서버 코드에서는 연결을 기다리는 주소다.
- **sin_zero** 시스템 사용을 위해 예약돼 있다.

구조체의 sin_family와 sin_port 부분은 리스트 12.1(d)에서 볼 수 있는 것처럼 초기화 코드에서 설정한다. 구조체의 나머지 부분은 필요에 따라 채워진다.

리스트 12.1(d) 소켓의 패밀리와 포트 설정

```
// 로컬 패밀리와 포트를 설정한다.
localAddr.sin_family = AF_INET;
```

```
localAddr.sin_port = htons((u_short)port); // 포트 번호
// 원격 패밀리와 포트를 설정한다.
remoteAddr.sin_family = AF_INET;
remoteAddr.sin_port = htons((u_short)port);  // 포트 번호
netInitialized = true;
return NET_OK;
}
```

▌▌ 12.4 서버 생성

서버를 생성하기 위해 사용할 포트 번호와 프로토콜(UDP 또는 TCP)을 알아야 한다. Net 클래스의 createServer 함수는 서버를 설정한다.

```
int createServer
(
  int port,
  int protocol
);
```

매개변수는 다음과 같다.

- **port** 연결을 기다리는 포트 번호다. 포트 번호 0~1023은 잘 알려진 서비스를 위해 사용되며, 게임에서는 사용할 수 없다. 포트 번호 1024~65535는 자유롭게 사용할 수 있다.
- **protocol** UDP 또는 TCP다. net.h 파일에는 UDP와 TCP를 매개변수 값으로 사용하기 위해 상수로 정의하고 있다.

반환 값은 성공하면 NET_OK, 실패하면 두 부분의 에러 코드가 된다. 에러 코드는 getError 함수를 통해 자세한 에러 메시지로 확장된다(12장 후반부에서 다룸).
createServer 함수의 첫 번째 단계는 리스트 12.2(a)와 같이 이전에 설명했던 initialize 함수를 호출하는 것이다. 서버는 여러 클라이언트와 통신할 수 있기 때문에 모든 주소에서 들어오는 통신을 기다려야 한다. localAddr

구조체의 sin_addr 멤버를 INADDR_ANY로 설정해 서버가 모든 주소에서 기다리게 구성한다(리스트 12.2(b) 참조).

리스트 12.2(a) 네트워크 서버 생성

```
// ========================================================
// 서버로 사용하기 위한 네트워크 설정
// 서버와 클라이언트로 동시에 구성될 수 없다.
// 이전 :
//      port = 연결을 기다리는 포트 번호
//      포트 번호 0-1023은 잘 알려진 서비스를 위해 사용된다
//      포트 번호 1024-65535는 자유롭게 사용할 수 있다.
//      protocol = UDP 또는 TCP
// 이후 :
//      성공하면 NET_OK를 반환한다.
//      에러가 발생할 경우 두 부분의 int 코드를 반환한다.
//      하위 16비트는 net.h에 정의된 상태 코드를 포함한다.
//      상위 16비트는 "윈도우 소켓 에러 코드"를 포함한다.
// ========================================================
int Net::createServer(int port, int protocol)
{
    int status;
    // ----- 네트워크를 초기화한다. -----
    status = initialize(port, protocol);
    if (status != NET_OK)
        return status;
```

리스트 12.2(b) 서버가 모든 주소에서 기다리게 설정

```
localAddr.sin_addr.s_addr = htonl(INADDR_ANY);  // 모든 주소에서 기다린다.
```

12.4.1 윈속 bind 함수

다음으로 윈속 bind 함수를 사용해 소켓과 localAddr 구조체를 연결한다. 연결돼 있지 않은 소켓은 들어오는 연결을 받을 수 있게 윈속의 listen 함수를 호출하기 전에 결합해야 된다. 서버 소켓을 위해 bind 함수를 명시적으로 호출해야 한다. 클라이언트 소켓은 데이터를 전송할 때 묵시적으로 결합된다. bind 함수는 다음과 같다.

```
int bind(
    SOCKET s,
    const struct sockaddr *name,
    int namelen
);
```

매개변수는 다음과 같다.

- **s** 소켓
- **name** localAddr 구조체를 가리키는 포인터
- **namelen** 이름의 바이트 단위 길이

반환 값은 에러가 없을 경우 0, 에러가 있을 경우 SOCKET_ERROR가 된다. 특정 에러 코드는 WSAGetLastError 함수를 호출해 검색할 수 있다.

리스트 12.2(c)와 같이 bind 함수를 호출하면 에러가 발생했을 경우 에러 코드를 반환하고, 성공할 경우 bound 속성을 true로, mode를 SERVER로 설정한다.

리스트 12.2(c) 서버 소켓과 localAddr 구조체를 결합

```
// 소켓을 결합한다.
if (bind(sock, (SOCKADDR*)&localAddr, sizeof(localAddr)) == SOCKET_ERROR)
{
    status = WSAGetLastError();              // 자세한 에러 정보를 얻는다.
    return ((status << 16) + NET_BIND_FAILED);
}
```

```
    bound = true;
    mode = SERVER;
    return NET_OK;
}
```

▌▋ 12.5 클라이언트 생성

클라이언트를 생성하기 위해 연결할 서버의 IP 주소, 사용할 포트 번호, 사용할 프로토콜(UDP 또는 TCP)을 알아야 한다. Net 클래스의 createClient 함수를 통해 클라이언트를 설정한다.

```
int createClient
(
    char *server,
    int port,
    int protocol
);
```

매개변수는 다음과 같다.

- **server** 연결할 서버의 IP 주소를가 포함하는 NULL로 끝나는 문자열(예, '192.168.1.100'), 또는 호스트 이름을 포함하는 NULL로 끝나는 문자열(예, www.programming2dgames.com)을 가리키는 포인터
- **port** 연결을 기다리는 포트 번호다. 포트 번호 0~1023은 잘 알려진 서비스를 위해 사용되며, 게임에서는 사용할 수 없다. 포트 번호 1024~65535는 자유롭게 사용할 수 있다.
- **protocol** UDP 또는 TCP다. net.h 파일에는 UDP와 TCP를 매개변수 값으로 사용하기 위해 상수로 정의하고 있다.

반환 값은 성공하면 NET_OK, 실패하면 두 부분의 에러 코드가 된다. 에러 코드는 getError 함수를 통해 자세한 에러 메시지로 확장된다(12장 후반부에서 다룸).

createClient 함수의 첫 번째 단계는 이전에 설명했던 initialize 함수를
호출하는 것이다. 몇 가지 지역 변수를 할당한 후에 initialize 함수가 호출
된다(리스트 12.3(a) 참조).

리스트 12.3(a) 네트워크 클라이언트 생성

```
// =========================================================
// 클라이언트로 사용하기 위한 네트워크 설정
// 서버와 클라이언트로 동시에 구성될 수 없다.
// 이전 :
//      *server = 연결할 서버의 IP 주소를 포함하는 NULL로 끝나는 문자열
//      (예 : "192.168.1.100") 또는 호스트 이름을 포함하는 NULL로 끝나는 문자열
//      (예 : www.programming2dgames.com)
//      port = 연결을 기다리는 포트 번호
//         포트 번호 0-1023은 잘 알려진 서비스를 위해 사용된다.
//         포트 번호 1024-65535는 자유롭게 사용할 수 있다.
//      protocol = UDP 또는 TCP
// 이후 :
//      성공하면 NET_OK를 반환한다.
//      에러가 발생할 경우 두 부분의 int 코드를 반환한다.
//         하위 16비트는 net.h에 정의된 상태 코드를 포함한다.
//         상위 16비트는 "윈도우 소켓 에러 코드"를 포함한다.
//      *server = 연결할 IP 주소가 있는 NULL로 끝나는 문자열
// =========================================================
int Net::createClient(char *server, int port, int protocol)
{
    int status;
    char *localIP[IP_SIZE];        // 문자열로 된 IP(예: "192.168.1.100")
    ADDRINFOA host;
    ADDRINFOA *result = NULL;
    // ----- 네트워크를 초기화한다. -----
    status = initialize(port, protocol);
    if (status != NET_OK)
        return status;
```

12.5.1 이름으로부터 IP 주소 얻기

다음으로 *server 매개변수가 쌍따옴표 "nnn.nnn.nnn.nnn" 형태로 된 IP 주소를 포함하고 있는지 검사한다. 그렇지 않다면 호스트 이름을 포함하고 있다고 가정한다. 윈속의 getaddrinfo 함수는 호스트 이름의 IP 주소를 검색하는 데 사용된다.

```
int WSAAPI getaddrinfo(
    PCSTR pNodeName,
    PCSTR pServiceName,
    const ADDRINFOA *pHints,
    PADDRINFOA *ppResult
);
```

매개변수는 다음과 같다.

- **pNodeName**(선택적) 호스트 이름이나 쌍따옴표 형태로 된 IP 주소를 포함하는 NULL로 끝나는 문자열을 가리키는 포인터. 여기서는 항상 호스트 이름을 사용할 것이다.

- **pServiceName**(선택적) 포트 번호나 서비스 이름을 포함하는 NULL로 끝나는 문자열을 가리키는 포인터다. 이 정보를 검색하는 것에 관심이 없기 때문에 이 매개변수 값을 NULL로 설정할 것이다. pNodeName이나 pServiceName 매개변수 중 하나는 제공해야 한다. 다른 하나는 선택적이다.

- **pHints** 소켓의 유형에 대한 정보가 포함돼 있는 ADDRINFO 구조체를 가리키는 포인터

- **ppResult** 결과를 포함하는 하나 이상의 ADDRINFO 구조체에 대한 연결 리스트를 가리키는 포인터

반환 값은 성공할 경우 0이 된다. 에러가 발생하면 윈도우 소켓 에러 코드가 반환된다.

주소를 찾으면 remoteAddr 주소 구조체를 설정하는 데 사용된다. 또한 리스

트 12.3(b)에서 볼 수 있는 것처럼 server 매개변수에 큰따옴표 형태로 된 주소를 저장한다. createClient 함수의 마지막 단계는 클라이언트의 IP 주소를 얻고 localAddr 구조체에 추가하는 것이다. 예를 들어 리스트 12.3(c)에서 볼 수 있는 것처럼 getLocalIP 함수는 로컬 컴퓨터의 IP 주소를 반환한다.

리스트 12.3(b) 서버 이름의 IP 주소 얻기

```
// 서버가 큰따옴표 형태로 된 IP 주소 nnn.nnn.nnn.nnn을 포함하고 있지 않다면
if ((remoteAddr.sin_addr.s_addr = inet_addr(server)) == INADDR_NONE)
{
  // getaddrinfo() 함수에서 사용할 호스트 구조체를 설정한다.
  ZeroMemory(&host, sizeof(host));
  host.ai_family = AF_INET;
  host.ai_socktype = SOCK_STREAM;
  host.ai_protocol = IPPROTO_TCP;
  // 주소 정보를 얻는다.
  status = getaddrinfo(server, NULL, &host, &result);
  if (status != 0)            // getaddrinfo가 실패한다면
    status = WSAGetLastError();
  return ((status << 16) + NET_DOMAIN_NOT_FOUND);
}

// 서버의 IP 주소를 얻는다.
remoteAddr.sin_addr = ((SOCKADDR_IN*)result->ai_addr)->sin_addr;
strncpy_s(server, IP_SIZE, inet_ntoa(remoteAddr.sin_addr), IP_SIZE);
}
```

리스트 12.3(c) 클라이언트의 IP 주소를 localAddr 구조체에 추가

```
// 로컬 IP 주소 설정
getLocalIP(localIP);                    // 로컬 IP를 얻는다.
localAddr.sin_addr.s_addr = inet_addr(localIP);    // 로컬 IP
mode = CLIENT;
```

```
    return NET_OK;
}
```

▐▌ 12.6 로컬 IP 주소 얻기

로컬 컴퓨터의 주소는 여러 가지 방법으로 지정할 수 있다. IP 주소 127.0.0.1
은 로컬 컴퓨터를 의미하며, 호스트 이름 localhost와 동일하다. 로컬 컴퓨터
의 특정 IP 주소를 확인하기 위해, 원속의 gethostname 함수를 사용해 로컬
컴퓨터의 호스트 이름을 얻는다. 그리고 서버의 IP 주소를 검색할 때
createClient 함수에서 했던 것처럼 원속의 gethostbyname 함수를 사용해
IP 주소를 얻는다. gethostname 함수의 문법은 다음과 같다.

```
int gethostname(
   char *name,
   int namelen
);
```

매개변수는 다음과 같다.

- **name**   이름을 받을 버퍼를 가리키는 포인터
- **namelen**   버퍼의 바이트 단위 길이

반환 값은 성공할 경우 0, 에러가 발생할 경우 SOCKET_ERROR가 된다. 특정
에러에 대한 정보는 WSAGetError 함수를 통해 검색할 수 있다.
getLocalIP 함수에서 이 두 함수를 사용한다.

```
int getLocalIP(
   char *localIP
);
```

매개변수는 다음과 같다.

- **localIP** 로컬 컴퓨터의 IP 주소를 NULL로 끝나는 문자열로 받을 버퍼를
  가리키는 포인터

  반환 값은 성공할 경우 0, 에러가 발생할 경우 두 부분의 에러 코드가 된다(리
스트 12.4 참조).

리스트 12.4 로컬 컴퓨터의 IP 주소를 얻는 getLocalIP 함수

```
// ========================================================
// 이 컴퓨터의 IP 주소를 문자열로 얻는다.
// 이후 :
//      *localIP = 성공할 경우 로컬 컴퓨터의 IP 주소가 있는 NULL로 끝나는 문자열
//      에러가 발생할 경우 두 부분의 int 코드를 반환한다.
//          하위 16비트는 net.h에 정의된 상태 코드를 포함한다.
//          상위 16비트는 "윈도우 소켓 에러 코드"를 포함한다.
// ========================================================
int Net::getLocalIP(char *localIP)
{
    char host_name[40];
    ADDRINFOA host;
    ADDRINFOA *result = NULL;
    int status;
    gethostname(host_name, 40);
    // getaddrinfo() 함수에서 사용할 host 구조체를 설정한다.
    ZeroMemory(&host, sizeof(host));
    host.ai_family = AF_INET;
    host.ai_socktype = SOCK_STREAM;
    host.ai_protocol = IPPROTO_TCP;
    // 주소 정보를 얻는다.
    status = getaddrinfo(host_name, NULL, &host, &result);
    if (status != 0)                        // getaddrinfo가 실패한다면
    {
        status = WSAGetLastError();         // 자세한 에러 정보를 얻는다.
        return ((status << 16) + NET_DOMAIN_NOT_FOUND);
```

```
    }
    // 서버의 IP 주소를 얻는다.
    IN_ADDR in_addr = ((SOCKADDR_IN*)result->ai_addr)->sin_addr;
    strncpy_s(localIP, IP_SIZE, inet_ntoa(in_addr), IP_SIZE);
    return NET_OK;
}
```

▌ 12.7 전송

원속 함수 sendto를 통해 데이터를 전송한다. sendto 함수를 호출하기 전에
소켓 구성을 완료해야 한다. 소켓 구성은 클라이언트와 서버에 따라 다르다.
또한 TCP와 UDP 중 어떤 것을 사용하느냐에 따라 다르다. sendData 함수는
현재 동작 모드에 따라 소켓을 구성하고 sendto를 호출한다.

```
int sendData(
    const char *data,
    int &size,
    const char *remoteIP
);
```

매개변수는 다음과 같다.

- **data** 전송할 데이터를 포함하고 있는 버퍼를 가리키는 포인터
- **size** 전송할 바이트 수로, size의 값은 데이터를 전송할 경우 바이트 수,
  또는 아무런 데이터를 전송하지 않았다면 0이 된다.
- **remoteIP** 목적지의 IP 주소가 있는 NULL로 끝나는 문자열을 가리키는 포
  인터

애플리케이션이 서버라면 remoteAddr 구조체는 remoteIP 주소로 채워진
다. 서버는 각기 다른 주소를 가진 여러 클라이언트와 주고받을 수 있기 때문에
매번 원격 주소를 설정해야 한다(리스트 12.5(a) 참조).

리스트 12.5(a) sendData 함수는 모드가 SERVER라면 remoteAddr 구조체를 설정한다.

```
// ========================================================
// 데이터를 전송한다.
// 이전 :
//      *data = 전송할 데이터
//      size = 보낼 바이트 수
//      *remoteIP = 목적지의 IP 주소가 있는 NULL로 끝나는 문자열
// 이후 :
//      성공할 경우 NET_OK를 반환한다. 성공은 데이터가 전송됐음을 의미하진 않는다.
//      에러가 발생할 경우 두 부분의 int 코드를 반환한다.
//          하위 16비트는 net.h에 정의된 상태 코드를 포함한다.
//          상위 16비트는 "윈도우 소켓 에러 코드"를 포함한다.
//      size = 데이터를 전송할 경우 바이트 수, 아무런 데이터를 전송하지 않을 경우 0
// ========================================================
int Net::sendData(const char *data, int &size, const char *remoteIP)
{
    int status;
    int sendSize = size;
    size = 0;            // 0바이트를 전송한다고 가정, 전송에 성공할 경우 변경된다.

    if (mode == SERVER)
      remoteAddr.sin_addr.s_addr = inet_addr(remoteIP);
```

12.7.1 원속 connect 함수

애플리케이션이 연결되지 않은 TCP 소켓을 가진 클라이언트라면 원속의 connect 함수를 통해 호출이 이뤄진다. connect 함수는 원격 목적지로 된 소켓의 연결을 시도한다. 소켓이 연결되면 데이터를 송수신하는 데 사용할 수 있다. connect 함수의 문법은 다음과 같다.

```
int connect(
    SOCKET s,
    const struct sockaddr *name,
```

```
    int namelen
);
```

매개변수는 다음과 같다.

- **s** 소켓
- **name** 연결할 목적지를 기술하는 sockAddr 구조체를 가리키는 포인터
- **namelen** socketaddr 구조체의 바이트 단위 길이

반환 값은 에러가 없을 경우 0, 에러가 있을 경우 SOCKET_ERROR가 된다. 자세한 에러 코드는 WSAGetLastError 함수를 호출해 얻을 수 있다.

예제에서는 connect를 호출하고 에러 코드를 확인한다. 에러 코드가 WSAEISCONN이면 소켓이 이미 연결돼 있음을 의미하며, 이 경우 에러 코드를 지우고 type을 CONNECTED_TCP로 설정한다. 논블로킹 소켓을 사용하기 때문에 발생할 수 있는 두 가지 이상의 에러 조건을 테스트해야 한다. 에러 코드 WSAEWOULDBLOCK은 동작이 즉시 완료될 수 없음을 의미하고, 에러 코드 WSAEALREADY는 이미 소켓에서 동작이 진행 중임을 의미한다. 두 에러 모두 논블로킹 소켓을 사용할 때 일반적으로 볼 수 있는 에러이기 때문에 NET_OK를 반환한다(리스트 12.5(b) 참조).

리스트 12.5(b) 연결되지 않은 TCP 클라이언트에서 connect 함수를 호출한다.

```
if (mode == CLIENT && type == UNCONNECTED_TCP)
{
  ret = connect(sock, (SOCKADDR*)(&remoteAddr), sizeof(remoteAddr));
  if (ret == SOCKET_ERROR) {
    status = WSAGetLastError();
    if (status == WSAEISCONN)          // 연결됐다면
    {
      ret = 0;                         // SOCKET_ERROR를 지운다.
      type = CONNECTED_TCP;
```

```
    }
    else
    {
      if (status == WSAWOULDBLOCK || status == WSAEALREADY)
        return NET_OK;                    // 아직 연결되지 않았다.
      else
        return ((status << 16) + NET_ERROR);
    }
  }
}
```

12.7.2 원속 sendto 함수

원속 sendto 함수는 목적지에 데이터를 전송한다. 함수 문법은 다음과 같다.

```
int sendto(
    SOCKET s,
    const char *buf,
    int len,
    int flags,
    const struct sockaddr *to,
    int tolen
);
```

매개변수는 다음과 같다.

- **s** 소켓
- **buf** 전송할 데이터를 포함하는 버퍼를 가리키는 포인터
- **len** 전송할 바이트 수
- **flags** 데이터를 어떻게 전송할 것인가에 대한 옵션으로, 이 매개변수는 항상 0을 사용할 것이다.
- **to** 목적지 주소를 포함하는 sockaddr 구조체를 가리키는 포인터

- **tolen** to 매개변수인 socketaddr 구조체의 크기

반환 값은 전송한 바이트 수나 에러가 발생할 경우 SOCKET_ERROR가 된다. 전송한 바이트 수는 len 매개변수로 지정한 값보다 작을 수 있다. 자세한 에러는 WSAGetLastError 함수를 호출해 얻을 수 있다.

sendto 함수는 이미 결합된 경우가 아니라면 묵시적으로 소켓을 결합한다. 예제에서는 sendto를 호출하고 발생한 에러를 반환하거나, bound를 true로 설정하고 size 전송한 바이트 수로 설정한 뒤 NET_OK를 반환한다(리스트 12.5 (c) 참조).

리스트 12.5(c) 데이터를 전송하기 위해 sendto 함수를 호출한다.

```
ret = sendto(sock, data, size, 0, (SOCKADDR*)&remoteAddr,
             sizeof(remoteAddr));
if (ret == SOCKET_ERROR)
{
  status = WSAGetLastError();
  return ((status << 16) + NET_ERROR);
}
bound = true;          // 결합돼 있지 않다면 sendto 함수가 자동 결합한다.
size = ret;            // 전송한 바이트 수, 아마 0일 것이다.
return NET_OK;
}
```

▌ 12.8 수신

readData 함수는 들어오는 데이터를 읽어 버퍼에 저장한다. 함수 문법은 다음과 같다.

```
int readData
(
  char *data,
```

```
    int &size,
    char *senderIP
);
```

매개변수는 다음과 같다.

- **data** 들어오는 데이터를 수신할 버퍼를 가리키는 포인터
- **size** 수신할 바이트 수로, size의 값은 데이터를 전송할 경우 바이트 수, 또는 아무런 데이터를 전송하지 않았다면 0이 된다.
- **senderIP** 큰따옴표 형태로 된 전송자의 IP 주소(예, "192.168.1.100")를 포함하는 NULL로 끝나는 문자열이 있는 버퍼를 가리키는 포인터

반환 값은 성공할 경우 NET_OK이거나 두 부분의 에러 코드가 된다.

소켓이 현재 결합되지 않았다면 읽는데 사용될 수 없으므로 함수는 NET_OK를 반환한다(리스트 12.6(a) 참조).

리스트 12.6(a) readData 함수는 소켓이 결합돼 있지 않는 경우 NET_OK를 반환한다.

```
// =========================================================
// 데이터를 읽는다.
// 이전 :
//      *data = 수신된 데이터를 위한 버퍼
//      size = 수신한 바이트 수
//      *senderIP = NULL
// 이후 :
//      성공할 경우 NET_OK를 반환한다.
//      에러가 발생할 경우 두 부분의 int 코드를 반환한다.
//         하위 16비트는 net.h에 정의된 상태 코드를 포함한다.
//         상위 16비트는 "윈도우 소켓 에러 코드"를 포함한다.
//      size = 수신한 바이트 수, 아마 0일 것이다.
//      *senderIP = 전송자의 IP 주소가 있는 NULL로 끝나는 문자열
// =========================================================
int Net::readData(char *data, int &size, char *senderIP)
```

```
{
    int status;
    int readSize = size;
    size = 0;            // 0바이트를 전송한다고 가정, 전송에 성공할 경우 변경된다.
    if (bound == false) // 결합되지 않은 소켓에서는 아무것도 수신 받지 못한다.
        return NET_OK;
```

12.8.1 윈속 listen 함수

애플리케이션이 연결되지 않은 TCP 소켓을 가진 서버라면 윈속 listen 함수가 호출된다. listen 함수는 들어오는 연결을 기다리기 위해 소켓을 구성한다.

```
int listen(
    SOCKET s,
    int backlog
);
```

매개변수는 다음과 같다.

- **s** 소켓
- **backlog** 대기 중인 연결에 대한 백로그^{Backlog}의 최대 길이

반환 값은 성공할 경우 0, 에러가 발생할 경우 SOCKET_ERROR가 된다. 자세한 에러는 리스트 12.6(b)의 코드에서 볼 수 있는 것처럼 WSAGetLastError 함수를 호출해 얻을 수 있다.

리스트 12.6(b) 연결되지 않은 TCP 서버는 들어오는 연결을 기다리기 위해 listen 함수를 호출한다.

```
if (mode == SERVER && type == UNCONNECTED_TCP)
{
    ret = listen(sock, 1);
    if (ret == SOCKET_ERROR)
    {
```

```
        status = WSAGetLastError();
        return ((status << 16) + NET_ERROR);
}
```

12.8.2 원속 accept 함수

소켓을 기다리게 구성한 후에 먼저 대기 중인 연결을 수락 받고, 수락 받은 연결을 처리할 새 소켓을 생성하는 원속 accept 함수를 호출한다(리스트 12.6(c) 참조). accept 함수의 문법은 다음과 같다.

```
SOCKET accept(
    SOCKET s,
    struct sockaddr *addr,
    int *addrlen
);
```

매개변수는 다음과 같다.

- **s** 기다리는 상태인 소켓

- **addr** 연결된 디바이스가 저장될 주소가 있는 sockaddr 구조체를 가리키는 선택적 포인터

- **addrlen** sockaddr 구조체인 addr의 바이트 단위 길이를 가리키는 선택적 포인터

반환 값은 성공했을 경우 이후 목적지 디바이스와의 모든 통신에 사용할 새로 연결된 소켓이 된다. 에러가 발생할 경우 INVALID_SOCKET이 반환된다.

예제에서는 accept 함수를 호출하고 에러를 확인한다. 예제에서 사용하는 논블로킹 소켓에서는 수락을 받기 위해 기다리고 있는 연결이 없음을 의미하는 WSAEWOULDBLOCK 에러가 흔하게 발생한다. 따라서 WSAEWOULDBLOCK 에러를 무시하고 NET_OK를 반환한다. accept를 성공적으로 마친다면 이전 소켓을 닫고 accept 함수를 통해 생성한 tempSock으로 교체한다.

연결되지 않은 TCP 소켓을 가진 클라이언트에서 readData를 호출하면 데이터를 읽어올 연결이 없다는 것이다. 이 경우 함수는 읽기 요청을 무시하고 NET_OK를 반환한다(리스트 12.6(d) 참조).

리스트 12.6(c) listen 함수를 호출한 뒤에 accept 함수가 호출된다.

```
SOCKET tempSock;
tempSock = accept(sock, NULL, NULL);
if (tempSock == INVALID_SOCKET)
{
  status = WSAGetLastError();
  if (status != WSAEWOULDBLOCK)        // WOULDBOCK 에러를 보고하지 않는다.
    return ((status << 16) + NET_ERROR);
  return NET_OK;                        // 아직 연결이 없다.
}
closesocket(sock);                      // 이전 소켓은 더 이상 필요하지 않다.
sock = tempSock;                        // TCP 클라이언트 연결
type = CONNECTED_TCP;
}
```

리스트 12.6(d) 연결되지 않은 TCP 클라이언트로부터 읽기를 시도할 때 NET_OK를 반환한다.

```
if (mode == CLIENT && type == UNCONNECTED_TCP)
  return NET_OK;                        // 아직 연결이 없다.
```

12.8.3 윈속 recvform 함수

실제로 데이터를 읽는 작업은 윈속 recvfrom 함수를 통해 수행된다. 문법은 다음과 같다.

```
int recvfrom(
  SOCKET s,
  char *buf,
```

```
    int len,
    int flags,
    struct sockaddr *from,
    int *fromlen
);
```

매개변수는 다음과 같다.

- **s** 소켓
- **buf** 들어오는 데이터가 저장될 버퍼가 있는 곳
- **len** 버퍼의 바이트 단위 길이
- **flags** 옵션
- **from** 송신자 주소가 저장될 sockaddr 구조체를 가리키는 선택적 포인터
- **fromlen** from 매개변수에서 가리키는 sockaddr 구조체의 길이를 가리키는 선택적 포인터

반환 값은 성공할 경우 수신 받은 바이트 수가 된다. 에러가 발생한다면 SOCKET_ERROR가 반환된다. 연결이 제대로 닫혔다면 0을 반환할 것이다. 자세한 에러는 WSAGetLastError 함수를 호출해 얻을 수 있다.

예제에서는 송신자의 주소를 얻기 위해 선택적 매개변수를 사용하며, 이 정보는 remoteAddr 구조체에 저장된다. 에러가 발생하면 자세한 에러 정보를 반환한다. 에러 코드 REMOTE_DISCONNECT는 소켓이 닫혀있는 경우 반환된다. 에러가 발생하지 않으면 송신자의 IP 주소를 senderIP에 큰따옴표 형태(예, "192.168.1.100")의 NULL로 끝나는 문자열로 기록한다. 리스트 12.6(e)에서 볼 수 있는 것처럼 읽은 바이트 수는 size 매개변수에 저장되며 NET_OK가 반환된다.

리스트 12.6(e) 데이터를 읽는 recvfrom 함수

```
    if (sock != NULL)
    {
        remoteAddrSize = sizeof(remoteAddr);
```

```
    ret = recvfrom(sock, data, readSize, 0, (SOCKADDR*)&remoteAddr,
                   &remoteAddrSize);
    if (ret == SOCKET_ERROR) {
      status = WSAGetLastError();
      if (status != WSAEWOULDBLOCK)        // WOULDBOCK 에러를 보고하지 않는다.
        return ((status << 16) + NET_ERROR);
      ret = 0;                             // SOCKET_ERROR를 지운다.
      // TCP 연결이 정상적으로 닫혔다면
    } else if (ret == 0 && type == CONNECTED_TCP)
      // 원격 연결 해제 에러를 반환한다.
    return ((REMOTE_DISCONNECT << 16) + NET_ERROR);
    if (ret)
      // 송신자의 IP
      strncpy_s(senderIP, IP_SIZE, inet_ntoa(remoteAddr.sin_addr), IP_SIZE);
      size = ret;                          // 읽은 바이트 수, 아마 0일 것이다.
    }
  return NET_OK;
}
```

■ 12.9 소켓 닫기

소켓을 닫으면 소켓에서 사용하는 리소스를 해제한다. 또한 대기 중인 송수신 작업이나 큐에 있는 데이터를 삭제한다. 또한 반드시 생성했던 소켓들을 각각 닫아야 한다. closeSocket 함수를 통해 소켓을 닫을 수 있다. 문법은 다음과 같다.

```
int closeSocket();
```

예제에 있는 클래스에서는 오직 하나의 소켓만을 열기 때문에 매개변수가 필요 없다. closeSocket 함수는 클래스 소멸자에서 자동으로 호출된다. 반환값은 리스트 12.7(a)에서 볼 수 있듯이 성공할 경우 NET_OK, 또는 두 부분의 에러 코드가 된다. 함수에서는 소켓을 닫기 위해 윈속 closesocket 함수를 호출한다.

```
// ==========================================================
// 소켓을 닫는다.
// 이후 :
//       소켓이 닫힌다.
//       에러가 발생할 경우 두 부분의 int 코드를 반환한다.
//           하위 16비트는 net.h에 정의된 상태 코드를 포함한다.
//           상위 16비트는 "윈도우 소켓 에러 코드"를 포함한다.
// ==========================================================
int Net::closeSocket()
{
    int status;
    type = UNCONNECTED;
    bound = false;
    netInitialized = false;
```

12.9.1 윈속 closesocket 함수

윈속 closesocket 함수는 소켓을 닫는다. 문법은 다음과 같다.

```
int closesocket(
    SOCKET s
);
```

　매개변수는 다음과 같다.

- **s**   닫을 소켓

　반환 값은 성공할 경우 0, 에러가 발생할 경우 SOCKET_ERROR가 된다. 자세한 에러는 리스트 12.7(b)에서 볼 수 있는 것처럼 WSAGetLastError 함수를 호출해 얻을 수 있다.

```
// closesocket()은 암시적으로 종료 시퀀스가 발생하게 된다.
if (closesocket(sock) == SOCKET_ERROR)
{
    status = WSAGetLastError();
    if (status != WSAEWOULDBLOCK)          // WOULDBLOCK 에러를 보고하지 않는다.
        return ((status << 16) + NET_ERROR);
}
```

12.9.2 원속 WSACleanup 함수

정리 과정의 마지막 단계는 원속 함수 WSACleanup을 호출하는 것이다. 이 함수
는 initialize 함수에서 호출했던 WSAStartup 함수에 대응한다. WSACleanup
은 윈도우 소켓으로부터 애플리케이션을 등록 해제하고, 애플리케이션에 할당
된 모든 리소스를 해제한다. 함수 문법은 다음과 같다.

```
int WSACleanup();
```

이 함수에는 매개변수가 없다. 반환 값은 성공할 경우 0, 에러가 발생할 경우
SOCKET_ERROR가 된다. 자세한 에러는 WSAGetLastError 함수를 호출해 얻을
수 있다. 이 단계에 대한 코드는 리스트 12.7(c)에서 볼 수 있다.

리스트 12.7(c) WSACleanup 함수를 호출한다.

```
    if (WSACleanup())
        return NET_ERROR;
    return NET_OK;
}
```

■ 12.10 에러 얻기

Net 클래스의 마지막 함수는 getError다. 이 함수는 두 부분의 에러 코드로부터 자세한 에러 메시지를 문자열로 반환한다. 문법은 다음과 같다.

```
std::string getError(
    int error
);
```

매개변수는 다음과 같다.

● **error** Net 클래스 함수 중 하나로부터 반환된 두 부분의 에러 코드

반환 값은 자세한 에러 메시지를 포함하고 있는 문자열이다. 에러 코드는 net.h 파일에 상수로 정의돼 있다. 상수들은 리스트 12.8을 통해 확인할 수 있다. 이 상수들은 net.h에 정의돼 있는 자세한 에러 메시지와 연결돼 있다. 에러 메시지들은 리스트 12.9를 통해 확인할 수 있다. 원속 에러 코드를 위한 세부 메시지 또한 net.h에 포함돼 있다(리스트 12.10 참조).

리스트 12.8 네트워크 에러 코드

```
const int NET_OK = 0;
const int NET_ERROR = 1;
const int NET_INIT_FAILED = 2;
const int NET_INVALID_SOCKET = 2;
const int NET_GET_HOST_BY_NAME_FAILED = 4;
const int NET_BIND_FAILED = 5;
const int NET_CONNECT_FAILED = 6;
const int NET_ADDR_IN_USE = 7;
const int NET_DOMAIN_NOT_FOUND = 8;
```

```
// 네트워크 에러 코드
static const char *codes[ERROR_CODES] = {
    "No errors reported",
    "General network error : ",
    "Network init failed : ",
    "Invalid socket : ",
    "Get host by name failed : ",
    "Bind failed : ",
    "Connect failed : ",
    "Port already in use : ",
    "Domain not found : ",
    "Unknown network error : "
};
```

```
const int SOCK_CODES = 29;
// 윈도우 소켓 에러 코드
static const ErrorCode errorCodes[SOCK_CODES] = {
    {0x2714, "A blocking operation was interrupted"},
    {0x271D, "Socket access permission violation"},
    {0x2726, "Invalid argument"},
    {0x2728, "Too many open sockets"},
    {0x2735, "Operation in progress"},
    {0x2736, "Operation on non-socket"},
    {0x2737, "Address missing"},
    {0x2738, "Message bigger than buffer"},
    {0x273F, "Address incompatible with protocol"},
    {0x2740, "Address is already in use"},
    {0x2741, "Address not valid in current context"},
    {0x2742, "Network is down"},
    {0x2743, "Network unreachable"},
```

```
        {0x2744, "Connection broken during operation"},
        {0x2745, "Connection aborted by host software"},
        {0x2746, "Connection reset by remote host"},
        {0x2747, "Insufficient buffer space"},
        {0x2748, "Connect request on already connected socket"},
        {0x2749, "Socket not connected or address not specified"},
        {0x274A, "Socket already shut down"},
        {0x274C, "Operation timed out"},
        {0x274D, "Connection refused by target"},
        {0x274E, "Cannot translate name"},
        {0x274F, "Name too long"},
        {0x2750, "Destination host down"},
        {0x2751, "Host unreachable"},
        {0x276B, "Network cannot initialize, system unavailable"},
        {0x276D, "Network has not been initialized"},
        {0x2775, "Remote has disconnected"},
};
```

getError 함수는 에러 코드의 각 부분을 텍스트 메시지 문자열로 결합해 반환한다(리스트 12.11 참조).

리스트 12.11 두 부분의 에러 코드로부터 자세한 에러 메시지를 반환하는 함수

```
// ==========================================================
// 두 부분의 에러 코드로부터 자세한 에러 메시지를 반환한다.
// ==========================================================
std::string Net::getError(int error)
{
    int sockErr = error >> 16;        // sockErr은 상위 16 비트다.
    std::string errorStr;
    error &= STATUS_MASK;             // 확장 에러 코드를 제거한다.
    if (error > ERROR_CODES - 2)      // 모르는 에러 코드라면
        error = ERROR_CODES - 1;
    errorStr = codes[error];
```

```
    for (int i = 0; i < SOCK_CODES; i++)
    {
        if (errorCodes[i].sockErr == sockErr)
        {
            errorStr += errorCodes[i].message;
            break;
        }
    }
    return errorStr;
}
```

▌█ 12.11 클라이언트/서버 채팅

간단한 클라이언트 / 서버 채팅 프로그램을 제작해 새로 만든 Net 클래스를 테
스트한다(그림 12.1 참조). 이 프로그램을 가능한 한 간단하게 만들기 위해 윈도우
콘솔 애플리케이션으로 제작할 것이다.

그림 12.1 클라이언트/서버 채팅 데모

12.11.1 채팅 클라이언트

먼저 클라이언트 프로그램을 살펴본다. main.cpp 파일은 net.h 파일을 포함해
몇 가지 필요한 헤더 파일을 포함하는 것으로 시작한다. 변수와 버퍼는 다음에
선언된다(리스트 12.12(a) 참조).

리스트 12.12(a) 채팅 클라이언트의 변수

```cpp
// 2D 게임 프로그래밍
// Copyright (c) 2011 by:
// 찰스 켈리(Charles Kelly)
// 채팅 클라이언트 v1.0
#include <iostream>
#include <conio.h>
#include "net.h"
using namespace std;
int main()
{
    const int BUFSIZE = 256;
    int port = 48161;
    int newPort = 0;
    int protocol;               // TCP 또는 UDP
    char remoteIP[BUFSIZE];     // 원격 IP 주소 또는 도메인 이름
    char localIP[16];           // 큰따옴표 형태로 된 로컬 IP 주소
                                // nnn.nnn.nnn.nnn
    char netbuf[BUFSIZE];       // 네트워크 수신
    char keybuf[BUFSIZE];       // 키보드 입력
    int error    = netNS::NET_OK;
    int lastError = netNS::NET_OK;
    int sizeXmit = 0;           // 전송 크기
    int sizeRecv = 0;           // 수신 크기
    int size = 0;
    Net net;                    // 네트워크 연결 객체
```

다음으로 리스트 12.12(b)에서 볼 수 있는 것처럼 사용자로부터 원하는 프로
토콜을 얻는다.

리스트 12.12(b) 사용자가 클라이언트 프로토콜을 선택한다.

```
// ----- 클라이언트 생성 -----
do
{
    // 프로토콜 메뉴 표시
    cout    << "----- Chat Client -----\n"
            << "\nSelect Protocol\n"
            << "    0 = UDP\n"
            << "    1 = TCP\n\n"
            << "  Choice : ";
    cin >> protocol;           // 문자를 얻는다.
} while (protocol != 0 && protocol != 1);
    cin.ignore();
```

이제 사용할 서버의 IP 주소 또는 호스트 이름을 얻는다(리스트 12.12(c) 참조).
수집된 모든 필요 정보와 함께, net.createClient 함수를 통해 클라이언트 생성을
진행한다. 다음, 리스트 12.12(d)에 있는 코드를 사용해 서버와 클라이언트의
IP 주소를 표시한다.

리스트 12.12(c) IP 주소나 서버 이름과 포트 번호를 입력한다.

```
// IP 주소 또는 서버 이름에 대한 프롬프트
cout << "Enter IP address or name of server : ";
cin.getline(remoteIP, BUFSIZE);          // IP 주소나 이름을 읽는다.
// 포트 번호를 얻는다.
//   포트 번호 0-1023은 잘 알려진 서비스를 위해 사용된다.
//   포트 번호 1024-65535는 자유롭게 사용할 수 있다.
do
```

```
{
    cout << "Enter port number (Use 0 for default 48161) : ";
    cin >> newPort;
} while (newPort < 0 || newPort > 65535);

if (newPort != 0)
    port = newPort;
cin.ignore();
```

리스트 12.12(d) 클라이언트가 생성된다.

```
// 클라이언트 생성
error = net.createClient(remoteIP, port, protocol);
if (error != netNS::NET_OK)           // 에러가 발생하면
{
    cout << net.getError(error) << endl;
    system("pause");
    return 1;
}

// 서버 IP 표시
cout << "Server IP is : " << remoteIP << endl;
// 클라이언트 IP 표시
net.getLocalIP(localIP);
cout << "Client IP is : " << localIP << endl;
```

프로그램은 무한 루프에 들어간다. 루프 내부에서 키보드로부터 대기 중인 입력을 확인한다. 입력된 줄을 읽고 keybuf에 저장한다. 또한 입력받은 문자의 수를 얻어 sizeXmit에 저장한다. 문자가 입력됐다면 리스트 12.12(e)에서 볼 수 있는 것처럼 net.sendData 함수에 문자를 전송한다.

리스트 12.12(e) 키보드 입력을 서버로 전송한다.

```
// 서버에 메시지를 전송하고 무엇을 전송했는지 표시한다.
while (true)                              // ***** 무한 루프 *****
{
    // 대기하고 있는 키보드 입력이 있다면
    if (_kbhit())
    {
      cin.getline(keybuf, BUFSIZE);       // 입력을 얻는다.
      sizeXmit += (int)cin.gcount() + 1;  // 입력 크기 + NULL을 얻는다.
      if (cin.fail())                     // 입력이 실패하면
      {
        cin.clear();                      // 에러를 지운다.
        cin.ignore(INT_MAX, '\n');        // 입력을 비운다.
      }
    }
    // 데이터를 전송할 준비가 됐다면
    if (sizeXmit > 0)
    {
      size = sizeXmit;
      error = net.sendData(keybuf, size, remoteIP);  // 데이터를 전송
      if (error != netNS::NET_OK)
        cout << net.getError(error) << endl;
      sizeXmit -= size;                   // 보낸 문자의 수만큼 뺀다.
      if (sizeXmit < 0)
        sizeXmit = 0;
    }
```

　채팅 메시지를 전송한 후에 서버로부터 응답을 확인하고 수신 받은 텍스트를 표시한다. 루프 끝에 Sleep(10)을 호출하는 이유는 CPU의 작업 부하를 줄이기 위해서다. 리스트 12.12(f)는 이 단계에 대한 코드를 보여준다.

```
// 수신을 확인한다.
sizeRecv = BUFSIZE;                    // 읽을 수 있는 최대 문자 수
error = net.readData(netbuf, sizeRecv, remoteIP);
if (error != netNS::NET_OK)            // 에러가 발생하면
{
  if (error != lastError)              // 새로운 에러가 발생하면
  {
    lastError = error;
    cout << net.getError(error) << endl;
  }
}
else
  if (sizeRecv > 0)                    // 문자를 수신했다면
    // 들어오는 메시지를 표시한다.
    cout << netbuf << endl;
  // CPU의 작업 부하를 줄이기 위해 약간의 지연을 삽입한다.
  Sleep(10);
  }
  return 0;
}
```

12.11.2 채팅 서버

서버에 필요한 변수와 버퍼들은 클라이언트에서 필요한 것과 거의 동일하다(리스트 12.13(a) 참조). 선언 후 사용자에게 프로토콜에 대한 입력을 받는다(리스트 12.13(b) 참조).

리스트 12.13(a) 채팅 서버의 변수와 버퍼

```
// 2D 게임 프로그래밍
// Copyright (c) 2011 by:
// 찰스 켈리(Charles Kelly)
```

```
// 채팅 서버 v1.0
#include <iostream>
#include <conio.h>
#include "net.h"
using namespace std;
int main()
{
    const int BUFSIZE = 256;
    int port = 48161;
    int newPort = 0;
    int protocol;                   // TCP 또는 UDP
    char remoteIP[BUFSIZE];         // 원격 IP 주소 또는 도메인 이름
    char localIP[16];               // 큰따옴표 형태로 된 로컬 IP 주소
                                    // nnn.nnn.nnn.nnn
    char netbuf[BUFSIZE];           // 네트워크 수신
    char keybuf[BUFSIZE];           // 키보드 입력
    int error    = netNS::NET_OK;
    int lastError= netNS::NET_OK;
    int sizeXmit = 0;               // 전송 크기
    int sizeRecv = 0;               // 수신 크기
    int size = 0;
    Net net;                        // 네트워크 연결 객체
    netbuf[0] = '\0';
```

다음으로 리스트 12.12(b)에서 볼 수 있는 것처럼 사용자로부터 원하는 프로토콜을 얻는다.

리스트 12.13(b) 사용자가 서버 프로토콜을 선택한다.

```
    // ----- 서버 생성 -----
    do
    {
        // 프로토콜 메뉴 표시
```

```
      cout << "----- Chat Server -----\n"
          << "\nSelect Protocol\n"
          << "     0 = UDP\n"
          << "     1 = TCP\n\n"
          << "  Choice : ";
    cin >> protocol;              // 문자를 얻는다.
  } while (protocol != 0 && protocol != 1);
    cin.ignore();
```

다음으로 리스트 12.13(c)에서 볼 수 있는 것처럼 포트 번호를 얻는다. 서버는 net.createServer 함수를 호출해 생성된다. 성공적으로 생성되면 리스트 12.13(d)에서 볼 수 있는 것처럼 서버의 IP 주소와 포트 번호를 표시한다.

리스트 12.13(c) 포트 번호를 입력한다.

```
  // 포트 번호를 얻는다.
  //   포트 번호 0-1023은 잘 알려진 서비스를 위해 사용된다.
  //   포트 번호 1024-65535는 자유롭게 사용할 수 있다.
  do
  {
    cout << "Enter port number (Use 0 for default 48161) : ";
    cin >> newPort;
  } while (newPort < 0 || newPort > 65535);
    if (newPort != 0)
      port = newPort;
  cin.ignore();
```

리스트 12.13(d) net.createServer 함수를 호출해 서버를 생성한다.

```
  // 서버 생성
  error = net.createServer(port, protocol);
  if (error != netNS::NET_OK)            // 에러가 발생하면
```

```cpp
{
  cout << net.getError(error) << endl;
  system("pause");
  return 1;
}
// 서버 IP 표시
net.getLocalIP(localIP);
cout << "Server IP is : " << localIP << endl;
cout << "Server port is : " << port << endl;
```

서버 또한 무한 루프를 사용한다. 루프 내부에서 net.readData 함수로부터 들어오는 텍스트를 확인하고 표시한다. 읽는 과정에서 에러가 발생하면 에러 메시지를 출력하고 서버를 다시 생성한다(리스트 12.13(e) 참조).

리스트 12.13(e) 서버는 들어오는 텍스트를 기다리고 표시한다.

```cpp
// 들어오는 텍스트를 표시하고 응답을 전송한다.
while (true)                        // ***** 무한 루프 *****
{
  // 수신을 확인한다.
  sizeRecv = BUFSIZE;               // 읽을 수 있는 최대 문자 수
  error = net.readData(netbuf, sizeRecv, remoteIP);
  if (error != netNS::NET_OK)       // 에러가 발생하면
  {
    cout << net.getError(error) << endl;
    error = net.closeSocket();      // 연결을 닫는다.
    // 서버를 다시 생성한다.
    error = net.createServer(port, protocol);
    if (error != netNS::NET_OK)     // 에러가 발생하면
    {
      cout << net.getError(error) << endl;
      return 1;
    }
  }
```

```
        }
    if (sizeRecv > 0)              // 문자를 수신했다면
    {
        // 들어오는 메시지를 표시한다.
        cout << netbuf << endl;
        return 0;
    }
```

들어오는 텍스트를 표시한 후에 대기하고 있는 키보드 입력을 확인한다. 입력된 줄을 읽고 keybuf에 저장한다. 또한 입력받은 문자의 수를 얻어 sizeXmit에 저장한다. 문자가 입력됐다면 net.sendData 함수에 문자를 전송한다. 루프의 끝에서 Sleep을 다시 호출해 서버를 종료한다(리스트 12.13(f) 참조).

리스트 12.13(f) 키보드 입력을 클라이언트로 전송한다.

```
    // 대기하고 있는 키보드 입력이 있다면
    if (_kbhit())
    {
        cin.getline(keybuf, BUFSIZE);       // 입력을 얻는다.
        sizeXmit += (int)cin.gcount() + 1;  // 입력 크기 + NULL을 얻는다.
        if (cin.fail()) // 입력이 실패하면
        {
            cin.clear();                    // 에러를 지운다.
            cin.ignore(INT_MAX, '\n');      // 입력을 비운다.
        }
    }
    // 데이터를 전송할 준비가 됐다면
    if (sizeXmit > 0)
    {
        size = sizeXmit;
        error = net.sendData(keybuf, size, remoteIP);  // 데이터를 전송
        if (error != netNS::NET_OK)
            cout << net.getError(error) << endl;
```

```
    sizeXmit -= size; // 보낸 문자의 수만큼 뺀다.
    if (sizeXmit < 0)
      sizeXmit = 0;
  }
  // CPU의 작업 부하를 줄이기 위해 약간의 지연을 삽입한다.
  Sleep(10);
  }
  return 0;
}
```

12.12 클라이언트/서버 Spacewar

이번 절에서는 Spacewar 게임에 네트워크 플레이를 추가한다. 사실 '네트워크 플레이 추가'라는 문구는 조금 오해의 소지가 있다. 네트워크 플레이가 가능한 게임을 만드는 것은 단순히 새로운 클래스를 포함해 몇 가지 함수 호출을 만드는 문제가 아니다. 네트워크 코드는 클라이언트와 서버의 요구 사항을 수용할 수 있게 게임에 통합돼야 한다. 따라서 서버나 클라이언트를 만드는 데 필요한 핵심 변경 사항을 검토할 것이다. 수행된 모든 변경 사항을 확인하기 위해 WinMerge 애플리케이션을 사용해 네트워크 게임과 기존 Spacewar 게임을 비교할 것을 제안한다.

이 책에 구현돼 있는 게임은 신뢰할 수 있는 서버에서 실행된다. 클라이언트는 디스플레이와 입력 장치로만 동작한다. 이 모델은 대부분의 상용 게임에서 사용하는 모델 중 하나다. 최적의 성능을 위한 모델이라서가 아니라 클라이언트를 신뢰할 수 없기 때문이다. 게임이 신뢰할 수 있는 서버에서 실행되면 클라이언트가 부정행위Cheating를 할 수 있는 범위가 줄어든다. 클라이언트로부터 들어오는 데이터를 신뢰해 버린다면 플레이어가 부정행위를 하기 쉬워진다. 플레이어는 여전히 부정행위를 시도하겠지만, 신뢰할 수 있는 서버가 있다면 부정행위 시도를 탐지하는 방법을 구현할 수 있다.

클라이언트는 플레이어의 게임 입력을 포함한 데이터를 주기적으로 서버에 전송한다. 서버는 게임의 최신 상태를 답변으로 보낼 것이다. 네트워크 게임이 아닌 경우 사운드 효과가 재생될 때 두 플레이어는 같은 컴퓨터에서 플레이하고 있었기 때문에 사운드를 들을 수 있었다. 네트워크 버전의 게임은 서버에서 실행된다. 서버에서 사운드 효과를 재생해야 된다고 판단하면 해당 정보를 게임 상태의 일부로서 각 클라이언트에 전달한다. 이는 네트워크로 플레이 가능한 게임을 만들 때 다뤄야 하는 일반적인 문제 유형이다.

Spacewar 같은 실시간 게임에서는 데이터의 신뢰성보다 시간 내에 전달하는 것이 더 중요하다. 서버가 게임의 현재 상태를 클라이언트로 전송하는 도중 데이터가 손실됐더라도 다음 상태를 전송하면 이전 상태는 더 이상 쓸모가 없어지기 때문에 재전송할 필요가 없다. 클라이언트 데이터를 서버로 전송할 때도 마찬가지다. 이런 이유로 게임에서 통신할 때 UDP를 사용할 것이다.

12.12.1 필요 대역폭

네트워크 게임을 만들 때는 서버에 전달하는 데이터의 크기를 고려해야 한다. 각 클라이언트에 전송하는 게임 상태는 각 플레이어의 우주선과 미사일 상태를 설명하는 데 필요한 모든 데이터와 사운드와 게임 상태에 대한 일부 추가 정보로 구성돼 있다. Spacewar 게임의 경우 각 플레이어의 상태를 설명하는 데 약 50바이트가 필요하다. 또한 게임 상태를 설명하는 데 몇 바이트가 추가로 필요하며, 필요한 데이터들을 모아 IP 패킷을 생성해 전송한다. 게임에 있는 모든 플레이어의 상태는 모든 클라이언트에 전송돼야 한다. 클라이언트당 플레이어가 1명이라고 가정하면 필요한 대역폭은 플레이어의 수에 따라 거듭제곱으로 증가한다. 게임 상태를 클라이언트에게 초당 30번 전송한다면 다음 식을 사용해 서버에 필요한 대역폭을 계산할 수 있다.

초당 비트 수 = 플레이어 수^2 × 플레이어당 바이트 수 × 바이트당 8비트 × 초당 30번 전송

표 12.1에서 볼 수 있는 것처럼 필요한 서버의 업로드 대역폭은 플레이어의 수가 증가함에 따라 기하급수적으로 증가한다.

표에 있는 숫자들은 근삿값이다.

표 12.1 필요한 서버의 업로드 대역폭

플레이어 수	업로드 대역폭(bps)(사용자당 최대 50바이트)
2	48K
4	192K
8	768K
16	3M
32	12M

데이터를 전송하기 전에 압축하는 단계를 추가하면 필요한 대역폭을 줄일 수 있다. 예제는 2명의 플레이어로 제한하기 때문에 다음에 설명하는 비트 플래그를 사용하는 것 이상으로 추가 압축 작업을 진행하지는 않을 것이다.

12.12.2 비트 플래그

필요한 대역폭을 최소화하기 위해 가능하면 비트 플래그를 사용해 게임 상태 정보를 전송할 것이다. 비트는 변수의 char, short, 또는 int 타입의 일부로 전송될 것이다. 설정하고 싶은 비트 위치에 1을 포함하는 숫자와 비트 OR(|) 연산을 수행해 변수에 비트를 설정할 수 있다. 예를 들어 다음과 같다.

변수   10100001

OR (|)   00001111

결과   1010<u>1111</u>   ← 비트 설정

지우고 싶은 비트 위치를 제외한 모든 곳에 1을 포함하는 숫자와 비트 AND (&) 연산을 수행해 비트를 지울 수 있다.

```
변수          10100001

AND ( & )  00001111
            ──────────────── 비트 지우기
결과         00000001
```

변경하고 싶은 비트 위치에 1을 포함하는 숫자와 배타적 비트 OR(^) 연산을 수행해 비트의 현재 상태를 0에서 1로, 1에서 0으로 변경할 수 있다.

```
변수          10100001

XOR ( ^ )  00001111
            ──────────────── 비트 반전
결과         00001110
```

12.12.3 UDP를 통해 신뢰성 있는 순간적인 정보 전송

클라이언트에게 두 우주선이 충돌할 때의 사운드 효과를 재생하라고 알려주는 것처럼, 전송해야 되는 이벤트 중 일부는 순간적으로 일어난다. 반면 우주선의 엔진에 대한 사운드 효과를 재생하라고 알려주는 것처럼, 다른 일부 이벤트는 연속적으로 일어난다. 연속적인 정보에 대해서는 간단히 비트 값을 사용할 수 있다. 비트가 0이라면 사운드를 끄고, 비트가 1이라면 사운드를 켠다. 데이터 패킷이 전송 중에 손실되더라도 다음 데이터 패킷이 가장 최신의 비트 값을 가질 것이기 때문에 그렇게 중요하지 않다. 단일 데이터 패킷을 사용해 순간적인 이벤트를 전송했는데 데이터 패킷이 손실됐다면 클라이언트와 서버가 동기화되지 않을 수 있다. 순간적인 정보를 신뢰성 있게 전송하기 위해 정보를 전달하는 비트의 상태를 변경할 것이다. 수신자가 비트의 상태 변화를 알게 되면 순간적인 이벤트가 발생했음을 알 수 있을 것이다. 데이터 패킷이 손실되더라도 다음 패킷에 새로운 상태에 대한 비트를 여전히 포함하고 있기 때문에 순간적인 정보를 수신할 수 있게 된다. 표 12.2는 동작하는 방법을 보여준다.

표 12.2 순간적인 데이터를 전송하는 도중 패킷이 손실됐을 때 미치는 영향

	순간적인 데이터 전송			
	일반적인 비트 값 사용		변경을 통한 비트 값 사용	
	송신	수신	송신	수신
패킷 0	00000000	00000000	00000000	00000000
패킷 1	00000000	00000000	00000000	00000000
패킷 2	00000010	패킷 손실	00000010	패킷 손실
패킷 3	00000000	00000000	00000010	00000010
패킷 4	00000000	00000000	00000010	00000010

패킷 2가 손실되면 포함하고 있는 정보 또한 손실된다. 단순히 하나의 패킷에 있는 비트 값을 사용해 순간적인 이벤트를 전송한다면 수신자는 게임의 상태를 갱신하지 못할 것이다. 그러나 비트의 상태 변경을 사용한다면 수신자는 다음에 수신 받은 패킷을 통해 비트의 변경을 알게 돼 송신자와 일치하도록 게임의 상태를 갱신할 수 있게 된다.

▌ 12.13 Spacewar 서버

서버를 생성하는 첫 번째 단계는 Net 클래스에 접근할 수 있게 만드는 것이다. 먼저 기존 Spacewar 게임을 새 폴더에 복사한다. 해당 폴더에 net.cpp와 net.h 파일을 추가한다. 다음으로 Spacewar 프로젝트를 열고 프로젝트의 '소스 파일(Source Files)'과 '헤더 파일(Header Files)'에 두 파일을 각각 추가한다. 이제 spacewar.h 파일에 #include "net.h"를 추가한다.

12.13.1 게임 구조

서버는 게임의 상태를 유지하고, 클라이언트로부터 입력을 받고, 클라이언트에게 현재 게임의 상태를 전송하는 일을 한다. 클라이언트와 서버 사이에 흐르는 데이터를 구성하기 위해 몇 가지 구조체를 만들 것이다. 다음에 설명할 구조체

들은 spacewar.h에 선언돼 있다.

ToServerStc 구조체는 클라이언트에서 서버로 전송된다.

```
struct ToServerStc
{
    UCHAR buttons;
    UCHAR playerN;
};
```

멤버는 다음과 같다.

- **buttons**   현재 플레이어가 누른 버튼에 대한 상태로, UCHAR(unsigned char) 타입은 1바이트(8비트) 값을 표현할 수 있다. 비트 값 0은 버튼을 누르지 않았음을, 비트 값 1은 버튼을 눌렀음을 나타낸다. 0번째 비트는 '왼쪽', 1번째 비트는 '오른쪽', 3번째 비트는 '발사'를 의미한다. 4번째부터 7번째까지의 비트는 나중에 사용하기 위해 예약돼 있다.

- **playerN**   0~MAX_PLAYERS 범위로 된 플레이어 숫자

ToClientSrc 구조체는 서버에서 클라이언트로 전송된다.

```
struct ToClientSrc
{
    Player player[spacewarNS::MAX_PLAYERS];
    UCHAR gameState;
    UCHAR sounds;
};
```

멤버는 다음과 같다.

- **player[]**   Player 구조체 배열
- **gameState**   현재 게임 상태로, UCHAR(unsigned char) 타입은 1바이트(8비트) 값을 표현할 수 있다. 0번째 비트는 새로운 라운드가 시작된다는 신호로 사용된다. 비트 값 1은 새로운 라운드가 시작됐음을 나타낸다. 1번째부터 7번째까

지의 비트는 나중에 사용하기 위해 예약돼 있다.

- **sounds** 클라이언트가 재생해야 할 사운드 효과로, UCHAR(unsigned char) 타입은 1바이트(8비트) 값을 표현할 수 있다. 순간적인 소리는 비트의 상태 변경을 이용해 전달된다. 지속적인 소리는 1 = 켜기, 0 = 끄기로 전달된다. 비트에 해당하는 소리는 다음과 같다.

  - 0번째 비트 = cheer   상태 변경
  - 1번째 비트 = collide   상태 변경
  - 2번째 비트 = explode   상태 변경
  - 3번째 비트 = engine1   1 = 켜기, 0 = 끄기
  - 4번째 비트 = engine2   1 = 켜기, 0 = 끄기
  - 5번째 비트 = torpedoCrash   상태 변경
  - 6번째 비트 = torpedoFire   상태 변경
  - 7번째 비트 = torpedoHit   상태 변경

Player 구조체는 플레이어 1명에 대한 우주선과 미사일을 설명한다.

```
struct Player
{
    ShipStc shipData;
    TorpedoStc torpedoData;
};
```

멤버는 다음과 같다.

- **shipData** 우주선에 대한 상태 정보가 포함돼 있는 ShipStc 구조체
- **torpedoData** 미사일에 대한 상태 정보가 포함돼 있는 TorpedoStc 구조체

ShipStc 구조체는 우주선에 대한 상태 정보가 포함돼 있다. 이 구조체는 ship.h에 선언돼 있다.

```
struct ShipStc
{
    float X;
    float Y;
    float radians;
    float health;
    VECTOR2 velocity;
    float rotation;
    short score;
    UCHAR playerN;
    UCHAR flags;
};
```

멤버는 다음과 같다.

- **X** 화면상의 X 좌표

- **Y** 화면상의 Y 좌표

- **radians** 라디안 단위 회전 각도

- **health** 0~100 범위의 체력

- **velocity** 속도 벡터

- **rotation** 라디안 단위 초당 회전 속도

- **score** 플레이어의 점수

- **playerN** 플레이어 수

- **flags**

  ○ 0번째 비트. Player의 상태, 0 = 비활성화, 1 = 활성화

  ○ 1번째 비트. Engine의 상태, 0 = 끄기, 1 = 켜기

  ○ 2번째 비트. Shield의 상태, 0 = 끄기, 1 = 켜기

TorpedoStc 구조체는 미사일에 대한 상태 정보가 포함돼 있다. 이 구조체는

torpedo.h에 선언돼 있다.

```
struct TorpedoStc
{
    float X;
    float Y;
    VECTOR2 velocity;
    bool active;
};
```

멤버는 다음과 같다.

- **X** 화면상의 X 좌표

- **Y** 화면상의 Y 좌표

- **velocity** 속도 벡터

- **active** 활성화 상태(true 또는 false)

12.13.2 Spacewar 클래스 수정

게임 서버로 변환하려면 Spacewar 클래스를 다음과 같이 수정해야 한다.

변경할 사항 중 하나는 우주선과 미사일을 저장하는 배열을 만드는 것이다. 이 단계는 불필요하지만, 나중에 누군가 2명의 플레이어가 즐기는 게임으로 확장해야 할 때 도움이 된다.

서버를 시작할 때 네트워크 코드와 게임 아이템을 초기화해야 한다. 서버 초기화는 새로 만들 initializeServer 함수를 통해 처리된다(리스트 12.14 참조).

리스트 12.14 Spacewar 서버 초기화

```
// ===================================================
// 서버를 초기화한다.
// ===================================================
int Spacewar::initializeServer(int port)
{
```

```
  std::stringstream ss;
  if (port < netNS::MIN_PORT)
  {
    console->print("Invalid port number");
    return netNS::NET_ERROR;
  }
  // ----- 네트워크 관련 초기화 -----
  error = net.createServer(port, netNS::UDP);
  if (error != netNS::NET_OK)                // 에러가 발생한다면
  {
    console->print(net.getError(error));
    return netNS::NET_ERROR;
  }
  for (int i = 0; i < MAX_PLAYERS; i++)   // 모든 플레이어에 대해
  {
    ship[i].setActive(false);
    ship[i].setConnected(false);
    ship[i].setScore(0);
  }
  console->print("----- Server -----");
  net.getLocalIP(localIP);
  ss << "Server IP : " << localIP;
  ss.str("");                                // stringstream을 비운다.
  ss << "Port : " << port;
  console->print(ss.str());
  return netNS::NET_OK;
}
```

서버 메시지는 콘솔에 표시되며, 서버 메뉴가 표시된 후에 자동으로 서버가 열린다(코드는 표시하지 않았다). initializeServer 함수는 initialize 함수 끝에 호출된다.

게임 클라이언트와의 통신은 communicate 함수를 통해 처리된다. 이 함수는 메인 게임 루프의 일부로서 반복적으로 호출된다. 이 함수는 호출될 때마다

클라이언트로부터 들어오는 데이터를 확인한다. 또한 netTime 값도 계산된다. 일정 시간이 지나면 비활성 클라이언트를 확인하기 위해 checkNetwork Timeout 함수가 호출된다(리스트 12.15 참조).

리스트 12.15 게임 클라이언트와 통신

```
// =================================================
// 네트워크 통신
// =================================================
void Spacewar::communicate(float frameTime)
{
    // 클라이언트와 통신한다.
    // 이 함수는 지연되지 않기 때문에 클라이언트에게 최대한 빨리 응답할 수 있다.
    doClientCommunication();
    // 네트워크 통신으로 인해 경과된 시간을 계산한다.
    netTime += frameTime;
    if (netTime < netNS::NET_TIME)              // 통신할 때가 아니라면
        return;
    netTime -= netNS::NET_TIME;
    // NET_TIME 초마다 비활성화 클라이언트를 확인한다.
    checkNetworkTimeout();
}
```

현재 연결된 모든 플레이어는 checkNetworkTimeout 함수를 통해 증가되는 타임아웃 카운터를 갖고 있다. 플레이어가 새 데이터 패킷을 전송할 때마다 타임아웃 카운터가 리셋된다. 타임아웃 카운터가 MAX_ERRORS를 초과하게 되면 플레이어와 서버 간의 연결이 자동으로 끊어진다(리스트 12.16 참조).

리스트 12.16 클라이언트 타임아웃 확인

```
// =================================================
// 네트워크 타임아웃을 확인한다.
```

```
// ======================================================
void Spacewar::checkNetworkTimeout()
{
    std::stringstream ss;
    for (int i = 0; i < MAX_PLAYERS; i++)   // 모든 플레이어에 대해
    {
        if (ship[i].getConnected())
        {
            ship[i].incTimeout();            // Timeout++
            // 통신이 타임아웃 됐다면
            if (ship[i].getTimeout() > netNS::MAX_ERRORS)
            {
                ship[i].setConnected(false);
                ss << "***** Player " << i << " disconnected. *****";
            }
        }
    }
}
```

클라이언트에서 서버로 전송하는 데이터에는 플레이어의 게임 입력이나 서버에 접속하기 위한 요청이 포함돼 있다. doClientCommunication 함수는 모든 클라이언트로부터 들어오는 전송을 처리한다. 클라이언트는 toServerData.playerN을 255로 설정해 서버에 접속하기 위한 요청을 할 수 있다. 클라이언트가 서버에 접속하기 위한 요청을 하면 clientWantsToJoin 함수가 호출된다. 클라이언트가 이미 연결돼 있다면 플레이어의 입력이 게임에 적용되며 게임의 최신 상태가 클라이언트로 전송된다(리스트 12.17 참조).

리스트 12.17 각 클라이언트에 게임 상태를 전송

```
// ======================================================
// 클라이언트 통신
// 서버가 게임의 상태를 각 클라이언트에게 전송하기 위해 호출
```

```
// ===================================================
void Spacewar::doClientCommunication()
{
    int playN;                              // 통신하고 있는 플레이어 수
    int size;
    prepareDataForClient();                 // 클라이언트에게 전송할 데이터 준비
    for (int i = 0; i < MAX_PLAYERS; i++)   // 모든 플레이어에 대해
    {
        size = sizeof(toServerData);
        if (net.readData((char*)&toServerData, size, remoteIP) ==
                netNS::NET_OK)
        {
            if (size > 0)                   // 수신한 데이터가 있다면
            {
                playN= toServerData.playerN;
                if (playN == 255)           // 게임 참가를 요청하면
                {
                    clientWantsToJoin();
                }
                else
                {
                    if (ship[playN].getConnected()) // 이 플레이어가 연결됐다면
                    {
                        if (ship[playN].getActive()) // 이 플레이어가 활성화됐다면
                            ship[playN].setButtons(toServerData.buttons);
                        size = sizeof(toClientData);
                        // 플레이어에게 최신 게임 데이터를 전송한다.
                        net.sendData((char*)&toClientData, size,
                                ship[i].getNetIP());
                        ship[playN].setTimeOut(0);
                        ship[playN].setCommWarnings(0);
                    }
                }
            }
        }
    }
```

```
   else                        // 더 이상 들어오는 데이터가 없다면
  {
    break;
  }
  }
}
```

데이터를 toClientData 구조체에 넣어 클라이언트에 전송한다. prepareData
ForClient 함수는 각 우주선과 미사일의 데이터를 구조체에 넣는다(리스트 12.18
참조).

리스트 12.18 클라이언트에 전송할 toClientData 구조체 준비

```
// =================================================
// 클라이언트에 전송할 데이터를 준비한다.
// 모든 플레이어에 대한 정보가 포함돼 있다.
// =================================================
void Spacewar::prepareDataForClient()
{
  for (int i = 0; i < MAX_PLAYERS; i++)   // 모든 플레이어에 대해
  {
    toClientData.player[i].shipData = ship[i].getNetData();
    toClientData.player[i].torpedoData = torpedo[i].getNetData();
  }
}
```

서버를 연결하기 위한 클라이언트의 요청은 clientWantsToJoin 함수를 통해
처리된다. 현재 게임에 플레이어가 아무도 없다면 roundOver 플래그를 true로
설정하고 점수가 0으로 리셋된다. 다음으로 함수는 열려있는 자리를 찾아 각
플레이어의 위치를 확인한다. 연결되지 않은 우주선(플레이어)이 발견되면 해당
우주선을 연결된 플레이어에 할당한다. 서버는 성공적으로 연결됐다는 사실을

알려주기 위해 클라이언트에게 SERVER_ID와 플레이어의 수를 전송한다. 서버가 가득 찼다면 클라이언트에게 SERVER_FULL을 반환한다(리스트 12.19 참조).

리스트 12.19 게임에 참가하기 위한 플레이어의 요청을 처리

```cpp
// ==================================================
// 클라이언트가 게임에 참가하기 위해 요청하고 있다.
// ==================================================
void Spacewar::clientWantsToJoin()
{
    std::stringstream ss;
    int size;
    int status;
    connectResponse.number = 255;           // 유효하지 않은 플레이어 수 설정
    if (playerCount == 0)                    // 현재 게임에 아무 플레이어가 없다면
    {
        roundOver = true;                        // 새 라운드를 시작한다.
        for (int i = 0; i < MAX_PLAYERS; i++)   // 모든 플레이어에 대해
            ship[i].setScore(0);    // 점수를 리셋한다.
    }
    console->print("Player requesting to join.");
    // 사용 가능한 플레이어 위치를 찾는다.
    for (int i = 0; i < MAX_PLAYERS; i++)      // 모든 플레이어 위치를 검색한다.
    {
        if (ship[i].getConnected() == false)    // 현재 위치가 사용 가능하다면
        {
            ship[i].setConnected(true);
            ship[i].setTimeout(0);
            ship[i].setCommWarnings(0);
            ship[i].setNetIP(remoteIP);             // 플레이어 IP를 저장한다.
            ship[i].setcommErrors(0);               // 기존에 있던 에러를 지운다.
            // SERVER_ID와 플레이어 번호를 클라이언트에 전송한다.
            strcpy_s(connectResponse.response, netNS::SERVER_ID);
            connectResponse.number= (UCHAR)I;
```

```
            size = sizeof(connectResponse);
            status = net.sendData((char*)&connectResponse, size, remoteIP);
            if (status == netNS::NET_ERROR)
            {
                console->print(net.getError(status)); // 에러 메시지를 표시한다.
                return;
            }
            toServerData.playerN = i;       // 입력 버퍼로부터 참가 요청을 지운다.
            ss << "Connected player as number : " << i;
            console->print(ss.str());
            return;                         // 사용 가능한 플레이어 위치를 발견했다.
        }
    }
    // SERVER_FULL을 클라이언트에 전송한다.
    strcpy_s(connetResponse.response, netNS::SERVER_FULL);
    size = sizeof(connectResponse);
    status = net.sendData((char*)&connectResponse, size, remoteIP);
    console->print("Server full.");
}
```

클라이언트에 대한 응답은 connectResponse 구조체로 전송된다.

```
struct ConnectResponse
{
    char response[netNS::RESPONSE_SIZE];
    UCHAR number;
};
```

멤버는 다음과 같다.

- **response** CLIENT_ID, SERVER_ID, SERVER_FULL이 포함된 NULL로 끝나
는 문자열

- **number** 연결된 경우 플레이어의 번호

12.13.3 Ship과 Torpedo 클래스 수정

Spacewar 게임을 서버로 변환하기 위해서는 Ship과 Torpedo 클래스를 다음과 같이 수정해야 된다. ShipStc 구조체에 있는 우주선의 데이터를 반환하는 새로운 함수가 추가된다. 이 데이터는 우주선의 현재 상태를 설명하고자 서버에서 각 클라이언트로 전송된다(리스트 12.20 참조).

리스트 12.20 우주선의 상태를 ShipStc 구조체에 넣어 반환하는 getNetData 함수

```
// ==================================================
// 우주선의 현재 상태를 ShipStc에 넣어 반환한다.
// ==================================================
ShipStc Ship::getNetData()
{
    ShipStc data;
    data.X = getX();
    data.Y = getY();
    data.radians = getRadians();
    data.health = getHealth();
    data.velocity = getVelocity();
    data.rotation = getRotation();
    data.score = getScore();
    data.playerN = getPlayerN();
    // --- 플래그 ---
    // 0번째 비트 : active
    // 1번째 비트 : engineOn
    // 2번째 비트 : shieldOn
    data.flags = 0;
    if (getActive())
        data.flags |= 0x01;
    if (getEngineOn())
        data.flags |= 0x02;
    if (getShieldOn())
        data.flags |= 0x04;
```

```
    return data;

}
```

미사일의 현재 상태를 반환하는 비슷한 내용의 함수가 Torpedo 클래스에 추가된다(리스트 12.21 참조).

리스트 12.21 미사일의 상태를 TorpedoStc 구조체에 넣어 반환하는 getNetData 함수

```
// =================================================
// Torpedo 상태를 TorpedoStc에 넣어 반환한다.
// =================================================
TorpedoStc Torpedo::getNetData()
{
    TorpedoStc data;
    data.X = getX();
    data.Y = getY();
    data.velocity = getVelocity();
    data.active = active;
    return data;
}
```

12.13.4 Game 클래스 수정

마지막으로 살펴볼 통합 부분은 Game 클래스의 변경이다. Game 클래스의 run 함수 안에 communicate 함수를 호출하는 부분을 추가한다. 또한 콘솔이 표시될 때 게임이 일시 정지되는 것을 방지한다(리스트 12.22 참조).

리스트 12.22 네트워크 플레이를 위해 Game 클래스에 필요한 수정 사항

```
// update(), ai(), collisions() 그리고 render()는 순수 가상 함수다.
// game.h으로부터 상속받아 코드를 작성할 때
// 이 함수들을 반드시 재정의해야 한다.
```

```
if (!paused)                                   // 일시 정지되지 않았다면
{
    update();                                  // 모든 게임 아이템을 갱신한다.
    ai();                                      // 인공지능
    collisions();                             // 충돌 처리
    input->vibrateControllers(frameTime); // 컨트롤러 진동 처리
}
renderGame();                                  // 모든 게임 아이템을 그린다.
communicate(frameTime);                        // 네트워크 통신을 한다.
// 콘솔 키를 확인한다.
if (input->wasKeyPressed(CONSOLE_KEY))
{
    console->showHide();
    // paused = console->getVisible(); // 콘솔이 표시될 때 게임을 일시 정지한다.
}
consoleCommand();                              // 사용자가 입력한 콘솔 명령을 처리한다.
```

▌ 12.14 Spacewar 클라이언트

Spacewar 클라이언트를 생성하는 것은 서버를 생성할 때의 단계와 동일하다.
먼저 기존 Spacewar 게임을 새 폴더에 복사한다. 해당 폴더에 net.cpp와 net.h
파일을 추가한다. 다음으로 Spacewar 프로젝트를 열고 프로젝트의 '소스 파일
(Source Files)'과 '헤더 파일(Header Files)'에 두 파일을 각각 추가한다. 이제
spacewar.h 파일에 #include "net.h"를 추가한다.

12.14.1 Spacewar 클래스 수정

서버 코드에서 했던 것처럼 우주선과 미사일을 저장하는 배열을 만들었다. 다
시 말하지만, 나중에 누군가 2명의 플레이어가 즐기는 게임으로 확장해야 할
때 도움이 된다. 클라이언트는 이전에 서버 부분에서 설명했던 구조체를 똑같
이 포함하고 있다. 또한 다음 단락에 설명돼 있는 함수들을 추가했다.

communicate 함수는 메인 게임 루프의 일부로, 반복적으로 호출된다. 이 함

수는 서버와 네트워크 통신을 수행한다. 클라이언트가 현재 연결돼 있다면 getInfoFromServer 함수를 호출해 서버로부터 전송돼 대기 중인 게임 상태 데이터를 얻는다. 다음으로 netTime 값을 계산한다. 서버로 전송할 시간이 됐고 tryToConnect가 true라면 connectToServer 함수가 호출된다. 클라이언트가 이미 연결돼 있다면 checkNetworkTimeout 함수를 호출해 서버 타임아웃을 확인하고, sendInfoToServer 함수를 호출해 플레이어의 입력을 전송한다(리스트 12.23 참조).

서버에 연결하려면 사용자, 클라이언트와 서버 사이에서 여러 단계의 상호작용이 필요하다. 게임 화면을 그리기 위해서는 게임 루프를 계속 실행해야 되기 때문에 단순히 각 단계마다 루프를 기다릴 수는 없다. 따라서 현재 어느 단계에 있는지 추적하는 step 변수를 사용한다. tryToConnect의 값이 true일 동안 계속 connectToServer 함수를 호출한다. 연결 과정의 각 단계가 완료되면 step 변수는 다음 단계를 수행하게 설정된다.

리스트 12.23 서버와 클라이언트 통신

```
// ===================================================
// 네트워크 통신
// ===================================================
void Spacewar::communicate(float frameTime)
{
    if (clientConnected)
      getInfoFromServer();          // 서버로부터 게임 상태를 얻는다.
    // 네트워크 통신으로 인해 경과된 시간을 계산한다.
    netTime += frameTime;
    if (netTime < netNS::NET_TIME)  // 통신할 때가 아니라면
      return;
    if (tryToConnect)
      connectToServer();            // 게임 서버와 연결하려고 시도한다.
    else if (clientConnected)       // 연결돼 있다면
      {
```

```
        checkNetworkTimeout();        // 서버로부터 끊어졌는지 확인한다.
        sendInfoToServer();           // 플레이어 입력을 서버로 전송한다.
    }
    netTime -= netNS::NET_TIME;
}
```

클라이언트가 이미 연결돼 있다면 tryToConnect를 false로 설정하고 함수를 반환한다. 이론적으로는 이런 일이 절대 일어날 수 없지만, 이론과 실제는 다르다. 클라이언트가 연결돼 있지 않다면 switch문을 사용해 현재 단계를 선택한다. 0단계에서는 리스트 12.24(a)에서 볼 수 있는 것처럼 사용자에게 서버의 IP 주소나 이름을 입력받게 콘솔에 메뉴를 표시하고 step 변수를 1로 설정한다.

리스트 12.24(a) 서버를 연결하기 위한 0단계

```
// =================================================
// 게임 서버 연결을 시도한다.
// 연결이 설정되면 게임을 시작한다.
// =================================================
void Spacewar::connectToServer()
{
    static int step = 0;
    static float waitTime;          // 서버로부터 응답을 기다린 초 단위 시간
    int size;
    int newPort;
    std::string str;
    std::stringstream ss;
    if (clientConnected)            // 연결됐다면
    {
        tryToConnect = false;
        console->print("Currently connected");
        return;
    }
    switch (step)
```

```
{
  case 0:
    console->print("----- Spacewar Client -----");
    console->print("Enter IP address or name of server : ");
    console->clearInput();   // 입력 텍스트를 지운다.
    console->show();
    step = 1;
    break;
```

1단계에서는 사용자 입력을 기다린다. 사용자 입력이 들어오면 remoteIP에 저장한다. 그 뒤 리스트 12.24(b)의 코드에서 볼 수 있는 것처럼 사용자에게 포트 번호를 입력받는 프롬프트가 나타나고 step을 2로 설정한다.

리스트 12.24(b) 서버를 연결하기 위한 1단계

```
case 1:
  str = console->getInput();
  if (str == "")                        // 아무 주소가 입력되지 않았다면
    return;
  strcpy_s(remoteIP, str.c_str());  // 주소를 remoteIP로 복사한다.
  console->clearInput();                // 입력 텍스트를 지운다.
  console->print("Enter port number, 0 selected default : ");
  step = 2;
  break;
```

2단계에서는 사용자가 포트 번호를 입력할 때까지 기다린다. 유효한 포트 번호를 입력한다면 newPort에 저장하고 step 변수를 3으로 설정한다. 이 단계는 리스트 12.24(c)에 표시돼 있다. 3단계에서는 UDP 클라이언트 생성을 시도한다. 에러가 발생하면 에러 메시지가 표시되고 tryToConnect를 false로 설정한 뒤 step 변수를 0으로 리셋한다. UDP 클라이언트가 생성되면 리스트 12.24(d)에서 볼 수 있는 것처럼 서버와 연결하기 위한 요청을 전송하고 step

변수를 4로 설정한다.

리스트 12.24(c) 서버를 연결하기 위한 2단계

```
case 2:
    str = console->getInput();
    if (str == "")
        return;
    newPort = atoi(str.c_str());
    if (newPort == 0)
        newPort = netNS::DEFAULT_PORT;
    if (newPort > netNS::MIN_PORT && newPort < 65536)
    {
        port = newPort;
        step = 3;
    }
    else
        console->print("Invalid port number");
    console->clearInput();
    break;
```

리스트 12.24(d) 서버를 연결하기 위한 3단계

```
case 3:
    // UDP 클라이언트 생성
    error = net.createClient(remoteIP, port, netNS::UDP);
    if (error != netNS::NET_OK)                // 에러가 발생하면
    {
        console->print(net.getError(error));   // 에러 메시지를 표시한다.
        tryToConnect = false;
        step = 0;
        return;
    }
    // 서버에 연결하기 위한 요청을 보낸다.
```

```
console->print("Attempting to connect with server."); // 메시지를 표시한다.
toServerData.playerN = 255;// playerN = 255는 연결을 위한 요청이다.
size = sizeof(toServerData);
console->print("'Request to join' sent to server.");
error = net.sendData((char*)&toServerData, size, remoteIP);
console->print(net.getError(error));
waitTime = 0;
step = 4;
break;
```

4단계에서는 연결 요청에 대한 응답을 듣기 위해 서버를 기다린다. waitTime 타이머는 netTime만큼 증가한다. 기다린 시간이 CONNECT_TIMEOUT을 초과하면 연결 요청이 손실됐다고 가정한다. step 변수를 3으로 설정하고 에러 메시지를 표시한 뒤 tryToConnect를 false로 설정한다. 서버가 적절한 ID로 응답한다면 플레이어 번호를 저장하고 clientConnected를 true로 설정한다. 다른 응답이 수신된다면 에러 메시지를 표시하고 tryToConnect를 false로, step 변수를 0으로 설정한다(리스트 12.24(e) 참조).

리스트 12.24(e) 서버를 연결하기 위한 4단계

```
case 4:
    waitTime += netTime;      // 가장 최근에 연결을 위한 호출한 시각을 기준으로
                              // 시간을 더한다.
    // 연결 요청에 대한 답변 없이 타임아웃됐다면
    if (waitTime > CONNECT_TIMEOUT)
    {
        step = 3;             // 요청을 다시 전송한다.
        console->print("'Request to join' timed out.");
        tryToConnect = false;
    }
    // 서버로부터 ConnectResponse를 읽는다.
    size = sizeof(connectResponse);
```

```cpp
    error = net.readData((char*)&connectResponse, size, remoteIP);
    if (error == netNS::NET_OK)           // 읽기가 OK라면
    {
      if (size == 0)                       // 아무런 데이터를 수신하지 못했다면
        return;
      // 서버가 적절한 ID를 전송한다면 연결됐음을 나타낸다.
      if (strcmp(connectResponse.response, netNS::SREVER_ID) == 0)
      {
        if (connectResponse.number < MAX_PLAYERS) // 유효한 플레이어 번호라면
        {
          playerN = connectResponse.number; // 자신의 플레이어 번호를 설정한다.
          ss << "Connected as player number : " << playerN;
          console->print(ss.str());
          clientConnected = true;
          commErrors = 0;
          commWarnings = 0;
        }
        else
          console->print("Invalid player number received from server.");
      }
      else if (strcmp(connectResponse.response, netNS::SERVER_FULL) == 0)
        console->print("Server Full");
      else
      {
        console->print("Invalid ID from server. Server sent : ");
        console->print(connectResponse.response);
      }
    }
    else             // 읽기 에러
    {
      console->print(net.getError(error));
    }
    tryToConnect = false;
    step = 0;
  }
```

```
}
```

---

checkNetworkTimeout 함수는 호출될 때마다 commErrors를 증가시킨다. commErrors가 MAX_ERRORS를 초과하면 서버에 대한 연결이 끊어졌다고 가정한다. clientConnected 값을 false로 설정하고 메시지가 표시된다(리스트 12. 25 참조).

리스트 12.25 네트워크 타임아웃을 확인

```cpp
// =====================================================
// 네트워크 타임아웃을 확인한다.
// =====================================================
void Spacewar::checkNetworkTimeout()
{
    if (!clientconnected)
      return;
    commErrors++;                           // 타임아웃 카운트를 증가시킨다.
    if (commErrors > netNS::MAX_ERRORS)     // 통신이 타임아웃 상태가 됐다면
    {
      clientConnected = false;
      console->print("***** Disconnected from server. *****");
      console->show();
    }
}
```

플레이어의 게임 입력은 sendInfoToServer 함수를 통해 서버로 전송한다. 버튼 상태와 플레이어 번호는 toServerData 구조체에 넣어 net.sendData 함수를 사용해 전송한다(리스트 12.26 참조).

```
// ==================================================
// 누른 키의 코드를 서버로 전송한다.
// ==================================================
void Spacewar::sendInfoToServer()
{
    int size;
    // 전송할 구조체를 준비한다.
    toServerData.buttons = buttonState;
    toServerData.playerN = playerN;
    // 데이터를 클라이언트에서 서버로 전송한다.
    size = sizeof(toServerData);
    error = net.sendDtaa((char*)&toServerData, size, remoteIP);
}
```

서버로 전송한 게임 상태는 getInfoFromServer 함수를 통해 읽는다. 그리고 net.readData 함수를 호출해 들어오는 데이터를 읽는다. 성공적으로 읽었다면 각 우주선과 미사일의 데이터를 불러온다. 또한 gameState 플래그를 통해 새 라운드가 시작됐는지 확인한다. 마지막으로 sounds 플래그를 통해 클라이언트에 적절한 사운드 효과를 재생한다(리스트 12.27 참조).

리스트 12.27 서버로부터 게임 상태 얻기

```
// ==================================================
// 서버로부터 toClientData를 얻는다.
// 서버로부터 게임 상태를 얻기 위해 클라이언트에서 호출한다.
// ==================================================
void Spacewar::getInfoFromServer()
{
    int size;
    size = sizeof(toClientData);
    int readStatus = net.readData((char*)&toClientData, size, remoteIP);
```

```
if (readStatus == netNS::NET_OK && size > 0)
{
    for (int i = 0; i < MAX_PLAYERS; i++)    // 모든 플레이어의 위치를 검색한다.
    {
        // 각 우주선과 미사일에 새로운 데이터를 불러온다.
        ship[i].setNetData(toClientData.player[i].shipData);
        ship[i].setScore(toClientData.player[i].shipData.score);
        torpedo[i].setNetData(toClientData.player[i].torpedoData);
        // 게임 상태
        // 0번째 비트 = roundStart
        // 1-7번째 비트는 나중에 사용하기 위해 예약돼 있다.
        if ((toClientData.gameState & ROUND_STAT_BIT) && conutDownOn == false)
            roundStart();
        gameState = toClientData.gameState;        // 새 게임 상태를 저장한다.
        // 서버가 표시한 대로 사운드를 재생한다.
        // 순간적인 소리는 비트의 상태 변경에 따라 표시된다.
        // 상태 변경은 사운드가 한 번 재생될 때마다 0에서 1로,
        // 또는 1에서 0로 된다. 다른 소리는 1 = 켜기, 0 = 끄기로
        // 나타낸다.
        // 0번째 비트 = cheer         상태 변경
        // 1번째 비트 = collide       상태 변경
        // 2번째 비트 = explode       상태 변경
        // 3번째 비트 = engine1       1 = 켜기, 0 = 끄기
        // 4번째 비트 = engine2       1 = 켜기, 0 = 끄기
        // 5번째 비트 = torpedoCrash  상태 변경
        // 6번째 비트 = torpedoFire   상태 변경
        // 7번째 비트 = torpedoHit    상태 변경
        if ((toClientData.sounds & CHEER_BIT) != (soundState & CHEER_BIT))
            audio->playCue(CHEER);
        if ((toClientData.sounds & COLLIDE_BIT) != (soundState & COLLIDE_BIT))
            audio->playCue(COLLIDE);
        if ((toClientData.sounds & EXPLODE_BIT) != (soundState & EXPLODE_BIT))
            audio->playCue(EXPLODE);
        if (toClientData.sounds & ENGINE1_BIT)
            audio->playCue(ENGINE1);
```

```
    else
        audio->stopCue(ENGINE1);
    if (toClientData.sounds & ENGINE2_BIT)
        audio->playCue(ENGINE2);
    else
        audio->stopCue(ENGINE2);
    if ((toClientData.sounds & TORPEDO_CRASH_BIT) != (soundState &
            TORPEDO_CRASH_BIT))
        audio->playCue(TORPEDO_CRASH);
    if ((toClientData.sounds & TORPEDO_FIRE_BIT) != (soundState &
            TORPEDO_FIRE_BIT))
        audio->playCue(TORPEDO_FIRE);
    if ((toClientData.sounds & TORPEDO_HIT_BIT) != (soundState &
            TORPEDO_HIT_BIT))
        audio->playCue(TORPEDO_HIT);
    soundState = toClientData.sounds; // 새 사운드 상태를 저장한다.
    commErrors = 0;
    commWarnings = 0;
    }
    }
}
```

12.14.2 Ship과 Torpedo 클래스 수정

Spacewar 게임을 클라이언트로 변환하기 위해서는 Ship과 Torpedo 클래스를
수정해야 된다. ShipStc 구조체에 있는 우주선의 데이터를 설정하는 새로운
함수를 추가한다. 이 데이터는 우주선의 현재 상태를 설명하고자 서버에서 각
클라이언트로 전송된다(리스트 12.28 참조). 미사일의 상태를 반환하는 비슷한 내용
의 함수를 Torpedo 클래스에 추가한다(리스트 12.29 참조).

리스트 12.28 클라이언트의 우주선을 서버로부터 전송된 데이터로 갱신

```
// =================================================
```

```
// 서버에서 클라이언트로 전송된 ShipStc의 모든 우주선 데이터를 설정한다.
// =================================================
void Ship::setNetData(ShipStc ss)
{
    setX(ss.X);
    setY(ss.Y);
    setRadians(ss.radians);
    setHealth(ss.health);
    setVelocity(ss.velocity);
    setRotation(ss.rotation);
    setActive((ss.flags & 0x01) == 0x01);
    if (active)
      visible = true;
    setEngineOn((ss.flags & 0x02) == 0x02);
    setShieldOn((ss.flags & 0x04) == 0x04);
    if (health <= 0 && explosionOn == false && visible)   // 우주선이 파괴됐다면
      explode();
}
```

리스트 12.29 클라이언트의 미사일을 서버로부터 전송된 데이터로 갱신

```
// =================================================
// 서버에서 클라이언트로 전송된 TorpedoStc의 모든 미사일 데이터를 설정한다.
// =================================================
void Torpedo::setNetData(TorpedoStc ts)
{
    setActive(ts.active);

    if (active)
      setVisible(true);
    else
      setVisible(false);
    setX(ts.X);
    setY(ts.Y);
```

```
    setVelocity(ts.velocity);
}
```

12.14.3 Game 클래스 수정

서버에서 했던 것처럼 Game 클래스의 run 함수에 communicate 함수를 호출하
는 부분을 추가한다(리스트 12.30 참조).

리스트 12.30 클라이언트의 Game 클래스에 필요한 수정 사항

```
// update(), ai(), collisions() 그리고 render()는 순수 가상 함수다.
// game.h으로부터 상속받아 코드를 작성할 때
// 이 함수들을 반드시 재정의해야 한다.
if (!paused)                                // 일시 정지되지 않았다면
{
    update();                               // 모든 게임 아이템을 갱신한다.
    ai();                                   // 인공지능
    collisions();                           // 충돌 처리
    input->vibrateControllers(frameTime);   // 컨트롤러 진동 처리
}
renderGame();                               // 모든 게임 아이템을 그린다.
communicate(frameTime);                     // 네트워크 통신을 한다.
```

정리

12장에서는 윈속을 사용해 UDP/IP와 TCP/IP 소켓 코드를 작성하는 방법을 배
웠다. 네트워크 코드를 보관하는 Net 클래스를 새로 생성했다. 또한 Net 클래
스를 사용해 클라이언트/서버 채팅 프로그램과 네트워크 플레이가 가능한
Spacewar 게임을 만들었다. 12장에서 배운 내용은 다음과 같다.

- 한 솔로는 자신이 무슨 말을 했는지 알고 있다.
- **클라이언트 장치** 플레이어는 클라이언트/서버 게임에서 클라이언트 장치를

사용한다.

- **게임 실행** 일반적으로 서버는 게임을 실행한다.
- **IP** 대부분의 네트워크는 인터넷 프로토콜IP을 지원한다.
- **TCP** 전송 제어 프로토콜TCP은 데이터의 신뢰성 있는 전달을 제공한다.
- **UDP** 사용자 데이터그램 프로토콜UDP은 데이터의 전달을 보장하지 않는다.
- **고유 주소** IP 네트워크에 있는 각 장치는 고유 IP 주소를 가진다.
- **IPv4와 IPv6** IPv4는 32비트 주소를, IPv6은 128비트 주소를 사용한다.
- **포트** IP 주소를 가진 각 장치는 65,536개의 사용 가능한 포트를 가진다.
- **소켓** 소켓은 네트워크에 대한 인터페이스다.
- **윈속** 윈속은 윈도우에 대한 마이크로소프트의 소켓 API다.
- **윈속 시작** 윈속의 `WSAStartup` 함수를 통해 윈속 사용을 시작한다.
- **소켓 생성** 윈속의 `socket` 함수는 소켓을 생성한다.
- **논블로킹 모드** 윈속의 `ioctlsocket` 함수는 소켓을 논블로킹 모드에 넣어 사용할 수 있다.
- **서버 생성** `Net::createServer` 함수는 UDP나 TCP 서버를 생성하는 데 사용된다.
- **주소를 사용한 소켓 연결** 윈속의 `bind` 함수는 주소를 사용해 소켓을 결합한다.
- **결합된 소켓** 들어오는 연결을 기다릴 수 있는 것은 결합된 소켓뿐이다.
- **클라이언트 생성** `Net::createClient` 함수는 UDP나 TCP 클라이언트를 생성하는 데 사용된다.
- **IP 주소 반환** 윈속의 `getaddrinfo` 함수는 호스트 이름의 IP 주소를 반환한다.
- **호스트 이름 반환** 윈속의 `gethostname` 함수는 로컬 컴퓨터의 호스트 이름을 반환한다.
- **데이터 전송** `Net` 클래스의 `sendData` 함수는 지정한 IP 주소로 데이터를 전송한다.

- **소켓 간의 연결** 원속의 `connect` 함수는 TCP 소켓 간의 연결을 설정한다.
- **소켓-소켓** 원속의 `sendto` 함수는 소켓에서 소켓으로 데이터를 전송한다.
- **네트워크 데이터 읽기** `Net::readData` 함수는 네트워크 데이터를 읽는다.
- **TCP 서버 소켓 구성** 원속의 `listen` 함수는 들어오는 연결을 기다리는 TCP 서버 소켓을 구성한다.
- **새 소켓 생성** 원속의 `accept` 함수는 들어오는 연결에 대해 새 소켓을 생성한다.
- **데이터 읽기** 원속의 `recvfrom` 함수는 네트워크로부터 데이터를 읽는다.
- **닫기와 해제** `Net::closeSocket` 함수는 소켓을 닫고 리소스를 해제한다.
- **소켓 닫기** 원속의 `closesocket` 함수는 소켓을 닫는다.
- **등록 해제** 원속의 `WSACleanup` 함수는 윈도우 소켓으로부터 애플리케이션 등록을 해제한다.
- **에러 메시지** `Net::getError` 함수는 두 부분의 에러 코드로부터 자세한 에러 메시지를 반환한다.
- **필요한 대역폭** 게임 서버에 필요한 대역폭은 플레이어의 수에 따라 거듭제곱으로 증가한다.
- **상태 변경** 상태 변경을 사용하는 것은 UDP 네트워크에서 순간적인 데이터를 더 신뢰할 수 있게 전송하는 방법이다.

복습문제

1. 인터넷 프로토콜이란 무엇인가?
2. TCP와 UDP는 어떻게 다른가?
3. IPv4 주소는 몇 바이트인가?
4. 사용 가능한 포트 번호의 범위는 무엇인가?
5. 네트워크 소켓이란 무엇인가?
6. 원속의 `socket` 함수를 사용해 TCP 소켓을 생성하는 예제를 보여라.

7. 블로킹과 논블로킹 소켓의 차이를 설명하라.

8. 서버는 어느 주소로부터 들어오는 통신을 듣는가?

9. 명시적으로 결합해야 하는 소켓 타입은 무엇인가?

10. 클라이언트를 생성할 때 사용되는 Net 클래스의 함수는 무엇인가?

11. 윈속의 getaddrinfo 함수가 하는 일은 무엇인가?

12. 호스트 이름은 항상 로컬 컴퓨터를 지칭하는가?

13. Net::sendData 함수를 성공적으로 호출한 뒤에 size 매개변수에 포함된 값은 무엇인가?

14. 데이터를 전송할 때 사용하는 윈속 함수는 무엇인가?

15. Net::readData 함수를 성공적으로 호출한 뒤에 size 매개변수에 포함된 값은 무엇인가?

16. 윈속의 listen 함수가 하는 일은 무엇인가?

17. 윈속의 accept 함수를 사용하기 위해 필요한 단계를 설명하라.

18. 윈속의 recvfrom 함수를 성공적으로 호출한 뒤에 from 매개변수에 포함된 값은 무엇인가?

19. 윈도우 소켓으로부터 애플리케이션 등록을 해제하는 윈속 함수는 무엇인가?

20. 두 부분의 에러 코드로부터 자세한 에러 메시지를 보여주는 Net::getError 함수를 사용한 예제를 보여라.

연습문제

1. 사용자에게 호스트 이름을 묻는 메시지를 표시하고 해당 IP 주소를 표시하는 콘솔 기반 애플리케이션을 만들어라.

2. 클라이언트/서버 채팅 프로그램에서 서버가 클라이언트로 보낼 메시지를 그대로 따라하게 서버를 수정하라.

3. 동시에 최대 10대의 클라이언트가 UDP만 사용하도록 클라이언트/서버 채팅

프로그램을 수정하라. 모든 메시지는 모든 클라이언트로 전송해야 된다.

4. Spacewar 클라이언트/서버 게임을 2명 이상의 플레이어가 즐길 수 있게 수정하라.

예제

다음 예제들은 www.programming2dgames.com에서 다운로드할 수 있다.

- Client/Server Chat 사용자가 네트워크에서 메시지를 주고 받는 콘솔 프로그램이다.
  - 원속을 사용해 네트워크에서 데이터를 주고받는 방법을 보여준다.
  - 게임 엔진의 Net 클래스를 사용하는 방법을 보여준다.
- Client/Server Spacewar 네트워크 플레이가 가능한 Spacewar 게임이다. 2대의 클라이언트 연결을 지원하는 전용 서버가 포함돼 있다.
  - 원속을 사용해 네트워크에서 데이터를 주고받는 방법을 보여준다.
  - 전용 서버에 클라이언트/서버 게임을 구성하는 방법을 보여준다.

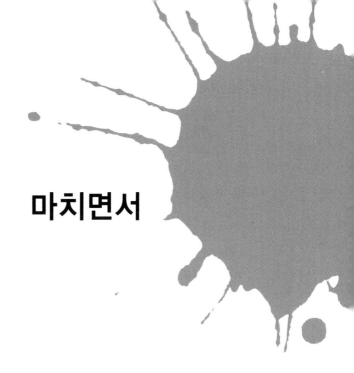

마치면서

1장부터 시작한 여행은 게임 프로그래밍의 많은 측면을 알게 해줬다. 나는 이 책을 읽는 것이 쓰는 것만큼이나 보람 있었으면 좋겠다.

부디 www.programming2dgames.com에 있는 포럼에 가입해주기 바란다. 질문을 하고 여러분이 최근에 만든 작품을 공유할 수 있는 좋은 장소다.

찾아보기

성공으로 이끄는 게임 개발 스토리 (절판)

Austin Grossman 지음 | 이강훈 옮김 | 8989975417 | 342페이지 | 2004-01-30 | 15,000원

흥미로운 Diablo, Black & White, MYTH의 제작 과정을 처음부터 끝까지 기술하고 있다. 이들 게임 개발 시 처음에 가졌던 비전과 목표는 무엇이었는지, 어떤 종류의 회사와 프로젝트 팀이 참여했는지, 중요하게 사용한 툴은 무엇인지, 개발 과정에서 일어났던 중요한 사건들은 어떤 것이 있는지 등을 소개하고, 다섯 가지 성공 요인을 나열하는데 이들은 프로젝트의 성공에 눈에 띄게 기여한 핵심 요인들이다.

최신 AI 기법을 적용한
인공지능 게임 프로그래밍 실전 가이드

Alex J. Champandard 지음 | 이강훈 옮김
8989975522 | 768페이지 | 2004-11-18 | 38,000원

이 책은 인공 신경망, 의사결정 트리, 유한상태 기계, 강화 학습 등 인공지능 분야의 여러 기술을 활용하여 캐릭터의 사실성과 지적 능력을 한 단계 높이는 동시에, 혁신적인 게임 디자인 및 프로그래밍 방법론을 제안한다. 특히 캐릭터 인공지능의 실험을 위해 상용게임인 Quake 2 환경을 사용하고, 오픈 소스 인공지능 엔진인 FEAR를 기반으로 한다는 점은 여타의 게임 인공지능 서적과 차별화되는 매력이다.

게임 제작 최전선
기획에서 개발, 출시까지 게임의 모든 것

Erik Bethke 지음 | 허영주 옮김
898997559X | 432페이지 | 2005-05-31 | 24,000원

많은 내용을 포괄하는 디자인 문서의 작성, 작업과 스케줄의 정확한 예측, 포괄적인 QA 계획 설정은 게임 개발 계획에서 놓치기 쉬운, 그러나 간과할 수 없는 매우 중요한 사항들이다. 게임회사를 경영하고 있는 저자는 이런 문제에 대한 가이드북을 제공한다.

게임회사 이야기
게임보다 더 재미있는, 게임 만드는 이야기 (절판)

이수인 지음 | 8989975832 | 272페이지 | 2005-11-22 | 9,800원

게임 개발, 운영, 직장인의 애환 등 이야기를 풀어가면서 일반인들도 충분히 공감할 만한 재기 발랄한 위트를 담아 게임을 즐기는 사람은 물론, 직장인들도 고개를 끄덕이면서 공감하며 읽을 수 있도록 엮은 에세이 형식의 만화다. 2002년 게임 잡지 '게이머즈'에 칼럼으로 연재하면서 화제가 되기 시작했으며 2004년에는 웹 블로그 사이트 '이글루스'에 연재되어 블로거들의 폭발적인 인기를 얻기도 했다.

DirectX 기초부터 캐릭터 애니메이션과 셰이더 프로그래밍까지
초보 개발자를 위한 DirectX 게임 데모 프로그래밍

마이클 플레노프 지음 | 안병규 옮김
9788960770621 | 320페이지 | 2008-10-23 | 28,000원

DirectX 게임 프로그래밍에서 비주얼 이펙트를 극대화하는 법과 그래픽을 최적화하는 법을 다루는 이 책은 최신 C++ 기술과 기법에 대한 실전적인 입문서다. DirectX의 기초, 2D 그래픽스, 3D 그래픽스, 프로그램 최적화, 골격 애니메이션, 정점 셰이더와 픽셀 셰이더 프로그래밍, 게임 엔진의 얼개에 이르기까지 다양한 주제를 다루고 있다.

The Art of Game Design
게임 디렉터, 기획자, 개발자가 꼭 읽어야 할 게임 디자인에 관한 모든 것

제시 셸 지음 | 전유택, 이형민 옮김
9788960771451 | 648페이지 | 2010-07-30 | 30,000원

세계 최고의 게임 디자이너로부터 배우는 고전 게임 디자인의 원론. 성공하는 게임을 위한 100가지 게임 디자인 기법. 별다른 사전 지식 없이도 게임 디자인의 원론을 통달할 수 있는 책, 『The Art of Game Design』은 보드 게임, 카드 게임, 스포츠 게임에서 사용되는 심리적 기본 법칙이 최고의 비디오게임을 만드는 데도 핵심이라는 것을 보여준다. 게임 디자이너가 되고 싶은 이들을 위한 필독서다.

Unity 3D Game Development by Example 한국어판
유니티 3D 게임 프로그래밍

라이언 헨슨 크레이튼 지음 | 조형재 옮김
9788960772090 | 448페이지 | 2011-06-30 | 30,000원

이 책은 모바일용 게임 엔진으로 각광 받고 있는 유니티 3의 입문서다. 상세한 설명과 예제 파일을 통해, 개발 경험과 전문 지식이 없는 초보자도 코딩을 이용해 실제로 게임을 만들 수 있도록 친절하게 안내한다. 총 4개의 게임을 만드는 과정에서 유니티 3의 핵심 개념과 기능을 소개하는 이 책으로 게임을 구성하는 기획과 프로그래밍과 아트 전반에 대한 이해를 넓힐 수 있다.

플래시 게임 마스터 액션스크립트 3.0을 활용한 인터랙티브 게임 개발

제프 펄튼, 스티브 펄튼 지음 | 유윤선 옮김
9788960772281 | 960페이지 | 2011-09-09 | 45,000원

플래시 게임 개발자와 액션스크립트 프로그래머 또는 기존 게임 개발자를 위한 완벽 가이드로서 책을 읽으며 따라 해보는 것만으로 모범 개발 기법을 익힐 수 있다. 게임 프레임워크를 완성하고 10가지 게임 프로젝트를 만들어봄으로써 액션스크립트 개발자가 할 수 있는 모든 플래시 기법을 익힐 수 있다. 또한 고급 액션스크립트 기법을 총동원해 플래시 게임 개발사가 겪을 수 있는 문제를 모두 해결해본다. 이 책에서는 아주 간단한 클릭 게임을 시작으로 단계적으로 게임 프레임워크를 완성하므로, 게임 개발을 해본 적이 없거나 프레임워크를 만들어본 적이 없더라도 책의 내용을 이해하는 데는 전혀 무리가 없다.

소셜 게임과 다중사용자 콘텐츠 제작을 위한 플래시 멀티플레이 게임 개발

죠비 마카르 지음 | 송용근 옮김
9788960772298 | 364페이지 | 2011-09-23 | 30,000원

최근 멀티플레이 게임의 요구는 급격히 증가해 왔고, 앞으로도 많은 발전을 보일 것이다. 하지만 멀티플레이 게임을 어떻게 만들 수 있는지에 대한 종합적인 설명은 거의 없었다. 이 책은 바로 이 지점을 직시한다. '멀티플레이 요소'에 대한 기본 질문부터 멀티플레이 게임을 만드는 과정에서 맞닥뜨리는 기술 내용(캐릭터의 순간이동, 지형 표현)에 이르기까지, 플래시로 만드는 멀티플레이 게임의 모든 것을 설명한다.

Flash Game Development by Example 한국어판
9가지 예제로 배우는 플래시 게임 개발

에마누엘레 페로나토 지음 | 조경빈 옮김
9788960772465 | 444페이지 | 2011-11-30 | 30,000원

지금까지 나온 플래시 게임 개발서 중 친절한 설명 과정은 단연 최고인 책이다. 대부분 개발 서적이 독자의 눈높이를 맞추는 시도한다고 표방해도 목적 달성에 실패하는 사례가 많은데, 이 책에서는 그야말로 진정한 초급 개발자, 심지어는 개발을 한 번도 해보지 않은 사람조차도 바로 게임 개발을 배울 수 있을 정도로 친절하고 쉬운 방법으로 접근한다. 특히 테트리스, 비주얼드, 지뢰 찾기 등 누구나 알 만한 유명 게임 9종을 선택해 개발 과정을 단계별로 상세히 소개함으로써, 따라 하기만 해도 누구나 손쉽게 플래시 게임 개발을 배울 수 있는 좋은 구성을 보여준다.

Unity 3 Blueprint 한국어판 4가지 실전 게임으로 배우는 유니티 프로그래밍

크레이그 스티븐슨, 사이먼 퀴그 지음 | 조형재 옮김
9788960772489 | 280페이지 | 2011-11-30 | 25,000원

초급에서 중급까지의 개발자를 위한 실전 예제 중심의 유니티 개발서다. 이 책에서 독자는 현재도 끊임 없이 재해석되고 있는 네 개의 고전 게임을 실제로 제작하게 된다. 이 과정에서 모든 게임에 폭넓게 응용될 수 있는 게임의 기본 메카닉들을 상세한 설명과 함께 구현하고, 구체적인 사례를 통해 유니티의 핵심 기능을 익히게 된다. 특히 게임 개발에 필요한 아트 애셋과 단계별 프로젝트 파일이 충실히 제공되기 때문에 독자는 스크립팅을 통한 게임 메카닉 구현과 유니티의 다양한 기능을 학습하는 데 주력할 수 있다.

Gamification & 소셜게임 모든 비즈니스를 게임화하라

존 라도프 지음 | 박기성 옮김
9788960772519 | 496페이지 | 2011-12-09 | 30,000원

창업 4년 만에 페이스북에서 2억 6천만 명의 월간 사용자와 20조 원에 육박하는 기업 가치를 자랑하는 소셜게임 개발사 징가(Zynga). 도대체 소셜게임에 어떤 매력이 있길래 그토록 사람들을 사로잡은 것일까? 그 비결을 파헤쳐본다. 소셜게임 개발에 관심 있는 독자들에게는 소셜게임 기획과 설계의 실무 지식을, 게임 이외 분야 독자들에게는 게임에 대한 깊은 이해와 아울러, 소셜게임의 강력한 마법을 자신의 비즈니스에 응용할 수 있는 힌트를 제공해준다.

XNA 4.0 Game Development by Example 한국어판
마이크로소프트 XNA 4.0 게임 프로그래밍

커트 재거스 지음 | 김동훈, 김유나 옮김
9788960772533 | 528페이지 | 2011-12-15 | 30,000원

XNA 4.0을 이용한 예제 중심의 게임 개발 가이드. XNA를 처음 접하는 독자도 쉽게 따라 하고 호기심을 느낄 수 있게 퍼즐 게임, 비행 슈팅 게임, 엑스박스 360 게임패드를 활용한 탱크 게임, 슈퍼마리오 스타일의 플랫폼 게임 등 다양한 장르의 게임을 튜토리얼 형태로 설명한다. 또한 완성된 예제 게임을 자신만의 스타일로 확장하도록 다양한 도전 과제와 배경 지식을 제공한다.

Away3D 3.6 Essentials 한국어판
강력한 플래시 3D엔진 어웨이3D 개발

매튜 캐스퍼슨 지음 | 플래시 오픈소스 그룹 파워플 옮김
9788960772601 | 440페이지 | 2012-01-02 | 30,000원

어웨이3D는 2007년에 시작된 플래시 기반의 실시간 3D 엔진이다. 개발 초기부터 오픈소스로 진행되어 큰 커뮤니티 기반을 확보하고 있으며 상업적인 목적에도 완전히 무료로 이용할 수 있다. 이 책은 광범위한 어웨이3D의 기능을 단계별로 친절한 설명과 예제를 통해 설명한다.

Unity 3 Game Development Hotshot 한국어판
기능별 집중 구현을 통한 유니티 게임 개발

제이트 위타야번딧 지음 | 조형재 옮김
9788960772588 | 400페이지 | 2012-01-02 | 30,000원

중급 이상의 개발자를 위한 프로젝트 중심의 유니티 개발서다. 이 책은 2D 스프라이트 게임, 메뉴 UI, 셰이더 작성, 캐릭터 컨트롤러, 애니메이션 제어, 인공 지능, 물리, 파티클 시스템, 저장과 불러오기 같은 실제 개발에서 반드시 접하게 되는 주제를 수준 높은 맞춤 프로젝트를 통해 다룬다. 스크립팅을 중심으로 특정 기능의 구체적인 구현 방법을 설명하고, 개발 전반에서 적용할 수 있는 유니티 핵심 기능의 활용 방안을 소개한다.

Cocos2d for iPhone 한국어판
아이폰 게임을 위한 코코스2d 프로그래밍

파블로 루이즈 지음 | 김주현 옮김
9788960772786 | 468페이지 | 2012-02-23 | 30,000원

현재 아이폰용 게임 개발에 가장 널리 사용하는 프레임워크인 코코스2d를 기초부터 차근차근 설명하는 책이다. 초보자를 위한 책인 만큼 읽기 쉬우며 예제를 중심으로 따라가는 구조이므로 끝까지 흥미를 잃지 않고 읽을 수 있다. 책에서 세 가지 예제 게임을 만들어가며 게임 제작의 여러 중요한 요소를 코코스2d로 구현하는 방법을 배운다.

Ogre 3D 한국어판
오픈소스 3D 게임 엔진 오거3D 프로그래밍

펠릭스 커거 지음 | 주의종 옮김
9788960772830 | 344페이지 | 2012-03-07 | 30,000원

오픈소스 3D 게임 엔진인 오거3D를 처음 공부하려는 사람을 위한 책으로, 간단한 예제를 통해 차근차근 지식을 쌓아갈 수 있도록 구성했다. 오거3D의 기본적인 설치와 시작 과정부터 셰이더나 파티클 시스템 같은 어려운 기술까지 폭넓은 주제를 다룬다. 또한 어려운 용어나 복잡한 내용은 최대한 배제하고 쉽게 설명함으로써 기본적인 프로그래밍만 이해하더라도 충분히 예제를 따라하고 쉽게 오거3D를 습득할 수 있다.

유니티 게임 개발의 정석 (절판)
인터페이스부터 엔진 기능 활용, 최적화, 배포까지 Unity3D의 모든 것

이득우 지음 | 9788960772908 | 512페이지 | 2012-04-10 | 40,000원

유니티 입문자를 위한 기본 사용법부터, 유니티를 이용해 게임을 개발하기 위한 다양한 기능을 이론과 함께 정리한 유니티 게임 전문 개발 서적이다. 지형, 렌더링, 셰이더, 물리 엔진, 2D 스프라이트, 애니메이션, 사운드, 파티클 효과와 같은 게임 개발에 필수적이고 기본적인 요소뿐만 아니라, 라이트매핑, 포스트 이펙트, 오클루전 컬링, 최적화, 배포 등과 같은 현업 실무에서도 참고할 수 있는 고급 기능을 다양한 예제와 함께 총망라한 유니티 게임 완벽 바이블이다.

Unity 3.x Game Development Essentials 한국어판
C#과 자바스크립트로 하는 유니티 3.x 게임 개발

윌 골드스톤 지음 | 조형재 옮김 | 9788960772991 | 520페이지 | 2012-04-30 | 35,000원

다년간의 유니티 강의를 거쳐, 현재 유니티 테크놀로지에서 교육 관련 부분을 담당하고 있는 윌 골드스톤의 경험과 지식이 담긴 초보자를 위한 유니티 입문서다. 세계 최초의 유니티 책으로 유명한 『Unity Game Development Essentials』의 개정판으로 3D의 기본 개념, 인터페이스와 스크립팅 입문, 유니티 핵심 기능과 스크립팅 활용을 통한 실제 게임 메카닉 구현, 최적화와 게임 빌드를 통한 배포까지의 내용을 실제 개발 예제를 통해 자세히 설명한다.

디지털 게임 교과서
아날로그 보드 게임에서 인공지능 게임까지 디지털 게임의 모든 것

디지털 게임 교과서 제작위원회 지음 | 최재원, 김상현 옮김 | 9788960773066 | 600페이지 | 2012-05-31 | 35,000원

일본의 게임 전문가 18인이 공동으로 집필한 책으로서, 게임의 과거와 현재를 분석하여 미래를 논하는 교과서이며, 게임 업계의 동향을 정리한 교양 입문서라고 할 수 있다. 게임의 장르, 역사, 산업구조, 기술의 흐름, 업계 인적 구조 등은 물론, 디지털 게임의 모태가 되는 아날로그 보드 게임, 대체 현실 게임, 소셜 게임, 시리어스 게임, e스포츠 게임 등 폭넓고 새로운 분야까지 충실하게 소개한다.

CryENGINE 3 Cookbook 한국어판
〈아이온〉을 만든 3D 게임 엔진 크라이엔진 3

숀 트레이시, 댄 트레이시 지음 | 정재원 옮김
9788960773219 | 380페이지 | 2012-06-29 | 30,000원

〈아이온〉, 〈아키에이지〉, 〈크라이시스〉 게임에 사용되어 실사와 같은 환상적인 그래픽으로 유명한 3D 게임 엔진 크라이엔진(CryEngine)을 다룬 최초의 입문서다. 레벨 제작에서 성능 최적화까지 크라이엔진의 다양한 기능을 레시피 형식으로 친절하게 설명한다. 크라이텍 사의 개발자가 저술한 이 책과 크라이엔진 무료 SDK로 차세대 게임 개발을 시작해보자.

iOS 5 게임 프로그래밍

제임스 서그루 지음 | 김홍중 옮김
9788960773400 | 220페이지 | 2012-09-19 | 22,000원

iOS 5용 게임을 디자인하고 프로그래밍하는 방법의 핵심을 추려 소개하는 책이다. 복잡한 개발 기법이나 규모가 큰 게임 엔진을 활용하는 대신 기초적인 게임 디자인 기법과 iOS 5가 기본으로 제공하는 GLKit만을 사용해서 머릿속에 있던 아이디어를 플레이가 가능한 게임으로 만들어 내는 전체적인 과정을 보여준다. iOS용 게임 개발을 처음 시작하려는 개발자라면 읽어 볼 가치가 있는 내용이다.

유니티 입문
3D 게임 엔진 유니티 4 기초부터 차근차근

타카하시 케이지로 지음 | 최재원 옮김
9788960773721 | 372페이지 | 2012-12-10 | 35,000원

유니티 재팬 사의 에반젤리스트가 직접 저술한 이 책은 일본인 특유의 꼼꼼함과 친절함이 듬뿍 묻어있다. 유니티의 기본 기능이나 의외로 중요하면서도 지나쳐버리기 쉬운 사소한 사항까지도 빠짐없이 기술되어 있고 각 장에서는 기본적인 기능이 반복적으로 설명되므로 끝까지 읽다 보면 자연스레 유니티의 필수적인 사용법을 완전히 자기 것으로 익히게 된다. 또한 자바스크립트를 활용한 게임 개발 과정을 이해하기 쉽게 설명하고 있어 프로그래밍 초보자라도 어렵지 않게 접근할 수 있을 것이다.

게임 기획자와 레벨 디자이너를 위한
언리얼 게임 엔진 UDK 3

리차드 무어 지음 | 문기영 옮김
9788960773769 | 264페이지 | 2012-12-24 | 25,000원

〈언리얼 토너먼트〉, 〈기어즈 오브 워〉, 〈리니지2〉의 공통점은? 바로 언리얼 엔진을 사용했다는 것이다. 언리얼 개발킷은 에픽(Epic) 사에서 만든 막강한 통합형 게임 개발 툴로서 이를 이용해 수많은 게임들이 만들어지고 있다. 하지만 방대한 기능이 들어있는 만큼 처음 개발킷을 접하면 어떤 방식으로 게임을 개발해야 하는지 망설여지게 마련이다. 이 책 『언리얼 게임 엔진 UDK 3』는 방 하나에서 시작해서 복도를 만들고 구조물을 배치하며 그림자와 동적인 라이트, 안개, 수면 효과 등 최종적으로 하나의 근사한 게임 레벨을 어떻게 만드는지 배울 수 있다.

코로나 SDK 모바일 게임 프로그래밍

미셸 페르난데즈 지음 | 박봉석 옮김
9788960773776 | 440페이지 | 2012-12-28 | 35,000원

코로나(Corona)는 스크립트 언어인 루아(Lua)를 사용하는 SDK다. 코로나는 개발 기간을 상당히 많이 단축시켜주며, 무엇보다도 배우기가 매우 쉽다. 여기에 더해 강력한 물리 엔진을 제공한다. 책에서 제공하는 게임 예제들을 따라 해보고, 도전과제를 수행하며 질문에 답하다 보면, 이미 앱 개발자가 된 여러분을 발견하게 될 것이다. 이 책은 게임 제작에 관한 기초 지식부터 고급 지식까지 다루며, 네트워킹, 최적화, 테스트, 앱 내 구매, 그리고 최종적으로 배포하는 방법까지 자세하게 다루고 있다.

UDK 개발자를 위한
언리얼스크립트 게임 프로그래밍

레이첼 코돈 지음 | 이강훈 옮김
9788960773851 | 564페이지 | 2013-01-23 | 40,000원

언리얼스크립트 언어를 이용해서 언리얼 개발 키트(UDK)에 기초한 게임을 프로그래밍하는 방법을 소개한다. UDK는 언리얼 엔진의 무료 버전으로서 그 강력한 기능과 유연한 확장성으로 게임 개발자들에게 널리 알려져 있다. 언리얼스크립트의 기초와 활용법을 체계적으로 설명한 자료가 매우 귀한 현실에서, 이 책은 UDK로 게임을 만들고자 하는 개발자에게 어둠 속의 등불과 같은 지침서가 되어줄 것이다.

게임 엔진 아키텍처
게임 프로그래머가 꼭 알아야 할 게임 엔진 이론과 실무

제이슨 그레고리 지음 | 박상희 옮김
9788960774155 | 944페이지 | 2013-03-29 | 50,000원

오늘날 가장 복잡한 소프트웨어에 속하는 게임 엔진에 대한 전체적인 그림을 그릴 수 있는 책이다. 피상적인 지식이나 추상적인 이론보다 실제로 게임 개발에 참여하게 되면 맞닥뜨릴 현실적인 내용과 경험을 제공한다. 게임 프로그래머가 되고자 하는 학생이나 갓 입사한 새내기 프로그래머가 꼭 읽어야 할 게임 엔진에 관한 조감도이자 바이블이며, 게임 개발 경력이 있는 개발자도 게임 엔진에 대한 이해의 폭을 넓힐 수 있게 도와 준다.

컨스트럭트 게임 툴로 따라하는 게임 개발 입문
한 번도 게임을 만들어보지 않은 초보를 위한

데이브 비글로우 지음 | 금기진 옮김
9788960774247 | 284페이지 | 2013-04-30 | 28,000원

DirectX를 기반으로 한 프로그래밍 코드를 대신 작성해 주는 윈도우용 무료 2D게임 개발 도구인 컨스트럭트는 코딩의 기본 요소인 변수, 함수, 포인터 등을 몰라도 게임을 구성하는 규칙만 정해주면 알아서 게임을 만들어준다. 한 번도 게임을 만들어보지 않은 초보자라도 책에서 설명하는 예제를 따라하다 보면 원하는 게임을 만드는 데 꼭 필요한 기술을 저절로 알 수 있다.

유니티로 만드는 게임 개발 총론
게임 개발 원리에서, 기획, 그래픽, 프로그래밍까지

페니 드 빌 지음 | 박기성 옮김 | 9788960774551 | 516페이지 | 2013-07-31 | 40,000원

유니티는 프로그래머뿐만 아니라 기획자와 그래픽 디자이너에게도 자신의 상상력을 실현시킬 수 있는 가능성을 제공함으로써 게임 개발의 새로운 장을 열고 있다. 게임 개발의 근본 원리부터 설명한 다음, 치밀하게 준비된 단계별 실습을 통해 게임 개발 원리를 유니티에서 직접 경험해 보게 해줌으로써, 강력한 게임 개발 도구로서 유니티에 자연스럽게 빠져들게 만드는 책이다. 2011년 유니티 본사에서 시상한 유니티 모바일 세대 위대한 교육상 수상자인 페니 드 빌 박사가 지은 회심의 역작이다.

(개정판) 유니티 4 게임 개발의 정석
유니티 사용 기초부터 실전 개발 노하우까지 Unity의 모든 것

이득우 지음 | 9788960774643 | 688페이지 | 2013-08-30 | 48,000원

유니티 분야 국내 최고 베스트셀러가 개정판으로 내용을 확장해 새롭게 돌아왔다. 유니티 입문자를 위한 기본적인 사용법과 유니티를 이용해 게임을 개발하기 위한 다양한 기능들을 이론과 함께 정리한 유니티 게임 전문 개발서다. 특히 개정판에서 새로 실린 부록에서는 '확장 도구를 활용한 네트워크 게임 제작' 기법도 다룬다.

5가지 실전 게임으로 배우는
코코스2d-x 모바일 2D 게임 개발

로저 잉글버트 지음 | 박지유 옮김 | 9788960774810 | 2013-10-21 | 25,000원

안드로이드와 iOS에 동시 대응할 수 있는 코코스2d-x는 국내 모바일 2D 게임 개발에서 실질적인 표준 도구가 됐다. 이 책은 단계별로 5가지 실전적인 게임 예제를 따라 하면서, 최근 인기를 끌고 있는 모바일 2D 캐주얼 게임 개발의 핵심요소를 배울 수 있도록 구성되어 있다. 예제 게임들은 알기 쉬우면서도, 현재 트렌드에 부합되며, 꼭 필요한 핵심요소들을 군더더기 없이 보여준다. 외국에서 출간된 코코스2d-x 도서 중에서도 단연 가장 좋은 평가를 받고 있는 최신간 도서.

유니티와 iOS 모바일 게임 개발 프로젝트

제프 머레이 지음 | 조형재 옮김 | 9788960774858 | 2013-10-30 | 30,000원

유니티를 이용한 iOS 게임 개발과 앱스토어에 게임을 출시하기까지의 전 과정을 설명하는 책이다. 입문적 성격의 iOS 프로젝트를 거쳐, 중급 수준의 카트 레이싱 게임 프로젝트를 유니티로 제작한다. 이 과정에서 최적화와 디버깅을 중심으로 유니티 모바일 게임 개발에서 필요한 다양한 기법과 노하우를 소개한다. 또한 완성된 iOS 게임을 앱 스토어에 올리기 위해 거쳐야 하는 애플 개발자 프로그램 가입, 개발 증명서와 프로파일 발급, 앱 스토어 출시, 홍보까지의 전 과정을 단계별로 상세히 설명한다.

터치스크린 모바일 게임 디자인
아이디어 구상부터 스토리텔링, 마케팅까지

스콧 로저스 지음 | 권혜정 옮김 | 9788960775312 | 2014-02-28 | 35,000원

닌텐도 DS의 「그려라, 터치! 내가 만드는 세상」을 비롯해 여러 게임 프로젝트에 참여해온 저자는 다년간의 노하우를 통해 좋은 게임 아이디어를 구상하고 전개하는 방법, 터치 컨트롤을 매력적으로 활용하는 방법, 다양한 게임의 장르별 특징, 게임을 디자인할 때 빠지지 말아야 할 함정, 게임 제작 후의 마케팅 방법 등을 속속들이 알려준다. 맨몸으로 터치스크린 게임 디자인을 꿈꾸는 예비 기획자부터 이미 현업에 종사하고 있지만 매너리즘에 빠진 실무자까지 터치스크린 게임을 디자인하는 사람이라면 누구든 이 책에서 반짝이는 아이디어를 얻을 수 있을 것이다.

자바스크립트로 하는 유니티 게임 프로그래밍

볼로디미르 게라시모프, 드본 크라츨라 지음 | 동준상 옮김
9788960775336 | 2014-03-19 | 30,000원

자바스크립트를 이용해서 게임 세상을 창조하고, 다른 라이브러리의 객체를 프로젝트에 포함시키며, 기본 템플릿을 수정해서 나만의 개성 있는 장면을 연출하는 방법을 설명하는 책이다. 유니티 스크립트를 이용하면 캐릭터의 동작 구현, 게임 애니메이션, 게임 객체의 제어, 점수와 레벨, 통계 등 게임 데이터의 처리, 스스로 길을 찾고 공격과 방어를 하는 인공지능 적군의 생성 등의 복잡한 작업이 가능해진다. 이 책은 단 몇 줄의 스크립트를 통해 간단한 동작을 구현하는 것부터 시작해서, 차츰 난이도를 높여서 복잡한 장면을 연출하기 위한 꽤 긴 스크립트를 자연스럽게 익힐 수 있도록 구성했다.

손쉽고 간편한 게임 GUI 제작을 위한
유니티 NGUI 게임 개발

찰스 버나도프 지음 | 조형재 옮김 | 9788960775459 | 2014-04-21 | 25,000원

유니티의 대표적 미들웨어 NGUI의 사용법을 설명한 책이다. 기본 구조와 주요 위젯을 설명하고, NGUI로 게임의 메인 메뉴를 제작하는 방법을 차례로 살펴본다. 이 과정에서 게임에 자주 사용되는 다양한 UI 요소를 직접 제작하고, UI 애니메이션, 윈도우 드래그와 스크롤, 아이템 드래그앤드롭, C# 스크립트의 활용, 로컬라이제이션 같은 중급 이상의 내용을 상세하게 설명한다. 유니티에 대한 기본 지식을 갖춘 상태에서 NGUI로 게임 GUI를 제작하려는 개발자에게 추천할 만한 책이다.

3D 게임 최적화와 시각적 효과를 위한
유니티 Shader와 Effect 제작

케니 람머스 지음 | 옥찬호 옮김 | 9788960775480 | 2014-04-30 | 30,000원

이 책은 유니티 셰이더를 처음 접하는 개발자를 위한 유니티 셰이더와 이펙트 입문서다. 상세한 설명과 예제 파일을 통해, 셰이더의 품질을 향상시키고 작성 과정을 효율화할 수 있는 새로운 기술을 배운다. 이 책을 통해 독자가 원하는 새로운 이펙트를 생성하고 고성능을 위한 셰이더 최적화를 고민해 볼 수 있다.

Free2Play 게임산업을 뒤바꾼 비즈니스 모델
무료 게임으로 성공하는 비즈니스의 마술

윌 루튼 지음 | 이지선 옮김 | 9788960775596 | 2014-05-23 | 25,000원

이제 게임 산업의 대세는 '무료 게임(F2P, Free to Play)' 시대로 바뀌었다. 게임을 CD에 담아 박스 포장 형태로 '유료'로 판매하던 시대에서 누구나 다운로드해서 쉽게 실행할 수 있는 모델로 전환하면서 게임 시장은 급성장하고 성공 사례 또한 속속 등장하고 있다. 게임의 '무료 실행 모델'에서 게임 개발자들이 성공하기 위한 요소?게임의 스토리 개발, 마케팅, 매출 창출 방법, 사용자 행동 분석?에 대한 모든 비법이 이 책에 담겨 있다. 게임 시장에서 성공한 기업들의 사례를 바탕으로 또 다른 성공 사례를 만들기 위해 꼭 알아야 할 내용이다.

다양한 실전 프로젝트로 배우는
언리얼 UDK 게임 개발

존 도란 지음 | 문기영 옮김 | 9788960775633 | 2014-05-29 | 30,000원

이 책은 언리얼(Unreal) 게임 엔진 UDK를 이용해 다양한 프로젝트를 직접 만들어 봄으로써 UDK를 실제로 어떻게 사용해야 하는지를 알려 준다. 인디 게임 분야에서 가장 인기 있는 게임 장르인 플랫포머 게임을 코드 한 줄 작성하지 않고 오직 키즈멧(Kismet)만 사용해 어떻게 처음부터 끝까지 만들어 낼 수 있는지, 플래쉬를 이용해 사용자 정의 UI를 만드는 방법, 중세 RPG게임을 위한 인벤토리 시스템 작성, 마지막으로 언리얼 스크립트를 이용해 UDK의 한계를 벗어나는 방법까지 다룬다. 특히 한국어판 특별부록으로 실은 [언리얼 엔진 4] 단원에서는 언리얼 4에서 강력한 기능으로 추가된 블루프린트 스크립트의 기본 사용법과 확장 가능성을 자세히 다룬다.

Cocos2d-x 3 모바일 게임 프로그래밍

인자건 지음 | 9788960775657 | 2014-05-30 | 30,000원

코코스2d-x 3.0 정식 버전으로는 국내에서 첫 출간되는 책이다. 코코스2d-x(Cocos2d-x)를 활용한 모바일 게임에 처음 입문하는 개발자는 물론, 모바일 게임에 관심이 많은 디자이너와 기획자도 함께 볼 수 있다. 이 책에서는 코코스2d-x에서 제공하는 기능을 상세하게 설명함으로써 체계적인 게임 개발의 기초를 다질 수 있다. 또 기억력을 테스트해보는 카드 게임, 점프맨이 등장하는 횡 스크롤 게임, 미니 플라이트 게임이라는 이름의 슈팅 게임 등 대표적인 3가지 실전 게임 프로젝트를 만들어보며 모바일 게임 개발에 대한 실전 감각을 익힐 수 있다.

C#으로 하는 유니티 게임 개발

테리 노턴 지음 | 이유찬 옮김 | 9788960775770 | 2014-06-30 | 30,000원

이 책은 프로그래밍에 대한 개념이 없는 사람들을 대상으로 한다. 기존의 프로그래밍 서적이 이해하기 어려운 용어와 문장으로 설명을 하기 때문에 처음 프로그래밍을 시작하는, 특히 게임을 만들어보고자 하는 사람들을 쉽게 질리게 한다. 그러나 이 책은 우리 주변에서 쉽게 볼 수 있는 간단한 예제를 사용해 프로그래밍의 기본 개념을 설명한다. 기존의 프로그래밍 서적에서 설명하는 방법과는 사뭇 달라서 처음에는 익숙하지 않을 수 있지만, 저자가 선별한 예제들을 맛깔스러운 설명과 함께 한 단계씩 따라가다 보면, 어느덧 C#의 기본 개념들을 익히게 될 것이다. 또한 이 책은 특정 게임을 개발하기 위한 기술보다는 하나의 게임이 완성되기까지 각 단계들이 어떻게 서로 연결되고 함께 동작하는지를 설명한다. 즉 게임을 구성하기 위한 큰 그림을 익히는 데 중점을 두고 있다. 마지막으로 게임을 제어하는 데 반드시 필요한 스테이트 머신(state machine)의 개념을 설명하고, 이 개념을 사용해 직접 게임을 제어하는 방법도 상세히 설명하고 있다. C#에 대해서도 그리고 유니티에 대해서도 전문 지식이 없는 초보 게임 개발자들에게는 더할 나위 없이 친절한 게임 입문서라고 할 수 있다.

언리얼 4 블루프린트 게임 개발
기초부터 실전까지 Unreal 4 차근차근 따라잡기

이득우, 유우원 지음 | 9788960775831 | 2014-07-21 | 40,000원

이 책은 파격적인 패키지로 화제가 된 언리얼(Unreal) 엔진 4를 파헤친 국내 최초의 전문 서적이다. 언리얼 초보 입문자를 위한 기본 사용법에서부터 게임 제작을 위해 필수적으로 알아야 하는 언리얼 엔진의 구조, 그리고 실전 프로젝트 제작과 모바일 빌드까지 광범위한 기능을 다룬다. 차세대 멀티미디어 콘텐츠 제작을 위해 언리얼 엔진에 입문하려는 사람이나 그 동안 프로그래밍의 장벽에 막혀 게임 제작에 어려움을 겪은 사람들에게 강력히 추천한다.

게임 디자인 원리

데이브 캘러브리스 지음 | 장석현 옮김
9788960775947 | 2014-08-29 | 15,000원

이 책은 유니티(Unity) 4.3 이후 버전에 추가된 2D 특화 기능들에 대해 중점적으로 다룬다. 이미 유니티 엔진을 다루어 본 경험이 있는 독자들에게는 새로 추가된 2D 기능들에 대해 살펴볼 기회를, 그렇지 않은 독자들에게는 유니티 엔진을 이용하여 처음으로 2D 게임을 끝까지 만들어 볼 기회를 제공할 것이다. 애셋을 임포트하는 기본적인 내용부터 보스전의 구현 같은 심화 내용까지 고루 다룬다. 저자의 게임 개발 경험에서 우러나온 실전 팁도 놓치지 말자!

게임 기획자와 아티스트를 위한
언리얼 UDK 게임 디자인

토마스 무니, 마이클 프링케 지음 | 권혁이, 오은진 옮김 | 9788960775985 | 2014-08-29 | 40,000원

에픽 게임스의 언리얼 UDK를 활용해 100가지가 넘는 과정을 통하여 게임 기획자나 그래픽 아티스트 스스로 게임을 완성해 낼 수 있도록 도와주는 가이드북이다. 다운로드 가능한 예제를 통해 기초부터 응용까지 애셋과 애니메이션, 라이트, 머티리얼, 게임 컨트롤, 사용자 인터페이스, 이펙트, 상호작용 등을 꼼꼼히 다룸으로써 스스로 창의적인 게임을 만들 수 있다. 특히 한국어판 부록을 추가해, UDK 사용자에게 도움이 될 언리얼 엔진 4 내용을 설명했다.

게임 디자인 원리
반드시 알아야 하는 게임 디자인 비법 100가지

웬디 디스페인 편저 | 김정태, 오석희, 윤형섭, 한동숭, 한호성 옮김 | 9788960776005 | 2014-09-01 | 30,000원

게임 디자인에 꼭 필요한 기본 원리를 오랜 게임의 역사 속에서 축적된 경험들을 통해 하나하나의 원리들로 세분화하여 100가지로 집약해서 전달해주는 책이다. 특히 혁신적인 게임을 디자인하는 원리, 게임을 창작하는 원리, 게임 밸런싱 원리, 문제 해결 원리 등 4개 분야로 나눠 서술함으로써 게임 분야에 처음 입문하려는 초심자는 물론이고, 게임을 공부하는 학생뿐만 아니라, 게임 연구자, 게임 디자이너들과 게임 관련 업계 전문가들 모두에게 유용한 책이다.

실전 RPG 게임 제작을 완성하며 배우는
유니티 2D 모바일 게임 개발

김정열, 문기영 지음 | 9788960776227 | 2014-10-23 | 35,000원

이 책은 〈헬로히어로〉, 〈세븐나이츠〉 같은 실전 모바일 RPG 게임을 저자의 설명과 함께 하나씩 따라해보면서 제작하는 책이다. 유니티를 처음 사용하더라도 어떻게 다운로드하고 설치하는지 배울 수 있으며 2D 게임에 특화된 내용에 주력하지만 유니티로 게임을 제작하는 전반적인 과정을 모두 다룬다. 게임 제작에 필요한 데이터들은 장별로 나뉘어 있어 따라하기 쉬우며 누구나 따라하기만 하면 모바일 RPG 게임을 쉽게 제작할 수 있을 것이다. 게임을 제작해보고 싶은 분, 유니티를 이용해 2D 게임을 개발하고 싶은 분, 완성된 프로젝트를 제작하고 싶은 분들에게 큰 도움이 될 것이다.

게임회사 취업 가이드

게임회사에 들어가기 위한 완벽 공략집

하재선 글, 유영욱 그림 | 9788960776333 | 2014-11-27 | 19,800원

대한민국 최고의 엔터테인먼트 산업인 게임. 많은 학생과 취업준비생이 게임회사에 들어가고 싶어하지만, 무슨 준비를 해야 하는지 제대로 알려주는 곳도 없고 조언을 들려주는 사람도 없다. 이 책은 갈피를 잡지 못해 헤매는 게임회사 지망생들에게 취업 방향과 정보를 제공해주는 단 하나의 가이드다. 게임회사 취업을 위한 준비사항, 게임회사와 시장에 대한 다양한 정보와 분석자료, 각계 게임회사 전문가들의 경험담으로 구성된 인터뷰 모음집 등 전체 3개 장으로 구성된 이 책에서는 게임회사 취업과 업계 전반에 대한 생생한 이야기를 들을 수 있다.

C++와 DirectX로 게임 엔진을 제작하며 배우는

2D 게임 프로그래밍

찰스 켈리 지음 | 옥찬호 옮김
9788960776418 | 2014-11-28 | 40,000원

이 책은 C++와 DirectX를 이용해 간단한 게임 엔진을 제작해보면서 2D 게임을 개발하는 데 필요한 내용을 배울 수 있는 입문서다. 먼저 기본적인 윈도우 프로그래밍과 DirectX부터 간단한 게임 엔진 제작, 스프라이트 및 애니메이션, 게임 물리, 사운드, 텍스트 등을 배운다. 그리고 나서 타일 기반 게임을 제작하는 방법을 배우며, 프로젝트 관리 방법과 함께 그동안에 제작한 각 부분을 합쳐 게임을 완성한다. 마지막으로 간단하게 네트워크 프로그래밍을 배우며 책을 마친다.

에이콘출판의 기틀을 마련하신 故 정완재 선생님 (1935-2004)

C++와 DirectX로 게임 엔진을 제작하며 배우는
2D 게임 프로그래밍

인 쇄 | 2014년 11월 24일
발 행 | 2014년 11월 28일

지은이 | 찰스 켈리
옮긴이 | 옥 찬 호

펴낸이 | 권 성 준
엮은이 | 김 희 정
         박 창 기
         오 원 영
표지 디자인 | 한국어판_김다은
본문 디자인 | 박 창 기

인 쇄 | (주)갑우문화사
용 지 | 신승지류유통(주)

에이콘출판주식회사
경기도 의왕시 계원대학로 38 (내손동 757-3) (437-836)
전화 02-2653-7600, 팩스 02-2653-0433
www.acornpub.co.kr / editor@acornpub.co.kr

ISBN 978-89-6077-641-8
ISBN 978-89-6077-144-4 (세트)
http://www.acornpub.co.kr/book/2d-game

이 도서의 국립중앙도서관 출판시도서목록(CIP)은 서지정보유통지원시스템 홈페이지(http://seoji.nl.go.kr)와
국가자료공동목록시스템(http://www.nl.go.kr/kolisnet)에서 이용하실 수 있습니다.(CIP제어번호: CIP2014033791)

책값은 뒤표지에 있습니다.